Con Fantasia

Fourth Edition

REVIEWING AND EXPANDING FUNCTIONAL ITALIAN SKILLS

MW00342376

Con Fantasia

Fourth Edition

REVIEWING AND EXPANDING FUNCTIONAL ITALIAN SKILLS

Marcel Danesi

Michael Lettieri

Salvatore Bancheri
University of Toronto

WILEY

Vice President & Executive Publisher	Jay O'Callaghan
Director, World Languages	Magali Iglesias
Project Editor	Antonella Giglio
Associate Content Editor	Christina Volpe
Project Assistant	Alejandra Barciela
Senior Marketing Manager	Rolando Hernandez
Market Specialists	Glenn Wilson and Dr. LeeAnn Stone
Senior Content Manager	Lucille Buonocore
Senior Production Editor	Anna Melhorn
Design Director	Harry Nolan
Senior Designer	Maureen Eide
Interior Design	John Michael Graphics
Senior Photo Editor	Mary Ann Price
Editorial Operations Manager	Lynn Cohen
Senior Product Designer	Lydia Cheng
Associate Content Editor	Christina Volpe
Cover Design	Maureen Eide
Cover Photo Credit	© characterdesign/iStockphoto

This book was set in 10/12 Meridien LT Std Roman by PreMediaGlobal and printed and bound by Edwards Brothers Malloy. The cover was printed by Edwards Brothers Malloy.

Copyright © 2014 John Wiley & Sons, Inc. All rights reserved. No part of this publication may be reproduced, stored in a retrieval system or transmitted in any form or by any means, electronic, mechanical, photocopying, recording, scanning or otherwise, except as permitted under Sections 107 or 108 of the 1976 United States Copyright Act, without either the prior written permission of the Publisher, or authorization through payment of the appropriate per-copy fee to the Copyright Clearance Center, Inc. 222 Rosewood Drive, Danvers, MA 01923, website www.copyright.com. Requests to the Publisher for permission should be addressed to the Permissions Department, John Wiley & Sons, Inc., 111 River Street, Hoboken, NJ 07030-5774, (201)748-6011, fax (201)748-6008, website http://www.wiley.com/go/permissions.

Founded in 1807, John Wiley & Sons, Inc. has been a valued source of knowledge and understanding for more than 200 years, helping people around the world meet their needs and fulfill their aspirations. Our company is built on a foundation of principles that include responsibility to the communities we serve and where we live and work. In 2008, we launched a Corporate Citizenship Initiative, a global effort to address the environmental, social, economic, and ethical challenges we face in our business. Among the issues we are addressing are carbon impact, paper specifications and procurement, ethical conduct within our business and among our vendors, and community and charitable support. For more information, please visit our website: www.wiley.com/go/citizenship.

Evaluation copies are provided to qualified academics and professionals for review purposes only, for use in their courses during the next academic year. These copies are licensed and may not be sold or transferred to a third party. Upon completion of the review period, please return the evaluation copy to Wiley. Return instructions and a free of charge return shipping label are available at www.wiley.com/go/returnlabel. Outside of the United States, please contact your local representative.

Library of Congress Cataloging-in-Publication Data
Danesi, Marcel, 1946-author.
   Con Fantasia: reviewing and expanding functional Italian skills/Marcel Danesi, University of Toronto; Michael Lettieri, University of Toronto; Salvatore Bancheri University of Toronto.—Fourth Edition.

pages cm
Includes index.
ISBN 978-1-118-49156-0 (pbk.)

1. Italian language—Textbooks for foreign speakers—English. 2. Italian language—Grammar.
I. Lettieri, Michael, author. II. Bancheri, Salvatore, 1954-III. Title.

PC1129.E5D36 2013   458.2'421—dc23   2013001557

Printed in the United States of America

10 9 8 7 6 5 4 3 2 1

This book is dedicated to Elio Muzzin,
whose love of Italian always came through in every conversation.
His kindness and generosity will be missed.

MARCEL DANESI

BRIEF CONTENTS

CONTENTS

CAPITOLO 5

Feste e tradizioni 121

CAPITOLO 6

Oggi in famiglia 152

CAPITOLO 7

Viaggiare per il mondo 178

CAPITOLO 8

Il piacere di cucinare 212

Dear intermediate student of Italian:

Welcome to *Con fantasia* As the name suggests, you are invited in this book to use your fantasia, your creative imagination, to talk about everyday life in Italian. All you need is a basic knowledge of Italian, and the rest is up to us. You will find here a review of Italian grammar in an easy-to-follow style, with concrete applications to communicative tasks. Above all else, we want you to have fun learning about Italian culture, lifestyle, and ways of thinking, at the same time that you will be reviewing, expanding, and reinforcing your grasp of the language itself.

Here's what to expect in a nutshell. You will learn about the daily lives, routines, and worldviews of Italians today. Culture is at the center of *Con fantasia*, and through the readings, activities, and exercises you will be thrust right into it. *Buon divertimento!*

ACKNOWLEDGMENT

We would like to thank all those who have been involved either directly or indirectly in the writing of this fourth edition. First and foremost, we must thank our families for their support, encouragement, and understanding during the rewriting process. Thank you Lucy, Danila, Chris, Alex, Sarah, Filomena, Marianne, Simona, Marcogildo, Cristina, Andria, and Monica.

Second, we wish to thank all the teachers who have adopted *Con fantasia* and those who have reviewed and commented on the manuscript. Their support and suggestions have been absolutely wonderful and have greatly enriched the presentation of the subject matter.

Barbara Alfano, *The Pennsylvania State University*
Marina Bettaglio, *University of Victoria*
Anna Rita Bonaduce-Dresler, *North Carolina State University*
Dario Brancato, *University at Buffalo*
Susan Briziarelli, *University of San Diego*
Stefanie Buccini, *University of Wisconsin-Madison*
Veronica Dristas, *University of Pittsburgh*
Marina de Fazio, *University of Kansas*
Manuel García-Rossi, *University of Miami*
Cosetta Gaudenzi, *University of Memphis*
Troy Gulbrandsen, *University of Utah*
Dora Labate, Rutgers, *The State University of New Jersey*
Giovanna De Luca, *College of Charleston*
Pier Magnifico, *Sacred Heart University*
Barbara J. Mangione, *University of Notre Dame (emeritus)*
Annachiara Mariani, *Rutgers, The State University of New Jersey*
Michela Martini, *Cabrillo College*
Maria Cristina Mazzoni, *University of Vermont*
Molly Mezzetti Zaldivar, *The University of Texas at San Antonio*
Francesca Mirti, *The Pennsylvania State University*
Gina Miele, *Montclair State University*
Elisabetta Misuraca, *Bryant University*
Maria Chiara Nardone, *The Pennsylvania State University*
Brian O'Conner, *Boston College*
Guilina Risso-Robberto, *Loyola College in Maryland*
Maria G. Simonelli, *Monmouth University*
Thomas Simpson, *Northwestern University*

Ancillary contributers:

Salvatrice Amico, *Iona College, Companion Website Video Activities*
Donatella Melucci, *Arizona State University, Companion Website Internet Activities*
Francesca Mignosa, *Companion Website Italian Conversation Cards*

Third, we could not have realized this edition without the expert advice of the Wiley development team, Anna Melhorn, Lucille Buonocore, Lydia Cheng, Christina Volpe, Maureen Eide, Mary Ann Price, Alejandra Barciela, and Magali Iglesias. What can we say, other than thank you!

We have to thank many for helping us realize this edition of *Con fantasia*, in particular Antonella Giglio, who has guided us through every phase of the revision, made excellent suggestions, and overall, provided expert editorial assistance. We could not have done it without her.

Fourth, we are forever grateful to our fantastic students. They are the reason why we entertained writing this text in the first place.

Grazie a tutti dal profondo del cuore.

ITALIA
(Carta Politica)

ITALIA
(Carta Fisica)

© Guenter Guni/iStockphoto

Tra amici

TO THE STUDENT

For video and related activities go to the student's website

TO THE INSTRUCTOR

For tests and examination materials go to the instructor's website

LEARNING OBJECTIVES

In this chapter, you will learn:

- how to speak about friends and people in general
- how to ask for information
- how to use negatives
- how to greet and introduce people
- how to conjugate and use the present indicative
- how to use the subject personal pronouns
- how to inflect and use nouns

AVVIO

Quanto sai già?

1.1 Ricordi come si saluta la gente? Saluta le seguenti persone.

1. l'insegnante d'italiano
2. un compagno/una compagna che già conosci in classe

1.2 Cosa diresti... *(What would you say . . .)*

1. a qualcuno in classe che vuoi conoscere?
2. a un amico/un'amica che non vedi da tempo *(whom you haven't seen for a while)*?

Prima di leggere

1.3 Metti alla prova la tua conoscenza dell'italiano.

Che cosa vuol dire...?

1. frequentare
   a. *to frequent*
   b. *to do something frequently*

2. ricordare
   a. *to record*
   b. *to remember*

3. circa
   a. *around, nearly*
   b. *circus*

4. avvenire
   a. *to come*
   b. *to happen*

5. avere la faccia tosta
   a. *to be cheeky, fresh*
   b. *to be shy*

6. posto
   a. *place*
   b. *post, mail*

1.4 La risposta giusta. Scegli la risposta o la reazione adatta.

1. Ciao!
   a. Ciao!
   b. Va bene!

2. Sai il mio nome?
   a. Mi chiamo Irina.
   b. Certo che lo so.

3. Chi sei?
   a. Io sono Francesco.
   b. Sto bene.

4. Ci conosciamo?
   a. Sì, ti conosco.
   b. Sì, ci conosciamo.

> **Leggi attentamente la seguente conversazione tra due persone che hanno un certo tipo di relazione.**
>
> *Francesco:*   Ehi, Irina, che fai?
>
> *Irina:*   Ciao! *(ironicamente)* Ci conosciamo o no?
>
> *Francesco:*   Ma che dici? Sì, ci conosciamo! Altrimenti com'è che so il tuo nome? Dopotutto *(After all)*, frequentiamo gli stessi posti. Io sono sempre lo stesso Francesco.
>
> *Irina:*   Non ricordo niente.
>
> *Francesco:*   Irina, non dire così! Non c'è niente da ricordare. Ti amo!
>
> *Irina:*   Hai una bella faccia tosta, però!
>
> *Francesco:*   Va bene, va bene... Ci vediamo domani con altri amici. Abbiamo molti amici in comune.
>
> *Irina:*   Ciao! Forse per sempre.

Applicazione

1.5 Vero o falso? Indica quali delle seguenti affermazioni *(statements)* sono vere (V) e quali sono false (F).

_____ 1.   Irina e Francesco si conoscono già.

_____ 2.   Francesco e Irina hanno molti amici in comune.

_____ 3.   Irina e Francesco si sono appena conosciuti.

_____ 4.   Francesco e Irina frequentano gli stessi posti.

_____ 5.   Secondo *(According to)* Irina, Francesco ha la faccia tosta.

1.6 Discussione in classe. Rispondi alle seguenti domande, discutendo le tue risposte con altri membri della classe.

Secondo te...

1. che tipo di persona è Irina?
2. che tipo di persona è Francesco?
3. quale professione o mestiere *(job)* fa ciascuno *(each one)* probabilmente?
4. Francesco ha veramente la faccia tosta? Perché sì/no?
5. il dialogo *(dialogue)* tra Irina e Francesco è ironico? Perché sì/no?
6. che «rapporto» hanno Francesco e Irina?

1.7 Salutare la gente. Svolgi *(Carry out)* i seguenti compiti comunicativi, seguendo l'esempio.

ESEMPIO   Sono le otto di mattina. Stai uscendo di casa. Saluta i genitori o altre persone della tua famiglia.

                Ciao/Arrivederci!

1. Sono le due del pomeriggio. Saluta il tuo amico/la tua amica.
2. Sono le dieci di mattina. Stai uscendo dall'aula *(classroom)*. Saluta l'insegnante d'italiano.
3. È sera. Saluta il medico di famiglia.

1.8 Messa in scena. Diverse coppie di studenti—una studentessa (nel ruolo di Irina) e uno studente (nel ruolo di Francesco)—dovranno mettere in scena *(role-play)* una delle seguenti «conclusioni» alla scena del dialogo.

1. Francesco e Irina decidono di uscire insieme.
2. Francesco e Irina decidono di non vedersi più.

Vocabolario

Amici e nemici

(*m* = maschile, *f* = femminile)

l'amante *(m/f)*	*lover*
l'amicizia	*friendship*
l'amico(-a)	*friend*
il compagno/la compagna	*schoolmate, peer*
fare amicizia	*to become friends, to establish a friendship*
il fidanzato/la fidanzata	*fiancé/fiancée*
il nemico/la nemica	*enemy*
il ragazzo/la ragazza	*boy/girl, boyfriend/girlfriend*
la relazione (amorosa)	*love affair*
rompere un'amicizia	*to break off a friendship*

Applicazione

1.9 Non è vero? Francesco sta parlando a Irina di certe persone che lui conosce. Osserva come risponde Irina. Continua nello stesso modo *(in the same way)*, seguendo l'esempio.

ESEMPIO   Maria ha il fidanzato. (Marco)
Anche Marco ha la fidanzata, non è vero?

1. La mia amica non ha un amante. (il tuo amico)
2. Mia sorella ha un ragazzo simpatico. (tuo fratello)
3. Gina ha tanti compagni e tante compagne. (Angelo)
4. Il mio amico ha la fidanzata. (la tua amica)
5. Alessandro è un compagno di classe. (Sara)

1.10 Significati. Spiega il significato di ciascuna delle seguenti parole ed espressioni.

ESEMPIO   amico
L'amico è una persona con cui *(with whom)* **si ha un rapporto d'amicizia.**

1. fare amicizia
2. nemico
3. relazione amorosa
4. rompere un'amicizia

GRAMMATICA ▬▬▬▬▬

Il nome (prima parte)

◈ Nouns allow you to name and label persons, objects, concepts, places, and things. Normally, nouns ending in **-o** are masculine and those ending in **-a** feminine. Nouns ending in **-e** can be either masculine or feminine.

Masculine	Feminine
-o il ragazzo	**-a** la ragazza
-e il padre *(father)*	**-e** la madre *(mother)*

◈ Most nouns are pluralized by changing these endings as follows:

	Singular	Plural
Masculine	**-o** il ragazzo	**-i** i ragazzi
Masculine/Feminine	**-e** il padre la madre	**-i** i padri le madri
Feminine	**-a** la ragazza	**-e** le ragazze

◈ Exceptions to this pattern will be dealt with as they come up. For now, note the irregular plural of **l'uomo** *(the man)*—**gli uomini** *(the men)*.

◈ Feminine nouns ending in **-ca** or **-ga** are spelled **-che** and **-ghe** respectively in the plural, indicating that the hard sounds are retained.

-ca -ga	-che -ghe
l'amica	le amiche
la collega *(coworker)*	le colleghe *(coworkers)*

◈ Masculine nouns ending in **-co** are changed to **-ci** (to indicate a soft sound) or **-chi** (to indicate a hard sound) in the plural according to the following pattern.

-ci	-chi
if the vowels -e or -i precede	*if any other vowel, diphthong, or consonant precedes*
l'amico - gli amici	il cuoco *(cook)* - i cuochi *(cooks)*
il greco *(Greek)* - i greci *(Greeks)*	il banco *(desk)* - i banchi *(desks)*

◈ This is only a guideline. There are exceptions to it. Check a dictionary if you are not sure which of the two spellings is the correct one in the plural.

◈ A masculine noun ending in **-go** is generally changed to **-ghi** in the plural, indicating that the hard sound is retained. However, if the ending is **-logo** and the word refers to people (especially professionals), then it is changed to **-logi** (indicating the soft sound).

-logi	-ghi
il biologo *(biologist)* - i biologi *(biologists)*	il lago *(lake)* - i laghi *(i laghi)*
l'antropologo *(anthropologist)* - gli antropologi *(anthropologists)*	il catalogo *(catalogue)* - i cataloghi *(catalogues)*
lo psicologo *(psychologist)* - gli psicologi *(psychologists)*	il dialogo *(dialogue)* - i dialoghi *(dialogues)*

◈ The endings **-cio** and **-gio** of masculine nouns are changed to **-ci** and **-gi** respectively:

-ci	-gi
il bacio *(kiss)* - i baci *(kisses)*	l'orologio *(watch)* - gli orologi *(watches)*

◈ The endings **-cia** and **-gia** of feminine sounds are changed to **-ce** and **-ge** respectively if the **-i** is not stressed. If it is, then it is retained in the plural and the stress pattern is retained (**-cie**, **-gie**). The same applies to masculine nouns ending in **-io**.

Stressed -i	Unstressed -i
la farmacia *(drugstore)* - le farmacie *(drugstores)*	la faccia *(face)* - le facce *(faces)*
la bugia *(lie)* - le bugie *(lies)*	la valigia *(suitcase)* - le valige *(suitcases)*
lo zio *(uncle)* - gli zii *(uncles)*	il negozio *(store)* - i negozi *(stores)*

◈ The exception is **camicia**, which is pluralized to **camicie**, even though the **-i** is not stressed.

◈ Note that in the case of some feminine nouns ending in unstressed **-gia**, the plural form can be either **-ge** or **-gie**. So, **valige** can also be spelled **valigie**. This is a stylistic feature.

◈ Note the different plural forms of nouns such as **collega**, which have identical masculine and feminine forms in the singular.

	Singular	Plural
Masculine	il collega	i colleghi
Feminine	la collega	le colleghe

◈ The masculine plural forms of nouns referring to people can indicate not only males, but also females and males (together). The feminine plural forms indicate only females.

Masculine	Feminine
gli amici *(friends in general)*	le amiche *(female friends)*
i colleghi *(coworkers in general)*	le colleghe *(female coworkers)*

◈ The gender of nouns referring to people generally indicates the gender (male or female) of the people. Here are some ways in which gender distinctions are indicated.

Masculine Ending = Male	Feminine Ending = Female
-o l'amico	**-a** l'amica
-e l'amante	**-e** l'amante
-e il signore	**-a** la signora
-e lo studente	**-essa** la studentessa

◈ Gender distinctions apply to titles as well, with a few exceptions whereby the same title is used for both genders. Note that titles are not capitalized, as in English, unless, of course, they are the first word in a sentence.

Masculine Title = Male	Feminine Title = Female
avvocato *(lawyer)*	avvocato *(lawyer)*
dottore *(Dr.)*	dottoressa *(Dr.)*
ingegnere *(engineer)*	ingegnere *(engineer)*
professore *(Prof.)*	professoressa *(Prof.)*
signore *(Mr.)*	signora *(Mrs.)*, signorina *(Ms., Miss)*

◈ The definite article is dropped before titles in direct speech, that is, when speaking directly to the person. The **-e** of masculine titles is usually dropped when followed by a name as part of convention (although this is not strictly necessary).

Talking to	Talking about
Professor Binni, come sta? *Professor Binni, how are you?*	Il professor Binni sta bene. *Professor Binni is well.*
Dottoressa Meli, dove abita? *Doctor Meli, where do you live?*	La dottoressa Meli abita qui vicino. *Doctor Meli lives nearby.*

Applicazione

1.11 Attenzione al genere! Qual è la forma femminile corrispondente del nome indicato? Metti poi al plurale sia *(both)* la forma maschile che *(and)* quella femminile.

ESEMPIO   amico
  amica (= forma femminile)
  amici (= forma maschile plurale)
  amiche (= forma femminile plurale)

1. professore
2. ragazzo
3. nemico
4. collega
5. amante
6. studente
7. dottore
8. greco
9. amico
10. fidanzato
11. signore
12. padre
13. biologo
14. fratello
15. compagno
16. cuoco
17. uomo
18. tedesco
19. antropologo
20. psicologo

1.12 Attenzione al plurale! Rispondi alle domande seguendo l'esempio.

> **ESEMPIO** In questa città c'è un solo negozio?
> **No, in questa città ci sono tanti/molti negozi.**

1. In questa città c'è una sola farmacia?
2. In questo paese *(country)* c'è un solo lago?
3. In questa classe c'è un solo banco?
4. In quest'università c'è un solo professore?
5. In questo posto c'è un solo orologio?
6. In questo negozio c'è un solo catalogo?
7. In questo ristorante c'è un solo cuoco?
8. In quest'università c'è un solo biologo?
9. In questo negozio c'è una sola camicia?

1.13 Autoesame (*Self-Test*). Dalla seguente lista manca o la forma singolare o quella plurale del nome indicato. Inserisci la forma mancante *(the missing form)* secondo il caso *(as required)*.

	Singolare	Plurale		Singolare	Plurale
1.	cuoco	_____	8.	_____	valige
2.	_____	colleghi	9.	bugia	_____
3.	greco	_____	10.	faccia	_____
4.	psicologa	_____			
5.	dialogo	_____		**Punteggio:**	
6.	uomo	_____		8-10:	eccezionale
7.	_____	baci		6-7:	bravo(-a)
				1-5:	Ripassa *(Go over)* la sezione sul nome!

1.14 Compiti comunicativi. Svolgi i seguenti compiti comunicativi, seguendo l'esempio.

> **ESEMPIO** Chiedi al professor Tozzi come sta.
> **Professor Tozzi, come sta?**

Chiedi...

1. alla signorina Mazzotta come sta.
2. al signor Marchi dove abita.
3. alla signora Franchi se frequenta gli stessi posti.
4. al professor Binni se oggi c'è un esame.
5. all'ingegner Fabbri se parla inglese.
6. alla dottoressa Giusti dove ha il suo studio *(office)*.
7. all'avvocato Nerini se abita qui vicino.

Pronomi personali in funzione di soggetto
(*fam* = familiar, *pol* = polite)

Singolare		Plurale	
io	*I*	noi	*we*
tu	*you (fam)*	voi	*you*
lui (egli)	*he*	loro	*they*
lei (ella)	*she*	loro	*they*
Lei	*you (pol)*	Loro	*you (pol)*
esso	*it (m)*	essi	*they*
essa	*it (f)*	esse	*they*

◈ These pronouns are normally omitted in sentences with one subject because the verb form indicates the person and number of the subject: **Io conosco Irina = Conosco Irina**.

◈ However, if more than one subject is used, then the pronouns may be required to avoid ambiguity or misunderstandings. They are also required for emphasis and after words like **solo** *(only)*, **anche** (**pure**, **perfino**) *(also, too, even)*, and **neanche** (**nemmeno**, **neppure**) *(not even, neither, not either)*.

More than one subject	For emphasis or for clarity	After solo, anche,…
Io conosco Irina, ma lui non conosce Irina. *I know Irina, but he doesn't know her.*	Sei tu, Irina? *Is that you, Irina?*	Perfino noi conosciamo Francesco. *Even we know Francesco.*
Lui non ricorda mai niente, ma lei ricorda sempre tutto. *He never remembers anything, but she always remembers everything.*	Sì, sono io! *Yes, it is I!*	Anche loro sono amici di Irina. *They too are friends of Irina.*
		Neanche loro parlano inglese. *They don't speak English either.*

◈ The pronouns **egli** and **ella** are used rarely in conversational and everyday Italian. They are used mainly in literary or very formal style.

Ordinary style	Formal/Literary style
Francesco sta arrivando. Lui è l'amico di Irina. *Francesco is arriving. He is Irina's friend.*	Dante era un grande poeta. Egli era fiorentino. *Dante was a great poet. He was Florentine.*
Anche Irina è la tua amica? Sì, anche lei è la mia amica. *Is Irina your friend too? Yes, she's my friend too.*	Anche Natalia Ginzburg era una grande scrittrice? Sì, anche ella era una grande scrittrice. *Was Natalia Ginzburg a great writer too? Yes, she was also a great writer.*

◈ Note that *it* is not needed in Italian as it is in English.

Sì, è vero.
Yes, it's true.

Non è possibile.
It is not possible.

◈ **Esso** *(m)* and **essa** *(f)* are rarely used unless they are required for emphasis or clarity, and after prepositions and words like **anche**, **pure**, and so on. They correspond to English *it* and their respective plural forms are **essi** and **esse** (English *they/them*).

Quel libro è interessante? Sì, in esso ci sono molte nuove idee.
Is that book interesting? Yes, there are many new ideas in it.

È bella anche la lingua italiana? Sì, anche essa è bella.
Is the Italian language also beautiful? Yes, it is also beautiful.

Ti piacciono pure quei ristoranti? Sì, mi piacciono pure essi.
Do you like those restaurants as well? Yes, I like them as well.

◈ As you might remember from previous study, there are familiar and polite forms in Italian. The former are used to address family members, friends, and all others with whom we are on a first-name basis; the latter are used with all others.

Familiar	Polite
Francesco, e tu come stai? *Francesco, and how are you?*	Signor Binni, e Lei come sta? *Mr. Binni, and how are you?*
Irina, vieni anche tu? *Irina, are you coming too?*	Signora Moretti, viene anche Lei? *Mrs. Moretti, are you coming too?*

◈ Note, finally, that in the plural, **voi** is used in general address, whereas **Loro** is used in specific situations that require formal address.

Specific	General
Signore e signora Dini, come stanno Loro? *Mr. and Mrs. Dini, how are you?*	Voi tutti come state? *How are you all?*

◈ Note that the polite forms are capitalized to avoid confusion: **Lei** *(you)*—**lei** *(she),* **Loro** *(you)*—**loro** *(they).*

Applicazione

1.15 Anch'io! Rispondi alle domande usando i pronomi adatti. Segui gli esempi.

ESEMPI   Io amo la musica classica. E tu? (anche)
Anch'io amo la musica classica.

Maria non risponde generalmente agli **SMS** *(text messages)*. E tuo fratello? (nemmeno)
Nemmeno lui risponde generalmente agli SMS.

Francesco ha tanti amici. E Irina? (anche)
Anche lei ha tanti amici.

Le camicie sono nuove? E le scarpe? (anche)
Anche esse sono nuove.

1. Io ho la fidanzata. E Marco? (anche)
2. Mio fratello ha tanti amici. E Paola? (pure)
3. Lui non ama il jazz. E voi? (neanche)
4. Noi non amiamo il cinema contemporaneo. E tu? (neppure)
5. Dante era un grande poeta. E Petrarca? (anche)
6. I francesi sono molto simpatici. E gli italiani? (anche)
7. La lingua spagnola è molto bella. E la lingua italiana? (pure)
8. Maria Montessori era una grande donna. E Marie Curie? (pure)
9. I libri sono nuovi? E le riviste? (anche)

1.16 Vieni anche tu? Rispondi alle seguenti domande in modo affermativo con i pronomi adatti. Segui gli esempi.

ESEMPI   Vieni anche tu?
          Sì, vengo anch'io.

          Frequentano gli stessi posti anche i tuoi amici?
          Sì, frequentano gli stessi posti anche loro.

1. Frequenta gli stessi amici anche tua sorella?
2. Ami il jazz anche tu?
3. Venite pure voi?
4. Frequenta lo stesso posto anche tuo fratello?
5. Viene anche tua sorella?

COMUNICAZIONE

Chiedere informazioni

◈ To ask for information the following question words will come in handy.

che	*what*
chi	*who*
come	*how*
dove	*where*
perché	*why, because*
quale	*which*
quando	*when*
quanto	*how (much, many)*

◈ Note that **quale** changes to **quali** in the plural.

Quale macchina preferisci?   *Which car do you prefer?*
Quali macchine preferisci?   *Which cars do you prefer?*

◈ Note also that **Qual è...?** *Which is . . . ?* is typically (although not necessarily) written without an apostrophe before the verb form **è**.

Qual è la tua macchina preferita?   *Which is your favorite car?*

◈ **Quanto** is invariable when used as a pronoun: **Quanto costano?** *(How much do they cost?)* But when it is used as an adjective it agrees with the noun:

Quanti amici hai?   *How many friends do you have?*
Quante cose vuoi fare?   *How many things do you want to do?*

◈ Note that when used as a pronoun, **che** has the alternate form **che cosa** or simply **cosa**.

As an Adjective	As a Pronoun
Che libro è?	Che cos'è/Cos'è?
What book is it?	*What is it?*

Applicazione

1.17 Come ti chiami? In coppie, svolgete i compiti comunicativi indicati.

> **ESEMPIO** Chiedi ad un compagno/una compagna come si chiama.
> **Come ti chiami?**
> **Mi chiamo Sophie.**

Chiedi ad un compagno/una compagna…

1. come sta.
2. come si chiama.
3. dove va dopo la lezione d'italiano.
4. quali corsi segue *(is taking)* quest'anno.
5. perché vuole imparare *(learn)* l'italiano.
6. quando frequenta gli amici.
7. quanti caffè beve al giorno *(every day)*.

1.18 La domanda giusta. Ecco una serie di risposte *(answers)*. Quali sono le domande corrispondenti?

> **ESEMPIO** Voglio due caramelle *(candies)*.
> **Quante caramelle vuoi (***polite:* **vuole)?**

1. Invio *(I send)* tanti SMS agli amici.
2. Frequento solo i posti popolari.
3. Arrivano domani.
4. Sto bene, grazie.
5. Sono su Facebook perché ci sono tutti.
6. La ragazza è la sorella di Alessandro.
7. Voglio un pezzo di torta *(a piece of cake)*.

Negare

◈ The following double negatives—with **non** before the verb or verb phrase and an adverb—allow you to make and respond to negative utterances.

non … più	*no more, no longer*
non … mai	*never, not ever*
non … ancora	*not yet*
non … niente (non … nulla)	*nothing*
non … nessuno	*no one*
non … neanche (non … nemmeno)	*not even*
non … mica	*not quite*
non … affatto	*not at all*
non … né … né	*neither . . . nor*

◈ Here are some examples.

Affirmative	Negative
Lui va sempre in centro. *He always goes downtown.*	Lui non va mai in centro. *He never goes downtown.*
Irina sa tutto. *Irina knows everything.*	Irina non sa niente. *Irina doesn't know anything.*

◈ For emphasis, some of the negative adverbs can be put at the beginning of the sentence without **non**, if the meaning makes sense, of course.

Normal	Emphatic
Non frequento mai quei posti. *I never frequent those places.*	Mai frequento quei posti! *Never do I frequent those places!*
Non viene nessuno stasera. *No one is coming tonight.*	Nessuno viene stasera! *No one is coming tonight!*

Applicazione

1.19 Il bugiardo. Francesco dice sempre bugie *(lies)*. Fàgli sapere che tu lo sai *(Let him know that you know)*, negando tutto quello che dice. Segui gli esempi.

ESEMPI   Irina è sempre triste.
            Non è vero! Irina non è mai triste!

            Mio fratello conosce anche Maria.
            Non è vero! Tuo fratello non conosce neanche/nemmeno Maria.

1. Marco ama ancora Cristina.
2. Mio fratello invia sempre SMS a Maria.
3. Paolo è già qui.
4. I miei amici sanno tutto.
5. Vengono tutti alla festa. *(Be careful with the verb in your answer.)*
6. È proprio vero!
7. Marco dice sempre la verità.
8. Maria frequenta spesso quel posto.
9. Paolo conosce sia *(both)* Maria che *(and)* Claudia.
10. Maria conosce anche tuo fratello.

1.20 Mai! Riscrivi le seguenti frasi con enfasi, seguendo l'esempio.

> **ESEMPIO** Non frequenta mai quel posto.
> **Mai frequenta quel posto!**

1. Non dice mai la verità.
2. Non viene nessuno stasera.
3. Non è mica vero.
4. Non sa nulla.
5. Non si può fare niente. *(Nothing can be done.)*
6. Non viene neanche lui.

NOTA CULTURALE ▬▬▬▬▬▬

Titoli

In Italia il titolo di **dottore/dottoressa** si usa non solo quando si parla a un medico, ma anche a chiunque abbia *(whoever has)* una laurea universitaria *(university degree)*. Il titolo di **professore/professoressa** si usa quando si parla sia *(both)* a chi insegna all'università che *(and)* a chi insegna nella scuola media e al liceo *(high school)*.

A differenza dell'America del Nord, in Italia si usano anche titoli come **avvocato, ingegnere** ed altri. Da qualche tempo *(for a while now)*, la forma maschile viene usata per indicare l'uguaglianza dei due sessi *(the equality of the two sexes)* nel campo delle professioni.

Applicazione

1.21 Salve! Saluta le seguenti persone, usando l'espressione **Salve** *(Greetings)*. Segui l'esempio.

> **ESEMPIO** Mr. Marchi
> **Salve, signor Marchi!** *(Recall that the final **-e** of masculine titles is dropped before the name.)*

1. Mrs. Binni
2. Ms. Nardini
3. Professor Bruni (a male)
4. Professor Dini (a female)
5. Dr. Marchi (a female)
6. Dr. Finelli (a male)
7. (Mrs.) Cinzi (a lawyer)
8. (Mr.) Paolucci (an engineer)

MOMENTO CREATIVO

Diverse coppie di studenti dovranno mettere in scena un incontro ironico, simile a quello tra Francesco e Irina, davanti alla classe.

PARTE 2ª

AVVIO

Quanto sai già?

1.22 Espressioni di cortesia.

Ricordi...

1. cosa si dice *(what one says)* quando si risponde al telefono?
2. come si saluta un amico/un'amica?
3. come si saluta una persona sconosciuta *(not known)*?

1.23 Presentazioni. Ricordi come si presentano le persone?

1. Come presenteresti *(How would you introduce)* un amico/un'amica a un compagno/una compagna di classe?
2. Come presenteresti l'insegnante d'italiano ai tuoi genitori?

Prima di leggere

1.24 Indovina... *(Guess . . .)*

1. come si dice *Hello* al telefono in italiano.
   a. Ciao.
   b. Pronto.
2. come si dice *team* in italiano.
   a. la partita
   b. la squadra
3. come si dice *chief* in italiano.
   a. capo
   b. maestro
4. come si dice *shortstop (baseball)* in italiano.
   a. interbase
   b. piccola fermata

1.25 Conosci Charlie Brown? Rispondi alle seguenti domande.

1. Tu sai chi è Charlie Brown? Se sì, spiega al resto della classe chi è.
2. Ricordi i nomi di alcuni amici di Charlie Brown? Descrivili *(Describe them)* al resto della classe.

Lettura *Piacere, Charlie Brown!*

Leggi la seguente striscia *(strip)*, facendo attenzione alle convenzioni sociali.

From C.M. Schultz, Piacere, Charlie Brown. PEANUTS © 1995, Peanuts Worldwide LLC. Dist. By UNIVERSAL UCLICK. Reprinted with permission. All rights reserved.

[1] *Peppermint*   [2] *chief*   [3] *subject* (person)   [4] *shortstop*

Applicazione

1.26 Vero o falso? Indica quali delle seguenti frasi sono vere (V) e quali sono false (F). Correggi quelle false.

_____ 1. Lucy chiama Charlie Brown al telefono.

_____ 2. Linus chiama Charlie Brown «Ciccio».

_____ 3. Piperita Patty vuole giocare nella squadra di Charlie Brown.

_____ 4. Piperita Patty vuole conoscere Snoopy.

_____ 5. Snoopy è il lanciatore *(pitcher)* della squadra.

1.27 È tutto sbagliato! (It's all wrong!) Le seguenti battute *(lines)* sono incorrette. Correggile *(Correct them)*.

1. Lieta di conoscerti, Snoopy.

2. Ciao, Charlie.

3. Cerco un bambino che si **chiama Charlie Brown.**

4. Non mi presenti ai tuoi amici?

5. Questo è Snoopy.

6. Il soggetto che voglio proprio conoscere è **Ciccio.**

1.28 Lavoro di gruppo. Con diversi compagni/diverse compagne, scrivi una possibile conclusione alla striscia. Poi insieme recitate la vostra scenetta davanti alla classe.

Vocabolario

Gente

il bambino/la bambina	*child*	il signore/la signora	*gentleman/lady*
la donna	*woman*	lo studente/la studentessa	*student*
la gente	*people*	l'uomo (*plural:* gli uomini)	*man*
la persona	*person*		

◈ Note that **la gente** is singular in Italian. So be careful with your choice of verb and other forms when using the word in a sentence.

Italian	English
La gente non capisce niente.	*People do not understand anything.*
La gente italiana è simpatica.	*Italian people are nice.*

Applicazione

1.29 Trasformazioni. Riscrivi ogni frase utilizzando la forma indicata, facendo tutte le modifiche *(modifications)* necessarie. Segui l'esempio.

ESEMPIO Lei è una donna simpatica. (lui)
Lui è un uomo simpatico.

1. Roy è un bambino simpatico. (Piperita Patty)
2. Piperita è una studentessa brava. (Charlie Brown)
3. Quegli uomini sono bravi. (quelle donne)
4. Quella donna è una collega. (quell'uomo)
5. Quel signore è una brava persona. (quella signora)
6. Le persone non dicono sempre la verità. (la gente)

1.30 Persone famose. Completa la lista inserendoci *(inserting into it)* il nome di una persona famosa per ciascuna categoria. Cioè *(That is)*, indica il nome sia di una donna italiana famosa che di un uomo italiano famoso nel mondo del cinema, della televisione, e così via *(and so on)*.

	Donna	Uomo
1. cinema	_____	_____
2. televisione	_____	_____
3. sport	_____	_____
4. musica	_____	_____
5. letteratura	_____	_____
6. scienza	_____	_____

GRAMMATICA

Il presente dell'indicativo

◈ Italian verbs are categorized into three main conjugations. Each conjugation can be recognized by its infinitive ending, the verb form that is found in a dictionary.

First Conjugation	Second Conjugation	Third Conjugation
Verbs ending in **-are**	*Verbs ending in* **-ere**	*Verbs ending in* **-ire**
ascoltare *(to listen to)*	chiudere *(to close)*	aprire *(to open)*
aspettare *(to wait for)*	conoscere *(to know someone, to be familiar with)*	capire (isc) *(to understand)*
frequentare *(to attend, frequent)*	credere *(to believe)*	dormire *(to sleep)*
guardare *(to look at, watch)*	perdere *(to lose)*	finire (isc) *(to finish)*
parlare *(to speak)*	ripetere *(to repeat)*	partire *(to leave, depart)*
ricordare *(to remember)*	vedere *(to see)*	preferire (isc) *(to prefer)*
tornare *(to return, go back)*	vendere *(to sell)*	sentire *(to feel, hear)*

◈ To form the present indicative of regular verbs *(I listen, you are speaking)*, drop the infinitive suffix (**ascolt-, chiud-, dorm-, cap-**) and add the following endings to the resulting stems.

	ascoltare	chiudere	dormire	capire
io	ascolt**o**	chiud**o**	dorm**o**	cap**isco**
tu	ascolt**i**	chiud**i**	dorm**i**	cap**isci**
lui/lei/Lei	ascolt**a**	chiud**e**	dorm**e**	cap**isce**
noi	ascolt**iamo**	chiud**iamo**	dorm**iamo**	cap**iamo**
voi	ascolt**ate**	chiud**ete**	dorm**ite**	cap**ite**
loro/Loro	ascolt**ano**	chiud**ono**	dorm**ono**	cap**iscono**

◈ The third-conjugation verbs **capire**, **finire**, and **preferire** require the insertion of **-isc-** between the stem and the endings, except for the first- and second-person plural endings. Verbs of this type will be indicated with (**isc**) whenever they are introduced formally in a chapter.

◈ Some verbs require spelling adjustments.

- If the infinitive of the verb ends in **-care** or **-gare** then an **-h-** must be added before endings beginning with **-i** in order to indicate the preservation of the hard **c** and **g** sounds.

    cercare   *to look for, to search for*

    (io) cerco, (lui/lei/Lei) cerca, (voi) cercate, (loro/Loro) cercano
    But
    (tu) cerchi, (noi) cerchiamo

    pagare   *to pay*

    (io) pago, (lui/lei/Lei) paga, (voi) pagate, (loro/Loro) pagano
    But
    (tu) paghi, (noi) paghiamo

- If the infinitive of the verb ends in **-ciare**, **-giare**, or **-gliare**, only one **-i-** is written before endings beginning with an **-i**.

    cominciare   *to begin, to start*

    (io) comincio, (tu) cominci, (lui/lei/Lei) comincia, (noi) cominciamo, (voi) cominciate, (loro/Loro) cominciano

    mangiare   *to eat*

    (io) mangio, (tu) mangi, (lui/lei/Lei) mangia, (noi) mangiamo, (voi) mangiate, (loro/Loro) mangiano

    sbagliare   *to make a mistake*

    (io) sbaglio, (tu) sbagli, (lui/lei/Lei) sbaglia, (noi) sbagliamo, (voi) sbagliate, (loro/Loro) sbagliano

- If the infinitive of the verb ends in **-iare** then the **-i-** of the stem is retained if it is stressed in the second-person singular. You will have to simply look these kinds of verbs up to be sure.

Unstressed	**Stressed**
cambiare *to change*	**inviare** *to send*
(io) cambio, (tu) cambi	(io) invio, (tu) invii
apparecchiare *to set the table*	**sciare** *to ski*
(io) apparecchio, (tu) apparecchi	(io) scio, (tu) scii

Applicazione

1.31 Trasformazioni. Riscrivi ciascuna frase usando il soggetto indicato tra parentesi.

> ESEMPIO   Io gioco sempre a tennis. (loro)
> **Loro giocano sempre a tennis.**

1. Io torno sempre a casa tardi la sera. (noi)
2. Io parlo e capisco tre lingue. (il mio professore)
3. Domani io parto per le vacanze. (i miei genitori)
4. Io mangio sempre a casa. (io e mio fratello)
5. Io comincio sempre alle sei. (mio padre)
6. Io ascolto solo la musica classica. (i miei amici)
7. Pago sempre io per tutti! (io e mia sorella)
8. Io, in questa città, conosco tutti. (loro)

1.32 Botta e risposta. Con un compagno/una compagna, costruite le domande e risposte indicate. Seguite gli esempi.

> ESEMPI   tuo fratello/vendere/la macchina
> (Domanda) **Tuo fratello vende la macchina?**
> (Risposta) **Sì, mio fratello vende la macchina. / No, mio fratello non vende la macchina.**
>
> (tu)/sentire/la mia voce *(voice)*
> (Domanda) **(Tu) senti la mia voce?**
> (Risposta) **Sì, (io) sento la tua voce. / No, (io) non sento la tua voce.**

1. i tuoi amici/mangiare/tardi la sera
2. gli studenti/ascoltare/l'insegnante
3. (voi)/cercare/un ristorante buono
4. (tu)/cominciare/un nuovo lavoro/oggi
5. Paola/aspettare/un compagno/dopo la lezione
6. (lei)/credere/a tutto
7. (voi)/frequentare/quel posto
8. i tuoi genitori/guardare/la TV italiana
9. (tu)/ricordare/i verbi
10. (loro)/inviare/molti SMS
11. (io)/parlare/bene l'italiano
12. (tu)/sciare/in inverno
13. Mia sorella/apparecchiare/sempre la tavola

1.33 Verbi. Usa ciascun verbo in una frase che renda chiaro *(which makes clear)* il suo uso al presente indicativo.

ESEMPIO   sbagliare
Tu sbagli se pensi così. *(You are mistaken if you think this way.)*

1. cambiare
2. sciare
3. mangiare
4. cercare
5. pagare
6. aprire
7. capire
8. dormire
9. finire
10. preferire
11. sentire
12. vendere
13. vedere
14. ripetere
15. credere
16. perdere
17. conoscere
18. chiudere
19. tornare
20. aspettare

Verbi irregolari

◈ Here are some common irregular verbs in the present indicative. Irregular verbs are those that are not conjugated according to the rules given above. The order of the forms given below follows the sequence: (**io**), (**tu**), (**lui/lei/Lei**), (**noi**), (**voi**), (**loro/Loro**).

andare *(to go)*	vado, vai, va, andiamo, andate, vanno
avere *(to have)*	ho, hai, ha, abbiamo, avete, hanno
bere *(to drink)*	bevo, bevi, beve, beviamo, bevete, bevono
dare *(to give)*	do, dai, dà, diamo, date, danno
dire *(to say, tell)*	dico, dici, dice, diciamo, dite, dicono
dovere *(to have to)*	devo/debbo, devi, deve, dobbiamo, dovete, devono/debbono
essere *(to be)*	sono, sei, è, siamo, siete, sono
fare *(to do, make)*	faccio, fai, fa, facciamo, fate, fanno
potere *(to be able to)*	posso, puoi, può, possiamo, potete, possono
rimanere *(to stay, remain)*	rimango, rimani, rimane, rimaniamo, rimanete, rimangono
salire *(to go up)*	salgo, sali, sale, saliamo, salite, salgono
sapere *(to know)*	so, sai, sa, sappiamo, sapete, sanno
stare *(to stay)*	sto, stai, sta, stiamo, state, stanno
tenere *(to hold, keep)*	tengo, tieni, tiene, teniamo, tenete, tengono
uscire *(to go out)*	esco, esci, esce, usciamo, uscite, escono
venire *(to come)*	vengo, vieni, viene, veniamo, venite, vengono
volere *(to want)*	voglio, vuoi, vuole, vogliamo, volete, vogliono

◈ Note the differences in meaning between **conoscere** and **sapere**.

conoscere	sapere
to know someone, to be acquainted with someone	*to know something*
Linus conosce Piperita Patty.	Linus non sa dov'è Charlie Brown.
Linus knows Peppermint Patty.	*Linus doesn't know where Charlie Brown is.*
to be familiar with	*to know how to + infinitive*
Linus non conosce quella squadra.	Charlie Brown non sa nuotare.
Linus is not familiar with that team.	*Charlie Brown doesn't know how to swim.*

◈ Note, as well, that there are several ways to express *to leave* in Italian:

partire	uscire	andare via	lasciare
to leave in the sense of *to depart*	*to go out*	*to leave* in the sense of *to go away*	*to leave behind, to cut off relations*
Domani Francesco parte per la Francia. *Tomorrow Francesco is leaving for France.*	Stasera Irina esce con Francesco. *Tonight Irina is going out with Francesco.*	Quando va via Linus? *When is Linus going away?*	Irina non vuole lasciare Francesco. *Irina does not want to leave Francesco.*

◈ The construction **avere +** *noun* is used to describe a state of being (needing, being thirsty, and so on) of some kind, whereas in English the same notion is conveyed, generally, by *to be + adjective*:

avere… anni	*to be . . . years old*	avere paura	*to be afraid*
avere bisogno di	*to need*	avere ragione	*to be right*
avere caldo	*to be hot*	avere sete	*to be thirsty*
avere fame	*to be hungry*	avere sonno	*to be sleepy*
avere freddo	*to be cold*	avere torto	*to be wrong*
avere fretta	*to be in a hurry*	avere voglia di	*to feel like*

◈ Finally, note that **stare** is used in place of **essere** to ask how one is:

Ciao, Ciccio, come stai?
Hi, Chuck, how are you?

Io sto bene, e tu?
I'm well, and you?

Applicazione

1.34 Che cosa fai stasera? Con un compagno/una compagna, costruite le domande e le risposte adatte in italiano. Seguite l'esempio.

ESEMPIO What are you doing tonight?
Che cosa fai stasera?
Non faccio niente. / Faccio i compiti. / Ecc.

1. What is your friend saying?
2. What are you doing tonight?
3. When are your friends coming?
4. Is Mary going out tonight?
5. How long (**Quanto tempo**) do your friends remain in Italy?
6. Where are you going tomorrow?
7. What are they drinking?
8. What should we do tonight?
9. How many languages do you know?
10. What are your friends doing after the class?
11. Can you come downtown too?

1.35 Sapere o conoscere? Chiedi a un compagno/una compagna se **sa** o **conosce** le cose indicate. Il compagno/la compagna dovrà rispondere *(should answer)* in modo appropriato. Seguite gli esempi.

ESEMPI i tuoi amici/il francese
I tuoi amici sanno il francese?
Sì, i miei amici sanno il francese. / No, i miei amici non sanno il francese.

tu/Jennifer
(Tu) conosci Jennifer?
Sì, conosco Jennifer molto bene. /No, non conosco Jennifer affatto.

1. tuo fratello/guidare
2. tu/i miei amici
3. voi/il francese
4. i tuoi amici/la Spagna
5. loro/parlare/l'italiano
6. Irina/Francesco
7. tu/sciare

1.36 Hai ragione! Svolgi i seguenti compiti comunicativi con un compagno/una compagna.

ESEMPI   Chiedigli/le se tu hai o non hai ragione.
Ho ragione (io), sì o no?
Sì, hai ragione. / No, non hai ragione.

Chiedigli/le se ha sonno.
Hai sonno?
Sì, ho sonno. / No, non ho sonno.

Chiedigli/le...

1. come sta
2. chi è il suo cantante preferito/la sua cantante preferita.
3. quanti anni ha.
4. se tu hai torto.
5. se lui/lei ha freddo.
6. se lui/lei ha bisogno di qualcosa.
7. se lui/lei ha voglia di uscire stasera.
8. se lui/lei ha paura dell'insegnante.
9. se lui/lei ha sempre fretta.
10. se lui/lei ha sempre fame.

1.37 Tocca a te! (Your turn!) Adesso usa ciascuno dei seguenti verbi o delle seguenti espressioni in una frase al presente indicativo.

1.	avere sonno	13.	essere
2.	avere ragione	14.	potere
3.	avere bisogno	15.	rimanere
4.	avere sete	16.	avere paura
5.	avere caldo	17.	salire
6.	conoscere	18.	tenere
7.	sapere	19.	stare
8.	andare	20.	uscire
9.	bere	21.	venire
10.	dare	22.	volere
11.	dire	23.	lasciare
12.	dovere	24.	andare via

Usi del presente

◈ The present indicative is generally rendered in English by three tenses: **aspetto** = *I wait, I am waiting, I do wait.*

◈ However, it can also be used to express an immediate future action *(I'll be waiting)* and an ongoing action (for example, *I have been waiting*). In the latter case, the verb is always followed by **da**, which renders both *since* and *for + time expression*:

Da = *since*	Da = *for*
Time expression = *when*	Time expression = *how long*
Francesco esce con Irina dal 2012. *Francesco has been going out with Irina since 2012.*	Francesco esce con Irina da cinque anni. *Francesco has been going out with Irina for five years.*
Piperita Patty non vede Linus da ieri. *Peppermint Patty hasn't seen Linus since yesterday.*	Piperita Patty non vede Linus da cinque ore. *Peppermint Patty hasn't seen Linus for five hours.*

◈ Some verbs that require a preposition in English do not require one in Italian. Technically they contrast in transitivity, that is, in whether or not they take a direct object. You will have to learn these from memory.

aspettare
Francesco aspetta Irina.　　=　*Francesco is waiting for Irina.*

cercare
Francesco cerca Irina.　　=　*Francesco is looking for Irina.*

ascoltare
Io ascolto sempre la radio.　　=　*I always listen to the radio.*

◈ Finally, as you certainly know, to make a sentence negative, all you do is add **non** before the predicate:

Irina **non** cerca Francesco.　　*Irina is not looking for Francesco.*
Francesco **non** esce mai con gli amici.　　*Francesco never goes out with his friends.*

Applicazione

1.38 Da quando? Rispondi alle domande nel modo indicato, seguendo l'esempio.

ESEMPIO　　Da quando aspetti la tua amica?/due ore
　　　　　　Aspetto la mia amica da due ore.

1. Da quando studi l'italiano?/2012
2. Da quando studi il francese?/un anno
3. Da quando conosci il tuo compagno/l'anno scorso
4. Da quando vivi in questa città?/cinque mesi
5. Da quando vivi in questo paese?/gennaio
6. Da quando bevi il caffè espresso?/diversi anni
7. Da quando conosci l'insegnante d'italiano?/quattro o cinque settimane

1.39 **Non vedo Giorgio da tre mesi!** Indica che non vedi le seguenti persone dal tempo specificato *(specified)*. Segui gli esempi.

> **ESEMPI** Giorgio/tre mesi
> **Non vedo Giorgio da tre mesi.**
>
> Marco/gennaio
> **Non vedo Marco da gennaio.**

1. Marina/domenica
2. Marco/una settimana
3. le mie amiche/quattro giorni
4. Barbara/marzo
5. i nostri cugini/Natale
6. Gina/sette mesi
7. il professore/ieri

1.40 **Domande personali.** Rispondi in modo appropriato alle seguenti domande. Segui l'esempio.

> **ESEMPIO** Che cosa fa tua sorella adesso?
> **Mia sorella va all'università/lavora in un ditta** *(company)***/...**

1. Tu cerchi lavoro in questo momento?
2. Che tipo di musica ascolti?
3. Che cosa fai stasera?
4. Chi aspetti dopo la lezione generalmente?
5. Che cosa fa tuo fratello adesso?

COMUNICAZIONE ▬▬▬▬▬

Salutare

	Familiar/Informal Speech	Polite/Formal Speech
Saying hello:		
Morning to noon	Ciao	Buongiorno (Buon giorno)
Evening	Ciao	Buonasera (Buona sera)
Good morning	Buongiorno	Buongiorno
Good afternoon	Buon pomeriggio	Buon pomeriggio
Good evening	Buonasera	Buonasera
Saying good-bye:		
Morning to noon	Ciao/Arrivederci	Buongiorno/ArrivederLa
Evening	Ciao/Arrivederci	Buonasera/ArrivederLa
Good night	Buonanotte (Buona notte)	Buonanotte (Buona notte)

See you later	A più tardi	A più tardi
See you soon	A presto	A presto
See you tomorrow	A domani	A domani
See you tonight	A stasera	A stasera
Excuse me	Scusa/Scusami	Scusi/Mi scusi
How's it going?	Come va?	Come va?
Thank you	Grazie	Grazie
You're welcome	Prego	Prego

◈ **Permesso!** *(Excuse me/Pardon me!)* is used when passing someone (for instance making your way through a crowded bus). Otherwise **Scusa** *(fam)*/**Scusi** *(pol)* is used.

Presentare

	Familiar/Informal Speech	Polite/Formal Speech
Let me introduce you to . . .	Ti presento…	Le presento…
Allow me to introduce you to . . .	Permetti che ti presenti…	Permetta che Le presenti…
What's your name?	Come ti chiami? **(chiamarsi** *to be called)*	Come si chiama?
My name is . . .	Mi chiamo…	Mi chiamo…
A pleasure!	Piacere!	Piacere!
Delighted	-----	Lieto(-a)
The pleasure is mine.	Il piacere è mio.	Il piacere è mio.
Where do you live?	Dove abiti? **(abitare** *to live)*	Dove abita?
I live on . . . Street	Abito in via…	Abito in via…

Applicazione

1.41 Che cosa si dice? *(What does one say?)*

ESEMPIO Che cosa si dice generalmente quando vediamo un amico/un'amica?
Ciao!

Che cosa si dice generalmente...

1. quando incontriamo l'insegnante di italiano la mattina?
2. quando incontriamo l'insegnante nel pomeriggio?
3. quando incontriamo l'insegnante la sera?
4. quando vogliamo sapere un indirizzo *(address)* da qualcuno?
5. a qualcuno che ci ha appena detto *(just said)* «Grazie»?
6. quando vogliamo scusarci con una persona che non conosciamo?
7. prima di andare a dormire?

1.42 Ti presento... Con dei compagni/delle compagne, mettete in scena le seguenti situazioni. Seguite l'esempio.

ESEMPIO Presentare Marina a Francesco
—**Francesco, ti presento Marina.**
—**Piacere!**
—**Il piacere è mio.**
—**Come ti chiami?**
—**Mi chiamo Marina Lorenzetti. E tu?**
—**Io mi chiamo Francesco Torricelli.**
—**Dove abiti?**
—**Abito in via Nazionale.**

Presentare...

1. Francesco a Irina.
2. un compagno/una compagna all'insegnante.
3. il dottor Verdi alla professoressa Binni.

1.43 Buongiorno! Usa ciascuna delle seguenti parole/espressioni in una o due semplici frasi che renda (rendano) chiara la sua funzione comunicativa.

ESEMPIO Buongiorno
Buongiorno, signor Marchi, come va?

1. Buon pomeriggio
2. Buonasera
3. Arrivederci
4. ArrivederLa
5. Buonanotte
6. A più tardi
7. A domani
8. A stasera
9. Scusi
10. Permesso
11. Scusa
12. Prego

NOTA CULTURALE
Convenzioni sociali

Jupiter Images/Getty Images, Inc.

Quando gli italiani si incontrano, di solito si danno la mano (**darsi la mano** = *to shake hands*). Quando due amici si incontrano, non solo si danno la mano ma, specialmente se non si vedono da parecchio tempo *(quite a while)*, si abbracciano *(they hug)* e spesso si baciano sulle guance *(cheeks)*.

Con gli amici, i membri della famiglia, i bambini, e, in generale, con chi si ha grande familiarità ci si dà del tu *(one uses the «tu» form of address)*. Agli altri—alle persone con cui non si ha familiarità—si dà del Lei.

Applicazione

1.44 Vero o falso? Indica quali delle seguenti affermazioni *(statements)* sono vere (V) e quali sono false (F). Correggi quelle false.

1. Quando gli italiani si incontrano, di solito si danno la mano.
2. Agli amici e ai membri della famiglia si dà del **Lei**.
3. All'insegnante d'italiano si dà del **tu**.
4. Quando due amici non si vedono da parecchio tempo, si abbracciano e si baciano sulle guance.

1.45 Convenzioni sociali. Rispondi liberamente alle seguenti domande e discuti le tue risposte con gli altri membri della classe.

Secondo te…

1. perché si danno la mano le persone quando si incontrano?
2. in quale maniera il modo di salutare in Italia è diverso da quello in Nord America?
3. con quali persone dovremmo *(should)* usare il **tu**?
4. con quali persone dovremmo usare il **Lei**?

MOMENTO CREATIVO

> Diversi studenti dovranno mettere in scena un incontro tra amici che non si vedono da molto tempo.

PARTE 3ª

DALLA LETTERATURA ITALIANA
Prima di leggere

1.46 Metti alla prova la tua conoscenza dell'italiano. Quante parole o espressioni riconosci?

1. leggero come una farfalla
   a. *slightly far-fetched*   b. *light as a butterfly*
2. sperdersi
   a. *to lose*   b. *to become lost*
3. la pianta topografica
   a. *a type of plant*   b. *guide map*
4. l'abbacchio
   a. *roast baby lamb*   b. *background*
5. il pancotto
   a. *bread soup*   b. *pancake*
6. amministrare il tempo
   a. *administer*   b. *manage time*

1.47 Hai un ragazzo/una ragazza? Se sì, indica in che modo siete uguali *(the same)* e in che modo siete diversi *(different)*.

Lettura *Lui e io* (di Natalia Ginzburg)

Lui ha sempre caldo; io ho sempre freddo ... Lui sa parlare bene alcune lingue; io non ne parlo bene nessuna. Lui riesce a[1] parlare, in qualche suo modo, anche le lingue che non sa.

Lui ha un grande senso dell'orientamento; io nessuno. Nelle città straniere, dopo un giorno, lui si muove leggero come una farfalla. Io mi sperdo nella mia propria[2] città; devo chiedere indicazioni; quando andiamo per città sconosciute, in automobile, non vuole che chiediamo indicazioni e mi ordina di guardare la pianta topografica.

Lui ama il teatro, la pittura, e la musica: soprattutto la musica. Io non capisco niente di musica, m'importa molto poco della pittura, e m'annoio[3] a teatro. Amo e capisco una cosa sola al mondo; ed è la poesia...

A lui piacciono le tagliatelle, l'abbacchio, le ciliege[4], il vino rosso. A me piace il minestrone, il pancotto, la frittata[5], gli erbaggi[6]...

Io non so amministrare il tempo. Lui sa. Io non so ballare e lui sa. Io non so cantare, e lui sa. Fa il professore e credo che lo faccia bene. Io scrivo dei racconti, e ho lavorato molti anni in una casa editrice[7].

Tutto il giorno si sente musica, in casa nostra. Lui tiene tutto il giorno la radio accesa[8]. O fa andare dei dischi[9]. Io protesto, ogni tanto, chiedo un po' di silenzio per poter lavorare; ma lui dice che una musica tanto bella è certo salubre[10] per ogni lavoro.

From Natalia Ginzburg, "Lui e io", in *Le piccole virtù*. © Copyright Einaudi: Torino, 1962. Reprinted by permission of Giulio Einaudi Editore.

[1] *is able to* [2] *my own* [3] *I get bored* [4] *cherries* [5] *omelette* [6] *greens* [7] *publishing house* [8] *the radio on* [9] *play records* [10] *healthy, helpful*

Applicazione

1.48 Quanto ricordi? Completa il seguente paragone *(comparison)* tra lui e lei in base al contenuto *(contents)* della lettura. Nota: non è necessario usare le stesse parole della lettura.

Lui...	**Lei...**
1. ha sempre caldo	_____ .
2. _____	non sa parlare bene nessuna lingua
3. ha il senso dell'orientamento	_____
4. _____	si sperde nella sua propria città
5. non vuole chiedere indicazioni	_____
6. _____	ama la poesia
7. ama le tagliatelle, l'abbacchio, le ciliege, il vino rosso	_____
8. _____	non sa né ballare né cantare
9. fa il professore	_____
10. _____	preferisce il silenzio

1.49 Discussione in classe.

1. Secondo te, qual è il tema di questa lettura?
2. Ti è piaciuta? Perché sì/no?
3. Secondo te, sono veramente differenti gli uomini e le donne? Perché sì/no?
4. Se hai un ragazzo/una ragazza, descrivilo/la *(describe him/her)*.

PARTE 4ª

CON FANTASIA

Attività generali

1.50 Incontri. Trova un modo di reagire *(react)* alle seguenti situazioni.

1. Un amico/Un'amica ti incontra in un ascensore *(elevator)*, ma fa finta *(pretends)* di non vederti. Cosa potresti dirgli/dirle?
2. Incontri un uomo/una donna per strada che si ferma e ti saluta, ma tu non ricordi chi è. (È un tuo vecchio professore/una tua vecchia professoressa? È un amico/un'amica di famiglia?) Cerca di scoprire *(discover)* chi è senza *(without)* far capire niente.

1.51 Quanti anni hai? Svolgi i seguenti compiti comunicativi insieme a diversi compagni/diverse compagne.

ESEMPIO   Chiedi al tuo compagno/alla tua compagna quanti anni ha.
Quanti anni hai?
Ho 19 anni.

1. È sera. Saluta l'insegnante.
2. Vuoi andare a casa. Saluta gli amici ed i compagni di classe.
3. Presenta un amico/un'amica ad un altro amico/un'altra amica.
4. Presenta tuo fratello all'insegnante.

1.52 Conosci i tuoi compagni di classe? Prepara cinque o sei domande che vorresti fare *(would like to ask)* ad un compagno/una compagna di classe che ancora non conosci. Poi scegli *(choose)* un compagno/una compagna, presentati *(introduce yourself)* e fàgli/fàlle* le domande che hai preparato *(ask him/her the questions you prepared)*.

1.53 Tema. Scrivi un componimento di circa 100 parole su uno dei temi seguenti. Poi leggilo in classe e discuti le tue idee con gli altri membri della classe.

1. Salutare è cortesia, rendere il saluto è obbligo.
2. Chi trova un amico trova un tesoro.

The use of an accent mark over the first syllable of imperative verbs combined with pronouns is a written strategy to avoid possible misreading of the words.

Dal mondo italiano

1.54 Sai che cos'è un «personaggio»? Se sì, spiegalo al resto della classe.

1.55 Quali personaggi italiani famosi conosci? Indicane cinque o sei, seguendo il primo esempio.

Personaggio	Campo	Perché è famoso/famosa
1. Sofia Loren	cinema	È una delle più brave artiste del cinema.
2. _____	_____	_____
3. _____	_____	_____
4. _____	_____	_____
5. _____	_____	_____
6. _____	_____	_____

Navigare su Internet

Per ulteriori attività online, visita il seguente sito: www.wiley.com/college/danesi

1.56 Ricerche online.

1. Cerca su Internet un sito *(website)* italiano dove si possono incontrare amici nuovi. Indica alla classe quello che hai trovato.
2. Indica se ci sono siti italiani simili su Facebook o su YouTube.
3. Indica quali sono i tuoi siti preferiti e perché.

1.57 Opinioni. Come preferisci incontrare nuovi amici/nuove amiche, online o in situazioni «dal vivo»? Perché?

Michelangelo Gratton/Shutterstock

Chi è il tuo grande amore?

AVVIO

Quanto sai già?

2.1 Profili biografici. Compila *(Fill out)* il profilo biografico di ciascuna delle seguenti persone. Leggi quello della tua «persona preferita» in classe.

1. un tuo qualsiasi parente *(any relative)*
2. un tuo amico/una tua amica
3. il tuo ragazzo/la tua ragazza
4. una persona famosa
5. te stesso(-a) *(yourself)*

Nome	
Cognome	
Indirizzo	
Numero di telefono	
Prefisso *(Area code)*	
Numero di cellulare	
Indirizzo e-mail	
Sito Facebook	
Indirizzo Twitter	
Origine	
Cittadinanza	
Luogo di nascita	
Data di nascita	
Titolo di studio	
Professione	
Interessi	
Stato civile *(Marital status)*	
Nazionalità	
Esperienze di lavoro	

2.2 Intervista. Diverse coppie di studenti dovranno mettere in scena un'intervista con una persona famosa chiedendogli/le *(asking him/her)* chi è il suo grande amore e perché. La persona potrebbe essere...

1. un/un'artista del cinema
2. un personaggio televisivo
3. un/un'atleta
4. un/una cantante
5. qualsiasi altra persona famosa

Prima di leggere

2.3 Test. Rispondi e scoprirai chi sei. I grandi amori possono nascere in posti diversi: in discoteca, in spiaggia, perfino al museo. Rispondi al seguente test, scegliendo una delle alternative proposte *(suggested)*. Nella lettura che segue potrai poi leggere il profilo del tuo carattere.

Dove sogni di incontrare il tuo grande amore? Spiega la tua risposta agli altri membri della classe.

1. al fast food
2. in campeggio
3. sulle piste da sci *(ski slopes)*
4. in discoteca
5. al museo
6. in casa
7. al luna park *(amusement park)*
8. mentre corri
9. in qualche altro posto

2.4 Metti alla prova la tua conoscenza delle parole italiane.

Che cosa vuol dire...?

1. l'alleato
   a. *ally*
   b. *alley*

2. esigente
   a. *exit*
   b. *demanding*

3. iniziativa
   a. *initiative*
   b. *initiating*

4. sdolcinato
   a. *sugary*
   b. *maudlin*

5. condividere
   a. *to condition*
   b. *to share*

6. deciso
   a. *definitive*
   b. *single-minded*

7. attaccato
   a. *attached*
   b. *attacker*

8. avventuroso
   a. *adversarial*
   b. *adventurous*

9. sensibile
   a. *sensitive*
   b. *sensible*

10. rischio
    a. *risk*
    b. *risky*

Leggi attentamente i seguenti profili di un famoso psicologo.

1. Se vai spesso ad un fast food, sei una persona decisa, pratica e dinamica.
2. Se ti piace andare in campeggio, sei un tipo avventuroso e pieno di iniziative.
3. Se vai spesso a sciare sulle piste, sei un individuo esigente e cerchi un alleato/un'alleata in tutto quello che vuoi fare.
4. Se ti piace andare in discoteca con gli amici, sei una persona che ama essere al centro dell'attenzione.
5. Se ti piace andare al museo, allora sei un tipo romantico e assai sensibile.
6. Se stai sempre in casa, sei un individuo molto spontaneo e semplice, attaccato alla famiglia, e non vuoi condividere il tuo tempo con nessuno.
7. Sei vai spesso al luna park, sei una persona che cerca un partner misterioso e ti piace molto il rischio.
8. Se desideri incontrare il tuo grande amore mentre corri, cosa che ti piace fare ogni giorno, sei un tipo eccessivamente sdolcinato e sentimentale.

Applicazione

2.5 Test di comprensione. Completa ciascuna delle seguenti frasi in base al contenuto *(content)* della lettura.

Se incontrerai il tuo grande amore…

1. ad un fast food…
   a. sei una persona pratica e dinamica.
   b. sei una persona romantica e sensibile.

2. in campeggio…
   a. sei una persona esigente e sdolcinata.
   b. sei una persona avventurosa e piena di iniziative.

3. in discoteca…
   a. ti piace essere al centro dell'attenzione.
   b. ti piace il rischio.

4. in casa…
   a. sei un/un'esibizionista.
   b. sei una persona molto semplice e spontanea.

5. mentre corri…
   a. sei una persona eccessivamente sentimentale.
   b. sei una persona molto forte.

6. sulle piste da sci…
   a. sei un tipo esigente.
   b. sei un tipo sensibile.

7. al museo…
   a. sei una persona romantica e sensibile.
   b. sei una persona decisa e pratica.

8. al luna park…
   a. cerchi un partner misterioso.
   b. non vuoi condividere il tuo tempo con nessuno.

2.6 Discussione in classe. Rispondi alle seguenti domande, discutendo le tue risposte con gli altri membri della classe.

1. Credi nell'amore a prima vista? Perché sì/no?
2. Quali caratteristiche cerchi in una persona? Perché?
3. Di solito, dove vai quando esci con una persona che ti è simpatica? Al cinema, in discoteca…? Perché?
4. Credi che un incontro d'amore tramite *(by means of)* «social media» come Facebook sia *(is)* possibile?

2.7 Come sei? Descrivi te stesso(-a) selezionando le parole e le espressioni adatte e dando un esempio *(giving an example)* per ogni scelta *(choice)* che fai:

ESEMPIO esibizionista
Sono un/un'esibizionista perché quando esco mi metto sempre i vestiti più belli che ho.

pratico	semplice
dinamico	deciso
esigente	esibizionista
avventuroso	romantico
pieno di iniziative	sensibile
sentimentale	spontaneo

Vocabolario

Colori

acceso, brillante	*bright*	nero	*black*
arancione *(invariable)*	*orange*	opaco	*opaque*
azzurro	*blue*	rosa *(invariable)*	*pink*
bianco	*white*	rosso	*red*
blu *(invariable)*	*(dark) blue*	scuro	*dark*
celeste	*light blue*	spento, sbiadito	*dull*
chiaro	*light*	turchino	*turquoise*
cupo	*dark, dull*	verde	*green*
giallo	*yellow*	vibrante	*vibrant*
grigio	*gray*	viola *(invariable)*	*violet, purple*
marrone *(invariable)*	*brown*	vivace	*lively*

Applicazione

2.8 Di che colore è? Indica il colore o i colori delle cose indicate.

ESEMPIO la bandiera *(flag)* italiana
La bandiera italiana è verde, bianca e rossa.

1. i tuoi pantaloni/la tua gonna
2. di solito il cielo d'estate
3. di solito la carta
4. le margherite *(daisies)*
5. l'erba *(grass)*

6. di solito i capelli delle persone anziane *(old)*
7. le castagne *(chestnuts)*
8. la camicia dello studente/della studentessa seduto(-a) accanto a te *(next to you)*

2.9 Colori. Descrivi i seguenti colori.

ESEMPIO acceso
Un colore acceso è brillante, vivo e forte, come il «rosso acceso».

1. chiaro
2. cupo
3. opaco

4. scuro
5. spento
6. sbiadito

7. turchino
8. vibrante
9. vivace

10. blu
11. azzurro
12. celeste

GRAMMATICA

L'articolo indeterminativo

◈ The form of the indefinite article *(a, an)* varies according to the gender and initial sound of the noun or adjective it precedes:

Masculine	Feminine
uno	**una**
before z, s + cons., gn, ps, x, i + vowel	*before any consonant*
uno zero *(a zero)*	una spiaggia *(a beach)*
uno sbaglio *(a mistake)*	una discoteca *(a disco)*
uno gnocco *(a dumpling)*	una giornata *(a day)*
uno pseudonimo *(a pseudonym)*	una festa *(a party)*
uno psicologo *(a psychologist)*	una città *(a city)*
uno xilofono *(a xylophone)*	una zia *(an aunt)*
uno iogurt *(a yogurt)*	una psicologa *(a psychologist)*
un	**un'**
before any other sound (vowel or consonant)	*before any vowel*
un museo *(a museum)*	un'iniziativa *(an initiative)*
un angolo *(a corner)*	un'amica *(a friend)*

◈ The apostrophe is used by convention only in the feminine: **un amico** vs. **un'amica**.

◈ The article form must be adjusted to the first sound of any adjective that precedes the noun:

un'amica simpatica   vs.   **una simpatica amica**
uno studente bravo   vs.   **un bravo studente**

Applicazione

2.10 Test di grammatica. Qual è la forma dell'articolo inderminativo adatta?

> **ESEMPI**   amica
> **un'amica**
>
> grande amica
> **una grande amica**

1. museo
2. sbaglio
3. iogurt
4. simpatico studente
5. zero
6. grande festa
7. psicologo
8. bravo psicologo
9. arancia
10. orologio
11. discoteca
12. spiaggia
13. xilofono

2.11 Autoesame. Dove vorresti incontrare il tuo grande amore? Completa ciascun profilo con le forme appropriate dell'articolo indeterminativo.

1. *Al fast food!*

   Sei _____ persona pratica e dinamica. Sogni il tuo incontro in _____ ambiente simile a quello che frequenti in città.

2. *Sulle piste!*

   Cerchi _____ alleato, _____ amico e _____ complice nel tuo partner, così come cerchi _____ alleata, _____ amica e _____ complice nella tua compagna di classe.

3. *Al museo!*

   Pretendi dal tuo/dalla tua partner _____ perfetta identità di vedute. Lui/Lei, invece, non pretende _____ identità simile.

Gli aggettivi qualificativi (prima parte)

◈ The color terms introduced above are generally used as descriptive adjectives. As you may recall from your previous study of Italian, descriptive adjectives generally follow the noun they modify and agree with it in gender and number. There are three patterns to keep in mind.

- If the adjective ends in **-o** (**rosso**), the ending changes as follows.

	Masculine	Feminine
Singular	-o il vestito *(dress)* **rosso** il fiore *(flower)* **rosso**	-a la matita *(pencil)* **rossa** la parete *(wall, partition)* **rossa**
Plural	-i i vestiti **rossi** i fiori **rossi**	-e le matite **rosse** le pareti **rosse**

- If the adjective ends in **-e** (**verde**), the ending changes as follows.

	Masculine	Feminine
Singular	-e l'abito *(suit)* **verde** il fiore **verde**	-e la gonna *(skirt)* **verde** la parete **verde**
Plural	-i gli abiti **verdi** i fiori **verdi**	-i le gonne **verdi** le pareti **verdi**

- Some adjectives are invariable (**blu**), so no changes are required.

	Masculine	Feminine
Singular	l'abito **blu** il fiore **viola**	la gonna **blu** la parete **viola**
Plural	gli abiti **marrone** i fiori **viola**	le gonne **marrone** le pareti **viola**

Applicazione

2.12 Un po' di traduzione. Traduci il colore indicato in italiano, mettendo l'articolo indeterminativo davanti alla frase che ne risulta *(which results from it)*. Infine, volgi la frase al plurale come nell'esempio.

ESEMPIO　　*black* giacca
una giacca nera
due giacche nere

1. *green* camicia	7. *black* abito	13. *dark* impermeabile *(overcoat)*
2. *blue* abito	8. *bright* camicia	14. *dull* maglia *(sweater)*
3. *yellow* fiore	9. *orange* giacca	15. *turquoise* vaso *(vase)*
4. *brown* gonna	10. *light* cappotto *(coat)*	16. *vibrant* camicia
5. *purple* vestito	11. *gray* maglietta *(T-shirt)*	17. *lively* gonna
6. *white* parete	12. *pink* sciarpa *(scarf)*	

2.13 Messa in scena. Con un compagno/una compagna, mettete in scena la seguente situazione.

Non vedi un amico/un'amica da molto tempo. Allora gli/le scrivi un SMS *(text message)* nel quale *(which)* gli/le dai appuntamento per un incontro. Nel messaggio devi dire come sarai vestito(-a). Non dimenticare di descrivere i colori del tuo vestito.

COMUNICAZIONE

Parlare di sé

il nome	*first name, name in general*
il cognome	*surname, family name*
chiamarsi	*to be called*
mi chiamo…	*my name is . . .*
l'indirizzo	*address*
la via	*street*
il corso	*avenue*
la piazza	*square*
il telefono	*phone*
il cellulare	*cellphone*
il numero telefonico	*phone number*
il prefisso	*area code*
fare (digitare) il numero	*to dial*
l'e-mail *(f)*	*e-mail*
il sito personale	*personal website*
l'SMS	*text message*
il dispositvo digitale	*digital device*
la data di nascita	*date of birth*
il luogo di nascita	*place of birth*
l'età	*age*
Sono nato(-a) il 15 settembre	*I was born on September 15*
Ho … anni	*I am . . . years old*

Applicazione

2.14 Lucia Signorelli. Completa il seguente modulo *(application form)* e poi rispondi alle domande che seguono.

Nome	Lucia
	Signorelli
	(02) 24-46-78
	4 aprile 1998
	Via Verdi, 5
	lsignorelli@hotmail.it

1. Come si chiama la persona che ha compilato *(filled out)* il modulo?
2. Qual è il suo numero di telefono? E il suo prefisso?
3. Qual è il suo indirizzo e-mail?
4. Quando è nata?
5. Quanti anni ha?
6. Dove abita?

2.15 Tocca a te! Adesso indica i tuoi dati personali.

ESEMPIO nome
Il mio nome è Debbie. / Mi chiamo Debbie.

1. nome
2. cognome
3. indirizzo
4. e-mail
5. sito personale
6. numero di telefono
7. numero di cellulare
8. sito Facebook
9. indirizzo Twitter
10. data di nascita
11. luogo di nascita
12. età

2.16 Giochiamo con gli aggettivi. Descrivi la tua personalità, servendoti degli *(making use of)* aggettivi seguenti.

ambizioso	curioso	indeciso	ribelle *(rebellious)*
attivo	deciso	individualista	sincero
avaro *(greedy)*	dinamico	leale *(loyal)*	superficiale
buono	fedele *(faithful)*	ostinato *(obstinate)*	timido *(shy)*
cattivo	generoso	paziente	
coraggioso	impaziente	pigro *(lazy)*	

2.17 Descrizioni. Adesso descrivi il carattere di una persona a te cara *(who is dear to you)*.

NOTA CULTURALE

Il dolce stil nuovo

La poesia è il veicolo letterario *(literary vehicle)* più antico e idoneo *(best suited)* per esprimere l'amore. Una scuola poetica, col nome di «dolce stil nuovo», nasce in Italia tra la fine del Duecento *(the 1200s)* e i primi anni del Trecento *(the 1300s)*, quando poeti come Dante sviluppano *(develop)* uno stile elevato, adatto alla trattazione *(treatment)* di temi come l'amore spirituale e la «donna-angelo» *(angel-woman)*.

L'espressione «dolce stil novo» viene usata *(is used)* per la prima volta da Dante (nel *Purgatorio*, XXIV, 57).

Applicazione

2.18 Ricordi quello che hai letto? Rispondi alle seguenti domande.

1. Che cos'è il dolce stil nuovo?
2. Quando nasce in Italia?
3. Sai chi era Dante (Alighieri)? Se sì, indica la sua importanza per la cultura italiana alla classe.
4. Che cosa è, secondo te, una «donna-angelo»?

2.19 Sei poeta? Scrivi una poesia d'amore di 4-6 righe *(lines)*. Poi leggila alla classe.

MOMENTO CREATIVO

Con un compagno/una compagna mettete in scena una delle seguenti situazioni.

1. In una discoteca un ragazzo chiede ad una ragazza di ballare, ma lei non vuole ballare con lui. Per non offenderlo, la ragazza trova una scusa.
2. In un fast food una ragazza vede un ragazzo di cui è innamorata *(in love)*. Lui, però, non la sopporta *(can't stand her)*. Lei lo invita a uscire insieme. Lui rifiuta l'invito trovando una scusa.

AVVIO

Quanto sai già?

2.20 La canzone italiana. Rispondi alle seguenti domande.

1. Sai che cos'è il Festival di Sanremo? Se sì, descrivilo alla classe.
2. Sai chi è Tony Dallara? Se sì, indica alla classe chi è.
3. Che cosa significa, secondo te, «urlare» *(to scream)* una canzone?

2.21 Quali canzonette popolari italiane conosci? Indica alla classe quelle che conosci, descrivendole *(describing them)* e specificando perché ti piacciono.

Prima di leggere

2.22 Metti alla prova la tua conoscenza dell'italiano. Quali delle seguenti parole ed espressioni conosci? Spiega quelle che conosci alla classe.

1. come prima
2. gli anni Cinquanta
3. il ritornello
4. un disco
5. volere bene a qualcuno
6. titolo di una canzone

Lettura *Come prima*

La classe dovrà leggere la storia e le parole di *Come prima*, una canzone di Tony Dallara, che era molto popolare alla fine degli anni Cinquanta *(1950s)*. Poi dovrà cercare la canzone su YouTube, ascoltandola tutti insieme (se possibile). È molto, molto romantica.

Come prima, più di prima, t'amerò.

È il ritornello di *Come prima*, che nel dicembre del 1957 rivoluziona il mondo della canzone italiana. Tony Dallara, infatti, non canta, ma «urla» *(screams)* la sua canzone. In pochi mesi vende oltre quattrocentomila dischi, un record per quei tempi. All'inizio del 1958, tutti gli italiani cantano la canzone:

Il mio mondo, tutto il mondo sei per me,
a nessuno voglio bene come a te.

Che canzone romantica! «Romantica» come il titolo della canzone con cui Dallara vincerà il Festival di Sanremo nel 1960.

From *Come prima*, by M. Panzeri - E. Di Paola - S. Taccani. © 1957 La Cicala Casa Editrice Musicale S.r.l, Galleria del Corso 4, 20122 Milan, Italy. All rights reserved worldwide. Courtesy of La Cicala Casa Editrice Musicale S.r.l.

Applicazione

2.23 Discussione in classe. Rispondi alle seguenti domande.

1. Hai ascoltato la canzone? Ti è piaciuta? Perché sì/no?
2. Indica quali sono le parole o le espressioni più romantiche nella canzone e perché, secondo te, sono romantiche.
3. Conosci qualche altra canzone italiana degli anni Cinquanta, altrettanto *(just as)* romantica? Come s'intitola? Chi la canta?
4. Quali sono le differenze, secondo te, tra le canzoni romantiche degli anni Cinquanta e quelle romantiche di oggi? Quale stile preferisci?

Vocabolario

Uso metaforico dei colori

diventare rosso(-a)	*to become embarrassed*
essere al verde	*to be broke*
essere di umore nero	*to be in a bad mood*
romanzo giallo	*mystery novel*
farne di tutti i colori	*to cause a lot of trouble*
principe azzurro	*Prince Charming*
mosca bianca	*rare person (thing)*
numero verde	*1-800 number*
passare una notte in bianco	*to spend a sleepless night*
vedere rosso	*to be extremely angry*

Applicazione

2.24 Al fast food. Sei con un compagno/una compagna. State chiacchierando *(chatting)* mentre state mangiando. Completate il dialogo.

1. Perché sei sempre di umore _____?
2. Perché sono quasi sempre al _____. E tu?
3. Ultimamente, mia sorella ne sta facendo di tutti i _____! Ieri mi ha fatto passare una notte _____! Ha passato tutta la notte inviando SMS al suo principe _____. Mi fa _____ rosso!

2.25 Discussione in classe. Rispondi alle seguenti domande.

1. Sei una persona che diventa rossa facilmente? Perché sì/no?
2. Di solito, quando sei di umore nero?
3. Tu credi nel «principe azzurro»? Perché sì/no?
4. Di solito, perché uno studente/una studentessa passa la notte in bianco?
5. Conosci qualche numero verde importante? Quale?
6. Da' qualche esempio di «mosche bianche».

Il congiuntivo presente

◈ The present subjunctive of regular verbs is formed by dropping the infinitive suffixes of the infinitives and adding the following endings. Note, as in the case of the present indicative, the use of **-isc-** for some third conjugation verbs:

	amare (to love)	chiedere (to ask for)	scoprire (to discover)	capire (to understand)
io	am**i**	chied**a**	scopr**a**	cap**isca**
tu	am**i**	chied**a**	scopr**a**	cap**isca**
lui/lei/Lei	am**i**	chied**a**	scopr**a**	cap**isca**
noi	am**iamo**	chied**iamo**	scopr**iamo**	cap**iamo**
voi	am**iate**	chied**iate**	scopr**iate**	cap**iate**
loro/Loro	am**ino**	chied**ano**	scopr**ano**	cap**iscano**

◈ As was the case for the present indicative, in the conjugation of verbs whose infinitive ends in **-care** and **-gare** an **h** is written before an **i**-ending, indicating that the hard sounds are to be retained. As can be seen, the **h** (in this case) is required throughout the conjugation.

cercare: (io) cerchi, (tu) cerchi, (lui/lei/Lei) cerchi, (noi) cerchiamo, (voi) cerchiate, (loro/Loro) cerchino

pagare: (io) paghi, (tu) paghi, (lui/lei/Lei) paghi, (noi) paghiamo, (voi) paghiate, (loro/Loro) paghino

◈ In the conjugation of verbs ending in **-ciare** and **-giare** only one **i** is written.

cominciare: (io) cominci, (tu) cominci, (lui/lei/Lei) cominci, (noi) cominciamo, (voi) cominciate, (loro/Loro) comincino

mangiare: (io) mangi, (tu) mangi, (lui/lei/Lei) mangi, (noi) mangiamo, (voi) mangiate, (loro/Loro) mangino

◈ In the conjugation of **-iare** verbs only one **i** is written, unless the **i** is stressed. Look carefully at the conjugations given below.

Unstressed

sbagliare: (io) sbagli, (tu) sbagli, (lui/lei/Lei) sbagli, (noi) sbagliamo, (voi) sbagliate, (loro/Loro) sbaglino

Stressed

inviare: (io) invii, (tu) invii, (lui/lei/Lei) invii, (noi) inviamo, (voi) inviate, (loro/Loro) inviino

◈ Because various endings are identical, it might be necessary to use the subject pronouns more than with present indicative verbs, so as to avoid confusion.

Penso che lui sbagli, non lei. *I think that he is wrong, not her.*
Vogliamo che tu capisca. *We want you to understand.*

Applicazione

2.26 Botta e risposta. Rispondi alle domande iniziando la tua risposta con le frasi tra parentesi, le quali reggono il congiuntivo *(which hold the subjunctive)*. Segui l'esempio.

ESEMPIO   Piero frequenta quel ristorante? (sembra che)
           Sembra che Piero frequenti quel ristorante.

1. Costa molto andare ai ristoranti oggi? (credo che)
2. Maria pretende molto dal suo ragazzo? (pare che)
3. Al bar pagano sempre loro? (dubito che)
4. Risponde sempre Lucia al telefono? (è probabile che)
5. Monica studia spesso con Marianna? (penso che)
6. Loro inviano sempre molti SMS? (è possibile che)
7. John capisce l'italiano? (non so se)
8. Giovanni mangia spesso al fast food? (sembra che)
9. I ragazzi partono domani per il campeggio? (credo che)
10. I tuoi amici sciano? (non so se)
11. Loro cercano lavoro? (credo che)

2.27 Usiamo il congiuntivo! Per ciascuno dei seguenti verbi, inventa una frase al congiuntivo.

ESEMPIO   studiare
           Penso che gli studenti di questa classe studino molto.

1. inviare
2. sbagliare
3. cominciare
4. cercare
5. preferire
6. finire
7. dormire

Verbi irregolari

◈ The same verbs that are irregular in the present indicative are irregular in the present subjunctive. As in the previous chapter, the order of the forms given below follows the sequence: (io), (tu), (lui/lei/Lei), (noi), (voi), (loro/Loro).

andare *(to go)*	vada, vada, vada, andiamo, andiate, vadano
avere *(to have)*	abbia, abbia, abbia, abbiamo, abbiate, abbiano
bere *(to drink)*	beva, beva, beva, beviamo, beviate, bevano
dare *(to give)*	dia, dia, dia, diamo, diate, diano
dire *(to say, tell)*	dica, dica, dica, diciamo, diciate, dicano
dovere *(to have to)*	deva/debba, deva/debba, deva/debba, dobbiamo, dobbiate, devano/debbano
essere *(to be)*	sia, sia, sia, siamo, siate, siano
fare *(to do, make)*	faccia, faccia, faccia, facciamo, facciate, facciano
potere *(to be able to)*	possa, possa, possa, possiamo, possiate, possano
rimanere *(to stay, remain)*	rimanga, rimanga, rimanga, rimaniamo, rimaniate, rimangano
salire *(to go up)*	salga, salga, salga, saliamo, saliate, salgano
sapere *(to know)*	sappia, sappia, sappia, sappiamo, sappiate, sappiano
stare *(to stay)*	stia, stia, stia, stiamo, stiate, stiano
tenere *(to keep, hold)*	tenga, tenga, tenga, teniamo, teniate, tengano
uscire *(to go out)*	esca, esca, esca, usciamo, usciate, escano
venire *(to come)*	venga, venga, venga, veniamo, veniate, vengano
volere *(to want)*	voglia, voglia, voglia, vogliamo, vogliate, vogliano

Applicazione

2.28 Consigli. Scrivi un blog per giovani, nel quale dai consigli *(you give advice)* ai tuoi lettori. Ecco i consigli che dovrai dare adesso e come li dovrai dare *(and how you should give them)* tra parentesi. Nota che ogni frase tra parentesi regge il congiuntivo. Segui l'esempio.

ESEMPIO   dire sempre la verità (essere importante che)
        È importante che tu dica sempre la verità.

1. essere deciso(-a) (essere necessario che)
2. non dare importanza alle opinioni degli altri (bisognare che)
3. sapere con chi vai (essere essenziale che)
4. avere un rapporto aperto (essere importante che)
5. fare molte cose con la persona amata (essere necessario che)
6. uscire più spesso con il tuo grande amore (essere importante che)
7. stare più calmo(-a) (essere necessario che)
8. andare con il tuo amore in vacanza (essere consigliabile *(advisable)* che)
9. volere sempre bene al tuo/alla tua partner (bisognare che)
10. tenere tutto questo in mente (essere importante che)

2.29 Tocca a te! Adesso continua il blog liberamente, usando ciascuno dei seguenti verbi al congiuntivo.

> **ESEMPIO**   uscire
> **È importante che tu e il tuo/la tua partner usciate insieme spesso.**

1.	uscire	6.	conoscere	11.	potere
2.	venire	7.	preferire	12.	dire
3.	volere	8.	amare	13.	bere
4.	tenere	9.	salire	14.	andare
5.	sapere	10.	fare	15.	avere

Usi del congiuntivo

◈ The present subjunctive has the same kind of communicative function as the present indicative. It allows you to speak in the present and to talk about continuous actions or states. The difference is that the subjunctive allows you to add perspective, point of view, belief, doubt, and so on, to your utterance. In other words, the indicative is all about facts, the subjunctive about opinions or *non-facts*.

Indicative	Subjunctive
So che Giovanni è un tipo pratico. *I know that John is a practical type.*	Credo che Giovanni sia un tipo pratico. *I believe that John is a practical type.*
È proprio vero che l'insegnante sa tutto. *It's really true that the instructor knows everything.*	Non è possibile che l'insegnante sappia tutto. *It's not possible that the instructor knows everything.*
Tutti dicono che Marco ama Maria. *Everyone says that Marco loves Maria.*	Tutti pensano che Marco ami Maria. *Everyone thinks that Marco loves Mary.*

◈ Note that the subjunctive is used in dependent clauses (that is, those that follow conjunctions such as **che**). It is thus dependent on verbs in the main clause (those that precede **che**). Here are some verbs and verb phrases that require the subjunctive when they are in the main clause.

avere paura *(to be afraid)*	preferire *(to prefer)*
credere *(to believe)*	ritenere *(to maintain) (conjugated like* tenere*)*
desiderare *(to desire)*	sembrare *(to seem)*
dubitare *(to doubt)*	sospettare *(to suspect)*
esigere *(to demand, expect)*	sperare *(to hope)*
immaginare *(to imagine)*	temere *(to fear)*
pensare *(to think)*	volere *(to want)*

◈ When the antecedent (noun or noun phrase) in the main clause is the same in the dependent clause, then the infinitive form (preceded by **di**) is used instead of the subjunctive.

Different antecedent	Same antecedent
Gina crede che tu sia dinamico. *Gina believes that you are dynamic.*	Gina crede di essere dinamica. *Gina believes that she (herself) is dynamic.*
Tu dubiti che io sia pratico. *You doubt that I am practical.*	Tu dubiti di essere pratico. *You doubt that you (yourself) are practical.*
Io spero che tu venga domani. *I hope that you are coming tomorrow.*	Io spero di venire domani. *I hope to come tomorrow.*

Applicazione

2.30 Cos'hai detto a tua sorella? Ecco quello che hai detto a tua sorella circa *(about)* il suo nuovo partner. Purtroppo, mancano i verbi indicati. Inserisci *(Insert)* i verbi negli spazi, mettendoli al presente indicativo, al presente congiuntivo o all'infinito, secondo il caso *(as the case may require)*.

1. dire
   (a) Il tuo partner ti _____ sempre la verità?
   (b) Hai paura che il tuo partner non ti _____ mai la verità?
   (c) Tu non vuoi sempre _____ la verità al tuo partner, non è vero?

2. sapere
   (a) Pensi che il tuo partner _____ tutto su di te *(about you)*?
   (b) Pensi _____ tutto sul tuo partner?
   (c) Il tuo partner non _____ proprio niente su di te, non è vero?

3. avere
   (a) È vero che il tuo partner _____ intenzione di sposarti *(intends to marry you)*?
   (b) Temi che il tuo partner _____ paura di sposarti?
   (c) Tu credi _____ un buon rapporto col tuo partner, vero?

4. essere
   (a) Il tuo partner capisce che tu _____ esigente in amore?
   (b) Tu ritieni _____ esigente in amore?
   (c) Tu speri che il tuo partner non _____ esigente in amore?

2.31 **Trasformazioni.** Riscrivi ciascuna frase usando i verbi e le frasi tra parentesi. Segui l'esempio.

> **ESEMPIO**   Io sono italiana. (loro credono che)
> **Loro credono che io sia italiana.**

1. Loro vanno al campeggio domani. (io dubito che)
2. Lui è un tipo pratico. (io non credo che)
3. Noi siamo italiani. (lui pensa che)
4. Tu sei una persona sensibile e romantica. (lui immagina che)
5. Voi non frequentate quell'ambiente. (noi preferiamo che)
6. Io studio molto. (i miei genitori esigono che)
7. Noi abbiamo ragione. (voi temete che)
8. Io faccio troppe cose. (tu ritieni che)
9. Loro cercano nuovi amici. (io sospetto che)
10. Io vengo alla festa. (tu speri che)

2.32 **Cosa ne pensi?** Esprimi la tua opinione sui seguenti proverbi o detti *(sayings)*.

> **ESEMPIO**   I baci dell'amore sono dolci.
> **Sì, è vero che i baci dell'amore sono dolci.**
> **Dubito che i baci dell'amore siano dolci.**

1. L'amore è cieco. *(Love is blind.)*
2. Il primo amore non si scorda mai. *(One's first love is never forgotten.)*
3. Gli amici si riconoscono nelle avversità. *(A friend in need is a friend indeed.)*

Piacere

◈ The present indicative and subjunctive forms of the verb **piacere** are:

Indicative   piaccio, piaci, piace, piacciamo, piacete, piacciono
Subjunctive   piaccia, piaccia, piaccia, piacciamo, piacciate, piacciano

◈ Recall from your previous study of Italian that the verb **piacere** renders the idea of *to like*, but that it really means *to be pleasing to*. For this reason, it is useful to "rearrange" sentences mentally when using it:

> *Johnny likes Claudia.*
>
> | *Claudia* | *is pleasing* | *to Johnny.* |
> |---|---|---|
> | Claudia | piace | a Gianni. |
>
> *I like you.*
>
> | *You* | *are pleasing* | *to me.* |
> |---|---|---|
> | (Tu) | piaci | a me. |

◈ Such sentences can also be rearranged or reformulated as follows:

Claudia piace a Gianni.	=	A Gianni piace Claudia.
(Tu) piaci a me.	=	(Tu) mi piaci.

◆ To use **piacere**, therefore, you will need to recall the indirect object pronouns. These will be described more fully in chapter 7. If you have forgotten them, they are as follows.

Before the verb	After the verb	
mi	a me	*to me*
ti	a te	*to you (fam, sing)*
gli	a lui	*to him*
le	a lei	*to her*
Le	a Lei	*to you (pol, sing)*
ci	a noi	*to us*
vi	a voi	*to you (pl)*
gli	a loro	*to them*

◆ The forms that come after the verb (**a me**, **a te**, and so on) are used:

- If more than one object pronoun is involved.

  I like Claudia, you don't.

Claudia	*is pleasing*	*to me,*	*not to you.*
Claudia	piace	**a me,**	non **a te**.

- To avoid confusion.

  I like her, but she doesn't like me.

She	*is pleasing*	*to me,*	*but*	*I am not pleasing*	*to her.*
Lei	piace	**a me,**	ma	io non piaccio	**a lei**.

- To resolve potential ambiguities.

  Gli piace = Piace **a lui**   *or* Piace **a loro**.

- After words such as **anche** and **solo**.

  Questa pizza piace **anche a me**.   = *I also like this pizza.*

◆ Note that **piacere** can also be followed by an infinitive in constructions such as:

Mi piace andare al cinema.   *I like going (to go) to the movies.*
Non ci piace mangiare tardi.   *We do not like eating late.*

◆ Finally, when referring to people, the expression **essere simpatico(-a)** is sometimes preferable to **piacere**. It means literally *to be pleasing to*. It can also translate *to be fond of.*

Gianni mi piace.   Gianni mi è simpatico.
I like Gianni.   *I like Gianni. / I am fond of Gianni.*

I tuoi amici non ci piacciono.   I tuoi amici non ci sono simpatici.
We do not like your friends.   *We do no like your friends. / We are not fond of your friends.*

Le tue amiche gli piacciono.   Le tue amiche gli sono simpatiche.
He likes your friends.   *He likes your friends. / He is fond of your friends.*

Applicazione

2.33 Ti piace? Prima chiedi ad un compagno/una compagna se gli/le piace la cosa indicata. Il compagno/la compagna risponderà in modo appropriato. Poi chiedi all'insegnante la stessa cosa. Anche lui o lei risponderà in modo appropriato.

ESEMPI   le patatine fritte

Debbie, ti piacciono le patatine fritte?

Sì, mi piacciono. / No, non mi piacciono.

Professore/Professoressa, Le piacciono le patatine fritte?

Sì, piacciono anche a me. / No, non mi piacciono.

1. andare in campeggio
2. le feste
3. la canzone di Tony Dallara
4. andare in discoteca
5. le nuove canzoni popolari
6. il Festival di Sanremo

2.34 Sì, gli piace! Adesso chiedi ad un compagno/una compagna se la persona indicata a sinistra *(to the left)* piace alla persona indicata a destra *(to the right)*. Il compagno/la compagna dovrà rispondere utilizzando i pronomi di complemento come nell'esempio.

ESEMPIO   Maria/a Mario

Maria piace a Mario?

Sì, gli piace. / No, non gli piace.

1. Nora/a Gino
2. Gino/a tua sorella
3. Paola e Giovanna/a quei ragazzi
4. l'insegnante/a Debbie
5. la sorella di Franco/ai tuoi amici
6. i cantanti moderni/all'insegnante
7. il corso d'italiano/a tuo fratello

2.35 Come si dice? Esprimi le seguenti cose in due modi.

ESEMPIO   I like her.

Lei mi piace.

Lei mi è simpatica.

1. We like them.
2. The teacher likes the students.
3. My friend likes you *(pl)*.
4. Your sister likes us.
5. Claudia likes Mark, but he doesn't like her.
6. Mark likes Mary, but she likes Francesco.

2.36 Esprimi la tua opinione! Completa ogni frase in modo appropriato.

1. Mi piace il corso d'italiano perché…
2. Ai miei genitori non piacciono le canzoni moderne perché…
3. La classe d'italiano non piace all'insegnante quando…
4. Io non sono simpatico(-a) alla gente quando…
5. Il mio amico/la mia amica non mi è simpatico(-a) quando…

COMUNICAZIONE

Esprimere diversi sentimenti

Concepts	Expressions
dislike	Quella persona non mi piace/non mi è simpatica. *I dislike (do not like) that person.*
dislike more strongly	**odiare** *(to hate)* Odio il caffè senza zucchero. *I hate coffee without sugar.* **detestare** *(to detest)* Tutti gli studenti detestano gli esami. *All students detest exams.* **sopportare** *(to bear, stand)* Non sopporto le persone fastidiose. *I can't stand fastidious people.*
to be sorry, to mind	Mi dispiace, ma non hai ragione. *I'm sorry, but you're wrong.* Anche a noi dispiace. *We're sorry too.* Ti dispiace fare questo? *Do you mind doing this?* No, non mi dispiace. *No, I don't mind.*
anger, offence, indignation	Ma come? *What do you mean?* Non sono affari tuoi *(fam)*/suoi *(pol)* *It's none of your business!* E con ciò? *And so?* Ma che dici *(fam)*/dice *(pol)*? *What are you saying?*
happiness, approval	Che bello! *How nice!* **essere contento(-a)** *(to be happy)* **essere soddisfatto(-a)** *(to be satisfied)*
mood	**essere giù** *(to be down)* **essere su** *(to be up)*
fear	**avere paura** *(to be afraid)* **temere** *(to fear)*
hope	**sperare** *(to hope)*

Applicazione

2.37 Come si dice in italiano? Un tuo amico che non parla italiano ti chiede come si dicono alcune cose in italiano. Aiutalo.

Come si dice…?

1. I don't like this house.
2. I hate this color.
3. I'm sorry, but I can't come.
4. It's none of your business.
5. What are they saying?
6. I'm down today.
7. I'm up today.
8. I'm afraid to speak English.
9. I can't stand fastidious people.
10. I don't mind speaking French.
11. It's none of my business.
12. What do you mean?
13. And so?
14. What are you saying?
15. How nice!
16. I hope you are right.

2.38 Sentimenti. Secondo te, quali sono i sentimenti più importanti nella vita? Giustifica le tue scelte.

NOTA CULTURALE

Il matrimonio in Italia

ArrowStudio, LLC/Shutterstock

La legge italiana stabilisce *(establishes)* che «con il matrimonio il marito e la moglie acquistano gli stessi diritti *(rights)* e assumono i medesimi *(the same)* doveri *(duties)*» (art. 143cc.). Oggi la moglie mantiene generalmente il suo cognome. Quindi, nell'Italia moderna la figura del «capofamiglia» *(head of the family)* non c'è più.

Come in America, il matrimonio è celebrato alla presenza di *(in the presence of)* un ufficiale dello stato civile o di un ministro religioso. La cerimonia religiosa ha anche effetti civili *(civil force)*. La cerimonia del matrimonio si chiama «sposalizio». I futuri sposi annunciano il matrimonio con «le partecipazioni» *(invitations)*. Dopo la cerimonia, «i novelli sposi» o «gli sposini» *(newlyweds)* vanno in «luna di miele» (detto anche «viaggio di nozze»).

2.39 Indovinello! Come si chiama...?

1. l'accordo tra un uomo e una donna celebrato alla presenza di un ministro religioso.
2. i biglietti con cui i futuri sposi annunciano il matrimonio.
3. il viaggio intrapreso dagli sposi subito dopo la cerimonia matrimoniale.
4. la cerimonia del matrimonio.

2.40 Il tuo matrimonio ideale. Rispondi alle seguenti domande.

1. Che tipo di matrimonio (tipo di cerimonia, ricevimento, ecc.) sogni?
2. Dove vuoi andare in luna di miele?
3. A chi manderai le partecipazioni?
4. Quanti figli pensi di avere?

2.41 L'uomo/la donna dei miei sogni. Descrivi l'uomo/la donna dei tuoi sogni, utilizzando le parole seguenti nelle loro forme appropriate.

Fisico: alto, basso, tarchiato *(stocky)*, magro, grasso, snello...

Capelli: neri, castani *(brown)*, rossi, biondi, grigi, bianchi, lisci *(straight)*, ricci *(curly)*...

Carattere: gentile, intelligente, socievole, curioso(-a), sensibile...

Altro: ...

MOMENTO CREATIVO ▬▬▬

Con un compagno/una compagna, scrivete diverse parole per la canzone *Come prima*, ritenendo *(maintaining)* lo stesso ritmo e la stessa melodia. Buona fortuna!

PARTE 3ª

DALLA LETTERATURA ITALIANA ▬▬▬

Prima di leggere

2.42 Opinioni, esperienze e punti di vista personali. Rispondi alle seguenti domande. Poi discuti le tue risposte con gli altri membri della classe.

1. Secondo te, che cosa cercano i giovani di oggi riguardo all'amore?
2. Come affronti il futuro? Con trepidazione *(apprehension, anxiety)*? Con tranquillità *(with confidence)*? Con indifferenza?
3. Pensi che il matrimonio oggi sia cambiato? Perché sì/no?
4. In che tipo di mondo pensi che cresceranno *(will grow up)* i tuoi figli?
5. Che cosa significano per te le seguenti parole: **lavoro, carriera, religione, amore**?

Un giorno disperatamente piansi[1] prendendo la decisione di restare sola. Era paura: la paura di chi ha vissuto continuamente in bilico[2] tra il bisogno di libertà e il bisogno di sicurezza, la paura di diventare adulta per sempre.

Ora sono qui, avendo da poco compiuto trent'anni e assolutamente trepidante[3] per il mio avvenire[4] come un'adolescente; non tanto perché io per questo domani abbia speranze o timori, quanto perché ritengo che questo mio domani sia già l'oggi di molte donne nate dopo di me e che la libertà l'hanno avuta in dono[5] dal tempo in cui viviamo. Mia figlia crescerà in un mondo che ha camminato, a dispetto del[6] mio isolamento e della mia infelicità; a lei vorrei lasciare qualcosa perché non si smarrisca[7] come è accaduto a me per pregiudizio e paura. Voglio che viva libera in luoghi dove si possa essere liberi, conoscendo il significato di questa parola.

Per anni ho sentito parole agitarsi dentro di me, parole che non potevo afferrare[8] perché la mia vita era simile alla morte, perché ogni giorno mi sforzavo[9] di ascoltare altre parole: ubbidienza, sacrificio, gratitudine, lavoro, onestà, castità, maldicenza, verginità, educazione, prestigio, carriera, autorità, religione, dovere, dovere, dovere… mentre io sempre pensavo a una parola sola, importante: amore.

Amore materno, amore filiale, amore spirituale, amore casto, amore legittimo, amore carnale, amore sbagliato, amore malato, amore perverso, amore coniugale, amore adolescente, amore responsabile, amore distruttivo, amore costruttivo, amore posseduto e subito perduto, amore impossibile.

Ora questa montagna di parole si è condensata ed è esplosa: non sarò mai più la stessa, ma voglio essere me stessa.

From Carla Cerati, "Amore", in Un matrimonio perfetto. © Copyright Marsilio Editori: Venezia, 2005. Reprinted by permission of Marsilio.

[1]*I cried* [2]*of someone who has continuously lived on the edge* [3]*fearful, anxious* [4]*future* [5]*as a gift* [6]*despite* [7]*gets lost (**smarrire** to get lost)* [8]*grasp* [9]*I forced myself*

Applicazione

2.43 Ricordi quello che hai letto? Rispondi alle domande con frasi complete.

1. Di che cosa ha paura la narratrice?
2. Quanti anni ha appena compiuto nel racconto *(story)*?
3. Perché la vita della narratrice era «simile alla morte»?
4. A quale parola pensava sempre? Perché?
5. Quali erano le altre parole che lei doveva ascoltare? Spiega ciascuna liberamente.
6. La narratrice è ancora la stessa persona?
7. Quali tipi d'amore menziona? Spiega ciascuno liberamente.
8. Secondo te, che tipo di persona è la narratrice?

2.44 Inserisci le parole mancanti. Dalla seguente parafrasi della lettura mancano diverse parole. Inseriscile negli spazi *(Insert them in the spaces)* usando la forma adatta.

Un giorno la narratrice prese *(took)* la decisione di restare _____. Aveva paura di diventare _____ per sempre. Adesso _____ trent'anni ed è assolutamente _____ per il suo avvenire. Ritiene che il suo domani _____ già l'oggi di molte donne. Per anni ha sentito parole agitarsi dentro di sé *(inside herself)* che non poteva _____, perché lei pensava sempre a una parola sola, importante: _____. Ora vuole soltanto essere se _____.

2.45 Riassunto. Riassumi la lettura senza rileggerla. Poi confronta *(compare)* il tuo lavoro con quello di un compagno/una compagna. Chi è riuscito(-a) a fornire il riassunto più preciso, più dettagliato? Tu o il tuo compagno/la tua compagna?

PARTE 4ª

CON FANTASIA
Attività generali

2.46 I tuoi desideri. Elenca *(List)* cinque desideri *(desires, wishes)* che tu hai. Poi paragona i tuoi desideri con quelli degli altri studenti della classe.

2.47 Ti piacciono? Indica se le seguenti persone ti piacciono o no. Poi spiega la tua risposta.

> **ESEMPIO** le persone semplici
> **Sì, le persone semplici mi piacciono, perché non è difficile renderle contente** *(to make them happy)*.
> **No, le persone semplici non mi piacciono, perché hanno un carattere troppo prevedibile.**

1. le persone esigenti
2. le persone che vivono in bilico
3. le persone innamorate *(in love)*

2.48 Definizioni. Rispondi usando l'articolo indeterminativo.

Come si dice…?

> **ESEMPIO** si organizza spesso in casa
> **una festa/un party**

1. il contrario di un amico
2. si dice quando non vogliamo dire la verità
3. un uomo che «analizza» i sentimenti e i pensieri dei suoi pazienti
4. una donna che «analizza» i sentimenti e i pensieri dei suoi pazienti

2.49 Metti alla prova la tua conoscenza dell'italiano. Come si dicono le seguenti cose?

1. I like John.
2. What is your address?
3. It's none of my business!
4. Is John married?
5. Do you mind helping me?

2.50 Messa in scena. Con un compagno/una compagna metti in scena una delle seguenti situazioni.

1. Amore a prima vista al supermercato.
2. Intervista ad una persona famosa in cui gli/le si chiede quali caratteristiche cerca nel suo/nella sua partner.

Dal mondo italiano

2.51 Come si celebra l'amore in Italia? Completa la seguente tabella in modo appropriato, facendo le ricerche necessarie (su Internet, in biblioteca, ecc.).

	Come si celebra	*Significato*
la festa di San Valentino		
il matrimonio		
la luna di miele		
il primo incontro		

Navigare su Internet

Per ulteriori attività online, visita il seguente sito: www.wiley.com/college/danesi

2.52 Ricerche online. Adesso cerca un sito italiano su Internet dove si tratta di amore (come, per esempio, un blog di consigli). Indica quello che hai trovato alla classe, specificando...

1. che sito è
2. che cosa offre
3. se fornisce *(offers)* un'ottica *(perspective)* pratica, romantica, ecc.
4. se lo consigli *(if you recommend it)*

© Stock4B RF/Age Fotostock America, Inc.

Vivere in salute

AVVIO

Quanto sai già?

3.1 Il corpo umano. Accoppia le seguenti parole alle definizioni o frasi descrittive sotto.

Parole: occhi, testa, labbra, guance, capelli, fronte

1. Diventano rosse quando si prova vergogna *(we feel ashamed)*.
2. Possono essere rossi, biondi o castani.
3. Parte del corpo che contiene il cervello.
4. Parte della testa tra gli occhi e i capelli.
5. Si leccano *(we lick them)* quando si mangia una cosa veramente buona o saporita.
6. Sono gli organi della vista.

3.2 Test. Com'è la tua salute? Metti un visto (✓) nelle caselle che ti sembrano adatte. Vedi l'analisi delle tue risposte alla fine.

1. ❑ Non ho quasi mai mal di testa.
   ❑ Non ho quasi mai mal di pancia.
   ❑ Non prendo quasi mai il raffreddore.
   ❑ Non sono sovrappeso *(overweight)*.
   ❑ La mia pressione del sangue è quasi sempre normale.

2. ❑ Faccio almeno un controllo medico all'anno.
   ❑ Faccio ginnastica tutti i giorni.
   ❑ Mangio regolarmente e adeguatamente.
   ❑ Ho cura della mia igiene personale.
   ❑ Mi vesto in modo opportuno quando fa freddo.

3. ❑ Mangio troppi dolci.
   ❑ Bevo troppe bibite zuccherate.
   ❑ Bevo troppi caffè.
   ❑ Prendo troppe medicine non necessarie.
   ❑ Dopo cena mi siedo subito davanti alla TV o mi metto a navigare su Internet.

4. ❑ Spesso lavoro/studio più di dieci ore al giorno.
   ❑ Dormo poco.
   ❑ Non vado mai in vacanza.
   ❑ Salto *(I skip)* spesso i pasti.
   ❑ Non trovo mai un minuto per rilassarmi.

Analisi delle risposte:
1. 4–5 visti (✓): sei in ottimo stato di salute
2. 4–5 visti (✓): hai cura della tua salute
3. 4–5 visti (✓): sfrutti *(you abuse)* troppo il tuo corpo
4. 4–5 visti (✓): sfrutti troppo le tue energie fisiche

3.3 Malattie! Sai descrivere le seguenti malattie? Scegline una *(Choose one)* e descrivila agli altri membri della classe.

1. l'influenza
2. la tonsillite
3. l'anemia
4. l'appendicite
5. la bronchite

Prima di leggere

3.4 Studio del vocabolario. Accoppia le seguenti parole ed espressioni alle loro definizioni.

1. iniezione
2. sedativo
3. sonno di piombo
4. rimettersi in sesto
5. ringiovanito
6. sentirsi bene
7. tagliare il traguardo
8. energia

a. riacquistare lo stato normale della salute
b. stare bene
c. introduzione di sostanze in soluzione nel corpo attraverso la pelle
d. superare una difficoltà
e. forza, vigore
f. diventato giovane ancora una volta
g. un sonno lungo e pesante
h. farmaco *(medicine, pharmaceutical)* che ha una funzione calmante

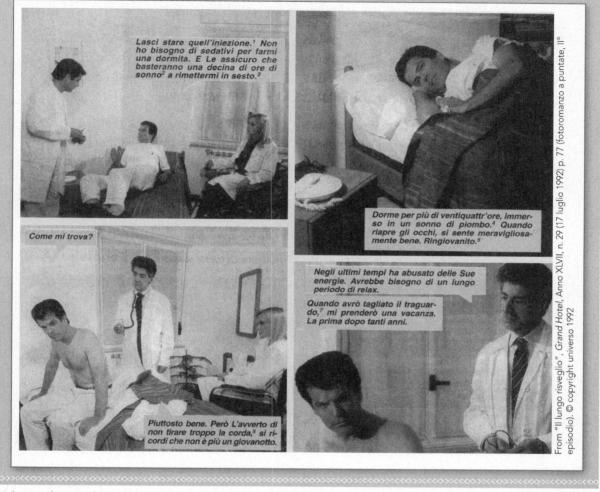

Lasci stare quell'iniezione.[1] Non ho bisogno di sedativi per farmi una dormita. E Le assicuro che basteranno una decina di ore di sonno[2] a rimettermi in sesto.[3]

Come mi trova?

Dorme per più di ventiquattr'ore, immerso in un sonno di piombo.[4] Quando riapre gli occhi, si sente meravigliosamente bene. Ringiovanito.[5]

Negli ultimi tempi ha abusato delle Sue energie. Avrebbe bisogno di un lungo periodo di relax.

Quando avrò tagliato il traguardo,[7] mi prenderò una vacanza. La prima dopo tanti anni.

Piuttosto bene. Però L'avverto di non tirare troppo la corda,[6] si ricordi che non è più un giovanotto.

From "Il lungo risveglio", *Grand Hotel*, Anno XLVII, n. 29 (17 luglio 1992) p. 77 (fotoromanzo a puntate, II° episodio). © copyright universo 1992

[1]*shot* [2]*sleep* [3]**rimettermi...** *to pick myself up* [4]**sonno...** *deep sleep* [5]*rejuvenated* [6]**tirare...** *test your luck* [7]**avrò...** *I'm better (lit., I've crossed the finish line)*

Applicazione

3.5 Vero o falso? Indica se ciascuna affermazione è vera o falsa in base al contenuto del fotoromanzo. Correggi le affermazioni false.

1. Il paziente vuole un'iniezione per calmarsi.
2. Il paziente dice che ha bisogno di un sedativo.
3. Il paziente dorme più di ventiquattr'ore.
4. Il paziente dorme un sonno di piombo.
5. Dopo la dormita il paziente si sente ringiovanito.
6. Il dottore, non il paziente, ha bisogno di un periodo di relax.
6. Il dottore ha abusato delle sue energie.
7. Il paziente si prenderà una vacanza dopo che avrà tagliato il traguardo.

3.6 Parliamone! *(Let's talk about it!)* Rispondi alle seguenti domande, discutendo le tue risposte con gli altri membri della classe.

1. Secondo te, sono necessari lunghi periodi di relax? Perché sì/no?
2. Quali sono le attività che ti rilassano di più?
3. Quando non riesci a dormire, cosa fai?
4. Secondo te, il ritmo della vita moderna ci costringe spesso ad abusare delle nostre energie? Giustifica la tua risposta.

Vocabolario

Il corpo umano

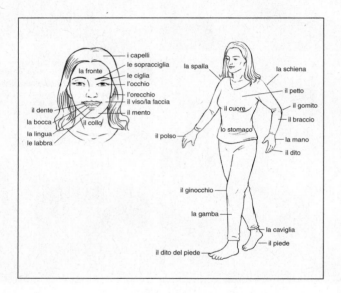

◇ Note the following irregular plural forms and that they are masculine in the singular but feminine in the plural. So, when using them with adjectives, you will have to make the adjective agree accordingly in the plural.

Singular	Plural
il braccio	le braccia
il dito	le dita
il ginocchio	le ginocchia (*or* i ginocchi)
l'orecchio	le orecchie (*or* gli orecchi)
il ciglio	le ciglia
il labbro	le labbra
il sopracciglio	le sopracciglia

Marcello ha le braccia lunghe.	*Marcello has long arms.*
Maria ha le dita piccole.	*Maria has short fingers.*
Le sue labbra sono rosse.	*His/her lips are red.*

◈ The plural form of **la mano** is **le mani**.

◈ Note that the expression **fare male a** means *to hurt*. It requires an indirect object or indirect object pronoun: *to me, to her, to the man,* and so on.

Mi fa male la gola.   *My throat hurts (= "the throat hurts to me").*
All'uomo fanno male i piedi.   *The man's feet hurt (= "the feet hurt to the man").*

◈ And note that **sentire** can mean *to feel, to hear,* or *to smell.*

Applicazione

3.7 Che parte del corpo è? Indica la parte del corpo corrispondente a ciascuna funzione.

ESEMPIO   Serve per mangiare e parlare. (**servire** *to be needed*)
            la bocca

1. Servono per sentire i suoni e i rumori *(noises)*.
2. Serve per sentire gli odori *(smells)*.
3. Servono per camminare e per correre.
4. Servono per contare *(to count)*.
5. Servono per baciare.
6. Si mettono nei guanti.

3.8 Definizioni. In coppie, cercate di definire con le vostre proprie parole *(your own words)* le seguenti parti del corpo.

1.	stomaco	11.	lingua
2.	testa	12.	collo
3.	naso	13.	mento
4.	denti	14.	spalla
5.	petto	15.	schiena
6.	orecchie	16.	gomito
7.	ginocchia	17.	cuore
8.	sopracciglia	18.	polso
9.	capelli	19.	caviglia
10.	faccia	20.	dito del piede

3.9 **Cosa ti fa male?** Adesso indica che ti fa male la parte del corpo specificata e poi volgi l'intera frase al plurale.

ESEMPIO la gamba
Mi fa male la gamba! (**fare male** *to hurt*)
Mi fanno male le gambe!

1. l'occhio
2. il ginocchio
3. l'orecchio
4. il braccio
5. la mano
6. il piede

GRAMMATICA

L'articolo determinativo

◈ Like the indefinite article, the form of the definite article *(the)* changes according to the gender (masculine or feminine), number (singular or plural) and initial sound of the noun or adjective it precedes.

Masculine		
Singular		**Plural**
lo	*Before z, s + cons., gn, ps, x, i + vowel*	**gli**
lo zio		gli zii
lo sbaglio		gli sbagli
lo gnocco		gli gnocchi
lo psicologo		gli psicologi
lo xilofono		gli xilofoni
lo iogurt		gli iogurt
l'	*Before any vowel*	**gli**
l'amico		gli amici
l'uomo		gli uomini
il	*Before any other consonant*	**i**
il piede		i piedi
il ragazzo		i ragazzi

Feminine		
la	*Before any consonant*	**le**
la gamba		le gambe
la ragazza		le ragazze
la zia		le zie
l'	*Before any vowel*	**le**
l'amica		le amiche
l'opera		le opere

◈ Unlike English, the article must be repeated before each noun or adjective, because of the fact that its forms vary:

Conosco lo zio, l'amica, il fratello e gli amici del nostro medico di famiglia.
I know the uncle, friend, brother, and friends of our family doctor.

◈ The definite article is used, as in English, to specify things: **il medico** *(the doctor)* vs. **un medico** *(a doctor)*. It is also used with noncount nouns (nouns that do not have a plural form) and with nouns that function as "general" subjects:

With Noncount Nouns	With General Subjects
Il pane fa bene. *Bread is good (for you).*	I medici sono indispensabili oggigiorno. *Doctors are indispensable nowadays.*
La carne ingrassa troppo. *Meat fattens too much.*	Gli amici sono importanti. *Friends are important.*

◈ The definite article can replace possessive pronouns referring to parts of the body or clothing:

Mi fanno male i denti.	*My teeth hurt.*
Lei si mette sempre i guanti.	*She always wears her gloves.*

Applicazione

3.10 Conosci gli articoli? A ciascuna delle seguenti parole devi: (1) premettere *(put before)* l'articolo indeterminativo; (2) poi sostituirlo con quello determinativo; (3) e infine volgere l'intera frase al plurale.

ESEMPIO amico
(1) **un amico**
(2) **l'amico**
(3) **gli amici**

1. amica
2. gamba
3. petto
4. dente
5. psicologo
6. psicologa
7. studente
8. studentessa
9. uomo
10. sbaglio
11. opera
12. orecchio
13. braccio
14. mano
15. xilofono

3.11 Sai rispondere? Rispondi alle domande nel modo indicato in inglese.

> ESEMPIO   Come sono gli italiani?/*very nice*
> **Gli italiani sono molto simpatici.**

1. Come sono gli amici?/*very important*
2. Che cosa ti piace molto?/*bread*
3. Com'è il vero amore?/*blind*
4. Di che nazionalità è la dottoressa Bruni?/*Italian*
5. Che cosa preferisce?/*coffee*

3.12 Un po' di traduzione. Traduci le seguenti frasi. Attenzione all'uso dell'articolo!

1. I don't like milk.
2. Italian is my favorite subject.
3. I am afraid of dogs.
4. John's friends are very nice.
5. Professor Jones is American.
6. I always wear my hat *(cappello)* when it is raining *(piove)*.
7. Patience is a virtue *(virtù)*.
8. My feet hurt.

L'imperativo

◈ The imperative of regular verbs is formed by dropping the infinitive suffix (**-are, -ere, -ire**) and adding on the following endings according to conjugation.

	chiamare	prendere	dormire	finire
	(to call)	*(to take, have)*	*(to sleep)*	*(to finish)*
Tu	chia**ma**	prend**i**	dorm**i**	fin**isci**
Lei	chia**mi**	prend**a**	dorm**a**	fin**isca**
Noi	chiam**iamo**	prend**iamo**	dorm**iamo**	fin**iamo**
Voi	chiam**ate**	prend**ete**	dorm**ite**	fin**ite**
Loro	chiam**ino**	prend**ano**	dorm**ano**	fin**iscano**

◈ The imperative allows you to express commands and give advice directly to someone: **Chiama il medico!** *(Call the doctor!)*, **Prendi la medicina!** *(Take your medicine!)*. Therefore, it almost never requires a subject pronoun, unless more than one person is involved and ambiguity can emerge: **Tu, Davide, vieni qui; voi, invece, andate là!** *(You, David, come here; you, instead, go over there!)*.

◈ Third-conjugation verbs are, again, distinguished according to whether or not they require **-isc-**. Also, the spelling characteristics associated with verbs whose infinitives end in **-care**, **-gare**, **-ciare**, **-giare**, **-iare** apply to the imperative as well (see previous two chapters).

◈ So, in the case of a verb ending in **-care** or **-gare**, an **h** is written before an ending beginning with **-i**:

cercare *(to look for)*

Marco, **cerca** il libro!	*Mark, look for the book!*
Signor Dini, **cerchi** il libro!	*Mr. Dini, look for the book!*
Cerchiamo il libro!	*Let's look for the book!*
Studenti, **cercate** il libro!	*Students, look for the book!*
Signori, **cerchino** il libro!	*Gentlemen, look for the book!*

pagare *(to pay)*

Marco, **paga** il conto!	*Mark, pay the bill!*
Signor Dini, **paghi** il conto!	*Mr. Dini, pay the bill!*
Paghiamo il conto!	*Let's pay the bill!*
Studenti, **pagate** il conto!	*Students, pay the bill!*
Signori, **paghino** il conto!	*Gentlemen, pay the bill!*

◈ In the case of a verb ending in **-ciare** or **-giare**, only one **-i** is written before an ending beginning with **-i**:

cominciare *(to begin)*

Maria, **comincia** a studiare!	*Maria, start studying!*
Signora Dini, **cominci** a mangiare!	*Mrs. Dini, start eating!*
Cominciamo a mangiare!	*Let's start eating!*
Studenti, **cominciate** a studiare!	*Students, start studying!*
Signori, **comincino** a mangiare!	*Gentlemen, start eating!*

mangiare *(to eat)*

Maria, **mangia** tutta la minestra!	*Maria, eat all the soup!*
Signora Dini, **mangi** quello che può!	*Mrs. Dini, eat whatever you can!*
Mangiamo la torta!	*Let's eat the cake!*
Studenti, **mangiate** tutto!	*Students, eat everything!*
Signori, **mangino** tutto!	*Gentlemen, eat everything!*

◈ And if the verb ends in **-iare** and the **-i** is stressed (as in **inviare**), then the **-i** is retained even before the **-i** and **-ino** endings.

Marco, **invia** l'SMS subito!	*Marco, send the text message right away!*
Professore, **invii** l'SMS subito!	*Professor, send the text message right away!*
Inviamo l'SMS a lui!	*Let's send him the text message!*
Studenti, non **inviate** più SMS!	*Students, don't send any more text messages!*
Signori, non **inviino** più SMS!	*Gentlemen, don't send any more text messages!*

◈ The same endings are used in the negative imperative with all forms except the second-person singular form (**tu**), in which case the infinitive of the verb is used instead:

Affirmative	Negative
tu: Gianni, **chiama** il medico! *Johnny, call the doctor!*	Gianni, **non chiamare** il medico! *Johnny, don't call the doctor!*
Lei: Signora Dini, **chiami** il medico! *Mrs. Dini, call the doctor!*	Signora Dini, **non chiami** il medico! *Mrs. Dini, don't call the doctor!*
noi: **Chiamiamo** il medico! *Let's call the doctor!*	**Non chiamiamo** il medico! *Let's not call the doctor!*
voi: Paolo, Maria, **chiamate** il medico! *Paul, Mary, call the doctor!*	Paolo, Maria, **non chiamate** il medico! *Paul, Mary, don't call the doctor!*
Loro: Signori, **chiamino** il medico! *Gentlemen, call the doctor!*	Signori, **non chiamino** il medico! *Gentlemen, don't call the doctor!*

Applicazione

3.13 I consigli del medico. Interpreta il ruolo di un medico, dando consigli al tuo/alla tua paziente. Segui l'esempio.

> **ESEMPIO** fissare *(to establish, make)*/un altro appuntamento
> **Fissi un altro appuntamento!**

1. cominciare/subito questa dieta
2. dormire/di più
3. finire/la medicina
4. mangiare/più verdura *(vegetables)*
5. non prendere/quella medicina
6. cercare/di rilassarsi

3.14 Tocca a te! Adesso da' gli stessi consigli a due pazienti (allo stesso tempo).

> **ESEMPIO** fissare un altro appuntamento
> **Fissino un altro appuntamento!**

1. cominciare/subito questa dieta
2. dormire/di più
3. finire/la medicina
4. mangiare/più verdura *(vegetables)*
5. non prendere/quella medicina
6. cercare/di rilassarsi

3.15 Gli ordini della mamma. Interpreta il ruolo di una mamma che dà ordini al suo bambino/alla sua bambina. Segui l'esempio.

> **ESEMPIO**   mangiare la verdura
> **Mangia la verdura!**

1. finire/la pasta
2. spegnere *(turn off)*/la televisione
3. leggere/quel libro
4. telefonare/ai nonni
5. pulire/la tua stanza
6. dormire/di più
7. cominciare/a mangiare

3.16 Non mangiare le caramelle! Adesso di' al bambino o alla bambina di non fare le seguenti cose.

> **ESEMPIO**   mangiare le caramelle *(candies)*
> **Non mangiare le caramelle!**

1. finire/la minestra *(soup)*
2. guardare/più la televisione
3. leggere/sempre i fumetti *(comic books)*
4. chiedere/sempre tante cose
5. dormire/sempre fino a tardi

3.17 Gli ordini del professore. Recita la parte di un/un'insegnante che dà ordini ai suoi studenti. Segui l'esempio.

> **ESEMPIO**   studiare la lezione
> **Studiate la lezione!**

1. scrivere/gli esercizi nel vostro portatile *(laptop)*
2. aprire/il libro
3. non copiare/le risposte
4. finire/i compiti
5. cominciare/a scrivere
6. correggere/gli errori
7. non parlare/in classe

3.18 Usiamo l'imperativo! In base ad ogni situazione, forma una frase all'imperativo.

> **ESEMPIO**   Sono le undici di sera e la tua sorellina *(little sister)* sta ancora guardando la televisione.
> **Vittoria, non guardare più la televisione!**

1. Un tuo amico sta mangiando un hamburger, anche se il medico glielo ha proibito *(has prohibited him)*.
2. L'insegnante sta spiegando *(is explaining)* la lezione troppo velocemente, e tu non capisci niente.
3. La tua amica ti chiama al cellulare mentre tu stai studiando per l'esame d'italiano, per il quale *(for which)* dovrebbe studiare anche lei.
4. Sei un medico e il tuo paziente/la tua paziente mangia e beve troppo.
5. Il tuo fratellino *(little brother)* studia poco e si diverte *(has fun)* con i videogiochi *(video games)*.
6. Sei un cameriere/una cameriera *(waiter/waitress)* e due clienti vogliono mangiare delle cose che non sono buone.

COMUNICAZIONE

Sentirsi bene e male

Function	Expressions	
Expressing pain	**avere mal di... /fare male**	
	Ho mal di testa.	*I have a headache.*
	Ho mal di gola.	*I have a sore throat.*
	Mi fa male la testa.	*My head hurts.*
	Mi fanno male i piedi.	*My feet hurt.*
Expressing how one feels	**sentirsi/stare bene/male...**	
	Mi sento bene./Sto bene.	*I feel well.*
	Ti senti male./Stai male.	*You feel bad.*
	Come ti senti?/Come stai?	*How do you feel?*
	Così così.	*So-so.*
	Sono stanco(-a) morto(-a).	*I am dead tired.*

◈ The expression **fare male** requires an indirect object or indirect object pronoun.

A Maria fa male la gola.	*Mary's throat hurts. (= lit. "To Mary hurts the throat")*
Mi fanno male le ginocchia.	*My knees hurt. (= lit. "The knees hurt me")*
Gli fa male la schiena.	*His back hurts. (= lit. "The back hurts him")*

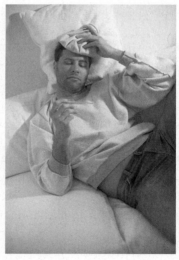

Donata Pizzi/Photographers Choice/Getty Images, Inc.

Applicazione

3.19 A chi fa male? Ecco le parti del corpo che fanno male alle persone indicate. Esprimi il caso *(Express the situation)* in due modi. Segui gli esempi.

> **ESEMPI**   la testa/io
> **Ho mal di testa.**
> **Mi fa male la testa.**

1. la schiena/mia madre
2. la gola/io
3. lo stomaco/tu
4. i piedi/loro

3.20 Come si dice in italiano? Traduci le seguenti frasi.

1. She's always dead tired. She works too much.
2. His teeth hurt. And he has a headache.
3. How are you, Mr. Rossi? Not bad, but my knees always hurt.
4. Her throat hurts and she has a backache.
5. I'm not feeling too well.

NOTA CULTURALE ▬▬▬▬▬▬

Il sistema sanitario in Italia

In Italia il sistema sanitario è passato di recente da un'assistenza gratuita *(free of charge)* ad un'assistenza semigratuita. Le medicine che sono assolutamente necessarie sono gratis per bambini piccoli, molti anziani *(older people)*, e gente disoccupata *(unemployed)*. Le altre medicine sono da pagare *(are to be paid)* in parte o completamente.

Il territorio italiano è diviso in A.S.L. (Aziende Sanitarie Locali) che offrono i servizi base *(basic services)* di assistenza medica. Per le visite mediche si va in uno studio medico, in una clinica privata, all'ambulatorio, oppure all'ospedale. Le cliniche sono generalmente dei posti eleganti e tranquilli ma costosi.

Applicazione

3.21 Test di comprensione. Indica se ciascuna delle seguenti affermazioni è vera o falsa. Correggi quelle false.

1. In Italia, le medicine sono tutte gratis.
2. Solo le medicine assolutamente necessarie sono gratis per certe persone.
3. Le altre medicine sono da pagare in parte o completamente.
4. Le A.S.L. offrono servizi base di assistenza medica.
5. Per le visite mediche si va solo all'ospedale.
6. Le cliniche sono generalmente dei posti economici.

3.22 Discussione in classe. Rispondi liberamente alle seguenti domande, discutendo le tue risposte con gli altri membri della classe.

1. Pensi che siano necessarie tutte le medicine che prescrivono i medici? Perché sì/no.
2. Pensi che oggigiorno *(nowadays)* prendiamo troppi farmaci *(medicines)*?
3. Credi che l'assistenza debba essere gratuita o semigratuita? Perché sì/no?
4. Sei mai stato al pronto soccorso *(emergency)*? Se sì, descrivi la tua esperienza.

MOMENTO CREATIVO

Con un compagno/una compagna, metti in scena la seguente conclusione al fotoromanzo con cui si è iniziato questo capitolo.

Il paziente non segue i consigli del medico. Le sue condizioni peggiorano *(get worse)*. Torna a farsi visitare di nuovo.

PARTE 2ª

AVVIO

Quanto sai già?

3.23 Sai che cosa è lo stress fisico? Quali dei seguenti sono sintomi fisici dello stress?

- mal di testa spesso ricorrenti
- contentezza *(happiness)*
- tendenza alla pressione alta
- digrignare *(to grind)* i denti mentre si dorme
- irregolarità intestinale
- buona digestione
- disturbi del sonno
- sudorazione *(sweating)* e arrossamento *(reddening)* senza cause apparenti
- fluttuazione del peso corporeo *(body weight)*

3.24 Sai che cosa è lo stress psicologico? Quali dei seguenti sono sintomi psicologici dello stress?

- irritabilità e sbalzi d'umore *(mood swings)*
- difficoltà di concentrazione e poca memoria
- inquietudine *(restlessness)*, preoccupazioni *(worries)* ed ansia *(anxiety)*
- svogliatezza *(disinterestedness, lethargy)*
- scarsa *(little)* cura di sé
- sentirsi costantemente felici
- avvertire una specie di inadeguatezza *(to feel inadequate)*

Prima di leggere

3.25 Quali delle seguenti parole ed espressioni conosci? Accoppiale alle loro traduzioni inglesi.

1.	debole	a.	*very large*
2.	stanco	b.	*weak*
3.	rendere	c.	*list*
4.	tic nervoso	d.	*tired*
5.	triste	e.	*lifestyle*
6.	insicuro	f.	*to render*
7.	malinconico	g.	*misleading*
8.	apatia	h.	*nervous tic*
9.	soprattutto	i.	*mind*
10.	stressato	j.	*unexpected (difficult) situations*
11.	contrarietà	k.	*sad*
12.	mente	l.	*stressed*
13.	subdolo	m.	*apathy*
14.	stile di vita	n.	*melancholic*
15.	elenco	o.	*above all else*
16.	enorme	p.	*insecure*

Lettura *Lo stress*

Oggi tutti noi soffriamo lo stress. Lo stress ci rende deboli e stanchi e ad alcune persone provoca anche tic nervosi. Forse sono i famigliari o gli estranei che ci rendono stressati, ma è soprattutto il nostro modo di vivere a renderci malinconici, insicuri e talvolta persino subdoli. L'elenco dei sintomi dello stress è enorme e, certamente, l'apatia e la tristezza possono portare numerose contrarietà e causare anche malattie della mente. Lo stress si può combattere in vari modi, ma il modo più efficace per recuperare le proprie energie è cambiare stile di vita.

Applicazione

3.26 Siamo tutti stressati! Rispondi alle seguenti domande.

1. Quali dei sintomi elencati nella lettura pensi di avere?
2. Quando diventi stressato(-a)?
3. Che cosa fai per combattere lo stress?
4. Chi ti stressa di più? I famigliari? Gli estranei? Gli amici?
5. Secondo te, perché oggi siamo quasi tutti stressati?

Vocabolario

Espressioni metaforiche

avere la testa fra le nuvole	*to have one's head in the clouds*
costare un occhio della testa	*to cost an arm and a leg*
essere in gamba	*to be a smart person (to be on the ball)*
In bocca al lupo!	*Good luck!*
Le bugie hanno le gambe corte.	*Lies don't get you very far.*

◈ Recall that some nouns have an irregular plural form: **il labbro** *(lip)* – **le labbra** *(lips)*. Some of these also have a regular plural form. In such cases, however, their meaning is figurative:

Singular	Feminine Plural	Masculine Plural
il ciglio	le ciglia *eyebrows*	i cigli della strada *edges of a road*
il labbro	le labbra *lips*	i labbri di una ferita *lips of a wound*
il braccio	le braccia *arms*	i bracci di una croce *arms of a cross*

Applicazione

3.27 Parliamo metaforicamente! Svolgi i seguenti compiti comunicativi usando le espressioni metaforiche appena imparate.

ESEMPIO   Augura *(Wish)* buona fortuna a Gianni.
           Gianni, in bocca al lupo!

1. Di' a Marisa che una visita medica costa veramente tanto.
2. Di' al tuo compagno/alla tua compagna che l'insegnante è molto bravo(-a).
3. Di' al tuo amico/alla tua amica che lui/lei è sempre distratto(-a) *(distracted)*.
4. Di' a tuo fratello che è sempre meglio dire la verità.

3.28 Le ciglia o i cigli? Volgi al plurale le seguenti frasi.

1. il labbro di una ferita
2. il braccio del corpo
3. il braccio della croce
4. il labbro della bocca
5. il ciglio dell'occhio
6. il ciglio di una strada

GRAMMATICA

Verbi irregolari

◈ Here are some verbs with irregular imperative conjugations. The order of the forms given below follows the sequence: (**tu**), (**Lei**), (**noi**), (**voi**), (**Loro**).

andare *(to go)*	va'/vai, vada, andiamo, andate, vadano
avere *(to have)*	abbi, abbia, abbiamo, abbiate, abbiano
bere *(to drink)*	bevi, beva, beviamo, bevete, bevano
dare *(to give)*	da'/dai, dia, diamo, date, diano
dire *(to say, tell)*	di', dica, diciamo, dite, dicano
essere *(to be)*	sii, sia, siamo, siate, siano
fare *(to do, make)*	fa'/fai, faccia, facciamo, fate, facciano
rimanere *(to stay, remain)*	rimani, rimanga, rimaniamo, rimanete, rimangano
salire *(to go up)*	sali, salga, saliamo, salite, salgano
sapere *(to know)*	sappi, sappia, sappiamo, sappiate, sappiano
stare *(to stay)*	sta'/stai, stia, stiamo, state, stiano
tenere *(to keep, hold)*	tieni, tenga, teniamo, tenete, tengano
uscire *(to go out)*	esci, esca, usciamo, uscite, escano
venire *(to come)*	vieni, venga, veniamo, venite, vengano

Applicazione

3.29 Occhio all'imperativo! Di' alle seguenti persone di fare le cose indicate. Segui l'esempio.

ESEMPIO stare calmo
  (1) al tuo compagno/alla tua compagna
  (2) all'insegnante
  (3) a due amici
  (4) a due persone alle quali dai del Lei

  (1) **Marco, sta'/stai calmo! / Maria sta'/stai calma!**
  (2) **Professore/Professoressa, stia calmo(-a)!**
  (3) **Alessandro, Sara, state calmi!**
  (4) **Signor Binni e signora Marchi, stiano calmi!**

1. dire sempre la verità
2. non avere paura
3. stare tranquillo
4. non andare via
5. dare retta al medico *(to heed the doctor)*
6. essere paziente
7. prendere un appuntamento col medico
8. non bere troppe bibite *(soft drinks)*
9. andare a casa
10. essere gentile

3.30 Tocca a te! Metti ciascuno dei seguenti verbi all'imperativo liberamente.

ESEMPIO andare

Marco, va' subito dal medico! / Signora, vada dal medico! / Ecc.

1. stare	6. dare	11. mangiare
2. sapere	7. avere	12. studiare
3. fare	8. andare	13. cercare
4. essere	9. bere	14. pagare
5. dire	10. rimanere	15. cominciare

Alcuni usi del congiuntivo

◈ When the following expressions are used in a main clause, the verb associated with them in the dependent clause may be either in the indicative or the subjunctive. Those that involve the indicative refer, generally, to factual information, events, and so on. Those that involve the subjunctive implicate some subjective interpretation, such as doubt, hope, and so on. The expressions are all *impersonal*; that is, they can be used only with third-person verb forms:

Verbs requiring the indicative	Verbs requiring the subjunctive
essere certo *to be certain*	essere inutile *to be useless*
essere chiaro *to be clear*	essere importante *to be important*
essere evidente *to be evident*	essere bene/male *to be good/bad*
essere noto *to be known*	essere strano *to be strange*
essere ovvio *to be obvious*	essere un peccato *to be a pity*
essere vero *to be true*	essere logico *to be logical*
non esserci dubbio *to be no doubt about it*	essere probabile/improbabile *to be probable/improbable*
significare, voler(e) dire *to mean*	essere possibile/impossibile *to be possible/impossible*
essere sicuro *to be sure*	bisognare/essere necessario *to be necessary*

◈ In a negative or interrogative sentence, the dependent clause verb may be in the subjunctive, if subjective interpretation, doubt, and so on is implicated.

Affirmative (with indicative)	Negative/Interrogative (with subjunctive)
Lui dice che **è** vero. *He says it's true.*	Tu dici che **sia** vero? *Are you saying that it's true?*
So che il medico **viene.** *I know that the doctor is coming.*	Non so se il medico **venga.** *I don't know if the doctor is coming.*
È vero che lei **sa** l'italiano bene. *It's true that she knows Italian well.*	Non è vero che lei **sappia** l'italiano bene. *It's not true that she knows Italian well.*

◈ If one adds some interpretive nuance to the utterance, then the subjunctive may be required to bring this out.

Indicative	Subjunctive
Tutti dicono che lei **è** italiana. *Everyone says that she is Italian.*	Tutti dicono che lei **sia** italiana, ma io non ci credo. *Everyone says that she is Italian, but I don't believe it.*
Tutti sono sicuri che lui **è** un avvocato. *Everyone is sure that he is a lawyer.*	Tutti sono sicuri che lui **sia** un avvocato, ma non è vero. *Everyone is sure that he is a lawyer, but it's not true.*

Applicazione

3.31 Trasformazioni. Riscrivi le seguenti frasi, iniziando ciascuna frase con una delle seguenti espressioni. Segui gli esempi.

ESEMPI Lui è sempre stressato. (È chiaro che)
È chiaro che lui è sempre stressato.

Lei è sempre stressata. (È probabile che)
È probabile che lei sia sempre stressata.

1. Tu hai spesso mal di testa. (È ovvio che)
2. Voi ammettete di essere stressati. (È importante che)
3. Lui digrigna i denti mentre dorme. (È probabile che)
4. Tu hai sempre sonno. (È evidente che)
5. Lei soffre di disturbi del sonno. (È improbabile che)
6. Voi sapete la verità. (È importante che)
7. Loro non conoscono il dottor Giusti. (È un peccato che)
8. Tu sei veramente stressata. (Non c'è dubbio che)
9. La dottoressa Franchi è in gamba. (È noto che)
10. La nuova medicina costa un occhio della testa. (È vero che)
11. È vero, secondo te? (Dici che)
12. Tu stai ancora male. (È impossibile che)
13. Lui va in Italia quest'estate. (È bene che)
14. Loro pure vanno in Italia. (È strano che)
15. Maria non conosce nessuno in questa classe. (È un peccato che)

3.32 Completiamo! Completa ciascuna frase liberamente.

1. È evidente che quest'anno a scuola io non…
2. È proprio vero che tu e lei…?
3. È impossibile che l'insegnante…
4. Dopo la lezione di oggi, bisogna che tu e il tuo compagno…
5. Non è certo che lui … con me stasera.
6. È proprio strano che lei…
7. Non ti sento *(I don't hear you)*. È inutile che tu…
8. Non è giusto che tutti…
9. Non c'è dubbio che nel futuro io…
10. Sei proprio sicura che loro…?
11. È logico che alla fine di questo corso io…

COMUNICAZIONE

Dal medico

fissare (prendere) un appuntamento	*to make an appointment*
avere la nausea	*to be nauseous*
avere il raffreddore	*to have a cold*
essere allergico(-a) a…	*to be allergic to . . .*
la malattia	*sickness*
la medicina, il farmaco	*medicine, pharmaceutical*
prescrivere una medicina	*to prescribe a medicine*
una ricetta	*a prescription*
il pronto soccorso	*first aid, emergency room*
la visita (medica)	*(medical) visit*
la visita di controllo	*(medical) check-up*
visitare	*to examine, to give a medical examination*

Applicazione

3.33 Dal medico! Descrivi i sintomi che si hanno tipicamente riguardo alla malattia o alla condizione indicata. Segui l'esempio.

ESEMPIO l'influenza

Dottore/Dottoressa, non sto bene. Ho mal di gola, di testa e ho la febbre *(fever)* **alta e anche la tosse** *(cough)*.

1. la nausea causata dallo stress
2. il raffreddore
3. un'allergia tipica

3.34 Domande personali. Rispondi alle seguenti domande.

1. Tu sei stressato(-a) spesso? Perché sì/no?
2. Sei allergico(-a) a qualcosa?
3. Che cosa fai quando hai il raffreddore o l'influenza?
4. Quando è necessario andare al pronto soccorso anziché *(instead of)* dal medico di famiglia?
5. Tu vai per una visita di controllo regolare?
6. Quando il medico ti dà una ricetta per un farmaco o una medicina, che cosa fai? Finisci o non finisci la medicina?

NOTA CULTURALE

Dottore o medico?

Il titolo di **dottore** in italiano si usa sia con *(both with)* la persona che esercita la professione di **medico** *(medical doctor)*, sia con *(and with)* chiunque *(whoever)* abbia conseguito una laurea universitaria *(got a university degree)*. Quindi *(Therefore)*, c'è il dottore in lettere, il dottore in economia, il dottore in matematica, e così via.

I diversi medici sono: **il medico di famiglia**; **il medico chirurgo** *(surgeon)*; **il medico curante**, che è un medico convenzionato con il servizio sanitario nazionale; il **medico di guardia**, che svolge il suo servizio nei turni festivi e notturni; il **medico del lavoro** (che si occupa di malattie professionali e di infortuni sul lavoro) e il **medico sportivo**, cioè il medico che opera *(works)* nel campo della medicina sportiva.

Applicazione

3.35 Significati differenti. Spiega la differenza tra...

1. un dottore e un medico
2. un medico di famiglia e un medico di guardia
3. un dottore in economia e un dottore in lettere
4. un medico chirurgo e un medico sportivo
5. un dottore in lettere e un dottore in matematica

MOMENTO CREATIVO

In coppie, mettete in scena la seguente situazione.

Un tuo compagno/una tua compagna è veramente stressato(-a). Cerca di convincerlo/la di uscire con te per meglio affrontare *(confront)* la sua situazione stressante.

DALLA LETTERATURA ITALIANA ▬▬▬

Prima di leggere

3.36 Pensi di essere un bravo medico? In tutti noi—come leggerai nella lettura che seguirà—c'è il desiderio di fare il medico, specialmente con le malattie degli altri. Ma il bravo medico si prende cura *(looks after)* innanzitutto della sua salute. E tu, ti prendi cura della tua salute?

Completa il seguente questionario. Poi, insieme agli altri membri della classe, controllate i vostri risultati. Infine, discutete quali sono abitudini buone *(good habits)* e quali sono, invece, cattive abitudini.

Sondaggio *(Survey)*	Punteggio		Tuo	Del compagno / Della compagna
	SÌ	NO		
1. Prendi il caffè o il tè con lo zucchero?	o	o		
2. Bevi il latte?	o	o		
3. Mangi frutta e verdura?	o	o		
4. Mangi dolci e cioccolatini?	o	o		
5. Bevi bibite zuccherose?	o	o		
6. Mangi cereali e pasta?	o	o		
7. Fai ginnastica?	o	o		
8. Ti alzi prima delle otto?	o	o		
9. Vai a letto prima delle undici?	o	o		
TOTALE				

Il dottore dilettante[1] può essere un qualunque geometra estroso[2] o un ragioniere appassionato[3]: non è mai un laureato[4] in medicina.

Qualche settimana fa, in una balera[5] emiliana, si è messo in luce[6] uno di questi guaritori[7] volontari. Al termine di un faticoso[8] shake, una giovinetta aveva bevuto una bibita ghiacciata e s'era sentita male all'improvviso[9]. Perduti i sensi, fu allungata[10] per terra, ai bordi della pista da ballo[11], mentre il fidanzato supplicava tra i curiosi[12] «un dottore prego, c'è qui un dottore?» Poco dopo si avvicinò un signore in occhiali, sui trentacinque anni, stempiato[13] e vestito di blu. Si chinò[14] sulla fanciulla[15], le tastò[16] il polso, pose[17] delicatamente l'orecchio sul cuore, infine operò la respirazione bocca a bocca, come si è visto fare tante volte in TV.

Ma a questo punto si fece largo[18] il medico del quartiere, con la borsa degli strumenti. Con molta urbanità chiese[19] all'uomo in blu, che soffiava[20] nella bocca della ragazza: «Scusi, lei è dottore?». L'altro interruppe[21] finalmente l'operazione e asciugandosi il sudore[22] della fronte rispose: «Sì. Sono dottore in economia e commercio.»

Forse la passione del guaritore si prende come un virus, una malattia. Ne restano contagiati soprattutto coloro[23] che vivono nell'ambiente delle case di cura, degli ospedali, delle fabbriche medicinali. Un contabile[24] del Policlinico, per fare un esempio, resisterà difficilmente alla tentazione di consigliare un farmaco se il nipotino[25] ha buscato[26] un febbrone. Non diversamente si comportano, pare[27], gli impiegati, i commessi viaggiatori, gli uscieri[28] delle Case farmaceutiche di prestigio. «Cavaliere bello[29], dia retta[30] a me che ho esperienza da vendere, questo sciroppo[31] è un toccasana[32], ce n'è rimasta una bottiglia intera dall'ultima volta che mia suocera[33] ha avuto la bronchite».

From Nantas Salvalaggio, *Un dottore fatto in casa.* © Copyright Eredi Nantas Salvalaggio. Reprinted by permission of Agenzia Letteraria Internazionale. Tutti i diritti riservati trattati da Agenzia Letteraria Internazionale, Milano. Pubblicato da RCS Libri, Milano.

[1]*amateur doctor* [2]*eccentric draftsman* [3]*passionate accountant* [4]*graduate* [5]*dance hall* [6]*came to light*
[7]*healers* [8]*tiring, fatiguing* [9]*suddenly* [10]*stretched out* [11]*dance floor* [12]*curious onlookers* [13]*balding*
[14]*he bent down* (**chinarsi** *to bend down*) [15]*young lady* [16]*he felt* (**tastare** *to touch, feel*) [17]*he put*
[18]*made room* [19]*he asked* [20]*blowing* [21]*interrupted* [22]*drying his sweat* [23]*those most affected by it*
[24]*accountant* [25]*grandchild* [26]*caught* (**buscare** *to come down with, to catch*) [27]*it seems* [28]*guards, doormen*
[29]*My dear sir* [30]*heed* (**dare retta a** *to heed*) [31]*syrup* [32]*sure remedy* [33]*mother-in-law*

Applicazione

3.37 Ricordi quello che hai letto? Completa le seguenti frasi in modo opportuno.

1. Il dottore dilettante...
   a. non è mai un laureato in medicina.
   b. è un laureato in qualche altra materia (discipline).

2. In una discoteca emiliana...
   a. un geometra si è improvvisamente sentito male.
   b. una giovinetta si è improvvisamente sentita male.

3. Si avvicinò alla ragazza...
   a. un signore in occhiali.
   b. una signora sui trentacinque anni.

4. L'uomo che operò sulla ragazza la respirazione bocca a bocca era...
   a. un dottore in medicina.
   b. un dottore in economia e commercio.

5. La passione del guaritore contagia soprattutto...
   a. i giovani che frequentano le discoteche.
   b. coloro che vivono negli ambienti degli ospedali e delle fabbriche di medicinali.

3.38 Studio del vocabolario. Abbina le frasi nelle colonne in modo logico.

1. un laureato in medicina
2. un signore stempiato
3. una balera
4. un faticoso shake
5. una bibita ghiacciata
6. allungata per terra

a. un locale da ballo
b. un ballo che richiede uno sforzo fisico
c. un dottore
d. un uomo con pochi capelli
e. sdraiata per terra
f. una cosa fredda da bere

3.39 Lavoro di gruppo. Con dei compagni/delle compagne, metti in scena la seguente situazione.

Ad una festa, qualcuno si sente male. Uno degli invitati è «un dottore dilettante». S'avvicina e fa una sua «diagnosi». Per fortuna, un altro invitato/un'altra invitata è veramente un medico. Questa persona fa la vera diagnosi.

PARTE 4ª

CON FANTASIA

Attività generali

3.40 Tocca a te! Spiega liberamente ciascuna delle seguenti parole.

ESEMPIO collo
Il collo è la parte del corpo tra la testa e il torace *(chest, upper body)*.

1. bocca
2. piedi
3. labbra
4. dita
5. braccia
6. occhi
7. orecchie
8. stomaco
9. schiena

3.41 Consigli e ipotesi. Di' alle seguenti persone di fare le cose indicate usando la forma adatta dell'imperativo. Poi spiega il motivo a ciascuna persona, usando un'espressione che regge il congiuntivo:

mangiare la verdura   prendere la medicina   dormire di più
lavorare di meno   finire tutta la medicina

ESEMPI   a un compagno/una compagna
  Mangia la verdura!
  Bisogna che tu mangi più verdura perché ti fa molto bene.
  Lavora di meno!
  È necessario che tu lavori di meno perché tutti abbiamo bisogno di riposo.

1. all'insegnante
2. a due compagni/compagne
3. a due estranei *(strangers)*
4. a tuo fratello

3.42 Indicativo o congiuntivo? Scegli la frase conclusiva corretta.

1. È un peccato che...
    a. il tuo amico stia male.
    b. il tuo amico sta male.

2. Non c'è dubbio che...
    a. tua madre stia molto bene.
    b. tua madre sta molto male.

3. È evidente che Gianni...
    a. ha un po' di febbre.
    b. abbia un po' di febbre.

4. È ovvio che...
    a. tu non ti senti bene.
    b. tu non ti senta bene.

5. È probabile che...
    a. gli faccia male lo stomaco.
    b. gli fa male lo stomaco.

3.43 Sai fare l'interprete? Immagina di essere in un locale da ballo quando improvvisamente una tua amica si sente male. Nel locale c'è un medico che parla solo l'inglese e, siccome *(because)* la tua amica non conosce l'inglese, tocca a te fare l'interprete. Traduci alla tua amica ciò che il medico ti dice di dire.

ESEMPIO   Tell her to breathe hard.
           Respira forte.

Tell her to…

1. stay calm.
2. open her eyes. (**aprire** *to open*)
3. close her eyes. (**chiudere** *to close*)
4. not to be afraid.
5. not to dance anymore.

3.44 Tema. Immagina di essere un medico che scrive per una rivista-blog specializzata sulla salute. Rispondi alla seguente e-mail che un lettore ti ha inviato. Poi leggi la tua risposta alla classe.

Ho attraversato un periodo difficile e, su consiglio del mio medico di famiglia, ho seguito una terapia con sedativi. Senza cambiare di molto la mia alimentazione sono aumentato di 8 chili in tre mesi. Pensa che sia colpa dei farmaci?

© Olivier Lantzendörffer/iStockphoto

Dal mondo italiano

3.45 Si dice che la pasta fa bene alla salute. Completa la seguente tabella nel modo indicato.

Tipo di pasta	Descrizione	Ci sono benefici di salute?
gli spaghetti		
le lasagne		
i ravioli		
i cannelloni		

Navigare su Internet

Per ulteriori attività online, visita il seguente sito: www.wiley.com/college/danesi

3.46 Ricerche online. Va' su Internet e cerca le seguenti cose, indicando agli altri membri della classe quello che trovi.

1. un sito italiano che offre consigli (advice) per la salute
2. un sito dove si possono trovare informazioni sulle malattie

© Tim Macpherson/Riser/Getty Images, Inc.

4

Cinema, TV, Internet, Telefono

TO THE STUDENT

For video and related activities go to the student's website

TO THE INSTRUCTOR

For tests and examination materials go to the instructor's website

LEARNING OBJECTIVES

In this chapter, you will learn:

- how to speak about cinema, television, the Internet, and other media

- words and expressions related to new media

- how to communicate in various situations

- how to speak on the phone and how to communicate in writing

- how to conjugate and use the present progressive of verbs

- more about nouns

AVVIO

Quanto sai già?

4.1 Sei al passo con la tecnologia? Metti un visto (✓) nella casella che ti sembra appropriata. (È possibile mettere più di un visto). Poi spiega le tue scelte agli altri membri della classe.

1. Per ascoltare la tua musica preferita, quale mezzo (quali mezzi) usi di più?
   - ❏ la radio
   - ❏ i siti online
   - ❏ un dispositivo mobile *(mobile device)*
   - ❏ i compact disc (CD)
   - ❏ iTunes
   - ❏ qualche altro mezzo

2. Se hai un dispositivo mobile sofisticato come lo usi?
   - ❏ Lo uso per guardare i film.
   - ❏ Lo uso per ascoltare la musica.
   - ❏ Lo uso per inviare SMS.
   - ❏ Lo uso per altri motivi. (specificare i motivi)

3. Sai...?
   - ❏ scaricare *(to download)* la musica da Internet.
   - ❏ utilizzare diversi tipi di dispositivi digitali.
   - ❏ usare la TV e il computer interattivamente.

4.2 I film italiani. Rispondi alle seguenti domande.

1. Conosci qualche film italiano? Se sì, descrivilo alla classe.
2. Che tipo di film ti piace di più? Thriller o giallo? Romantico? Umoristico? Ecc.
3. Elenca i tuoi film preferiti, traducendo i loro titoli in italiano.

Prima di leggere

4.3 Quante parole conosci già? Scegli la traduzione adatta di ciascuna parola.

1. l'abbonamento
   a. *subscription*   b. *abandonment*
2. pubblicità
   a. *public*   b. *ad*
3. canale
   a. *channel*   b. *canoe*
4. richiedere
   a. *recall*   b. *request*
5. gratis
   a. *free*   b. *grateful*

Con il nostro canale privato, potete richiedere i film più recenti con un abbonamento di soli 10 euro al mese. Il resto è tutto gratis: programmi sportivi, documentari e molto, molto di più.

Con il nostro canale, avrete il cinema in casa!

Applicazione

4.4 Il cinema. Rispondi alle seguenti domande.

1. Tu hai un abbonamento al cinema? Se sì, descrivilo alla classe.
2. Ti piace andare al cinema oppure guardare i film in televisione, su Internet o utilizzando qualche altro mezzo? Perché?
3. Hai un canale privato? Se sì, descrivilo alla classe.

4.5 La televisione. Rispondi alle seguenti domande, discutendo le tue risposte con gli altri membri della classe.

1. Tu preferisci andare al cinema o stare in casa a guardare la TV?
2. Pensi che la televisione sia un mezzo geniale per imparare le cose e per divertirsi? Perché sì/no?
3. Quali programmi televisivi guardi regolarmente? Perché?
4. Preferisci navigare su Internet o guardare la televisione?
5. Quali programmi sono versioni italiane di programmi americani? Perché pensi che siano popolari in Italia?

Vocabolario

La TV

accendere (la televisione)	*to turn on (the TV)*	lo schermo	*(television) screen*
andare in onda	*to go on the air*	spegnere (la televisione)	*to turn off (the TV)*
il canale	*channel*	lo spot pubblicitario	*commercial*
il documentario	*documentary*		
l'intervista	*interview*	il telecomando	*remote control*
il programma	*program*	il telefilm	*TV movie*
il programma a puntate, la serie	*series*	il telegiornale	*TV news*
		il televisore	*TV set*
la rete televisiva	*TV network*	la trasmissione	*transmission, broadcast*

◈ Note the difference between . . .

funzionare = *to work (things)*
Il mio televisore non funziona bene.
My TV set is not working well.

lavorare = *to work (people)*
Giovanni lavora in un fast food.
John works in a fast food restaurant.

televisione = *television*
Preferisco guardare la televisione
  anziché andare al cinema.
*I prefer watching television instead
  of going to the movies.*

televisore = *television set*
Il mio televisore è nuovo.
My television set is new.

◈ The verb **spegnere** is conjugated as follows: *Present indicative:* **spengo, spegni, spegne, spegniamo, spegnete, spengono;** *Present Subjunctive:* **spenga, spenga, spenga, spegniamo, spegniate, spengano;** *Imperative:* (tu) **spegni,** (Lei) **spenga,** (noi) **spegniamo,** (voi) **spegnete,** (Loro) **spengano.**

Applicazione

4.6 Come si dice in italiano? Traduci le seguenti frasi.

1. Where's the remote control?
2. I don't know how to turn on the new television set.
3. I always watch the TV news.
4. My favorite television series is on the air every evening.
5. My favorite network is RAI.
6. I hate TV commercials.
7. How do you turn the TV set off?
8. It seems that the remote control does not work.
9. I know that all the broadcasts from RAI 3 are excellent.

4.7 Significati differenti. Spiega la differenza tra...

1. un documentario e un'intervista
2. un telefilm e il telegiornale
3. un canale e una rete televisiva
4. la televisione e un televisore
5. lo schermo e il telecomando

4.8 Spegnere, accendere, lavorare o funzionare? Inserisci il verbo appropriato nello spazio vuoto di ciascuna frase. Nota che il verbo dovrà essere o all'imperativo o al congiuntivo.

1. Marco, non _____ il televisore! Devi studiare!
2. Penso che lui _____ ad un fast food.
3. Sembra che il nuovo televisore non _____ .
4. Maria, _____ subito il televisore! È ora di uscire.

GRAMMATICA

Il nome (seconda parte)

◆ Nouns ending in **-amma**, **-ema**, **-oma**, and **-emma** derive from the ancient Greek language. They are all masculine and are pluralized as shown.

Singular	Plural (change -a to -i)
il programma *(program)*	i programmi *(programs)*
il problema *(problem)*	i problemi *(problems)*
il tema *(theme, composition)*	i temi *(themes, compositions)*
il diploma *(diploma)*	i diplomi *(diplomas)*
il dilemma *(dilemma)*	i dilemmi *(dilemmas)*

◆ Nouns ending in **-si** are generally of Greek origin as well. They are all feminine and invariable in the plural.

Singular	Plural
la crisi *(crisis)*	le crisi *(crises)*
la tesi *(thesis)*	le tesi *(theses)*
l'ipotesi *(hypothesis)*	le ipotesi *(hypotheses)*
l'analisi *(analysis)*	le analisi *(analyses)*

◆ The noun **radio** is invariable: **la radio** *(radio)* - **le radio** *(radios)*. This is because it is an abbreviation. Here are a few more abbreviated nouns, which do not change in the plural.

Singular	Plural
il cinema (il cinematografo) *(cinema)*	i cinema *(movies)*
l'auto (l'automobile) *(automobile)*	le auto *(automobiles)*
la foto (la fotografia) *(photograph)*	le foto *(photographs)*
la moto (la motocicletta) *(motorcycle)*	le moto *(motorcycles)*

◆ Finally, nouns ending in an accented vowel do no change in the plural. Generally, those ending in **-à** and **-ù** are feminine; those ending in **-è**, **-ì**, and **-ò** are masculine.

Singular	Plural
la città *(city)*	le città *(cities)*
l'università *(university)*	le università *(universities)*
la pubblicità *(advertisement)*	le pubblicità *(advertisements)*
la virtù *(virtue)*	le virtù *(virtues)*
il caffè *(coffee)*	i caffè *(coffees)*
il tè *(tea)*	i tè *(teas)*
il tassì *(taxi)*	i tassì *(taxis)*

Applicazione

4.9 **Botta e risposta.** Chiedi a un compagno/una compagna se ha le seguenti cose. Il compagno/la compagna dovrà rispondere liberamente.

> **ESEMPIO** a diploma
> **Debbie, hai un diploma?**
> **Sì, ho il diploma di scuola secondaria. / Ho diversi diplomi...**

1. a car
2. a motorcycle
3. photos of his/her family
4. a cinema card
5. a composition to write

4.10 Al singolare o al plurale? Completa la tabella in modo appropriato.

Al singolare	Al plurale
1. il programma a puntate	
2.	i temi italiani
3. il problema difficile	
4.	i diplomi scolastici
5. il tassì veloce	
6.	le crisi politiche
7. l'ipotesi matematica	
8.	le analisi scientifiche
9. l'auto giapponese	
10.	le università italiane
11. la città ideale	
12.	i caffè italiani
13. la tesi di laurea	
14.	le radio portatili *(portable)*
15. il dilemma serio	
16.	le virtù eccezionali

Il presente progressivo

◈ The present progressive, both indicative and subjunctive, allows you to zero in on an action or event. It allows you to refer to actions such as *I am working* and *you are watching* a little more precisely.

Ongoing action	Continuous present action
In questo momento guardo/sto guardando la TV. *At this moment I'm watching TV.*	Guardo sempre la TV. *I always watch TV.*
Penso che adesso lei stia leggendo. *I think that she is reading now.*	Penso che lei legga qualcosa tutti i giorni. *I think that she reads something every day.*

◈ The present progressive is formed with the present indicative/subjunctive of **stare** plus the gerund of the verb. Regular gerunds are formed by dropping the infinitive endings and adding on **-ando** to first-conjugation verbs and **-endo** to both second- and third-conjugation verbs.

First conjugation:	guard**are** *(to watch)*	→	guard**ando** *(watching)*
Second conjugation:	ved**ere** *(to see)*	→	ved**endo** *(seeing)*
Third conjugation:	fin**ire** *(to finish)*	→	fin**endo** *(finishing)*

◈ There are only a few exceptions to this rule. Here are the most important ones.

fare *(to do, make)*	→	facendo *(doing, making)*
dire *(to say, tell)*	→	dicendo *(saying, telling)*
bere *(to drink)*	→	bevendo *(drinking)*
dare *(to give)*	→	dando *(giving)*

◈ Here are the verbs **guardare**, **vedere**, **finire** completely conjugated in the present progressive (indicative and subjunctive).

	Indicative	Subjunctive
i	sto guardando/vedendo/finendo	stia guardando/vedendo/finendo
tu	stai guardando/vedendo/finendo	stia guardando/vedendo/finendo
lui/lei/Lei	sta guardando/vedendo/finendo	stia guardando/vedendo/finendo
noi	stiamo guardando/vedendo/finendo	stiamo guardando/vedendo/finendo
voi	state guardando/vedendo/finendo	stiate guardando/vedendo/finendo
loro/Loro	stanno guardando/vedendo/finendo	stiano guardando/vedendo/finendo

◈ Recall the use of **da** with the present indicative and subjunctive in time constructions, which translates as both *since* and *for* in English. The progressive is used commonly in such constructions, translating English forms such as *I have been reading, you have been watching*, and so on.

Sto leggendo il giornale da due ore.
I have been reading the newspaper for two hours.

Lui sta studiando per l'esame da stamani.
He has been studying for the exam since this morning.

◈ Note that **Da quanto tempo…?** renders the idea of *For how long . . . ?*

Da quanto tempo studi l'italiano?
For how long have you been studying Italian?

◈ Since the present progressive refers only to ongoing actions, it cannot be used to render the notion *to be about to . . .* In this case the expression **stare per** with the infinitive is used.

Quel programma sta per cominciare.
That program is about to begin.

Sto per andare a dormire.
I'm about to go to sleep.

Applicazione

4.11 Il presente progressivo. Chiedi a un compagno/una compagna che cosa stanno facendo le persone indicate tra parentesi. Il compagno/la compagna risponderà utilizzando la frase data *(given)*. Usate il presente progressivo come negli esempi.

ESEMPI guardare la TV (tu)
     Che cosa stai facendo, tu?
     Sto guardando la TV.

     leggere un romanzo italiano (i tuoi amici)
     Che cosa stanno facendo i tuoi amici?
     Stanno leggendo un romanzo italiano.

1. ascoltare la radio (tuo fratello)
2. leggere il giornale (tu)
3. bere il caffè (i tuoi amici)
4. guardare la TV (tu e tua sorella)
5. cambiare canale (tua sorella)

4.12 Da quanto tempo? Forma la domanda e poi rispondi ad essa col soggetto indicato tra parentesi utilizzando il presente progressivo, sia per la domanda che per la risposta. Completa la tua risposta utilizzando qualsiasi espressione di tempo logica. Segui l'esempio.

ESEMPIO guardare quel programma (tu)
      Da quanto tempo guardi quel programma (tu)?
      (Io) Sto guardando quel programma da un'ora/da poco tempo/...

1. studiare l'italiano (lui)
2. bere il caffè (i suoi amici)
3. dormire (il suo amico)
4. fare il compito (tu)
5. scrivere il tema (voi)
6. dare del tu all'insegnante (la classe)

4.13 Penso che... Riscrivi ciascuna frase premettendo l'espressione tra parentesi all'inizio e cambiando il verbo al congiuntivo del presente progressivo. Segui l'esempio.

> **ESEMPIO** Loro stanno leggendo il giornale. (pare che)
> **Pare che loro stiano leggendo il giornale.**

1. I bambini stanno mangiando tutte le caramelle. (credo che)
2. La tua amica sta bevendo un cappuccino. (immagino che)
3. La professoressa sta finendo la lezione. (sembra che)
4. I tuoi amici stanno facendo i compiti. (penso che)

4.14 Cosa stai facendo? Crea delle frasi liberamente con i seguenti verbi, utilizzando sempre una forma del presente progressivo in modo logico.

> **ESEMPIO** bere
> **In questo momento sto bevendo un caffè espresso.**

1. dire
2. uscire
3. lavorare
4. finire

COMUNICAZIONE ▬▬▬▬▬▬

Comunicare ritualmente

◈ Many aspects of communication involve the routine and ritualistic use of formulas, stock phrases, wish clauses, and the like, which are intended to maintain smooth social relations, to express camaraderie, to make wishes, and so on. Here are some of these in Italian.

Buon compleanno!	*Happy birthday!*
Buon divertimento!	*Have a good time!*
Buon viaggio!	*Have a good trip!*
Buona fortuna!	*Good luck!*
Buona giornata!	*Have a good day!*
Buona vacanza!	*Have a good holiday!*
Anzi!	*As a matter of fact!, On (quite) the contrary!*
Non è difficile, anzi!	*It's not difficult, quite the contrary!*
Chissà?	*Who knows?*
Chissà quando ci rivedremo!	*Who knows when we will meet again!*
Dunque...	*Well/Then/Well now . . .*
Dunque, dicevo che...	*Well, I was saying that . . .*
Senti *(fam)*/Senta *(pol)*...	*Listen/Listen here . . .*
Di'/Dimmi pure *(fam)*!	*Go ahead (tell me)!*
Mi dica/Dica pure *(pol)*!	

Applicazione

4.15 Buona fortuna! Rispondi in modo appropriato.

ESEMPIO Domani ho un esame!
Buona fortuna! Spero che ti vada bene!

1. Domani parto per la Francia.
2. Stasera vado al cinema con gli amici.
3. Ho bisogno di rilassarmi un po'. Vado ai Caraibi *(Caribbean)* per una settimana.
4. Stasera vado a una festa da amici.
5. Oggi compio 22 anni.
6. (al mattino) Vado a lavorare. Ho molto da fare.

4.16 La ruota delle parole. Chiedi al tuo compagno/alla tua compagna di scegliere cinque numeri della ruota *(wheel)*. Una volta scelti i numeri *(once you have chosen the numbers)*, formulate insieme delle frasi con le parole che si trovano nelle rispettive caselle. Infine, leggete le vostre frasi alla classe.

ESEMPIO 1. anzi...
Non mi dispiace, anzi mi fa piacere!
Carla non è antipatica, anzi!

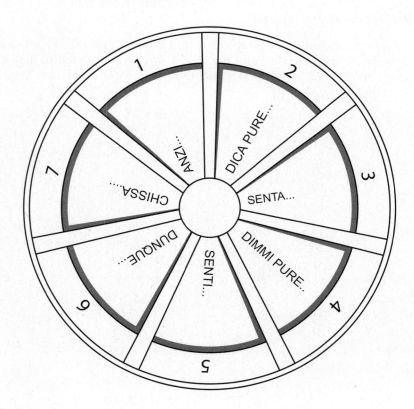

NOTA CULTURALE

La televisione

Giovanni Mereghetti/Age Fotostock America, Inc.

La televisione italiana nasce *(is born)* ufficialmente nel 1954. Per molto tempo ci sono stati solo tre canali statali: Rai Uno, Rai Due e Rai Tre. RAI sta per Radio Audizioni Italiane *(Italian Broadcasting Corporation)*, ora comunemente chiamata Rai TV. Nella seconda metà degli anni Settanta *(the 1970s)* nascono le televisioni private, tra cui Canale 5, Italia 1 e Rete 4. La struttura dei programmi è simile a quella dei programmi nordamericani. Gli spot pubblicitari sono inseriti *(are inserted)* periodicamente durante un programma.

Ma la televisione sta cambiando. C'è per esempio la *Pay TV,* così chiamata perché permette la visione di programmi televisivi attraverso il pagamento di un canone fisso *(fixed rate)*. La Pay TV più diffusa in Italia è attualmente *(currently)* Sky. *Pay per View* offre invece la possibilità di acquistare singoli programmi o eventi come le partite di calcio, mentre il *Video on Demand* offre la possibilità di vedere programmi nel momento in cui vogliamo. Nel 2012 è stato completato il passaggio dalla tradizionale televisione analogica alla televisione digitale terrestre (TDT) su tutto il territorio nazionale. Il digitale terrestre ha messo a disposizione degli italiani un maggior numero di canali gratuiti *(free)* come Rai 4, Rai Storia, Rai Sport e tanti altri.

Oggi esistono perfino *(even)* dispositivi mobili che permettono la visualizzazione di programmi televisivi. Inoltre, si possono guardare trasmissioni televisive anche tramite Internet.

Applicazione

4.17 La TV. Rispondi alle seguenti domande.

1. Quando nasce la TV in Italia?
2. Quali sono i canali statali?
3. Per che cosa sta «RAI»?
4. Quando nascono le TV private?
5. Come sono strutturati i programmi italiani?
6. Hai mai visto programmi televisivi italiani? Se sì, descrivi i tuoi programmi preferiti.
7. Come preferisci guardare la TV? Col televisore, su Internet, ecc.?

4.18 Ricordi quello che hai letto? Se sì, descrivi...

1. Pay TV
2. Pay per View
3. Video on Demand

4.19 TV online. Vai su Internet e scegli un programma televisivo trasmesso da un canale italiano (RAI 1, Canale 5, ecc.). Indica...

a. a che ora comincia.
b. che tipo di programma è.
c. se conosci già il programma.
d. di che cosa tratta il programma.

4.20 Lavoro di gruppo. Con un compagno/una compagna guardate insieme un programma televisivo italiano tramite Internet (per esempio, su YouTube). Poi descrivetelo al resto della classe.

MOMENTO CREATIVO

Diversi gruppi di studenti dovranno mettere in scena un episodio molto breve tratto da un programma a puntate, come, per esempio, un episodio di un «reality show».

AVVIO

Quanto sai già?

Royalty Free/Masterfile

4.21 La posta elettronica. Ecco una lista di parole e espressioni che caratterizzano l'uso della posta elettronica. Indovina il loro significato, spiegando ciascuna parola o espressione che conosci alla classe.

1. gli allegati
2. la mail (l'e-mail)
3. la casella di posta elettronica
4. l'invio dei file allegati
5. messaggi in maiuscolo
6. un file ingombrante

7. salvare
8. giungere a destinazione
9. il menu opzioni o strumenti
10. il servizio di conferma di lettura
11. svuotare la casella posta
12. il gestore del servizio Internet

4.22 L'uso di Internet. Rispondi alle seguenti domande.

1. Hai un indirizzo e-mail? Qual è? Nota: @ = **chiocciola** e **.** = **punto**. Per esempio: mbinni@hotmail.it = "mbinni chiocciola hotmail punto it".
2. Quando usi l'e-mail? Quando, invece, invii SMS?
3. Quando navighi su Internet?
4. Quando usi Facebook o Twitter?

Prima di leggere

4.23 Il galateo di Internet. Rispondi alle seguenti domande.

1. Il **galateo** è il termine usato per indicare il complesso *(set)* di norme *(norms)* relative alle buone maniere. Che cosa potrebbe significare *(could mean)*, quindi, il **cyber galateo**?
2. **Urlare** significa *to yell*. Che cosa potrebbe significare quindi, una **parola urlata**?
3. La parola **catena** significa *chain*. Che cosa potrebbe significare, quindi, le **catene di Sant'Antonio**?

Lettura   *Le regole del cyber galateo*

La cortesia è d'obbligo non soltanto nella comunicazione tradizionale ma anche in quella virtuale. Ecco le regole fondamentali da rispettare quando si comunica mediante posta elettronica.

1. Consultare frequentemente la casella «posta» e rispondere subito ai messaggi ricevuti, specificando nello spazio relativo all'oggetto il tema del proprio messaggio.
2. Includere parte del messaggio originale nelle proprie risposte, per ricordare al destinatario l'argomento della conversazione.
3. Quando si scrive, non usare le lettere maiuscole perché corrispondono a parole urlate.
4. Limitare l'invio dei file allegati per non costringere il ricevente a lunghi collegamenti Internet. Se si inviano immagini, è bene salvarle in formati poco ingombranti (come JPEG o Gif).
5. Evitare di coinvolgere parenti e amici nelle noiose catene di Sant'Antonio via e-mail che promettono facili guadagni, cellulari o altri gadgets in omaggio.

Applicazione

4.24 Discussione in classe. Rispondi alle seguenti domande.

1. Sai riassumere con parole tue le cinque regole?
2. Tu rispetti queste regole?
3. Conosci le abbreviazioni JPEG e Gif? Se sì, spiegale agli altri membri della classe.

Vocabolario

Termini utili

la casa editrice	*publishing house*
il giornale	*newspaper*
il giornale radio	*radio news*
la pubblicità	*advertising*
la stampa	*the press*
il titolo	*headline*
il sito (web)	*website*
il blog	*blog*

◈ Note the difference between . . .

suonare = *to play (an instrument)*   giocare (a) = *to play (physically/intellectually)*

Lui suona il violoncello.   Lei gioca a tennis.
He plays the cello.   *She plays tennis.*

◈ The noun **Internet** in Italian does not normally have an article (although this is not a strict rule): **Internet** = *the Internet.*

◈ Finally, note the following expressions:

alla/in televisione	*on television*
alla radio	*on radio*
al cinema	*at the movies*
su Internet	*on the Internet*

Applicazione

4.25 La parola giusta. Scegli la parola o l'espressione adatta.

1. Questo libro è stato pubblicato dalla _____ Wiley.
   a. casa editrice   b. stampa

2. Paolo, perché compri sempre il…?
   a. giornale radio   b. giornale

3. Ieri sera alla _____ ho visto un programma interessantissimo.
   a. radio   b. televisione

4. Sandra, ti piace navigare…?
   a. su Internet   b. in televisione

5. Francesco, sai _____ il violino?
   a. suonare   b. giocare

6. Maria, sai _____ a briscola *(Italian card game)*?
   a. suonare   b. giocare

4.26 Significati differenti. Spiega la differenza tra…

1. un titolo e uno spot pubblicitario
2. Facebook e Twitter
3. un sito commerciale web e un blog

GRAMMATICA

Gli aggettivi qualificativi (seconda parte)

◆ As discussed previously, descriptive adjectives usually follow the nouns they modify: **la televisione digitale**, **la televisione italiana**, **i giornali importanti**. They can also occur as predicates after linking verbs such as **essere** *(to be)*, **sembrare** *(to seem)*, and **diventare** *(to become)*.

Quella ragazza sembra molto intelligente.	*That girl seems very intelligent.*
Quei programmi sono italiani.	*Those programs are Italian.*

◆ Some adjectives can be used before or after the noun: **È un programma nuovo / È un nuovo programma** *(It's a new program)*. In most cases this is a matter of stylistic choice. By placing the adjective before, you can put more emphasis on it. However, in some cases the position signals a difference in meaning. If it comes after, it retains its literal meaning; if it comes before, it takes on an extended (figurative) meaning.

Before a noun	After a noun
È un **povero** ragazzo. *He's a poor boy (= not fortunate).*	È un ragazzo **povero**. *He's a poor boy (= not rich).*
È una **cara** ragazza. *She's a dear (sweet) girl.*	È un televisore **caro**. *It's an expensive TV set.*
È un **vecchio** amico. *He's an old friend (of many years).*	È un amico **vecchio**. *He's an elderly friend.*

◆ If the adjective is itself modified by an adverb, or if the noun phrase is made up of more than one adjective, then the whole construction must follow the noun.

È un bel ragazzo. *He's a handsome boy.*	È un ragazzo molto bello. *He's a very handsome boy.*
È una brava ragazza. *She's a wonderful girl.*	È una ragazza veramente brava. *She's a truly wonderful girl.*
È una bella ragazza ed è brava. *She's a beautiful girl and she's wonderful.*	È una ragazza bella e brava. *She's a beautiful and wonderful girl.*

◆ The adjectives **bello** *(beautiful, handsome, nice)*, **buono** *(good)*, **santo** *(Saint, saintly, holy)*, and **grande** *(big, great)* can be put before or after the noun. If they are put after, only their endings change in the normal fashion (**il libro bello, la bambina buona**). But when they precede the noun, their forms change. Note that: **buono** is inflected in a manner that recalls the indefinite article, and **bello** in a manner that recalls the definite article.

Masculine		
Before . . .	**Singular**	**Plural**
z, s + consonant, *gn, ps, x, i + vowel*	il **buono** studente	i **buoni** studenti
	il **bello** zio	i **begli** zii
	il **grande** psicologo	i **grandi** psicologi
	Santo Stefano	i **Santi** Stefano e Paolo
any vowel	il **buon** amico	i **buoni** amici
	il **bell'**orologio *(watch)*	i **begli** orologi
	il **grand'**amico/il **grande** amico	i **grandi** amici
	Sant'Antonio	i **Santi** Antonio e Ignazio
any other consonant	il **buon** bambino	i **buoni** bambini
	il **bel** televisore	i **bei** televisori
	il **gran** film/il **grande** film	i **grandi** film
	San Pietro	i **Santi** Pietro e Paolo

Feminine		
Before . . .	**Singular**	**Plural**
any consonant	la **buona** bambina	le **buone** bambine
	la **bella** ragazza	le **belle** ragazze
	la **gran/grande** macchina	le **grandi** macchine
	Santa Caterina	le **Sante** Caterina e Lucia
any vowel	la **buon'**amica	le **buone** amiche
	la **bell'**amica	le **belle** amiche
	la **grand'/grande** autrice *(author)*	le **grandi** autrici
	Sant'Anna	le **Sante** Anna ed Eufemia

◈ As with other adjectives, the position of **buono**, **bello** and **grande** affects the meaning. Essentially, when they follow the noun, they have a literal meaning. When they precede it, the meaning may acquire various new nuances or even change. Note that **bravo** means *good at something, kind, wonderful.*

È un libro bello.	*It's a beautiful book. (in appearance)*
È un bel libro.	*It's a good book. (in contents)*
Maria è una buon'amica.	*Mary is a good friend.*
È anche una brava studentessa.	*She's also a good student.*

◆ When two or more nouns are modified by the same adjective, the adjective is pluralized. If the nouns are all feminine, then the adjective is in the feminine plural. If the nouns are masculine, or of mixed gender (some masculine, some feminine), then the adjective is in the masculine plural:

la televisione e la radio italian**e**   *two feminine nouns*
i programmi e i canali italian**i**   *two masculine nouns*
la televisione e i programmi italian**i**   *a feminine and a masculine noun*

◆ To pluralize adjectives ending in **-co**, **-go**, **-cio**, **-gio**, **-io** use the same rules that apply to nouns with these endings, as introduced earlier in this book. Here are a few examples:

Singular	Plural
simpatico *(nice, pleasant)*	**simpatici/simpatiche**
il ragazzo simpatico	i ragazzi simpatici
la ragazza simpatica	le ragazze simpatiche
tedesco *(German)*	**tedeschi/tedesche**
il ragazzo tedesco	i ragazzi tedeschi
la ragazza tedesca	le ragazze tedesche
lungo *(long)*	**lunghi/lunghe**
il programma lungo	i programmi lunghi
la serata lunga	le serate lunghe

◆ Finally, be careful with the preceding article in the noun phrase. As you know, the article changes according to the initial sound of the word that follows it. So, for instance, before **z** (masculine), you would use **uno** or **lo** (as in **lo zio bello**). However, if you bring the adjective in front, you will have to adjust the article to its form before **b** (**il bello zio**).

Applicazione

4.27 Bello e buono. Rispondi affermativamente alle seguenti domande, mettendo l'aggettivo davanti al nome. Segui l'esempio.

ESEMPIO È un film bello?
Sì, è un bel film.

1. È un programma bello?
2. È un'attrice bella?
3. È un attore bello?
4. È un caffè buono?
5. È una radio buona?
6. È un'auto buona?
7. È uno studente bello?

4.28 Trasformazioni. Adesso trasforma le seguenti frasi mettendo l'aggettivo dopo il nome. Segui l'esempio.

> ESEMPIO   È un bel programma.
> **È un programma bello.**

1. Voglio bere un buon caffè.
2. Sandra e Paolo sono grandi amici.
3. Anna e Monica sono buone amiche.
4. Carlo e Marco sono due bei ragazzi.
5. Che begli zaini *(knapsacks)*!
6. Giovanni e Sergio sono due simpatici ragazzi.
7. Lui è un buon uomo.

4.29 Prima o dopo? Metti l'aggettivo indicato davanti e dopo il nome. Traduci ciascuna frase. Poi volgi le due frasi al plurale. Segui l'esempio.

> ESEMPIO   Usa **bello** con… libro
> **il libro bello** = *the beautiful (looking) book*
> **il bel libro**   = *the beautiful, wonderful book (in content)*
>
> (plural forms)
> **i libri belli**
> **i bei libri**

1. Usa **bello** con…
   a. studente   b. programma   c. attore   d. attrice   e. foto

2. Usa **buono** con…
   a. amico   b. tesi   c. ragazzo   d. auto   e. zio

3. Usa **grande** con…
   a. uomo   b. idea   c. problema   d. poesia   e. sbaglio

4. Usa **santo** con…
   a. uomo   b. anima *(soul)*   c. donna   d. madre   e. padre

4.30 Amici. Descrivi il tuo migliore amico/la tua migliore amica scegliendo tra gli aggettivi seguenti quelli più adatti.

> ESEMPIO   Il mio migliore amico è molto simpatico.
> Lui è alto e bello.
> Ha una sorella molto brava.
> Ecc.

caro	grande	basso
vecchio	buono	povero
simpatico	bravo	lungo
bello	alto	interessante

Altri usi del congiuntivo

◆ The subjunctive is required in dependent clauses following impersonal verbs and expressions indicating necessity and need, such as **essere necessario**, **occorrere**, and **bisognare**. Recall that an impersonal verb is one that has only third-person forms.

È necessario che tu venga.	*It is necessary that you come.*
Occorre che tu lo faccia.	*It is necessary that you do it.*
Bisogna che tu ti diverta.	*It is necessary that you enjoy yourself.*

◆ The subjunctive is required in dependent clauses following superlative and any other impersonal verb or impersonal construction.

With superlative constructions	With impersonal verbs/constructions
È il programma più interessante che ci sia. *It's the most interesting program that there is.*	Si dice che sia un buon programma. *It is said/They say that it is a good program.*
È la musica meno piacevole che io conosca. *It's the least pleasing music that I know.*	Conviene che lo faccia anche tu. *It is useful/appropriate that you do it too.*
È il minimo che io possa fare. *It's the least that I can do.*	Non importa che tu non abbia un cellulare. *It doesn't matter that you do not have a cellphone.*

◆ The subjunctive is required after certain conjunctions and indefinite expressions:

a meno che ... non	*unless*	**prima che**	*before*
affinché	*so that*	**purché**	*provided that*
benché	*although*	**qualsiasi**	*whichever, whatever*
chiunque	*whoever*	**qualunque**	*whichever, whatever*
dovunque	*wherever*	**sebbene**	*although*
perché	*so that*	**senza che**	*without*

Benché/Sebbene quel programma mi piaccia, stasera non lo guarderò.	*Although I like that program, I'm not going to watch it tonight.*
Affinché/Perché tu possa vedere meglio i tuoi programmi preferiti, comprerò un nuovo televisore.	*So that you can see your favorite programs better, I'm going to buy a new TV set.*
Prima che cominci il telegiornale, c'è un documentario.	*Before the TV news begins, there's a documentary on.*
Non starò a casa stasera, a meno che non trasmettano la partita.	*I'm not going to stay home tonight, unless they put on the game.*
Anch'io starò a casa, purché facciano vedere la partita.	*I'm also staying at home, provided they show the game.*
Lo faccio, senza che tu me lo dica.	*I'll do it, without your telling me.*

Qualsiasi/Qualunque programma
faciano vedere, stasera esco.

*Whichever/No matter which program they
show, I'm going out tonight.*

Dovunque tu vada, ti seguo.

Wherever you go, I'll follow.

◈ Note that **perché** means both *because* and *so that*. It does not trigger the subjunctive when it means *because*.

◈ The conjunction **a meno che** is followed by **non** in the dependent clause: **Non lo faccio, a meno che non me lo chiedano** = *I won't do it, unless they ask me.*

◈ Finally, the subjunctive is used idiomatically in wish constructions, which have the following form:

(Che) Dio ti benedica!   *(May) God bless you!*
(Che) lo faccia, se vuole!   *Let him do it, if he wants to!*

Applicazione

4.31 Trasformazioni. Riscrivi le seguenti frasi premettendo il verbo o l'espressione tra parentesi. Segui l'esempio.

ESEMPIO   Tu bevi tutto il caffè. (occorrere)
           Occorre che tu beva tutto il caffè.

1. Lui studia molto per l'esame. (essere necessario)
2. Mio fratello non gioca più con i videogiochi. (bisognare)
3. Il professore finisce la lezione. (occorrere)
4. Loro escono lo stesso. (essere necessario)
5. Voi mangiate tutta la minestra. (bisognare)

4.32 Come si dice? Traduci le seguenti frasi in italiano.

1. It is the most interesting program that is on television today.
2. It is the least that she can do.
3. Let her say everything she wants!
4. I am studying now, so that I can go out tonight.
5. Although it is raining, they are going out just the same (**lo stesso**).
6. Whoever says that, does not know what he is saying.
7. Before she leaves for Italy, we are going out together.
8. I'll do it, without her telling me.

4.33 Usiamo il congiuntivo! Completa ciascuna frase in modo logico.

1. Lui è l'insegnante più simpatico che io...
2. Vado in Italia in estate, a meno che...
3. Voglio studiare l'italiano l'anno prossimo, purché...
4. Domani esco con gli amici, sebbene...
5. Voglio andare in Italia, affinché...

Alcuni verbi peculiari

In addition to **avere bisogno di** and **occorrere**, introduced earlier, the concept of need can also be conveyed by two peculiar verbs, **metterci** and **volerci**. For example, the sentence *I need two hours to finish* can be rendered in the following ways. Notice the different meaning nuances.

Ho bisogno di	due ore per finire.	*I need two hours to finish =* *I have need of two hours to finish.*
Mi occorrono	due ore per finire.	*I need two hours to finish =* *Two hours are needed for me to finish.*
Ci metto	due ore per finire.	*I need two hours to finish =* *I need to put in two hours to finish.*
Ci vogliono	due ore per finire.	*I need two hours to finish =* *Two hours are needed to finish.*

◈ **Occorrere**, like **piacere**, requires indirect objects or indirect object pronouns (see Chapter 2):

Mi occorre un'ora.	*I need an hour (= An hour is needed by me).*
Ti occorrono due giorni.	*You need two days (= Two days are needed by you).*
A Marcello occorre un nuovo cellulare.	*Marcello needs a new cellphone. (= By Marcello is needed a new cellphone).*

◈ **Metterci** renders, more specifically, the concept of *to take someone a certain amount of time*:

(Io) ci metto un'ora.	*It takes me an hour.*
(Tu) ci metti due giorni.	*It takes you two days.*

◈ **Volerci** renders the English expression *It takes + amount of time*:

Ci vuole un'ora.	*It takes an hour.*
Ci vogliono due giorni.	*It takes two days.*

Applicazione

4.34 Un po' di traduzione. Come si potrebbero dire le seguenti cose in italiano? Nota: in alcuni casi c'è più di un modo di tradurre la frase inglese.

ESEMPIO   I need more time.
   Ho bisogno di più tempo. / Mi occorre più tempo.

1. Maria needs three hours to do her homework (**fare i compiti**).
2. It generally takes a few hours to complete the task (**compito**).
3. Francesco needs a new car.
4. It takes my brother an hour to eat.
5. I do not take a lot of time to study for the exam.
6. She needs more time because it takes a lot of time to finish the task.

COMUNICAZIONE

Parlare al telefono

Pronto!	*Hello!*
Chi parla?/Chi è?	*Who is it?*
Sono Claudia/il signor Bruni.	*This is Claudia/Mr. Bruni.*
C'è Mario/la signora Morelli?	*Is Mario/Ms. Morelli in?*
Fa' *(fam)*/Faccia *(pol)* il numero.	*Dial the number.*
Digita *(fam)*/Digiti *(pol)* il numero. (**digitare** *to dial, input, key in*)	*[Used especially with digital devices]*
Scusi, ho sbagliato numero.	*I'm sorry, I've dialed the wrong number.*

Applicazione

4.35 Al telefono! Svolgi i seguenti compiti comunicativi.

ESEMPIO   Rispondi al telefono.
Pronto! Chi parla?/Chi è?

1. Chiedi se c'è la signora Berti.
2. Rispondi al telefono e presentati (introduce yourself).
3. Chiedi di parlare con il signor Torelli.
4. Chiedi a un compagno/una compagna il suo numero di telefono.
5. Chiedi a un compagno/una compagna che tipo di telefono ha.

Comunicare per iscritto

Gentile signore/signora/signorina...	*Dear Sir/Madam/Miss . . .*
Caro Giovanni...	*Dear John . . .*
Cara Maria...	*Dear Mary . . .*
Carissimo Giovanni...	*Dearest John . . .*
Carissima Maria...	*Dearest Mary . . .*
Mio caro...	*My dear . . .*
Mia cara...	*My dear . . .*
A chi di spettanza/A chi di dovere...	*To Whom It May Concern . . .*
Spettabile (Spett.le) Ditta/Banca/...	*Dear Madam or Sir (of firm/company) . . .*
Cordiali/Distinti saluti... La saluto cordialmente...	*Yours truly/sincerely/ . . .*
Un abbraccio...	*A hug . . .*
Ti saluto affettuosamente...	*Affectionately . . .*
Un caro saluto...	

◆ On an envelope, or on an e-mail heading, the number of the street follows the street name, and the postal code precedes the city name:

Gentile Dottor G. Marchi
Via Della Torre, 39
20143 Milano

Applicazione

4.36 Sai scrivere una «mail»? Scrivi una breve e-mail a ciascuna delle seguenti persone. Presenta le tue e-mail al resto della classe. Poi discutete insieme la loro forma e il loro contenuto *(contents)*.

Scrivi...

1. ad un amico/un'amica, dicendogli/le *(telling him/her)* che adesso lavori per un'azienda pubblicitaria.
2. ad un'azienda pubblicitaria, esprimendo la tua opposizione ai tipi di manifesti che pubblica regolarmente.
3. al caporedattore *(editor-in-chief)* di un giornale o blog, protestando contro uno degli articoli pubblicati recentemente sul suo giornale.

NOTA CULTURALE ▬▬▬▬▬▬

Internet

Come di solito accade *(happens)* con i mass media, la rete Internet viene spesso accusata di abbassare *(to lower)* il livello culturale degli utenti *(users)*, di avere effetti negativi sulla formazione *(development)* dei bambini, di favorire un cattivo uso delle lingue. In realtà, come tutti i mezzi tecnologici, Internet offre enormi potenzialità, ma porta con sé *(brings along with it)* anche alcuni rischi.

Uno dei punti di forza di Internet è che tutti possono accedervi *(can have access to it)* e possono utilizzare le informazioni e gli strumenti disponibili *(available)*, così come tutti possono distribuire le proprie notizie, esprimere opinioni o allestire *(to run)* un proprio spazio web. Tuttavia, non essendoci una struttura di controllo superiore, Internet risulta priva di *(without)* restrizioni. Quindi *(Therefore)*, non esiste nessuna garanzia di credibilità delle informazioni pubblicate e la rete è perfettamente permeabile a truffe *(fraud)*, abusi *(abuses)* e usi illeciti *(illicit uses)*. C'è anche il rischio di «Internet addiction disorder» (disturbo da abuso di Internet), caratterizzato da un eccessivo senso di libertà accoppiato al *(coupled with)* graduale rifiuto del mondo reale.

Internet porta con sé un vero e proprio mondo nuovo!

Applicazione

4.37 Discussione in classe. Rispondi alle seguenti domande, discutendo le tue risposte con gli altri membri della classe.

1. Pensi che Internet veramente abbassi il livello culturale della gente e abbia effetti negativi sulla formazione dei bambini? Perché sì/no?
2. Pensi che Internet sia un mezzo democratico? Perché sì o no?
3. Tu hai un tuo proprio sito web? Se sì, descrivilo.
4. Quali sono, secondo te, gli abusi e gli usi illeciti più allarmanti *(alarming)* di Internet?
5. Tu soffri di «Internet addiction disorder»? Se sì, indica quali sono i suoi sintomi più caratteristici.

MOMENTO CREATIVO

Uno studente/una studentessa dovrà interpretare il ruolo di un intervistatore/ intervistatrice della televisione; un altro studente/un'altra studentessa dovrà interpretare il ruolo di un grande attore/una grande attrice del cinema.

Il tema dell'intervista sarà: «L'amore romantico del cinema tradizionale esiste ancora nel cinema di oggi?»

PARTE 3ª

DALLA LETTERATURA ITALIANA

Prima di leggere

4.38 Conosci le seguenti parole e espressioni? Se sì, spiegale alla classe.

1. una casa signorile
2. il cassetto
3. un sospiro di sollievo
4. Sei impazzito(-a)!
5. il proprietario/la proprietaria
6. riuscire a
7. rubare
8. in pace

4.39 Proverbi. Conosci il proverbio **Non tutti i mali vengono per nuocere** *(to harm)*? Se sì, spiegalo alla classe. Il titolo della lettura è «Non tutti i ladri vengono per nuocere». Che cosa potrebbe significare questo titolo?

Un ladro sta entrando, dopo aver forzato la finestra[1], nell'appartamento al terzo piano di una casa signorile... Proprio mentre sta per aprire un cassetto, suona il telefono.

Voce: Pronto, pronto, rispondete... con chi parlo? *(il ladro può finalmente emettere un sospiro di sollievo[2]).*

Ladro: Oh! Finalmente!

Voce: Ohhhh... finalmente... con chi parlo?

Ladro: *(nuovamente sorpreso)* Maria... sei tu?

Maria: Sì, sono io, ma perché non rispondevi?

Ladro: Ma sei impazzita! Adesso mi telefoni sul lavoro?

Maria: Ma se mi hai detto tu stesso che i proprietari sono in campagna.

...

Ladro: Ma cara, cerca di ragionare... Possibile che tu non riesca a metterti in testa che io non sono qui per divertirmi. Possibile che con te non si riesca a rubare una santa volta in pace!

...

Maria: Mi piacerebbe[3] tanto vedere come è fatta una vera casa signorile... e poi farei crepare d'invidia[4] le mie amiche.

Ladro: Ma tu farai crepare me, non le tue amiche... Io sono qui per rubare, lo vuoi capire sì o no? Ciao, ti saluto.

Maria: Ma che fretta hai? Ma che cosa ti costa essere gentile almeno una volta con me, sono tua moglie, dopo tutto.

Ladro: Ho detto ciao!

Maria: Almeno un bacino...

Ladro: E va bene.

Maria: Mi vuoi bene?

Ladro: Sì, ti voglio bene.

Maria: Tanto? Tanto?

Ladro: Tanto! Tanto!

From Dario Fo , "Non tutti I ladri vengono per nuocere", in *Le Commedie IV.* © Copyright Einaudi: Torino, 1962. Reprinted by permission of Giulio Einaudi Editore.

[1]*forced the window open* [2]*sigh of relief* [3]*I would like* [4]*I would make them die of envy*

Applicazione

4.40 Ricordi quello che hai letto? Rispondi alle seguenti domande.

1. Secondo te, è ironico questo brano? Perché sì/no?
2. Indica quali sono le espressioni che riguardano «la comunicazione telefonica»: per esempio, **Pronto**.
3. Che tipo di «rapporto» pensi che abbiano il ladro e sua moglie?
4. Sai chi è Dario Fo? Se sì, descrivi alla classe la sua opera *(his work)*.

4.41 Messa in scena. Diverse coppie di studenti dovranno mettere in scena una conclusione diversa alla lettura.

CON FANTASIA

Attività generali

4.42 Mass media. Elenca cinque parole o espressioni che si applicano alle seguenti categorie.

1. il cinema
2. la televisione
3. Internet
4. il telefono

4.43 La tua guida TV.

1. Scegli i titoli di dieci programmi televisivi americani che sono attualmente popolari. Traducili in italiano.
2. Scrivi una guida TV nella quale elenchi e descrivi i programmi menzionati nella prima domanda.

> **ESEMPIO** The Wheel of Fortune
>
> **La ruota della fortuna**
>
> **«Gioco di fortuna in cui una persona deve indovinare una parola o un'espressione indovinando** (*guessing*) **le sue lettere mancanti** (*missing letters*).**»**

4.44 Lavoro di gruppo. Diversi gruppi di studenti dovranno mettere in scena davanti alla classe l'ultimo episodio di un popolare «sitcom» o «reality show».

Dal mondo italiano

4.45 Discussione in classe. Trova una striscia tratta da un fumetto popolare italiano, portandola in classe. Poi discuti con i tuoi compagni/le tue compagne le seguenti cose:

1. Che tipo di pubblico legge (probabilmente) la striscia?
2. Puoi identificare forme di linguaggio (*speech*) che sono «peculiari»?
3. Ti piace questo tipo di fumetto? Perché sì/no?

4.46 Opinioni. Rispondi liberamente alle seguenti domande, discutendo le tue risposte con gli altri membri della classe.

1. Quale dei mezzi di comunicazione di massa (radio, televisione, stampa, Internet), secondo te, influenza maggiormente l'opinione pubblica?
2. Quale risponde di più ai tuoi interessi e alle tue preferenze? Perché?

Navigare su Internet

Per ulteriori attività online, visita il seguente sito: www.wiley.com/college/danesi

4.47 Ricerche online! Va su Internet e cerca...

1. un sito che contiene la guida TV di questa settimana in Italia, indicando alla classe quali sono, secondo te, i programmi più interessanti da guardare.
2. un sito dove puoi ascoltare musica italiana contemporanea, descrivendolo alla classe.

© Studio 37/Shutterstock

Feste e tradizioni

TO THE STUDENT

For video and related activities go to the student's website

TO THE INSTRUCTOR

For tests and examination materials go to the instructor's website

LEARNING OBJECTIVES

In this chapter, you will learn:

- how to talk about holidays and traditions

- how to refer to the days of the week, the months, and the seasons

- how to form and use numbers

- how to ask for and give the time

- how to use the metric system

- how to conjugate and use reflexive verbs

- how to form and use demonstratives and possessives

AVVIO

Quanto sai già?

5.1 Quiz storico. Ricordi le date storiche *(historical dates)*? Scegli la risposta adatta.

1. Cristoforo Colombo partì *(left)* dalla Spagna per le Americhe...
   a. il 3 agosto 1492.
   b. il 3 settembre 1592.
   c. il 3 luglio 1452.

2. Colombo raggiunse *(reached)* l'isola di San Salvador...
   a. il 12 ottobre 1592.
   b. il 12 ottobre 1492.
   c. il 22 ottobre 1492.

3. Due astronauti americani sono scesi *(set foot)* sulla luna...
   a. il 20 luglio 1969.
   b. il 20 agosto 1979.
   c. il 20 aprile 1959.

4. Il telefono fu inventato *(was invented)* in America dall'italiano Antonio Meucci...
   a. nel 1857.
   b. nel 1957.
   c. nel 1557.

5. Guglielmo Marconi riuscì a *(was able to)* trasmettere messaggi a distanza senza l'aiuto dei fili *(wires)*...
   a. nel 1685.
   b. nel 1985.
   c. nel 1895.

6. L'americano Edison inventò *(invented)* la lampadina elettrica *(electric light bulb)*...
   a. nel 1960.
   b. nel 1579.
   c. nel 1879.

7. Negli Stati Uniti, i fratelli Wright riuscirono a *(were able to)* volare con un apparecchio *(apparatus)* a motore...
   a. nel 1703.
   b. nel 1903.
   c. nel 1945.

8. Il primo orologio fu costruito *(was built)* intorno al...
   a. 1360.
   b. 1660.
   c. 1860.

Punteggio:
6–8 risposte corrette: Eccezionale!
4–5 risposte corrette: Così così!
0–3 risposte corrette: Dovresti studiare la storia!

Risposte:
1-a, 2-b, 3-a, 4-a, 5-c, 6-c, 7-b, 8-a

5.2 Feste e tradizioni. Tu sai che cos'è il Natale e che cos'è il Capodanno? Se sì, li celebri? Come? Se no, che cosa fai?

5.3 Quale festa preferisci? Indica la tua festa o tradizione preferita e spiega perché.

Prima di leggere

5.4 Sinonimi. Seleziona il sinonimo *(synonym)* di ciascuna delle seguenti parole.

1. paese
   a. nazione
   b. posto

2. usanza
   a. utilizzazione
   b. costume

3. fisso
   a. regolare
   b. divertente

4. mobile
   a. calmo
   b. variabile

5. accogliere
   a. ricevere
   b. accompagnare

6. rovinare
   a. distruggere
   b. difendere

Lettura *Le feste in Italia*

Le feste religiose e civili in Italia, come in tutti i paesi del mondo, sono caratterizzate da particolari cerimonie e usanze. Le giornate di feste fisse sono non lavorative. Le «feste fisse» sono quelle che si festeggiano *(are celebrated)* ogni anno in giorni fissi. Comunque *(Nonetheless)*, ci sono anche «feste mobili», come la Pasqua, che cadono ogni anno in periodi diversi. Oltre alle «feste ufficiali», ci sono «feste di ricorrenza», come ad esempio, la festa di compleanno, la festa di laurea, la festa di matrimonio, la festa della mamma, e così via.

L'importanza storica delle feste si nota nella lingua stessa. **Buon Natale**, **Buona Pasqua**, per esempio, sono auguri che tutti si scambiano nel periodo di Natale e di Pasqua. Quando si dice **far festa a qualcuno**, significa accogliere la persona. Ma quando si dice **far la festa a qualcuno**, vuol dire il contrario, cioè, rovinarlo.

Applicazione

5.5 Ricordi quello che hai letto? Rispondi alle seguenti domande.

1. Da che cosa sono caratterizzate le feste?
2. Che cosa sono le feste fisse?
3. Che cosa sono le feste mobili?
4. Che cosa sono le feste di ricorrenza?
5. Che cosa significa «far(e) festa a qualcuno»?
6. Che cosa significa «far(e) la festa a qualcuno»?

5.6 Discussione in classe. Discuti liberamente con gli altri studenti le tradizioni che, per te, sono le più importanti.

5.7 Botta e risposta. Con un compagno/una compagna, svolgete i seguenti compiti comunicativi.

Chiedi al tuo compagno/alla tua compagna...

1. in quale data è nato(-a).
2. come celebra il suo compleanno.
3. se celebra la festa di San Valentino e con chi.

Vocabolario

Giorni, mesi, stagioni

lunedì	*Monday*
martedì	*Tuesday*
mercoledì	*Wednesday*
giovedì	*Thursday*
venerdì	*Friday*
sabato	*Saturday*
domenica	*Sunday*

gennaio	*January*
febbraio	*February*
marzo	*March*
aprile	*April*
maggio	*May*
giugno	*June*
luglio	*July*
agosto	*August*
settembre	*September*
ottobre	*October*
novembre	*November*
dicembre	*December*
la primavera	*spring*
l'estate	*summer*
l'autunno	*fall, autumn*
l'inverno	*winter*

◈ The definite article is used with the days of the week and other time expressions to indicate a habitual occurrence.

Lunedì vado al cinema.
Monday I'm going to the movies.

Il lunedì vado sempre al cinema.
On Mondays (Every Monday) I always go to the movies.

Domenica guardo la partita.
Sunday I'm watching the game.

La domenica guardo spesso la partita.
On Sundays (Every Sunday) I often watch the game.

Stasera ascolto la radio.
Tonight I'm listening to the radio.

La sera di solito ascolto la radio.
In the evenings I usually listen to the radio.

Applicazione

5.8 Indovina! Rispondi seguendo l'esempio:

ESEMPIO   È il primo giorno della settimana.
          Il primo giorno della settimana è lunedì.

1. È il primo mese dell'anno.
2. Ha 28 giorni.
3. Ha inizio il 21 marzo.
4. È l'ultimo mese dell'anno.
5. Sono i mesi della primavera.
6. Sono i mesi con 30 giorni.
7. È il giorno della settimana dedicato tradizionalmente al riposo.
8. È la stagione più calda in Italia.
9. È la stagione più fredda in Italia.
10. Ha inizio il 21 settembre.

5.9 Come si dice in italiano? Traduci le seguenti frasi.

1. On Saturdays I always go to the movies.
2. Sunday is my friend's birthday.
3. They always go out in the evening.
4. Tonight I think they are staying at home.
5. We often go to Italy in the summer.

5.10 Cosa fai di solito? Indica quello che fai di solito nelle seguenti giornate o nei seguenti mesi.

1. il sabato
2. il venerdì
3. il giovedì
4. il mercoledì
5. il martedì
6. il lunedì
7. la domenica
8. giugno
9. luglio
10. agosto
11. novembre
12. settembre

GRAMMATICA

Verbi riflessivi

◈ Reflexive verbs are verbs indicating an action that the subject does to or for itself. These verbs require reflexive pronouns *(myself, yourself)*.

mi	*myself*
ti	*yourself (sing, fam)*
si	*himself/herself, yourself (sing, pol)*
ci	*ourselves*
vi	*yourselves (pl, fam)*
si	*themselves, yourselves (pl, pol)*

◈ The infinitive of a reflexive verb includes **-si** *(oneself)*: **lavarsi** *(to wash oneself)*. Note that when a reflexive pronoun is attached to the infinitive the **-e** of the infinitive is dropped.

◈ A reflexive verb is conjugated exactly like any non-reflexive verb. The difference is that the reflexive verb includes the reflexive pronouns in the conjugation. Here is **lavarsi** conjugated in the present indicative and subjunctive. Note that it is conjugated exactly like **lavare**, dropping **-arsi** first.

Present Indicative		
io	mi lavo	*I wash myself*
tu	ti lavi	*you wash yourself*
lui/lei/Lei	si lava	*he/she washes himself/herself, you (pol) wash yourself*
noi	ci laviamo	*we wash ourselves*
voi	vi lavate	*you wash yourselves*
loro/Loro	si lavano	*they wash themselves, you (pol) wash yourselves*

Present Subjunctive		
io	mi lavi	*I wash myself*
tu	ti lavi	*you wash yourself*
lui/lei/Lei	si lavi	*he/she washes himself/herself, you (pol) wash yourself*
noi	ci laviamo	*we wash ourselves*
voi	vi laviate	*you wash yourselves*
loro/Loro	si lavino	*they wash themselves, you (pol) wash yourselves*

◈ In the present progressive, the reflexive pronouns are normally placed before **stare**. Here is the verb **vestirsi** *(to get dressed)* conjugated in the present indicative and subjunctive progressive.

Indicative

(io) mi sto vestendo	*I'm getting dressed*
(tu) ti stai vestendo	*you're getting dressed*
(lui/lei/Lei) si sta vestendo	*he/she is getting dressed, you (pol) are getting dressed*
(noi) ci stiamo vestendo	*we're getting dressed*
(voi) vi state vestendo	*you're getting dressed*
(loro/Loro) si stanno vestendo	*they're getting dressed, you (pol) are getting dressed*

Subjunctive

(io) mi stia vestendo	*I'm getting dressed*
(tu) ti stia vestendo	*you're getting dressed*
(lui/lei/Lei) si stia vestendo	*he/she is getting dressed, you (pol) are getting dressed*
(noi) ci stiamo vestendo	*we're getting dressed*
(voi) vi stiate vestendo	*you're getting dressed*
(loro/Loro) si stiano vestendo	*they're getting dressed, you (pol) are getting dressed*

◈ With modal constructions—constructions with the modal verbs **potere** *(to be able to)*, **dovere** *(to have to)*, **volere** *(to want to)*—the reflexive pronoun can be placed before the modal or attached to the infinitive. Here is an example *(**vestirsi** to get dressed)*.

mi devo vestire/devo vestirmi	*I have to get dressed*
ti devi vestire/devi vestirti	*you have to get dressed*
si deve vestire/deve vestirsi	*he/she has to get dressed*
ci dobbiamo vestire/dobbiamo vestirci	*we have to get dressed*
vi dovete vestire/dovete vestirvi	*you have to get dressed*
si devono vestire/devono vestirsi	*they have to get dressed*

◈ The imperative of reflexive verbs is formed by attaching the reflexive pronouns to the familiar (nonpolite) forms (second person singular and plural, first person plural). They precede the polite ones (third person singular and plural). Note that the stress (accent) remains where it would normally be without the pronoun attachments:

	alzarsi (to get up)	mettersi (to put on, wear)	divertirsi (to enjoy oneself)	pulirsi (to clean oneself)
tu	alzati	mettiti	divertiti	pulisciti
Lei	si alzi	si metta	si diverta	si pulisca
noi	alziamoci	mettiamoci	divertiamoci	puliamoci
voi	alzatevi	mettetevi	divertitevi	pulitevi
Loro	si alzino	si mettano	si divertano	si puliscano

◈ In the negative form of the imperative, the pronoun can be put before or after the familiar forms. It is always put before the polite ones. Recall that the infinitive is used for the negative **tu** form.

	Before	After
(tu)	Non ti alzare!	Non alzarti!
(Lei)	Non si alzi!	——
(noi)	Non ci alziamo!	Non alziamoci!
(voi)	Non vi alzate!	Non alzatevi!
(Loro)	Non si alzino!	——

◈ Some verbs have both a reflexive and a nonreflexive form, with different meanings or meaning nuances.

Nonreflexive	Reflexive
alzare *(to raise up, lift)*	alzarsi *(to get up)*
chiamare *(to call)*	chiamarsi *(to be called, named)*
comprare *(to buy)*	comprarsi *(to buy for oneself)*
lavare *(to wash)*	lavarsi *(to wash oneself)*
mettere *(to put)*	mettersi *(to put on, wear)*
pulire *(to clean)*	pulirsi *(to clean oneself)*
svegliare *(to wake someone)*	svegliarsi *(to wake up)*
dimenticare *(to forget)*	dimenticarsi *(to forget, be forgetful)*
ricordare *(to remember)*	ricordarsi *(to remember, bear in mind)*
godere *(to enjoy)*	godersi *(to enjoy oneself)*
divertire *(to entertain someone)*	divertirsi *(to enjoy oneself, to have fun)*
sedere *(to sit)*	sedersi* *(to sit down)*

Pres. Ind.: mi siedo, ti siedi, si siede, ci sediamo, vi sedete, si siedono
Pres. Subj.: mi sieda, ti sieda, si sieda, ci sediamo, vi sediate, si siedano
Imp.: siediti, si sieda, sediamoci, sedetevi, si siedano

◈ Note the following peculiar verbal construction.

rendersi conto   to realize

Lui/Lei non si rende conto che io so parlare italiano.
He/She doesn't realize that I know how to speak Italian.

◈ A number of verbs can be changed into reflexives. These are called reciprocal verbs.

telefonare → telefonarsi   *to phone one another*
Noi ci telefoniamo ogni sera.   *We phone each other every evening.*

parlare → parlarsi   *to speak to one another*
Loro non si parlano.   *They do not speak to each other.*

Applicazione

5.11 Verbi. Dalle seguenti frasi mancano i verbi indicati. Mettili nelle loro forme appropriate (presente indicativo, presente congiuntivo, ecc.) secondo il caso.

1. Solo le persone che celebrano le feste (divertirsi) _____ e _____ (godersi) la vita.
2. Maria, vuoi (vestirsi) _____ con gusto *(tastefully)*? Allora, (comprarsi) _____ degli abiti nuovi!
3. Alessandro, non (svegliarsi) _____ sempre tardi la mattina!
4. Voi non dovete più (preoccuparsi) _____. La situazione è calma adesso.
5. Forse non tutti noi (rendersi conto) _____ di quanto sia importante un bravo insegnante.
6. Io (dimenticarsi) _____ spesso la data. Credo che neanche lui (ricordarsi) sempre _____ il giorno della settimana.
7. Mi occorre un orologio che (svegliarsi) _____ con la musica al mattino.
8. Signora, (mettersi) _____ questo abito! È molto bello.

5.12 Siediti! Di' alle seguenti persone di fare le cose indicate.

ESEMPIO   Di' a un compagno/una compagna di sedersi.
              Siediti!

Di'...

1. a un altro compagno/un'altra compagna di non sedersi.
2. all'insegnante di non sedersi.
3. a due amici di ricordarsi di comprare i biglietti per la partita.
4. a tuo fratello di non dimenticarsi di spegnere la TV.
5. al piccolo Luigi di lavarsi le mani.
6. a tua madre di mettersi il cappotto.
7. alle tue amiche di vestirsi in fretta.
8. al signor Binni di alzarsi presto domani mattina per l'appuntamento.

5.13 La routine. Settimana dopo settimana, a casa tua si fanno sempre le stesse cose. Completa le frasi, scegliendo il verbo giusto tra parentesi e mettendolo nella sua forma appropriata.

1. Il lunedì mio fratello (lavare/lavarsi) _____ sempre i piatti.
2. Il martedì generalmente io voglio (chiamare/chiamarsi) _____ la mia amica.
3. Il mercoledì, di solito, io e il mio amico Carlo vogliamo (vedere/vedersi) _____ al bar.
4. Il giovedì mia sorella e le sue amiche (incontrare/incontrarsi) _____ in centro.
5. Penso che il venerdì mia madre (incontrare/incontrarsi) _____ le sue amiche al bar.
6. Il sabato io e mia sorella dobbiamo (lavare/lavarsi) _____ i panni *(the clothes)*.
7. La domenica non tutti noi possiamo (svegliare/svegliarsi) _____ tardi.

5.14 Tocca a te! Usa ciascuno dei seguenti verbi in una frase progressiva.

> **ESEMPI**   parlarsi
>
> **Loro si stanno parlando da un'ora.** *(They have been talking to each other for an hour.)*

1. pulire	7. lavare
2. pulirsi	8. lavarsi
3. chiamare	9. sedersi
4. chiamarsi	10. rendersi conto
5. mettere	11. parlare
6. mettersi	12. parlarsi

COMUNICAZIONE

Indicare l'ora

Che ora è?/Che ore sono?

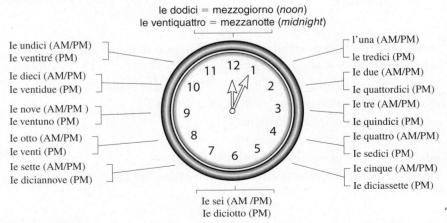

le dodici = mezzogiorno *(noon)*
le ventiquattro = mezzanotte *(midnight)*

le undici (AM/PM)
le ventitré (PM)

le dieci (AM/PM)
le ventidue (PM)

le nove (AM/PM)
le ventuno (PM)

le otto (AM/PM)
le venti (PM)

le sette (AM/PM)
le diciannove (PM)

le sei (AM /PM)
le diciotto (PM)

l'una (AM/PM)
le tredici (PM)

le due (AM/PM)
le quattordici (PM)

le tre (AM/PM)
le quindici (PM)

le quattro (AM/PM)
le sedici (PM)

le cinque (AM/PM)
le diciassette (PM)

◈ Both the 12-hour and 24-hour clocks are used in Italy. The latter is always used for official times (radio and television broadcasts, airline and train schedules); but it is also common in everyday conversations.

◈ Here's the simplest way to tell time.

	Hour	and	minutes
1:10	l'una/le tredici	e	dieci
3:22	le tre/le quindici	e	ventidue
4:56	le quattro/le sedici	e	cinquantasei
10:12	le dieci/le ventidue	e	dodici

◈ To indicate the minutes from the half hour to the next hour, it is common to give the next hour minus (**meno**) the number of minutes left to go.

	Next Hour	less	minutes
3:58	le quattro	meno	due
4:40	le cinque	meno	venti
10:50	le undici	meno	dieci

◈ The verb **mancare** *(to be lacking, missing)* can also be used:

3:58 = Mancano due minuti alle quattro.   *It's two minutes before four.*
4:40 = Mancano venti minuti alle cinque.   *It's twenty minutes before five.*
1:59 = Manca un minuto alle due.   *It's one minute before two.*

◈ Note the following.

un quarto   *a quarter*
mezzo (mezza)   *half past*

3:15   le tre e quindici/un quarto
4:30   le quattro e trenta/mezzo (mezza)
10:45   le dieci e quarantacinque/tre quarti
              le undici meno un quarto

◈ Periods during the day.

il mattino/la mattina	*morning*
di mattina/della mattina/del mattino	*AM (of the morning)*
il pomeriggio	*afternoon*
di pomeriggio/del pomeriggio	*of the afternoon*
la sera	*evening*
di sera/della sera	*PM (of the evening)*
la notte	*night*
di notte/della notte	*of the night*
il mezzogiorno	*noon*
a mezzogiorno	*at noon*
la mezzanotte	*midnight*
a mezzanotte	*at midnight*
il minuto	*minute*
il secondo	*second*

◈ Here are examples of some equivalent ways to relate time at specific periods of the day and night.

Che ora è/Che ore sono?

1:00 PM	È l'una del pomeriggio.	Sono le tredici.
7:00 PM	Sono le sette di sera.	Sono le diciannove.
8:00 AM	Sono le otto del mattino.	Sono le otto.
12:00 PM	È mezzogiorno.	Sono le dodici.
12:00 AM	È mezzanotte.	Sono le ventiquattro.
1:00 AM	È l'una di notte.	È l'una.

Applicazione

5.15 Che ora è? Indica tutte le possibilità.

ESEMPIO 6:40 PM
Sono le sei e quaranta di sera/della sera.
Sono le diciotto e quaranta.
Sono le sette/le diciannove meno venti.
Mancano venti minuti alle sette/alle diciannove.

Che ora è?

1. 1:20 AM	4. 12:00 AM	7. 11:59 PM	9. 10:30 AM
2. 1:50 PM	5. 12:00 PM	8. 9:45 AM	10. 9:40 PM
3. 2:30 PM	6. 3:15 PM		

5.16 A che ora? Uno studente/una studentessa chiederà a un altro/un'altra a che ora apre e chiude la banca. Poi, uno studente/una studentessa diverso(-a) chiederà a un altro/un'altra a che ora apre e chiude l'ufficio postale. E così via.

	APRE	CHIUDE
BANCA UFFICIO POSTALE	8:30 9:00	15:30 17:00
	COMINCIA	**FINISCE**
FILM CONCERTO	20:20 19:30	22:40 21:50
	PARTE	**ARRIVA**
TRENO AEREO	6:15 12:30	12:00 16:45

ESEMPIO   **A che ora apre la banca?**
Apre alle otto e trenta (mezzo/mezza) del mattino.
E a che ora chiude?
Chiude alle quindici e trenta/alle tre e trenta del pomeriggio.

5.17 Parliamone! Rispondi alle seguenti domande.

1. Di solito, a che ora ti alzi la mattina da lunedì a venerdì? A che ora vai a dormire la sera?
2. Nel weekend a che ora ti alzi? A che ora vai a dormire?
3. Studi tutte le sere? Quante ore studi ogni sera?

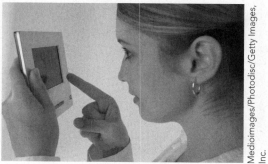

Medioimages/Photodisc/Getty Images, Inc.

NOTA CULTURALE

Tradizioni

Le principali feste italiane sono il Natale, l'Epifania, il Carnevale, la Pasqua e il Ferragosto.

Il Natale si celebra con l'albero di Natale, con le tipiche giornate di shopping natalizio prima del 25 dicembre e con Babbo Natale che porta tanti bei regali ai bambini buoni.

La Befana è la mitica vecchia che viene durante la notte dell'Epifania, tra il 5 e il 6 gennaio. Passa per i camini *(chimneys)* e porta doni *(gifts)* ai bambini, riempiendo *(filling)* le loro calze vuote *(empty stockings)*.

Il Carnevale è il periodo festivo che precede la Quaresima *(Lent)*. Si festeggia con balli, mascherate e vari divertimenti. Il Carnevale più famoso è quello di Venezia. La domenica di Pasqua in Italia si celebra con il classico pranzo di famiglia *(family meal)*. Durante questo periodo, sono in vendita nei negozi le uova pasquali (quelle tradizionali di cioccolata) e la colomba pasquale, un dolce chiamato così perché ha la forma di una colomba *(dove)*.

Il Ferragosto (15 agosto) è una festa nazionale in onore dell'Assunta *(the Assumption)*. Gli Italiani approfittano di questa pausa estiva — che viene estesa ai giorni precedenti e seguenti il 15 — per abbandonare il caldo infernale *(infernal heat)* delle grandi città e cercare rifugio sulle spiagge, in montagna e ai laghi.

© Pecold/Shutterstock

Applicazione

5.18 Vero o falso? Indica se ciascuna delle seguenti affermazioni è vera o falsa. Correggi quelle false.

1. In Italia, il Natale si celebra con l'albero.
2. La Befana porta doni ai bambini.
3. Il Carnevale segue la Quaresima.
4. Il Carnevale più famoso è quello di Venezia.
5. A Pasqua, sono popolari le colombe pasquali.
6. Per il Ferragosto gli italiani rimangono in città.

5.19 Paragoni. (Comparisons.)

1. Cerca informazioni sul Carnevale in un'enciclopedia o su Internet. Esiste una tradizione simile al Carnevale nel Nord America? Quale?
2. C'è una festa simile al Ferragosto? Quale?

© Studio 37/Shutterstock

MOMENTO CREATIVO

Diverse coppie di studenti dovranno compilare insieme una lista di cose che fanno in famiglia per una festa tradizionale.

AVVIO

Quanto sai già?

5.20 Dolci pasquali. Durante molte feste tradizionali si mangiano i dolci. Per Pasqua di solito la confezione del dolce è «al cioccolato». Indica se conosci i seguenti dolci pasquali (della Pasqua). Spiega quelli che riconosci al resto della classe.

1. la colomba classica
2. lo spumante dolce
3. l'uovo di cioccolato al latte
4. l'uovo nocciolato
5. gli ovetti di cioccolato confettati *(with candies)* (**ovetto = piccolo uovo**)
6. il coniglietto di pasqua (**coniglietto = piccolo coniglio**)

Prima di leggere

5.21 Significati. Indovina il significato delle seguenti parole ed espressioni. Spiega quelle che sai al resto della classe.

1. avvicinarsi	5. nutritore	9. palo
2. risalire a	6. terrestre	10. insaponato
3. valore	7. simboleggiare	11. arrampicandosi
4. paradiso	8. cuccagna	12. discendenza

Lettura   *L'albero di Natale*

Quando si avvicina il Natale, dominano simboli di grande valore culturale che risalgono a tempi remoti. Uno di questi è l'albero di Natale, senza il quale sembrerebbe quasi che il Natale perda valore. E infatti l'albero è uno dei simboli più antichi e più radicati nella cultura popolare. Basti pensare all'albero del paradiso terrestre, immagine vitale dell'albero come nutritore, che simboleggia l'origine della vita insieme al bene e, purtroppo, anche al male.

Ma i significati di questa pianta non si limitano al campo religioso. Per esempio, «l'albero della cuccagna», simbolo dell'abbondanza, è un palo insaponato con in cima un cerchio metallico al quale sono appesi vari doni, destinati a chi riesce a raggiungerli arrampicandosi.

C'è anche «l'albero genealogico», che è una rappresentazione grafica dei rapporti di discendenza a forma di albero.

Infine, c'è «l'albero della sapienza», un simbolo che viene utilizzato da molte istituzioni accademiche. Quest'albero, con i suoi diversi rami, rappresenta la sapienza e la saggezza.

Applicazione

5.22 Ricordi quello che hai letto? Rispondi alle seguenti domande.

1. Quali sono alcuni valori simbolici dell'albero?
2. Ne conosci altri? Se sì, descrivili alla classe.
3. Tu celebri il Natale? Se sì, usi l'albero? E come lo decori *(decorate)*?
4. Usi altre decorazioni per festeggiare il Natale?

Vocabolario

Numeri

1. uno	12. dodici	23. ventitré	70. settanta
2. due	13. tredici	24. ventiquattro	80. ottanta
3. tre	14. quattordici	25. venticinque	90. novanta
4. quattro	15. quindici	26. ventisei	100. cento
5. cinque	16. sedici	27. ventisette	200. duecento
6. sei	17. diciassette	28. ventotto	...
7. sette	18. diciotto	29. ventinove	1.000 mille
8. otto	19. diciannove	30. trenta	2.000 duemila
9. nove	20. venti	40. quaranta	...
10. dieci	21. ventuno	50. cinquanta	1.000.000 un milione
11. undici	22. ventidue	60. sessanta	2.000.000 due milioni

◆ From 20-99: Add on the number names from 1 to 9, dropping the final vowel before **uno** and **otto** (since these begin with a vowel), and accenting the numbers ending in **-tré: trentuno, cinquantotto, novantatré**. Note that **uno**, and numbers ending in **-uno**, are inflected like the indefinite article when they occur before a noun (or preceding adjective): **uno studente, trentun giorni, ventuno studenti, quarantun anni**, and so on.

◆ Note that the plural of **mille** is **mila**.

◆ The numbers can be written as one word (223.000 = **duecentoventitremila**) or as separate words (**duecento ventitré mila**). Note that the period is used in place of the comma in Italy, and vice versa with regard to North American numerical representation practice:

Italian system   **North American system**

3.400 = tremila quattrocento   vs.   3,400 = *three thousand four hundred*
3,40 = tre virgola quaranta   vs.   3.40 = *three point four zero*

◆ When followed by a noun, **di** is put before **milione: un milione di dollari, tre milioni di euro**, and so on.

◈ Here are some useful expressions:

circa, quasi	*almost, nearly*
il doppio	*double*
una dozzina	*a dozen*
una ventina di, una trentina di, ...	*about twenty, thirty, ...*
centinaio (*pl* centinaia)	*hundreds*
migliaio (*pl* migliaia)	*thousands*

◈ Finally, note the appropriate vocabulary for doing arithmetic in Italian:

l'addizione:	*addition:*
due più due fa quattro	*two plus two makes four*
la sottrazione:	*subtraction:*
due meno due fa zero	*two minus two makes zero*
la moltiplicazione:	*multiplication:*
due per due fa quattro	*two times two makes four*
la divisione:	*division:*
due diviso due fa uno	*two divided by two makes one*
pari *(invariable)*	*even*
dispari *(invariable)*	*odd*

Applicazione

5.23 Un po' di aritmetica. Scrivi (in lettere, non in numeri) le risposte ai seguenti indovinelli e problemi numerici.

> ESEMPI   Indica il numero che segue logicamente: 34, 36, 38, ...
> **quaranta**
>
> Quanto fa 3 + 9?
> **Tre più nove fa dodici.**

Indica il numero che segue logicamente:

1. 1, 3, 5, ...
2. 2, 4, 6, ...
3. 12, 15, 18, ...
4. 25, 35, 45, ...
5. 123, 223, 323, ...
6. 3.002, 5.002, 7.002, ...

Quanto fa?

7. $34 \times 20 =$
8. $90.000 \div 90 =$
9. $78 + 45 =$
10. $567 + 1.111 =$
11. $560 \times 3 =$
12. $456 - 234 =$
13. $12 + 890 =$

5.24 Trasformazioni. Indica le seguenti cose in maniera diversa.

ESEMPI   Ho bisogno di dodici rose.
              Ho bisogno di una dozzina di rose.

              Conosco quasi venti persone in questa classe.
              Conosco una ventina di persone in questa classe.

1. Ho quasi trenta amici in questa classe.
2. Bruno ha circa venti dollari.
3. In questo corso ci sono dodici studenti.
4. Per quel dolce devo pagare due volte di più.
5. Alla festa vengono quasi cento persone.
6. Al concerto ci sono circa mille persone.
7. Quanto costa? Costa due volte di quello che credi.
8. Mia madre ha quasi cinquant'anni.

GRAMMATICA

Dimostrativi

Masculine		Feminine	
Singular	**Plural**	**Singular**	**Plural**
this	*these*	*this*	*these*
questo	**questi**	**questa**	**queste**
(before a consonant)	questi ragazzi	*(before a consonant)*	queste zie
questo ragazzo		questa zia	
quest'	**questi**	**quest'**	**queste**
(before a vowel)	questi amici	*(before a vowel)*	queste amiche
quest'amico		quest'amica	

Masculine		Feminine	
Singular	**Plural**	**Singular**	**Plural**
that	*those*	*that*	*those*
quello	**quegli**	**quella**	**quelle**
(before z, s+ cons., etc.)	quegli zii	*(before a consonant)*	quelle ragazze
quello zio	quegli studenti	quella ragazza	quelle zie
quello studente	quegli psicologi	quella zia	
quello psicologo			
quell'	**quegli**	**quell'**	**quelle**
(before a vowel)	quegli amici	*(before a vowel)*	quelle amiche
quell'amico		quell'amica	
quel	**quei**		
(before any other cons.)	quei ragazzi		
quel ragazzo			

◈ Note that the demonstrative adjective **questo** *(this)* is inflected like a normal adjective. The demonstrative adjective **quello** *(that)*, on the other hand, is inflected in a way that parallels how the definite article (see Chapter 3) and the adjective **bello** (Chapter 4) are inflected.

◈ Demonstrative adjectives have corresponding pronoun forms *(this one, that one,* etc.).

- The pronoun forms of **questo** are the same as those of the adjective, except that **quest'** is not used:

Questo ragazzo è bravo.	**Questo** è bravo.	*This one is good.*
Questi libri sono nuovi.	**Questi** sono nuovi.	*These ones are new.*
Questa radio è nuova.	**Questa** è nuova.	*This one is new.*
Queste cose sono belle.	**Queste** sono belle.	*These ones are nice.*
Quest'orologio è mio.	**Questo** è mio.	*This one is mine.*

- The pronoun forms of **quello** are **quello** *(s)* and **quelli** *(pl)* in the masculine and **quella** *(s)* and **quelle** *(pl)* in the feminine:

Quel ragazzo è bravo.	**Quello** è bravo.	*That one is good.*
Quello zio è americano.	**Quello** è americano.	*That one is American.*
Quell'amico è francese.	**Quello** è francese.	*That one is French.*
Quei libri sono nuovi.	**Quelli** sono nuovi.	*Those ones are new.*
Quegli zii sono americani.	**Quelli** sono americani.	*Those ones are American.*
Quegli amici sono francesi.	**Quelli** sono francesi.	*Those ones are French.*
Quella donna è simpatica.	**Quella** è simpatica.	*That one is nice.*
Quell'amica è brava.	**Quella** è brava.	*That one is good.*
Quelle donne sono simpatiche.	**Quelle** sono simpatiche.	*Those ones are nice.*
Quelle amiche sono brave.	**Quelle** sono brave.	*Those ones are good.*

Applicazione

5.25 Questo o quello? Tu dovrai recitare il ruolo di un commesso/una commessa in una gioielleria e un tuo compagno/una tua compagna il ruolo di un/una cliente. Tu chiederai al/alla cliente se desidera una certa cosa o l'altra, usando i dimostrativi (aggettivali) adatti. Il/La cliente risponderà che non vuole né l'una né l'altra, usando le forme pronominali adatte. Seguite gli esempi.

ESEMPI   orologio
     Scusi, desidera quest'orologio o quell'orologio?
     Non desidero né questo né quello!

     braccialetti *(bracelets)*
     Scusi, desidera questi braccialetti o quei braccialetti?
     Non desidero né questi né quelli!

1. catena *(chain)*
2. anello *(ring)*
3. braccialetto *(bracelet)*
4. spillone *(m, sing) (large hairclip)*
5. spille *(f, pl) (broaches)*
6. collana *(necklace)*
7. orecchini *(m, pl) (earrings)*

5.26 Quanto costa? Con un compagno/una compagna, continua la conversazione. Questa volta il/la cliente chiederà quanto costa la cosa indicata e il commesso/la commessa risponderà nel modo specificato tra parentesi. In questo caso, dovrete usare le diverse forme di **questo** (aggettivali e pronominali). Seguite l'esempio.

SPILLA - PIN
SPILLONE - BIG PIN/BROACH

ESEMPIO   orologio (150 euro)
         Quanto costa quest'orologio?
         Questo costa centocinquanta euro.

1. catena (550 euro) *CHAIN*
2. anello (2.000 euro) *RING*
3. braccialetto (375 euro) *BRACELETE*
4. spillone (80 euro) *BROACH*
5. spille (30 euro) *PINS*
6. collana (293 euro) *NECKLACE*
7. orecchini (400 euro) *EARINGS*

5.27 La conversazione continua... Anche questa volta il/la cliente chiederà quanto costa la cosa indicata e il commesso/la commessa risponderà nel modo specificato tra parentesi. In questo caso, dovrete usare le diverse forme di **quello** (aggettivali e pronominali). Seguite l'esempio.

ESEMPIO   orologio (1.000 euro)
         Quanto costa quell'orologio?
         Quello costa mille euro.

1. catena (680 euro)
2. anello (790 euro)
3. braccialetto (910 euro)
4. spillone (100 euro)
5. spille (800 euro)
6. collana (260 euro)
7. orecchini (300 euro)

Possessivi

◈ Possessive adjectives and pronouns have the same forms.

	Masculine forms		Feminine forms	
	Singular	Plural	Singular	Plural
my, mine	il mio	i miei	la mia	le mie
your (fam), yours	il tuo	i tuoi	la tua	le tue
his/her, its, your, yours (pol)	il suo il Suo	i suoi i Suoi	la sua la Sua	le sue le Sue
our, ours	il nostro	i nostri	la nostra	le nostre
your, yours (fam)	il vostro	i vostri	la vostra	le vostre
their, theirs, you, yours (pol)	il loro il Loro	i loro i Loro	la loro la Loro	le loro le Loro

Adjective Uses	**Pronoun Uses**
Il mio orologio è nuovo.	Il mio è vecchio.
My watch is new.	*Mine is old.*
La mia stagione preferita è la primavera.	La vostra qual è?
My favorite season is spring.	*What's yours?*
Il loro amico arriva lunedì.	Il nostro arriva domani.
Their friend arrives Monday.	*Ours arrives tomorrow.*

◈ Note that the definite article is part of the possessive structure. It is dropped only under certain circumstances, and these will be discussed in the next chapter.

◈ The use of the indefinite article, rather than the definite one, before a possessive gives the idea found in the English expressions *of mine, of yours*: **un mio amico** *(a friend of mine)*, **una loro amica** *(a friend of theirs)*.

◈ Caution must be exercised with the **suo** forms. These agree with the noun they modify in gender and number, and can mean *his, her,* its, or *your (pol)*. Potential ambiguity can be avoided by replacing the possessive with equivalent constructions such as **di lui** and **di lei**.

l'amico di Gianni	il **suo** amico	l'amico **di lui**	*his friend*
l'amico di Maria	il **suo** amico	l'amico **di lei**	*her friend*
l'amica di Gianni	la **sua** amica	l'amica **di lui**	*his friend*
l'amica di Maria	la **sua** amica	l'amica **di lei**	*her friend*

◈ To distinguish between *your (pol)* and *his/her*, in writing, the possessive is sometimes capitalized: **il suo amico** *(his/her friend)* vs. **il Suo amico** *(your friend)*. The same applies in the plural: **i loro amici** *(their friends)* vs. **i Loro amici** *(your friends)*. This is a stylistic option.

◈ The form **il proprio** renders the idea of *one's own*: **Ciascuno ama i propri figli** *(Everyone loves one's own children)*. The use of **il proprio** with the possessive adjective is an emphatic device, rendering the idea of *my very own, your very own*: **Lo faccio con le mie proprie mani** *I do it with my very own hands.*

◈ With reflexive verbs, the possessive adjective is often unnecessary, unless there is a need to indicate the possessor of an object. It is usually omitted and replaced with the definite article: **Mi metto la giacca** *(I'm putting on my jacket)*, **Lei si sta lavando la faccia** *(She's washing her face)*.

◈ The article is always used with the pronoun forms, but may be dropped when the forms follow a linking verb such as **essere**.

È il mio libro.	È il mio. / È mio. *(It's mine.)*
Sono i nostri libri.	Sono i nostri. / Sono nostri. *(They're ours.)*

◈ The exception is **loro**, which must always have the article.

È il loro libro.	È il loro. *(It's theirs.)*
Sono i loro libri.	Sono i loro. *(They are theirs.)*

Applicazione

5.28 Possessivi. Indica la forma del possessivo in *corsivo* e poi volgi la frase al plurale.

ESEMPIO orologio/*my*
il mio orologio
i miei orologi

1. televisore/*my*
2. collana/*my*
3. braccialetto/*your (fam, sing)*
4. spilla/*your (pol, sing)*
5. auto/*his*

6. auto/*her*
7. amica/*their*
8. amico/*their*
9. professore/*our*
10. professoressa/*your (pl)*

5.29 Occhio ai possessivi! Rispondi alle domande utilizzando il possessivo appropriato. Segui l'esempio.

ESEMPIO Quell'orologio è tuo?
Sì, è (il) mio!

1. Quella penna è tua?
2. Quell'orologio è di Marianna?
3. Quella macchina è vostra?
4. Quella medicina è di Marcello?
5. Quel caffè è di Marco?

6. Quegli anelli sono vostri?
7. Quei dolci sono di Maria?
8. Quella foto è tua?
9. Quelle camicie sono Sue?

5.30 No, non è un suo amico! Rispondi negativamente alle seguenti domande usando gli aggettivi possessivi.

ESEMPIO Lui è un amico di Gianni?
No, non è un suo amico.

1. Questa è un'auto dei loro amici?
2. Signor Rossi, questo è un Suo libro?

3. Maria, questo è un tuo amico?
4. Signore, questa è una Sua penna?

5.31 Di chi è? Riscrivi le seguenti frasi usando le forme appropriate dell'aggettivo possessivo.

ESEMPIO l'amico di Maria
il suo amico

1. l'anello di tua sorella
2. gli orecchini di Paola
3. il dolce di tuo fratello
4. i dolci della tua amica

5. le uova di cioccolato del bambino
6. le uova di cioccolato dei bambini
7. la colomba del ragazzo
8. le colombe delle ragazze

5.32 Come si dice in italiano? Traduci le seguenti frasi.

1. His friends are all Italian; hers, instead, are all American.
2. Her courses are always interesting; his, on the other hand, are not.
3. Her instructor (f) and his instructor (f) know each other.
4. His ideas are similar (**simile**) to her ideas.
5. I am putting on my shirt.
6. She is washing her hair.
7. I always make pasta with my very own hands.
8. Everyone likes their very own friends.

COMUNICAZIONE

Esprimere rapporti di tempo

nel frattempo	*in the meanwhile*
più tardi	*later*
tra/fra poco	*in a little while*
tra/fra dieci minuti	*in ten minutes (from now)*
tra/fra due giorni	*in two days (from now)*
preciso/esatto	*exactly*
l'una precisa/esatta	*exactly one o'clock*
le due precise/esatte	*exactly two o'clock*
in punto	*on the dot*
l'una in punto	*one o'clock on the dot*
le due in punto	*two o'clock on the dot*
fa	*ago*
due minuti fa	*two minutes ago*
un anno fa	*a year ago*
scorso	*last*
lunedì scorso	*last Monday*
il mese scorso	*last month*
la settimana scorsa	*last week*
prossimo	*next*
lunedì prossimo	*next Monday*
il mese prossimo	*next month*
la settimana prossima	*next week*
in ritardo	*late*
in anticipo	*early*
in orario	*on time*

◈ Time relations.

presto *(early)*	tardi *(late)*
oggi *(today)*	domani *(tomorrow)*
	domani mattina *(tomorrow morning)*
	domani pomeriggio *(tomorrow afternoon)*
	domani sera *(tomorrow evening)*
ieri *(yesterday)*	
l'altro ieri *(the day before yesterday)*	dopodomani *(the day after tomorrow)*
stamani *(this morning)*	stasera *(this evening)*
stamattina *(this morning)*	stanotte *(this night)*
adesso/ora *(now)*	dopo *(after)*
prima *(first)*	poi *(then)*
appena *(just)*	spesso *(often)*
	solo *(only)*
sempre *(always)*	mai *(never)*
	di rado *(rarely)*
	ogni giorno *(every day)*
	ogni tanto *(every once in a while)*
	qualche volta *(sometimes)*

◈ Note the different ways the word *time* is expressed in Italian.

tempo	*time (in general)*
Il tempo vola.	*Time flies.*
ora	*hour (clock or measured time)*
Che ora è?	*What time is it?*
Che ore sono?	
volta	*time (number of occasions)*
L'ho fatto due volte.	*I did it two times.*
una volta al mese	*once a month*
due volte alla settimana	*twice a week*

Applicazione

5.33 La parola giusta. Metti negli spazi le seguenti parole in modo logico.

prossima	volte	ore	poco	punto
ritardo	scorso	fa	mai	

1. Che _____ sono? Sono le tre e un quarto.
2. Quando arriva Claudio? Arriva fra _____.
3. L'aereo arriva all'una in _____.
4. Il treno è arrivato *(has arrived)* cinque minuti _____.
5. Sabato _____ sono andato *(I went)* al cinema.
6. Domenica _____ partirò *(I will be leaving)* per l'Italia.
7. Il treno è in orario? No, è in _____.
8. Il signor Martini va spesso in centro? No, non ci *(there)* va _____.
9. Te l'ho già detto *(I have already said it)* mille _____, ma tu non mi ascolti mai!

5.34 Chi sei? Cosa fai? Completa il seguente questionario con cui vogliamo sapere chi sei e che cosa fai durante il tuo tempo libero. Discuti il questionario con il resto della classe.

1. Vai al cinema?
   - No, non vado mai al cinema. ☐
   - Sì, una volta al mese. ☐
   - Sì, una volta alla settimana. ☐
   - Sì, una volta all'anno. ☐
   - Sì, due volte al mese. ☐

2. Per quanto tempo guardi la TV la sera?
   - un'ora ☐
   - due ore ☐
   - tre ore ☐
   - un'ora e mezza ☐
   - non la guardo ☐

3. Vai al ristorante?
   - Sì, spesso. ☐
   - No, non ci vado mai. ☐
   - Sì, qualche volta. ☐

4. Agli appuntamenti di solito arrivi...
   - in ritardo? ☐
   - in anticipo? ☐
   - in orario? ☐

5. Ascolti la musica classica?
   - Sì, l'ascolto sempre. ☐
   - Sì, l'ascolto ogni tanto. ☐
   - No, non l'ascolto mai. ☐
   - L'ascolto di rado (raramente). ☐

6. Quanto tempo stai ogni giorno su Facebook o altri siti simili?
   - meno di un'ora ☐
   - più di un'ora ☐
   - non ci sto mai ☐

7. Quanti libri hai letto il mese scorso?
   - uno ☐
   - più di uno ☐
   - nessun libro ☐

8. Altre attività. Quante volte al mese...

	mai	1 volta	2-3 volte	più di 3 volte
vai al museo?	☐	☐	☐	☐
vai in discoteca?	☐	☐	☐	☐
vai in chiesa?	☐	☐	☐	☐
assisti a un evento sportivo?	☐	☐	☐	☐

5.35 Tocca a te! Ora scrivi dieci frasi sul tuo tempo libero e sulle cose che ti piace/ non ti piace fare.

Indicare la data

◆ A common expression used to ask for, and report, the date is **Quanti ne abbiamo?** (literally *How many of them (days) do we have?*). The answer is **Ne abbiamo** + *number of the day.*

Quanti ne abbiamo oggi?	Ne abbiamo tre.	*It's the third.*
Che data è?	È il tre maggio.	*It's May 3rd.*

◆ **Quando sei nato(-a)?** *(When were you born?.)* Here's how to answer this question:

Cardinal number of the day	(optional)	month	(optional)	year
Sono nato(-a) il quindici	(di)	settembre	(del)	1994
Sono nato(-a) il ventuno	(di)	settembre	(del)	1998
Sono nato(-a) il primo	(di)	aprile	(del)	2002
Sono nato(-a) il quattro	(di)	dicembre	(del)	1971

◆ Note that cardinal numbers are used for dates. The only exception is the first day of the month, for which the ordinal number **primo** is used: **È il primo (di) ottobre** *(It's October 1).*

Applicazione

5.36 Che data è? Indica la data seguendo l'esempio.

ESEMPIO September 21
È il ventun settembre.

Che data è?

1. April 4
2. October 1
3. December 25
4. February 2
5. March 30
6. July 27
7. September 15
8. August 10
9. June 5
10. January 8
11. November 7
12. January 1

5.37 Botta e risposta. Rispondi alle seguenti domande.

1. Quanti ne abbiamo oggi?
2. Quando sei nato(-a)?

NOTA CULTURALE

Il sistema metrico

A differenza degli Stati Uniti, in Italia si usa il sistema metrico, un sistema di misura che ha come unità base *(base unit)* il metro con i suoi multipli e sottomultipli decimali. Le basi del sistema metrico furono poste *(were laid down)* nel 1790 dall'Accademia Francese delle Scienze, che propose *(which put forward)* come fondamentale in questo sistema una grandezza *(length)* che poteva essere riprodotta *(could be reproduced)* in qualsiasi momento. Quest'unità venne chiamata *(was called)* «metro».

Oltre alle unità di superficie *(area)* e di volume, anche l'unità di massa *(weight, mass)* venne scelta *(was chosen)* in base alla definizione del metro. Precisamente, il chilogrammo *(kilogram)* venne definito *(was defined)* come la massa di acqua distillata che a 4 °C (gradi centigradi) occupa il volume di un decimetro cubo.

Applicazione

5.38 Ricordi quello che hai letto? Rispondi alle seguenti domande.

1. Quale sistema di misura si usa in Italia?
2. Quale unità ha come base?
3. Quando furono poste le basi del sistema?
4. Come è definito il chilogrammo?
5. Secondo te, perché negli Stati Uniti non si usa comunemente il sistema metrico?

5.39 Conversione. Converti le seguenti unità di misura in unità metriche.

Unità usata negli Stati Uniti	Unità metrica
inch	
foot	
pound	
mile	
quart	

MOMENTO CREATIVO

Diverse coppie di studenti/studentesse dovranno mettere in scena un breve incontro tra due amici/amiche che vogliono programmare qualcosa insieme (andare al cinema, celebrare il compleanno di qualcuno, ecc.).

DALLA LETTERATURA ITALIANA

Prima di leggere

5.40 I mesi dell'anno. Ogni mese dell'anno richiama alla mente *(calls to mind)* qualcosa di particolare: febbraio, il giorno di San Valentino; agosto, la spiaggia e il mare; dicembre, le feste. A te ogni mese dell'anno a cosa fa pensare? Scrivi le tue risposte accanto a ciascun mese, poi paragonale con la poesia di Renzo Pezzani.

1. gennaio   il freddo, la neve, i pupazzi di neve *(snowmen)*
2. febbraio   _____
3. marzo   _____
4. aprile   _____
5. maggio   _____
6. giugno   _____
7. luglio   _____
8. agosto   _____
9. settembre   _____
10. ottobre   _____
11. novembre   _____
12. dicembre   _____

Lettura   *Ghirlandetta dei mesi* (di Renzo Pezzani)

Dice Gennaio: — Chiudete quell'uscio[1].

Dice Febbraio:— Io sto nel mio guscio[2].

Marzo apre un occhio ed inventa i colori.

Aprile copre ogni prato[3] di fiori.

Maggio ti porge[4] la rosa più bella.

Giugno ha nel pugno[5] una spiga[6] e una stella.

Luglio si beve il ruscello[7] di un fiato[8].

Sonnecchia[9] Agosto in un'ombra sdraiato.

Settembre morde[10] le uve violette.

Più saggio[11] Ottobre nel tino[12] le mette.

Novembre fa di ogni sterpo[13] fascina[14].

Verso il Presepe[15] Dicembre cammina.

From Renzo Pezzani, "Ghirlandetta dei mesi", in *Poesie*. © Copyright Battei: Parma, 1979. Reprinted by permission of Battei Editore.

[1]*door*   [2]*shell*   [3]*meadow*   [4]*offers you*   [5]*fist*   [6]*ear of corn*   [7]*brook, stream*   [8]*in a single gulp*   [9]*Dozes off*
[10]*bites*   [11]*wiser*   [12]*vat*   [13]*dry twig*   [14]*a bundle of sticks*   [15]*Nativity Scene*

5.41 Il gioco delle coppie. Accoppia le definizioni a sinistra con le parole o espressioni a destra.

1.	sinonimo di «porta»	a.	rosa
2.	contrario di «aprire»	b.	di un fiato
3.	fiore con spine *(thorns)*	c.	uscio
4.	tutto in una volta	d.	chiudere
5.	dormire a tratti	e.	mordere
6.	sinonimo di «morsicare»	f.	sonnecchiare
7.	ricostruzione della nascita di Gesù	g.	saggio
8.	sinonimo di «giudizioso», «prudente»	h.	Presepe

5.42 Ricordi quello che hai letto? Accoppia le frasi riportate a sinistra con il mese corrispondente.

1.	Apre un occhio ed inventa i colori.	a.	aprile
2.	Copre ogni prato di fiori.	b.	agosto
3.	Ti porge la rosa più bella.	c.	luglio
4.	Sonnecchia in un'ombra sdraiato.	d.	maggio
5.	Si beve il ruscello di un fiato.	e.	marzo

5.43 Significati. Spiega, con parole tue, il significato delle seguenti frasi.

1. Dice Gennaio: Chiudete quell'uscio.
2. Giugno ha nel pugno una spiga.
3. Settembre morde le uve violette.
4. Ottobre mette l'uva nel tino.
5. Dice Febbraio: Io sto nel mio guscio.

PARTE 4ª

CON FANTASIA
Attività generali

5.44 Problemi matematici. Sei in grado di *(can you)* risolvere i seguenti problemi numerici? Discuti le tue soluzioni con la classe.

1. Franco ha 22 anni e Maria ne ha la metà più nove. Quanti anni ha Maria?
2. Giorgio deve pagare un debito che, se moltiplicato per due e poi diviso per 100, equivale a 20 euro. Quanto è il suo debito?
3. In un cassetto ci sono 20 calzini: dieci rossi e dieci azzurri. Senza guardare nel cassetto, quanti calzini deve prendere una persona per assicurarsi di averne *due* dello stesso colore?

5.45 L'invito. La settimana prossima vuoi andare al cinema e vuoi invitare uno dei tuoi compagni/una delle tue compagne di classe. Tu sarai libero(-a) solo tre sere. Va' in giro per la classe con la tua agendina *(datebook)* e trova qualcuno disposto ad andare al cinema con te.

Dal mondo italiano

5.46 Il tempo passa troppo velocemente, non è vero? Quante espressioni o proverbi basati sul tempo conosci? Cerca di indovinare il loro significato.

Espressioni	Significato
1. Il tempo vola.	
2. Il tempo non passa mai.	
3. Quanto tempo manca?	
4. Non c'è tempo da perdere.	
5. Non ho mai tempo libero.	
6. Devi dare tempo al tempo.	
7. Chi ha tempo non aspetti tempo.	
8. Devo guadagnare più tempo.	
9. Le ore del mattino hanno l'oro *(gold)* in bocca.	
10. Meglio tardi che mai.	
11. Il tempo è denaro.	
12. Chi ha tempo non aspetti tempo.	

Navigare su Internet

Per ulteriori attività online, visita il seguente sito: www.wiley.com/college/danesi

5.47 Ricerche online. Va' su Internet e cerca le seguenti cose, indicando alla classe quello che trovi.

1. un sito italiano che offre informazioni sugli «orari» di film, di gare sportive, ecc.
2. un sito italiano che offre informazioni su «date storiche importanti» (la fondazione di Roma, il Risorgimento, ecc.)

© Simone Becchetti/iStockphoto

Oggi in famiglia

TO THE STUDENT

For video and related activities go to the student's website

TO THE INSTRUCTOR

For tests and examination materials go to the instructor's website

LEARNING OBJECTIVES

In this chapter, you will learn:

- how to talk about the family, family members, and relatives

- how to discuss the role of the family in society today

- more about expressing various emotional states

- how to conjugate and use verbs in the present perfect

- how to form and use prepositional contractions

- how to use possessives with kinship nouns

AVVIO

Quanto sai già?

6.1 La mia famiglia. Indica chi sono gli attuali *(current)* membri della tua famiglia. Descrivi la loro apparenza fisica e le loro qualità caratteriali.

> **ESEMPIO**   Mio padre è un uomo alto. È molto simpatico e calmo…

6.2 Festeggiamenti. Descrivi le usanze che tu e la tua famiglia avete per festeggiare *(to celebrate)*…

1. gli anniversari.
2. le nascite *(births)*.
3. i compleanni *(birthdays)*.
4. i fidanzamenti *(engagements)*.
5. le nozze *(marriages)*.

Prima di leggere

6.3 Conosci le seguenti parole? Descrivi quelle che riconosci agli altri membri della classe.

1. maschio
2. attaccato
3. traccia
4. viziato
5. abbiente
6. nonché
7. azzeccato
8. subire

Lettura   *Mammone!*

La parola *mammone* si usa spesso per indicare un bambino, o un maschio di qualsiasi età, che è eccessivamente attaccato alla mamma. Le prime tracce della parola risalgono all'anno 1967, quando essa viene introdotta dai mass media d'Italia. Che significa questo? Che non c'erano mammoni prima di allora? E che, perciò, il fenomeno appartiene al mondo contemporaneo, un mondo che forse è diventato un po' troppo abbiente *(well-to-do)* e viziato?

Certamente, l'espressione rivela il ruolo importante della mamma nella cultura italiana tradizionale. La madre è una figura mitica, sacra, sapiente, nonché buona di cuore, forte di spirito e di intelletto. C'è un proverbio che dice: «Chi ha babbo non pianga, chi ha mamma non sospiri», proverbio assai azzeccato. Questo potrebbe spiegare perché i bambini si rivolgono istintivamente alla mamma quando hanno bisogno di aiuto o supporto.

Ad ogni modo *(Anyway)*, già prima di *mammone* esistevano le espressioni «cocco di mamma» e «come mamma t'ha fatto». Il che dimostra che la figura del mammone moderno, come ragazzo abbastanza ingenuo che subisce ancora l'influenza della mamma, in fondo *(after all)* c'è sempre stata.

Applicazione

6.4 Opinioni. Rispondi alle seguenti domande, spiegando le tue risposte.

1. Conosci qualche «mammone» nella tua famiglia? Se sì, descrivilo.
2. Secondo te, i giovani di oggi sono troppo coccolati *(cuddled)* dalla famiglia? Pensi che questo possa spiegare il crescente fenomeno dei mammoni?
3. È necessario ogni tanto fermarsi a riflettere su chi siamo e cosa vogliamo?

6.5 Discussione in classe. Discuti i seguenti temi con gli altri membri della classe.

1. È in evoluzione la famiglia oggi? Perché sì/no?
2. I rapporti in famiglia sono cambiati? Come?
3. Esistono equivalenti femminili del mammone?

6.6 Sondaggio (*Survey*). Con un compagno/una compagna, preparate un questionario che miri a *(aims to)* identificare i comportamenti *(behaviors)* più importanti che stanno cambiando la famiglia. Quando avrete compilato le risposte, discutete i risultati in classe.

Vocabolario

I familiari

Maschile	Femminile
il cognato *brother-in-law*	la cognata *sister-in-law*
il cugino *cousin*	la cugina *cousin*
il figlio *son*	la figlia *daughter*
il fratellastro *stepbrother, half-brother*	la sorellastra *stepsister, half-sister*
il fratello *brother*	la sorella *sister*
il genero *son-in-law*	la nuora *daughter-in-law*
il marito *husband*	la moglie *wife*
il nipote *grandson/nephew*	la nipote *granddaughter/niece*
il nonno *grandfather*	la nonna *grandmother*
il padre *father*	la madre *mother*
il papà/il babbo *dad*	la mamma *mom*
il patrigno *stepfather*	la matrigna *stepmother*
il suocero *father-in-law*	la suocera *mother-in-law*
lo zio *uncle*	la zia *aunt*

Applicazione

6.7 L'albero genealogico (*family tree*). Ecco la famiglia di Carlo Berti. Studia il suo albero genealogico. Rispondi alle domande utilizzando le forme del possessivo corrette. Ricorda che non si usa l'articolo quando il nome di parentela *(kinship)* è al singolare.

ESEMPI   Chi è Sandro Berti?
È suo padre.

Chi sono Maria Berti e Luisa Berti?
Sono le sue zie.

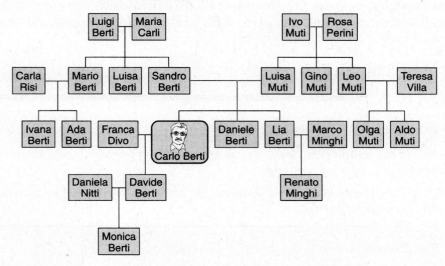

1. Chi sono Luigi Berti, Maria Carli, Ivo Muti e Rosa Perini?
2. Chi sono Carla Risi e Luisa Berti?
3. Chi sono Gino e Leo Muti?
4. Chi sono Ivana Berti e Ada Muti?
5. Chi è Aldo Muti?
6. Chi è Luisa Muti?
7. Chi è Lia Berti?
8. Chi è Daniele Berti?
9. Chi è Franca Divo?
10. Chi è Marco Minghi?
11. Chi è Renato Minghi?
12. Chi è Davide Berti?
13. Chi è Daniela Nitti?
14. Chi è Monica Berti?

6.8 Differenze familiari. Spiega la differenza tra i seguenti familiari.

1. un fratello e un fratellastro
2. una sorella e una sorellastra
3. un padre e un patrigno
4. una madre e una matrigna
5. un cognato e un suocero
6. una suocera e una nuora
7. la parola «papà» e la parola «padre»
8. la parola «mamma» e la parola «madre»

6.9 La tua famiglia. Adesso, prepara il tuo albero genealogico e presentalo alla classe. Porta anche alcune foto di famiglia in classe. Invita tutta la classe a farti delle domande.

GRAMMATICA

I possessivi con i nomi di parentela

◈ The use of the definite article with possessive adjectives before family members and relatives is governed by certain rules.

- If the noun is singular and unmodified, the article is dropped before all possessive adjectives except **loro**.

Singular and unmodified	Modified or plural
Mio fratello è molto bravo. *My brother is very good.*	I miei fratelli sono alti. *My brothers are tall.* Il mio fratello maggiore è simpatico. *My older brother is nice.* Il mio fratellino è molto vivace. *My little brother is very lively.*
Sua cugina si chiama Paola. *His cousin's name is Paola.*	Le nostre cugine vivono in Italia. *Our cousins live in Italy.* La sua cugina italiana si chiama Laura. *His Italian cousin's name is Laura.*
Il loro zio abita lontano. *Their uncle lives far away.*	I loro zii abitano lontano. *Their uncles live far away.* La loro zia americana vive a Boston. *Their American aunt lives in Boston.*

- The article is not dropped from possessive pronoun forms.

Mio zio è italiano. E il tuo?   *My uncle is Italian. And yours?*
Nostra zia arriva domani. E la vostra?   *Our aunt is arriving tomorrow. And yours?*

- With **mamma**, **papà**, **babbo**, **nonno**, and **nonna** the use of the article is optional.

Mia mamma è un bravo medico. / La   *My mom is a good doctor.*
    mia mamma è un bravo medico.
Nostra nonna è una brava donna. / La   *Our grandmother is a nice woman.*
    nostra nonna è una brava donna.

- The article is omitted in idiomatic phrases such as: **a casa mia** *(at my house)*, **è colpa mia** *(it's my fault)*.

- In direct (emphatic) speech, the possessive adjective often follows the noun and is used without the definite article:

Dio mio, aiutami!   *My God, help me!*
Amica mia, cosa farei senza di te!   *My friend, what would I do without you?*
Bambino mio, fa' attenzione!   *My child, be careful!*

Applicazione

6.10 Dal singolare al plurale. Davanti a ciascun nome o frase, premetti il possessivo indicato. Poi volgi l'intera frase al plurale.

ESEMPIO   *my* . . . amico
       il mio amico
       i miei amici

my . . .

1. nonno	2. cugina	3. cugino americano	4. compagna

your (fam, sing) . . .

5. madre	6. mamma	7. zio simpatico	8. insegnante d'italiano

his . . .

9. zio	10. sorella	11. madre simpatica	12. padre simpatico

her . . .

13. fratello	14. sorellina	15. cognato ricco	16. papà

our . . .

17. famiglia	18. parente	19. compagna	20. zia vecchia

your (pl) . . .

21. amica	22. suocero	23. nuora ricca	24. suocera bella

their . . .

25. fratello	26. sorella	27. babbo	28. nonno

6.11 Come si dice in italiano? Traduci le seguenti frasi.

1. My aunt is Italian. And yours?
2. Our uncle is arriving tomorrow. And yours?
3. My dad is a good doctor.
4. Our grandfather is a nice man.
5. The party is at my house.
6. It's really my fault.
7. My God, help me, please!
8. My friend (m), be careful!

Le preposizioni articolate

◆ The prepositions **a** *(to, at)*, **di** *(of)*, **in** *(in)*, **da** *(from)*, and **su** *(on)* contract with the definite article, forming what is known as **preposizioni articolate**.

+	lo	l'	gli	il	i	la	le
a	allo	all'	agli	al	ai	alla	alle
di	dello	dell'	degli	del	dei	della	delle
in	nello	nell'	negli	nel	nei	nella	nelle
da	dallo	dall'	dagli	dal	dai	dalla	dalle
su	sullo	sull'	sugli	sul	sui	sulla	sulle

◆ Other prepositions—**per** *(for, through)*, **sotto** *(under)*, **dietro** *(behind)*, **tra/fra** *(between, among)*, **sopra** *(above)*—do not contract: **per il ragazzo**; **sopra lo specchio** *(the mirror)*.

◆ **Con** *(with)* can be contracted optionally, especially with **il** and **l'**: **con il padre/col padre**; **con l'auto/coll'auto**.

◆ A prepositional noun phrase (a noun phrase introduced by a preposition) can have two general forms.

Preposizione articolata + nome	
dal medico	*at/to the doctor's*
dall'avvocato	*at/to the lawyer's*
dalla zia	*at/to my aunt's place*
dall'Italia	*from Italy*
dalla Sicilia	*from Sicily*
al cinema	*to the movies*
alla spiaggia	*at the beach*

Preposizione semplice + nome	
a casa	*(at) home*
a piedi	*on foot*
a + *city* (a Roma)	*in/at/to + city*
in Italia/Francia/Sicilia	*in Italy/France/Sicily*
in + *means of transportation* (in macchina)	*in + means of transportation*

◈ The ones without the article are either idiomatic or have become this way through constant usage. A few may have both forms.

al centro	*downtown*	in centro	*downtown*
della mattina	*in the morning*	di mattina	*in the morning*

◈ In general, when a prepositional noun phrase is constructed without the contraction, then the noun is singular and unmodified. If it is altered or modified in any way, the phrase must be restored to its contracted form.

Singular and/or unmodified	Plural and/or modified
Ieri sono andata a casa presto. *Yesterday I went home early.*	Sei mai andato alla casa nuova di Maria? *Have you ever gone to Mary's new house?*
Mio fratello è andato in centro ieri. *My brother went downtown yesterday.*	È andato nel centro storico. *He went to the historical downtown.*
Ci sono bei posti in Italia da visitare. *There are beautiful places in Italy to visit.*	Ci sono dei bei posti nell'Italia centrale. *There are beautiful places in central Italy.*

Applicazione

6.12 **Carta Spenditutto!** Dal seguente manifesto pubblicitario per una carta di credito, chiamata Carta Spenditutto, mancano le preposizioni. Inseriscile opportunamente nelle loro forme appropriate (semplici o articolate).

Abitate _____ città, _____ centro, _____ periferia *(suburbs)*? Non importa dove abitiate, avrete bisogno _____ Carta Spenditutto. Tenetela sempre _____ voi, quando siete _____ casa, _____ ufficio, _____ cinema, _____ teatro, _____ spiaggia, _____ montagna, insomma, dappertutto *(everywhere)*! Se dovete andare _____ medico, _____ avvocato, portatela *(bring it)* _____ voi. Se viaggiate _____ Roma, _____ Siena, _____ Spagna, _____ Francia, dovunque *(wherever)*, portatela sempre dietro! Se andate _____ Italia meridionale o _____ Francia centrale, _____ grandi centri di turismo o _____ periferie *(suburbs)* _____ grandi città, portatevi la Carta Spenditutto. E quando siete _____ casa, non buttatela *(throw it)* _____ un tavolo, _____ un cassetto *(drawer)* o _____ scaffali *(bookshelves)*, ma conservatela _____ un posto sicuro. La Carta Spenditutto è molto preziosa. La carta Spenditutto è esclusivamente _____ voi!

6.13 Usiamo le preposizioni. Premetti la preposizione semplice o la preposizione articolata indicata.

a...

1. _____ casa
2. _____ casa nuova di Maria
3. _____ amici
4. _____ piedi
5. _____ Firenze

di...

1. _____ mia sorella
2. _____ tuo fratello maggiore
3. _____ insegnante d'italiano
4. _____ mie amiche
5. _____ loro zii

in...

1. _____ Italia
2. _____ Francia centrale
3. _____ mia tasca *(pocket)*
4. _____ macchina
5. _____ centro

da...

1. _____ medico
2. _____ Italia
3. _____ zie
4. _____ zii
5. _____ miei cugini

su...

1. _____ tavolo
2. _____ scarpe *(shoes)*
3. _____ spaghetti
4. _____ pizza
5. _____ stivali *(boots)*

6.14 Tocca a te! Adesso usa ciascuna preposizione (in forma semplice o articolata secondo il caso) liberamente.

1. sopra		4. sotto	
2. con		5. dietro	
3. per		6. tra	

COMUNICAZIONE

Chi sei?

◆ You have been using many of the following expressions in previous chapters. They are summarized here for convenience along with a few more.

Domanda	Risposta
Come ti chiami *(fam)*? / Come si chiama *(pol)*? *What's your name?*	Mi chiamo… *My name is . . .*
Sei *(fam)*/È *(pol)* sposato(-a)? *Are you married?*	Non ancora. *Not yet.*
Di dove sei *(fam)*/è *(pol)*? *Where are you from?*	Sono di Roma. *I'm from Rome.*
Dove abiti *(fam)*/abita *(pol)*? *Where do you live?*	Abito a Milano, in via Torino, vicino a Piazza del Duomo. *I live in Milan, on Torino St., near the Duomo Square.*
Dove sei *(fam)*/è *(pol)* nato(-a)? *Where were you born?*	Sono nato(-a) in Italia. *I was born in Italy.*
Di che colore sono i tuoi *(fam)*/ Suoi *(pol)* capelli? *What's your hair color?*	Sono biondo(-a)/bruno(-a)… *I'm blond(e)/brown-haired . . .* Ho i capelli neri/biondi… *I have black/blond hair . . .*
Quanto pesi *(fam)*/pesa *(pol)*? *How much do you weigh?*	Peso … chili. *I weigh . . . kilos.*
Quanto sei *(fam)*/è *(pol)* alto(-a)? *How tall are you?*	Sono alto(-a) … metri e… *I'm . . . meter and . . . tall.*
Che titolo di studio hai *(fam)*/ha *(pol)*? *What education do you have?*	Sono laureato(-a). *I have a university degree.* Ho la maturità (il diploma di maturità). *I have a high school diploma.*
Che lavoro fai *(fam)*/fa *(pol)*? *What do you do?*	Non lavoro. Sono ancora studente/ studentessa. *I don't work. I'm still a student.*
Hai *(fam)*/Ha *(pol)* un impiego? *Do you have a job?*	Sì, lavoro part time. *Yes, I have a part-time job.*
Quale carriera vorresti *(fam)*/vorrebbe *(pol)* intraprendere? *Which career would you like to pursue?*	Vorrei fare l'architetto. *I would like to be an architect.*

Applicazione

6.15 Il personaggio misterioso. Dalla seguente intervista mancano le domande. Inseriscile opportunamente. Non dimenticare alla fine di identificare il personaggio intervistato.

1. _____ Sì, e ho una figlia.
2. _____ Sono nato negli Stati Uniti.
3. _____ Ho i capelli grigi.
4. _____ Peso circa 70 chili.
5. _____ Sono alto 1 metro e 80.
6. _____ Sono laureato.
7. _____ Abitavo a Washington, ma ora non più.
8. _____ Mia moglie esercita la professione di avvocato, ma è anche politicante.
9. _____ Io sono stato il Presidente negli anni Novanta.

Chi sono? _____.

6.16 Per conoscerci meglio. In coppie, svolgete i seguenti compiti comunicativi. Uno/una farà la domanda e l'altro/l'altra risponderà in modo appropriato.

ESEMPIO Chiedi al tuo compagno/alla tua compagna... se è sposato(-a)
Sei sposato(-a)?
Non ancora.

Chiedi al tuo compagno/alla tua compagna...

1. di dov'è.
2. dove abita.
3. dove è nato(-a).
4. di che colore sono i suoi capelli.
5. quanto pesa.
6. quanto è alto(-a).
7. che titolo di studio ha e quale vuole conseguire.
8. che lavoro fa.
9. se ha un impiego.
10. se ha già scelto una carriera e quale.

NOTA CULTURALE

La famiglia oggi in Italia

© nullplus /iStockphoto

La famiglia italiana non è più numerosa *(numerous)* come una volta, anzi *(as a matter of fact)* l'Italia è tra le nazioni con un basso tasso di natalità *(birth rate)*, che si aggira sullo *(which is around)* zero. Oggi la tipica famiglia italiana è composta *(is composed)* da uno o, al massimo, due figli.

Anche se si parla spesso di crisi della coppia, di divorzio, di una nuova cultura dei «single», di mogli e mariti che lavorano entrambi e non allevano *(raise)* più bambini, di vacanze separate, di giovani che vanno a vivere da soli, il senso della famiglia è ancora sentito *(is felt)* in Italia.

Comunque, la famiglia è oggi in evoluzione in Italia come lo è in tante altre parti del mondo. Ma il legame *(bond)* tra genitori e figli resta *(remains)* molto forte, anche se i ruoli dei diversi familiari e i rapporti tra di loro stanno cambiando rapidamente.

Applicazione

6.17 Vero o falso? Indica se ciascuna frase è vera o falsa in base al contenuto della lettura. Correggi quelle false.

1. La famiglia italiana non è numerosa com'era una volta.
2. Il tasso di natalità in Italia è molto alto.
3. Oggi la tipica famiglia in Italia è composta da tre figli in media *(on average)*.
4. Il senso della famiglia è ancora sentito in Italia.
5. In Italia non c'è la crisi della coppia.
6. In Italia c'è una nuova cultura dei single.
7. La famiglia è oggi in evoluzione in Italia come in tante altre parti del mondo.
8. Il legame tra genitori e figli è ancora molto forte.
9. I ruoli dei diversi familiari e i rapporti tra di loro non sono mai cambiati.

6.18 Opinioni e paragoni. Rispondi alle seguenti domande, discutendo le tue opinioni con gli altri membri della classe.

1. La famiglia nordamericana è simile a, o diversa da, quella italiana?
2. Secondo te, quanti figli ci dovrebbero *(should there be)* essere in una famiglia ideale?
3. Come si potrebbe evitare *(avoid)* il divorzio?

MOMENTO CREATIVO

Diversi gruppi di studenti dovranno mettere in scena la seguente situazione.

In una famiglia, il figlio e la figlia vorrebbero fare dei tatuaggi. I genitori non sono d'accordo e pensano che i loro figli siano troppo immaturi. Una sera, discutono la questione *(matter, issue)* a cena. La scena finisce quando uno dei figli riesce a trovare *(is able to find)* una ragione plausibile che convince i due genitori.

PARTE 2ª

AVVIO

Quanto sai già?

6.19 Quanto conosci la lingua italiana? Rispondi alle seguenti domande.

1. Sai che differenza c'è in italiano tra **genitore** e **parente**, una coppia di parole che causa sempre problemi di fraintendimento *(misunderstanding)* per gli studenti d'italiano?
2. Quali sono, secondo te, le attività idonee *(best suited)* a mantenere l'armonia *(harmony)* in famiglia?
3. Conosci qualche famiglia italiana famosa? Se sì, descrivila alla classe.
4. Quanti parenti hai? Chi sono i tuoi preferiti? Perché?

Prima di leggere

6.20 Significati. Conosci le seguenti parole ed espressioni? Se sì, spiegale alla classe.

1. sfumatura
2. affare
3. non ci sto
4. peraltro
5. facoltativo
6. svolgere un ruolo

Il pronome *io* rivela molte cose. È un elemento fondamentale del linguaggio che ci permette di comunicare diverse sfumature soggettive nella conversazione: «Io, non lui, ha detto questo!» «In quest'affare io non c'entro affatto.» «Fate pure quello che volete, io non ci sto.» «Non ti preoccupare, ci penso io; sono qua io.»

Questo pronome è peraltro necessario se si vuole rafforzare un concetto con parole enfatiche come *anche, neanche, almeno, proprio,* e così via: «Nemmeno io sono stato invitato.» «Perché dovrei parlarle proprio io?»

Io è una parola simbolica che si riferisce alla nostra esistenza individuale e ne indica l'identità soggettiva tutta particolare. Anche se nella grammatica italiana il suo uso è spesso facoltativo, nella vita questo pronome svolge un ruolo cruciale—l'asserzione che siamo veramente unici!

Applicazione

6.21 Opinioni. Rispondi alle seguenti domande.

1. Secondo te, chi usa spesso *io* è un egoista *(selfish)*?
2. Conosci altri usi di questo pronome?
3. Pensi che siamo tutti un po' troppo vanitosi ed egocentrici *(self-centered)*? Perché sì/no?

Vocabolario

Genitori e parenti

@ Willie B. Thomas/iStockphoto

◈ Note the differences in meaning.

i genitori	*parents*
il/la parente	*relative*
il/la parente lontano(-a)/stretto(-a)	*distant/near relative*
il/la parente acquisito(-a)	*in-law*
la parentela	*kinship*

Applicazione

6.22 Rapporti di parentela. Spiega la differenza di parentela tra...

1. un genitore e un parente
2. un parente lontano e un parente stretto
3. un parente e un parente acquisito

GRAMMATICA

Il passato prossimo

◈ The present perfect is a compound tense; that is, it is made up of two parts—an auxiliary verb (**avere** or **essere**) in the present tense and the past participle (**il participio passato**) of the verb. In general, it renders English past tenses illustrated by such forms as *I have spoken, I spoke, I did speak.*

◈ The past participles of regular verbs are formed as follows:

-are	-ere	-ire
parlare → parl**ato**	ripetere → ripet**uto**	partire → part**ito**

◈ Most verbs are conjugated with **avere**. When a verb is conjugated with **essere** then the past participle agrees with the gender and number of the subject of the sentence: **Il ragazzo è partito.** *(The boy left.)* / **La ragazza è partita.** *(The girl left.)*

◈ Here are two verbs conjugated in the **passato prossimo**.

	With *avere parlato*	With *essere partito*
io	ho parlato	sono partito(-a)
tu	hai parlato	sei partito(-a)
lui/lei/Lei	ha parlato	è partito(-a)
noi	abbiamo parlato	siamo partiti(-e)
voi	avete parlato	siete partiti(-e)
loro/Loro	hanno parlato	sono partiti(-e)

◈ The past participles of verbs whose infinitives end in **-ciare** and **-giare** are written with the **i** to indicate the soft sounds: **cominciato, mangiato.**

[handwritten: + DIR OBS DAVERE OTHERWISE DESSERE]

◈ Here are some verbs with irregular past participles:

Verb	Past Participle	Verb	Past Participle
aprire *to open*	aperto	offrire *to offer*	offerto
bere *to drink*	bevuto	parere *to seem*	parso
chiedere *to ask for*	chiesto	perdere *to lose*	perso
correre *to run*	corso	prendere *to take*	preso
chiudere *to close*	chiuso	rimanere *to remain*	rimasto
dare *to give*	dato	rispondere *to answer*	risposto
decidere *to decide*	deciso	rompere *to break*	rotto
dire *to say*	detto	scegliere *to choose*	scelto
discutere *to discuss, argue*	discusso	scendere *to go down*	sceso
		scoprire *to discover*	scoperto
essere/stare *to be/ to stay*	stato	scrivere *to write*	scritto
		succedere *to happen*	successo
fare *to do, make*	fatto	togliere *to take away*	tolto
leggere *to read*	letto	vedere *to see*	visto
mettere *to put, place*	messo	venire *to come*	venuto
morire *to die*	morto	vivere *to live*	vissuto
nascere *to be born*	nato	vincere *to win*	vinto

[handwritten: PIACERE TO LIKE PIACIUTO — ESSERE]

◈ Note the present perfect of the impersonal verb **esserci: c'è stato(-a)** *there has been*/ **ci sono stati(-e)** *there have been.*

◈ The general form of the third person of verbs conjugated with **essere** is the masculine past participle: **Sono partiti** *They (in general) have left*/**Sono partite** *They (females) have left.*

◈ With the polite **Lei** form of address, the past participle can be made to agree either with the **Lei** subject, whose grammatical gender is feminine, or the biological gender of the subject:

Agreement with *Lei*	Agreement with biological gender
Signor Giusti, è già arrivata, Lei? *Mr. Giusti, have you arrived already?*	Signor Giusti, è già arrivato, Lei? *Mr. Giusti, have you arrived already?*
Signora Giusti, è già arrivata, Lei? *Mrs. Giusti, have you arrived already?*	Signora Giusti, è già arrivata, Lei? *Mrs. Giusti, have you arrived already?*

◈ As a handy guideline (not as a grammatical rule), assume that **avere** is the auxiliary verb, especially if the verb is transitive, that is, followed by a direct object: **Ho mangiato la carne.** *I ate the meat.*

◈ **Essere** is used with…

- all reflexive (and reciprocal) verbs

	lavare *to wash*	lavarsi *to wash oneself*
io	ho lavato	mi sono lavato(-a)
tu	hai lavato	ti sei lavato(-a)
lui/lei/Lei	ha lavato	si è lavato(-a)
noi	abbiamo lavato	ci siamo lavati(-e)
voi	avete lavato	vi siete lavati(-e)
loro/Loro	hanno lavato	si sono lavati(-e)

- **piacere** (see Chapter 2)

Mi piace quella pizza.
I like that pizza.

Mi è piaciuta quella pizza.
I liked that pizza.

Gli piacciono gli spaghetti.
He likes spaghetti.

Gli sono piaciuti gli spaghetti.
He liked the spaghetti.

- impersonal verbs, such as **mancare** *(to lack, miss someone)*, **importare** *(to matter)*, **bastare** *(to be enough)*, **costare** *(to cost)*, **volerci** *(to need, to be required)*, **accadere/succedere** *(to happen)*

Tu ci manchi molto.
We miss you a lot.

Tu ci sei mancato molto.
We missed you a lot.

Per superare l'esame basta solo studiare.
To pass the exam it is enough to study.

Per superare l'esame è bastato solo studiare.
To pass the exam it was enough to study.

Le medicine costano troppo.
Medicines cost too much.

Le medicine sono costate troppo.
The medicines cost too much.

Ci vogliono due minuti per farlo.
It takes two minutes to do it.

Ci sono voluti due minuti per farlo.
It took two minutes to do it.

Che cosa succede/accade?
What's happening?

Che cosa è successo/accaduto?
What happened?

- linking verbs

essere *to be*

Maria è stata qui ieri.
Mary was here yesterday.

sembrare *to seem*

Al professore la cosa è sembrata strana.
The thing seemed strange to the professor.

parere *to appear*

Anche Lucia è parsa stanca.
Lucia also seemed tired.

diventare/divenire *to become*

Loro sono diventati rossi.
They became red (in the face).

- verbs referring to movement (or lack of it) and to psychological/physical states involving change

andare	*to go*	morire	*to die*
arrivare	*to arrive*	nascere	*to be born*
arrossire	*to blush*	partire	*to leave, depart*
cadere	*to fall*	passare	*to pass by*
dimagrire	*to lose weight*	rimanere	*to remain*
entrare	*to enter*	scappare	*to run away, escape*
fuggire	*to run away, escape*	stare/restare	*to stay, remain*
impazzire	*to go crazy*	tornare/ritornare	*to return, come back*
ingrassare	*to gain weight*	uscire	*to go out*
invecchiare	*to age, grow old*	venire	*to come*

◈ A handful of verbs are conjugated with either **essere** or **avere** as follows: If the verb is used transitively (taking a direct object), it is conjugated with **avere**. If it is used intransitively (not taking a direct object), it is conjugated with **essere**.

Lui ha finito alle tre.
He finished at three.

La lezione è finita alle tre.
The class ended at three.

Lei ha cominciato la lezione.
She started the class.

La lezione è appena cominciata.
The class has just begun.

Applicazione

6.23 La lista. La settimana scorsa Claudia ha fatto la seguente lista. La lista è scritta ovviamente al presente o in modo generale. Mettila al passato.

> ESEMPI   Lunedì—Papà va in centro.
> **Lunedì scorso papà è andato in centro.**
>
> Sabato—Fare la spesa.
> **Sabato scorso ho fatto la spesa.**

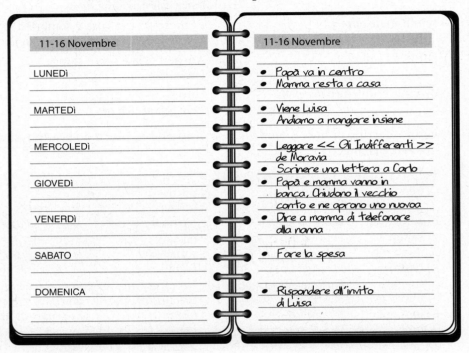

11-16 Novembre		11-16 Novembre
LUNEDÌ		• Papà va in centro • Mamma resta a casa
MARTEDÌ		• Viene Luisa • Andiamo a mangiare insieme
MERCOLEDÌ		• Leggere << Gli Indifferenti >> de Moravia • Scrivere una lettera a Carlo
GIOVEDÌ		• Papà e mamma vanno in banca, Chiudono il vecchio conto e ne aprono uno nuovo
VENERDÌ		• Dire a mamma di telefonare alla nonna
SABATO		• Fare la spesa
DOMENICA		• Rispondere all'invito di Luisa

6.24 Compiti comunicativi. Svolgi i seguenti compiti comunicativi, in base all'esempio.

> ESEMPIO   Chiedi a tuo fratello che cosa ha fatto ieri.
> **Alessandro, che cosa hai fatto ieri?**

1. Di' che ieri tu hai perso la borsa.
2. Chiedi al signor Berti che cosa ha bevuto ieri.
3. Chiedi a tua sorella se ieri ha chiesto ai genitori di uscire.
4. Chiedi alla signora Berti se ha deciso di comprare quel nuovo romanzo.
5. Chiedi al signor Brunelleschi se ha detto veramente quelle cose.
6. Chiedi ai tuoi genitori se hanno dato dei soldi a tuo fratello l'altro ieri.
7. Chiedi a tua madre se ha messo i soldi in banca.
8. Chiedi al tuo fratellino se sa chi ha scoperto l'America.
9. Chiedi a tua cugina se ha visto Sandra ieri.
10. Chiedi alla tua amica se ieri ha risposto alle domande in classe.

6.25 Essere o non essere? Inserisci negli spazi vuoti la forma appropriata del passato prossimo del verbo indicato fra parentesi.

ESEMPIO   Mario _____ (alzarsi) alle otto.
si è alzato

1. I loro amici _____ (andare) in centro. SONO ANDATI
2. Piero _____ (svegliarsi) tardi. SI È SVEGLIATO
3. Marco e Maria _____ (telefonarsi) ieri sera. SONO TELEFONATI
4. La ragazza _____ (divenire) bianca per la paura. È DIVENUTA
5. Alla madre di Giorgio non È PIACUTO (piacere) quello che voi due AVETE FATO (fare).
6. La loro amica _____ (andare) via subito. È ANDATA
7. Quando _____ (vedere) la polizia, i due ragazzi _____ HANNO VEDUTO (fuggire) via e non _____ (ritornare) più. SONO RITORNATI SONO FUGGITI
8. Maria _____ (finire) il lavoro da sola. HA FINITO BY HERSELF
9. Marco _____ (cominciare) a fare i compiti. HA COMINICATO
10. Il film che noi _____ (vedere) insieme ieri sera _____ ABBIAMO VEDUTO (cominciare) con un po' di ritardo. HA COMINIATO
11. Giorgio _____ (cadere) ieri. È CADUTO

6.26 Che cosa hai fatto la settimana scorsa? Scrivi delle frasi al passato prossimo, servendoti dei seguenti verbi. Segui l'esempio.

aprire, bere, correre, dire, decidere, leggere, mettere, vincere, perdere, scrivere, scegliere, scendere, arrossire, entrare

ESEMPIO   La settimana scorsa ho letto due romanzi italiani.

6.27 Tocca a te! Usa ciascuno dei seguenti verbi liberamente illustrando il loro uso al passato prossimo.

1. dare	11. esserci
2. dire	12. divertirsi
3. discutere	13. mancare
4. rimanere	14. importare
5. nascere	15. volerci
6. rispondere	16. dimagrire
7. rompere	17. impazzire
8. succedere	18. invecchiare
9. accadere	19. bastare
10. vivere	20. tornare

COMUNICAZIONE

Esprimere diversi stati emotivi

Che bella sorpresa!	*What a nice surprise!*
Che fortuna!	*How lucky!*
Che noia!/Che barba!	*What a bore!/What a drag!*
Che pasticcio!	*What a mess!*
Che sfortuna!	*What a bad luck!*
Davvero?	*Really?*
Incredibile!	*Incredible!*
Interessante!	*Interesting!*
Mamma mia!	*Good heavens!*
Meraviglioso!/Stupendo!/Fantastico!	*Marvelous!/Stupendous!/Fantastic!*
Non è possibile!	*It can't be!*
Peccato!	*Sorry!*
Per carità!	*Please!*

◈ Note the following two emphatic speech formulas.

Che...!	**Quanto + essere...!**
What a . . . !	*How . . . !*

Che bella famiglia!	Quanto è bella quella famiglia!
What a nice family!	*How nice that family is!*
Che brutti vestiti!	Quanto sono brutti quei vestiti!
What ugly clothes!	*How ugly those clothes are!*

◈ To emphasize some word or expression use **proprio**, **veramente**, or **davvero**.

Lui è proprio bravo! *He's really nice!*
Maria è davvero intelligente! *Mary is really/truly intelligent!*

Thomas Tolstrup /Getty Images, Inc.

Applicazione

6.28 Stupendo! Reagisci *(React)* ad ognuna delle seguenti situazioni. Non usare la stessa espressione più di una volta.

	Situazione	Reazione
1.	Sei davanti ad un bellissimo panorama.	
2.	Un caro amico che non vedi da molto tempo viene inaspettatamente a trovarti.	
3.	Hai visto un film che ti ha quasi fatto addormentare.	
4.	Una cara amica ti dà la notizia che sta per sposarsi. Tu quasi non ci credi e vuoi una conferma.	
5.	Un signore ha vinto tanti milioni di euro.	
6.	Durante una gara *(competition)* un atleta sta per arrivare primo al traguardo *(finish line)*, ma scivola *(slips)* e perde la gara.	
7.	Per un numero non hai vinto la lotteria; sei deluso(-a) *(disappointed)*.	
8.	Una tua amica ti dà la notizia che sta partendo per l'Italia. Tu non ci puoi credere.	
9.	Un uomo è riuscito ad alzare una macchina con le braccia.	

6.29 Come si dice in italiano? Traduci le seguenti frasi.

1. Your sister is really intelligent!
2. What a good person!
3. How good your brother is!
4. Good heavens!
5. Really?
6. That's really fantastic!
7. Please! That's not true!
8. Too bad! She went crazy!

NOTA CULTURALE

Una famiglia famosa: I Medici

La famiglia Medici, di origini oscure *(obscure)*, diventò potente *(powerful)* con i commerci e le attività bancarie *(banking)* a Firenze. Tra i suoi membri più conosciuti si notano: Giovanni, ricchissimo banchiere *(banker)* nel tardo Trecento *(the late 1300's)*, suo figlio Cosimo, che diventò famoso patrocinando *(sponsoring)* le belle arti e, di conseguenza, trasformando Firenze in un centro artistico, e il nipote *(grandson)* di Cosimo, Lorenzo il Magnifico, che fu proclamato *(was proclaimed)* «principe dello Stato».

Poiché erano tra i primi grandi banchieri, i Medici regnarono su *(reigned over)* Firenze dal primo Quattrocento al primo Settecento. Tre membri della famiglia diventarono papi *(Popes)* e due delle donne diventarano regine di Francia. Tra le due, Caterina è la più famosa. Moglie di Enrico II e madre di tre re francesi, ella fu particolarmente potente in Francia dal 1559 fino alla morte, nel 1589.

Applicazione

6.30 Ricordi quello che hai letto? Rispondi alle seguenti domande.

1. Come diventò potente la famiglia Medici?
2. Chi sono i suoi membri più conosciuti?
3. In che periodo la famiglia regnò su Firenze?
4. Che cosa diventarono certi membri della famiglia?
5. Chi era Caterina?
6. Sai qualcos'altro sui Medici? Se sì, racconta quello che sai agli altri membri della classe.

MOMENTO CREATIVO

Diverse coppie di studenti dovranno mettere in scena una breve intervista, per un documentario televisivo storico, in cui uno della coppia intervisterà un famoso membro della famiglia Medici (ruolo interpretato dall'altro membro della coppia).

PARTE 3ª

DALLA LETTERATURA ITALIANA

Prima di leggere

6.31 Quiz letterario. Metti alla prova la tua conoscenza della letteratura italiana.

1. Il nome di Petrarca.
2. L'autore della *Divina commedia*.
3. L'autore del *Decameron*.
4. Il nome di Pirandello.
5. L'autore del *Principe*.
6. Ha scritto i *Promessi sposi*.
7. Autore dell'*Orlando furioso*.
8. Italo, autore di *Ti con zero*.
9. Il nome della Ginzburg.
10. Alberto, autore de *Gli indifferenti*.
11. Ha scritto il *Cantico delle creature*, uno dei primi documenti della letteratura italiana.

Il *cantico delle creature*, noto anche come *Cantico di Frate Sole*, è un testo poetico di argomento religioso scritto da San Francesco nel 1224 per cantare le lodi del creato (*creation*). Leggilo attentamente e poi svolgi le attività che seguono.

Altissimo, onnipotente, buon Signore[1],
tue sono le lodi[2], la gloria e l'onore e ogni benedizione.

Lodato sii[3], mio Signore, con tutte le tue creature
specialmente messer[4] fratello sole,
il quale è bello e luminoso, con grande splendore.

Lodato sii, mio Signore, per sorella luna e le stelle:
in cielo le hai formate chiare e preziose e belle.

Lodato sii, mio Signore, per fratello vento
e per l'aria e le nuvole[5], il sereno e ogni stagione.

Lodato sii, mio Signore, per sorella acqua,
la quale è molto utile e umile e preziosa e casta[6].

Lodato sii, mio Signore, per fratello fuoco[7],
per il quale illumini la notte:
ed è bello e giocondo[8] e robusto e forte.

Lodato sii, mio Signore, per sorella nostra madre terra,
la quale ci nutre[9] e ci governa[10],
e produce diversi frutti con molti colori, fiori ed erba.

Lodato sii, mio Signore, per nostra sorella morte corporale
dalla quale nessun uomo vivente può scappare[11].

Lodate e benedite il mio Signore e ringraziatelo
e servitelo con grande umiltà.

[1]*Lord* [2]*praises* [3]*May you be praised* [4]*master (title)* [5]*clouds* [6]*chaste* [7]*fire* [8]*playful*
[9]*nourishes us* [10]*tends to us* [11]*escape*

Applicazione

6.32 Il mosaico. Ricostruisci alcune strofe della poesia appena letta accoppiando i versi della prima colonna con quelli della seconda.

1. Lodato sii, mio Signore, con tutte le tue creature specialmente messer fratello sole,

2. Lodato sii, mio Signore, per fratello fuoco,

3. Lodato sii, mio Signore, per sorella luna e le stelle:

4. Lodato sii, mio Signore, per nostra sorella morte corporale

5. Lodato sii, mio Signore, per sorella acqua,

6. Lodato sii, mio Signore, per sorella nostra madre terra, la quale ci nutre e ci governa

7. Lodato sii, mio Signore, per fratello vento

a. per il quale illumini la notte: ed è bello e giocondo e robusto e forte.

b. la quale è molto utile e umile e preziosa e casta.

c. e per l'aria e le nuvole, il sereno e ogni stagione.

d. e produce diversi frutti con molti colori, fiori ed erba.

e. dalla quale nessun uomo vivente può scappare.

f. il quale è bello e luminoso, con grande splendore.

g. in cielo le hai formate chiare e preziose e belle.

6.33 Interpreta la poesia di San Francesco. Spiega la tua interpretazione al resto della classe.

6.34 San Francesco d'Assisi. Fa' delle ricerche sulla vita di San Francesco, sul periodo in cui è vissuto e sulla poesia che hai letto prima. Per esempio, sapevi che San Francesco è il santo patrono d'Italia? Sapevi che il *Cantico delle creature* è uno dei primi documenti letterari in italiano? Presenta le tue ricerche in classe.

PARTE 4ª

CON FANTASIA

Attività generali

6.35 Chi è? Ecco un problema logico da risolvere basato su un rapporto di parentela. Prima metti gli infiniti fra parentesi al passato prossimo. Poi, presenta e spiega la tua soluzione alla classe.

Ieri _____ (squillare) il telefono e _____ (rispondere) mia sorella. La voce di una donna _____ (chiedere): «Pronto, c'è tua madre?» «No, non c'è», _____ (rispondere) mia sorella. «Ma chi sei?» «Ma come, non mi _____ (riconoscere)?», _____ (aggiungere) la donna. «No», _____ (rispondere) mia sorella. «Allora indovina chi sono», _____ (dire) la donna. «Mia figlia è la nipote di tuo padre.»

6.36 Botta e risposta. Chiedi a un compagno/una compagna le seguenti cose. Il compagno/la compagna dovrà rispondere in modo logico.

Chiedi a un compagno/una compagna...

1. se ha mai avuto un impiego.
2. quale professione vuole fare.
3. quanto è alto suo fratello.
4. dove sono nati i suoi genitori.
5. quanto pesa.
6. qual è il colore dei capelli di sua madre e di suo padre.
7. che titoli di studio hanno i membri della sua famiglia.

6.37 Lavoro di gruppo. Con un tuo compagno/una tua compagna, metti in scena un'intervista a un personaggio famoso (anche del passato) di vostra scelta.

6.38 Tema. Scrivi le tue opinioni liberamente su uno dei seguenti temi. Poi leggi quello che hai scritto alla classe, discutendo le tue opinioni.

1. Il senso della famiglia in America
2. La famiglia ideale
3. Genitori e figli: opinioni a confronto

Dal mondo italiano

6.39 Riconosci i seguenti personaggi italiani famosi? Se sì, indica quelli che riconosci alla classe, spiegando chi sono e perché sono famosi(-e).

1. Marco Polo
2. Galileo Galilei
3. Lucrezia Borgia
4. Giuseppe Garibaldi
5. Maria Montessori

Navigare su Internet

Per ulteriori attività online, visita il seguente sito: www.wiley.com/college/danesi

6.40 Ricerche online.

1. Cerca su Internet dei siti dedicati alla famiglia.
2. Indica quale dei siti è il più interessante e perché, discutendolo in classe.

Chase Jarvis/Digital Vision/Getty Images, Inc.

7

Viaggiare per il mondo

AVVIO

Quanto sai già?

7.1 In vacanza. Descrivi le attività che si potrebbero svolgere durante una vacanza…

1. al mare.
2. in un paese straniero.
3. in montagna.
4. sulle piste da sci.
5. in una grande città straniera.

Krzysztof Dydynski/Lonely Planet Images/Getty Images, Inc.

7.2 Conosci la geografia? Se conosci i seguenti posti, identificali agli altri membri della classe. Cerca quelli che non conosci in un'enciclopedia o su Internet.

1. Stato fondato dagli spagnoli nel 1524.
2. Repubblica dell'Europa occidentale, la cui capitale è Lisbona.
3. Isola delle Grandi Antille, il cui capoluogo è San Juan.
4. La sua capitale è Sarajevo.
5. I suoi abitanti si chiamano croati.
6. La più grande isola del mondo.
7. Prendono il loro nome da Filippo II nel 1521.

7.3 Di quali città italiane si tratta? Metti alla prova la tua conoscenza delle città italiane facendo il seguente gioco-quiz. Assegnati tre punti se indovini la città al primo indizio *(clue)*, due al secondo, uno al terzo.

1. —Ci è nato Galileo Galilei.
   —Si trova in Toscana.
   —C'è la Torre pendente.

2. —Nel Medioevo apparteneva agli Arabi.
   —Si trova in un'isola.
   —È il capoluogo della Sicilia.

3. —È nel nord dell'Italia.
   —Ha un famoso Duomo con la Madonnina.
   —È la città più industriale d'Italia.

4. —È la città di Dante Alighieri.
   —Era il centro del Rinascimento italiano.
   —È la città con il «Davide» di Michelangelo.

5. —È stata la prima capitale d'Italia.
   —È la città della FIAT.
   —L'anagramma del suo nome è «ritono».

6. —Solo nel 1870 è divenuta parte del Regno d'Italia.
   —È detta la «Città eterna».
   —L'anagramma del suo nome è «amor».

7. —È la città di Enrico Caruso.
   —È famosa per le sue canzoni.
   —Un detto dice: «Vedi _____ e poi muori».

8. —Ha il più importante porto italiano.
   —Ci è nato Cristoforo Colombo.
   —È il capoluogo della Liguria.

9. —Era chiamata «La Serenissima».
   —Ci è nato «Marco Polo».
   —È la città con le gondole.

10. —Ha l'università più antica del mondo.
    —È chiamata «La grassa».
    —È il capoluogo dell'Emilia Romagna.

Punteggio:

21-30	Sei veramente un conoscitore delle città italiane.
15-20	Forse è meglio fare un po' di ripasso *(review)* della storia e geografia d'Italia.
0-14	È un invito a studiare un po' di storia e geografia dell'Italia.

Risposte:
1. Pisa 2. Palermo 3. Milano 4. Firenze 5. Torino 6. Roma 7. Napoli 8. Genova 9. Venezia 10. Bologna

Prima di leggere

Luciano Mortula/Shutterstock

7.4 Quante città conosci? Indica alla classe quali città hai visitato e quali vorresti visitare.

1. Malindi
2. Tallinn
3. Riga
4. Berlino
5. Parigi

7.5 Conosci il significato delle seguenti parole? Spiega quelle che conosci al resto della classe.

1. spensieratezza
2. ricorrenza
3. onomastico
4. svago
5. fastoso

Le vacanze costituiscono per tutti un periodo dell'anno pieno di gioia e spensieratezza, un momento di pausa dal ritmo noioso e ripetitivo della vita quotidiana in cui prevalgono *(prevail)* il riposo e soprattutto il divertimento.

Spesso si va in vacanza durante le feste. La parola *festa* si riferisce ad una ricorrenza religiosa o civile, tradizionalmente celebrata con riti liturgici e cerimonie solenni, ma oggi anche andando in vacanza. Alcune feste sono «fisse», come il il Natale e il Ferragosto, perché cadono *(occur)* ogni anno nello stesso giorno. Invece, le cosiddette «feste mobili», come la Pasqua e il Carnevale, sono quelle che cadono in periodi diversi dell'anno.

Ci sono inoltre delle feste che hanno una ricorrenza privata, come il compleanno o l'onomastico.

La lingua italiana ha delle espressioni molto interessanti basate sul concetto di festa. Per esempio, il proverbio «Passata la festa gabbato lo santo». significa che, passato il pericolo o superate le difficoltà, ci si dimentica spesso e purtroppo delle promesse fatte. L'espressione «guastare la festa» significa rovinare la contentezza degli altri.

La festa che più si associa alle vacanze è il Ferragosto, che si celebra il 15 agosto. Esso viene fatto coincidere con la festa religiosa dell'Assunta (ovvero l'assunzione della madonna in cielo, secondo la tradizione cristiana). In realtà è una festa di origini pagane che risale al culto delle stagioni e alla celebrazione del raccolto *(harvest)* della terra. In ogni caso, ancora oggi, così come nei tempi antichi, il Ferragosto si celebra con fastosi pranzi e festeggiamenti di ogni tipo. Questo indica, sostanzialmente, che oltre alla solennità abbiamo bisogno, di tanto in tanto, anche di un po' di svago e allegria.

Applicazione

7.6 Parliamone! Rispondi alle seguenti domande.

1. Descrivi i vari tipi di festa menzionati nella lettura.
2. Sei mai stato(-a) in vacanza in Italia? Se sì, descrivi l'esperienza.
3. Quali sono le caratteristiche più importanti di una vacanza, secondo te?

7.7 Lavoro di gruppo. Con diversi compagni/diverse compagne, vai su Internet e cerca un manifesto pubblicitario che associa vacanze e feste, come il Ferragosto. Descrivilo alla classe.

7.8 Discussione in classe. Rispondi liberamente alle seguenti domande, discutendo le tue risposte con gli altri membri della classe.

1. Ti piace viaggiare? Perché sì/no?
2. Dove vai generalmente in vacanza? Perché?
3. Quali città italiane hai visitato? Quali vorresti visitare? Perché?

Vocabolario

Paesi e nazionalità

Paesi	Nazionalità
l'Arabia Saudita *Saudi Arabia*	saudita (*pl* sauditi) *Saudi*
l'Australia *Australia*	australiano *Australian*
l'Austria *Austria*	austriaco *Austrian*
il Belgio *Belgium*	belga (*m, pl* belgi; *f, pl* belghe) *Belgian*
il Brasile *Brazil*	brasiliano *Brazilian*
il Canada *Canada*	canadese *Canadian*
la Cina *China*	cinese *Chinese*
la Danimarca *Denmark*	danese *Danish*
l'Egitto *Egypt*	egiziano *Egyptian*
la Finlandia *Finland*	finlandese *Finnish*
la Francia *France*	francese *French*
la Germania *Germany*	tedesco *German*
il Giappone *Japan*	giapponese *Japanese*
la Grecia *Greece*	greco *Greek*
l'India *India*	indiano *Indian*
l'Inghilterra *England*	inglese *English*
l'Israele *(m) Israel*	israeliano *Israeli*
l'Italia *Italy*	italiano *Italian*
il Messico *Mexico*	messicano *Mexican*
la Norvegia *Norway*	norvegese *Norwegian*
la Nuova Zelanda *New Zealand*	neozelandese *New Zealander*
la Polonia *Poland*	polacco *Polish*
il Portogallo *Portugal*	portoghese *Portuguese*
la Russia *Russia*	russo *Russian*
la Spagna *Spain*	spagnolo *Spanish*
gli Stati Uniti *United States*	americano *American*, statunitense *of the US*
il Sud Africa *South Africa*	sudafricano *South African*
la Svezia *Sweden*	svedese *Swedish*
la Svizzera *Switzerland*	svizzero *Swiss*
la Turchia *Turkey*	turco *Turkish*
l'Ungheria *Hungary*	ungherese *Hungarian*

Applicazione

7.9 Crea la coppia. Completa la seguente tabella in modo appropriato.

Paesi	Nazionalità
	svizzero
la Turchia	
	sudafricano
la Nuova Zelanda	
	americano
l'Inghilterra	
	indiano
il Giappone	
	canadese
il Brasile	
	austriaco
l'Australia	
	ungherese
la Svezia	
	spagnolo
la Russia	
	saudita
il Belgio	
	brasiliano
la Cina	
	danese
l'Egitto	
	portoghese
il Messico	
	norvegese
l'Israele	
	polacco
la Grecia	
	giapponese
la Finlandia	
	francese

7.10 In giro per il mondo. Indica se sei mai stato(-a) nei seguenti paesi, descrivendo alla classe i posti e la loro gente.

1. Italia
2. Giappone
3. Messico
4. Polonia
5. Germania

6. Belgio
7. Russia
8. Norvegia
9. Cina
10. un qualsiasi altro paese

Boris Stroujko/Shutterstock

GRAMMATICA

Il congiuntivo passato

◈ The **congiuntivo passato** allows you to express a past action in the subjunctive.

Present subjunctive	Past subjunctive
Penso che lui **venga** oggi. *I think he is coming today.*	Penso che lui **sia venuto** ieri. *I think he came yesterday.*
Sembra che **si alzi** sempre alle sei. *It seems that he always gets up at six.*	Sembra che **si sia alzato** alle sei ieri. *It seems that he got up at six yesterday.*
È la persona più brava che io **conosca**. *He's the nicest person I know.*	È la persona più brava che io **abbia** mai **conosciuto**. *He's the nicest person I have ever known.*

◈ The **congiuntivo passato** is the subjunctive version of the **passato prossimo**. The difference is that the **congiuntivo passato** is used when the subjunctive is required, that is, in dependent clauses after certain verbs, after certain conjunctions, and so on.

Present perfect	Past subjunctive
Ti dico che lei **è andata** in Italia. *I'm telling you that she went to Italy.*	Penso che lei **sia andata** in Italia. *I think that she went to Italy.*
Anche se **ha fatto** freddo ieri, è uscita lo stesso. *Even though it was cold yesterday, she went out just the same.*	Benché **abbia fatto** freddo ieri, è uscita lo stesso. *Although it was cold yesterday, she went out just the same.*
È chiaro che loro **hanno detto** la verità. *It's clear that they told the truth.*	È probabile che loro **abbiano detto** la verità. *It's probable that they told the truth.*

◈ The **congiuntivo passato** is formed with the present subjunctive of the auxiliary verb (**avere** or **essere**, as the case may be) and the past participle of the verb. Here are two verbs conjugated in this tense, one with **avere** and the other with **essere**.

	viaggare	partire
io	abbia viaggiato	sia partito(-a)
tu	abbia viaggiato	sia partito(-a)
lui/lei/Lei	abbia viaggiato	sia partito(-a)
noi	abbiamo viaggiato	siamo partiti(-e)
voi	abbiate viaggiato	siate partiti(-e)
loro/Loro	abbiano viaggiato	siano partiti(-e)

Applicazione

7.11 Usiamo il congiuntivo presente! Premetti l'espressione tra parentesi alla frase data, cambiando il verbo in modo appropriato.

> **ESEMPIO** Gianni ha viaggiato molto. (Penso che)
> **Penso che Gianni abbia viaggiato molto.**

1. Loro sono andati anche a Roma. (è probabile)
2. Laura si è divertita in Italia. (sembra che)
3. Hanno telefonato a Davide. (credo che)
4. I suoi amici hanno visitato molte città. (pare che)
5. Diana ha visto il museo d'arte. (penso che)
6. L'aereo è già arrivato. (ho paura che)
7. Marco si à alzato presto stamani. (è bene che)
8. Io ho inviato un SMS alla sua amica. (loro pensano che)
9. Tu non hai capito la lezione. (pare che)

7.12 Usiamo il congiuntivo passato! Usando le parole o le espressioni tra parentesi, volgi ciascuna frase al passato.

> **ESEMPIO** Credo che Maria studi l'italiano. (l'anno scorso)
> **Credo che Maria abbia studiato l'italiano l'anno scorso.**

1. Penso che lui vada in centro. (ieri)
2. Pare che loro si divertano in vacanza. (l'estate scorsa)
3. Lui è la persona più intelligente che io conosca. (l'anno scorso)
4. È probabile che loro arrivino dall'Italia. (due ore fa)
5. Dubito che voi mangiate quel pesce. (ieri sera)
6. Loro pensano che io mi alzi tardi. (stamani)

7.13 Sai completare le frasi? Completa liberamente le seguenti frasi usando il congiuntivo passato.

1. Loro sono gli unici amici che...
2. Ho paura che...
3. Siamo contenti che tu...
4. Lui pensa che io...
5. È un peccato che voi...
6. Mi dispiace che lei...

COMUNICAZIONE

Viaggiare

In giro per la città

il centro	*downtown*
la chiesa	*church*
l'edificio	*building*
il grattacielo	*skyscraper*
il municipio	*city hall*
il museo	*museum, art gallery*
l'ospedale *(m)*	*hospital*
il palazzo	*apartment building*
la periferia	*suburbs, outskirts*
la questura	*police station*
l'ufficio postale	*post office*

Segnali/Cartelli

Aperto	*Open*
Chiuso	*Closed*
Chiuso per ferie	*Closed for holidays*
Divieto di sorpasso	*No passing*
Divieto di sosta	*No parking*
Fuori servizio	*Out of order*
Informazioni	*Information*
Ingresso	*Entrance*
Toilette/Servizi	*Bathroom*
Uscita	*Exit*
Vietata l'uscita	*No exit*
Vietato l'ingresso	*No entrance*

Alla stazione

l'orario	*schedule*
fare il biglietto	*to purchase a (travel) ticket*
in orario	*on time*
in anticipo	*early*
in ritardo	*late*
la stazione ferroviaria	*train station*
il treno	*train*

Alcune parole ed espressioni utili

qui/qua	*here*	lì/là	*there*
vicino	*near*	lontano	*far*
accanto a	*next to*	lontano da	*far from*
di qui/qua	*over here*	di lì/là	*over there*
dentro	*inside*	fuori	*outside*

Applicazione

7.14 Indovinelli. Indovina che cos'è o dov'è.

ESEMPI   Il «cuore» di una città
Il centro

Scritta *(sign)* che indica che non si può parcheggiare la macchina.
Divieto di sosta

1. Edificio dove vive la gente.
2. Edificio che «tocca» il cielo.
3. Zona appena fuori della città.
4. Scritta che indica che non si può entrare.
5. Scritta che indica che non si può uscire.
6. Posto dove si possono comprare i francobolli.
7. Posto dove si va per prendere il treno.
8. Posto dove si va per ammirare l'arte.
9. L'edificio amministrativo e governativo di una città.
10. L'edificio della polizia.
11. Posto dove si ricoverano i malati.
12. Edificio religioso.
13. Scritta che indica che non si può sorpassare con la macchina.

7.15 Guide delle città italiane. Da un manifesto pubblicitario per una guida *(guide)* turistica mancano le seguenti parole. Inseriscile negli spazi vuoti in modo logico.

anticipo   lontano   orari   biglietto   ritardo   accanto

Avete mai avuto il desiderio di fare una gita *(excursion)*? Volete conoscere meglio gli _____ dei treni o dove andare per fare il _____? Non c'è problema. Con la nostra guida non sarete mai in _____, sarete sempre in orario, e qualche volta anche in _____. Non importa se quello che volete vedere è vicino, _____ dal vostro albergo o _____ al vostro albergo. La nostra guida vi seguirà dappertutto.

7.16 Tocca a te! Adesso usa ciascuna delle seguenti parole ed espressioni in altrettante frasi che ne rendano chiaro il significato.

1. qui
2. là
3. dentro
4. Fuori servizio

NOTA CULTURALE

Un po' di geografia

L'Italia è una penisola che ha la forma di uno stivale. È situata al centro del Mar Mediterraneo ed è circondata dal Mar Adriatico, dal Mar Ionio, dal Mar Tirreno e dal Mar Ligure. La sua superficie è costituita per il 42% da colline, per il 35% da montagne e per il 23% da pianure.

Le catene di montagne più importanti sono le Alpi, gli Appennini e le Dolomiti. Il Monte Bianco è la montagna più alta (4.810 metri di altezza). Il principale fiume italiano è il Po. Il Po è lungo 652 chilometri e attraversa la città di Torino. Altri fiumi importanti sono l'Adige (che bagna le città di Trento e Bolzano), il Tevere (che attraversa Roma) e l'Arno (che attraversa Firenze e Pisa). Tra i laghi più famosi ci sono il lago di Garda, il lago Maggiore e il lago di Como. Ci sono anche due vulcani, l'Etna in Sicilia e il Vesuvio vicino a Napoli.

Città

Genova: il più importante porto italiano.

Torino: la sede della FIAT (Fabbrica Italiana Automobili Torino).

Milano: il più importante centro industriale e commerciale d'Italia.

Venezia: città con oltre 120 isolotti *(islets)* e 170 canali collegati tra loro da più di 400 ponti.

Bologna: città dove è nata nel 1158 la prima università europea.

Firenze: città nativa di Dante Alighieri, il primo grande poeta italiano, autore della *Divina commedia*.

Roma: capitale d'Italia e una delle città più ricche di storia del mondo.

Napoli: città similmente ricca di storia e di cultura e famosa per la bellezza del suo paesaggio *(landscape)* naturale.

Palermo: capoluogo della Sicilia, la più grande e importante isola del Mediterraneo e la più grande regione d'Italia.

Applicazione

7.17 Ricordi quello che hai letto? Completa la tabella in modo appropriato.

Catene di montagne	Fiumi	Laghi	Mari che circondano l'Italia

7.18 Crea la tua guida. Nella seguente tabella sono riportate alcune città italiane. Cerca informazioni interessanti che riguardano ogni città.

	Città	Dati e fatti interessanti
1.	Ferrara	
2.	Trieste	
3.	Firenze	
4.	Verona	
5.	Pisa	
6.	Milano	
7.	Perugia	
8.	Bari	
9.	Pescara	
10.	Catanzaro	

7.19 Viaggio in Italia. Rispondi alle seguenti domande.

1. Sei mai stato(-a) in Italia? Se sì, dove? Racconta le tue esperienze.
2. Se non sei mai stato(-a) in Italia, ci vorresti andare? Quali posti vorresti vedere e perché?

MOMENTO CREATIVO

Con un tuo compagno/una tua compagna, metti in scena la seguente situazione.

Mentre aspetti l'autobus per andare all'università, un signore/una signora, che parla solo italiano, ti chiede come andare in centro in macchina. Tu gli/le dai tutte le informazioni necessarie.

PARTE 2ª

AVVIO

Quanto sai già?

7.20 Quante lingue sai? Se conosci una (o più d'una) delle seguenti lingue, di' qualche parola che sai alla classe. Spiega le parole in italiano.

1. il francese
2. il russo
3. il cinese
4. il giapponese
5. il portoghese
6. il tedesco
7. lo spagnolo
8. qualche altra lingua

7.21 Vacanze esotiche. Sei mai stato(-a) in vacanza in posti «esotici»? Se sì, racconta alla classe…

1. se ti sei divertito(-a) o no.
2. se hai avuto qualche esperienza particolare.
3. se hai avuto qualche sorpresa.
4. quello che hai fatto.

Prima di leggere

7.22 Conosci le parole ed espressioni seguenti? Cerca di indovinare il loro significato e poi spiegalo alla classe.

1. ovunque
2. schiavo
3. deferente
4. soglia
5. ossequio
6. fare ciao

Lettura   *Ciao e buona vacanza!*

In Italia, quando si saluta qualcuno che va in vacanza, si usa spesso l'espressione «Ciao e buona vacanza!» La parola *ciao* sembra essere ovunque nella conversazione quotidiana. Ma la cosa veramente interessante è che essa deriva dal veneziano «sciao» che significa «suo schiavo». Era, quindi, un saluto altamente deferente che i servi rivolgevano ai loro padroni. Alle soglie del ventesimo secolo, questa stessa formula di saluto deferente si trasformò in formula di saluto amichevole e confidenziale.

Ciao si rivolge, infatti, a una o più persone a cui si dà del tu al momento dell'incontro o della separazione: «Ciao, come stai?» «Ciao, a presto.» «Ciao ciao!». E ai bambini si insegna fin da piccoli a fare ciao col gesto di aprire e chiudere la mano. Si tratta, dunque, della parola più democratica della lingua italiana. Ma come ha fatto a trasformarsi da espressione di massimo ossequio a saluto così informale? Evidentemente, parole che una volta si applicavano in contesti di nobiltà oggi sono utilizzate con significato opposto. Questo è stato indubbiamente il destino della parola *ciao*.

Quindi, la prossima volta che andremo in vacanza e saluteremo con *ciao* ricordiamoci che oggi parole e vacanze sono per tutti, non solo per i nobili e i ricchi.

Applicazione

7.23 Ricordi quello che hai letto? Rispondi alle seguenti domande.

1. Quale espressione si usa spesso quando le persone vanno in vacanza?
2. Da dove deriva la parola *ciao*?
3. A chi si rivolge la parola?
4. Che cosa si insegna ai bambini?
5. Come ha fatto *ciao* a diventare la parola di tutti, non solo dei nobili e ricchi?

Vocabolario

Lingue

l'arabo	*Arabic*	l'italiano	*Italian*
il cinese	*Chinese*	il polacco	*Polish*
il danese	*Danish*	il portoghese	*Portuguese*
l'ebraico	*Hebrew*	il russo	*Russian*
il finlandese	*Finnish*	lo spagnolo	*Spanish*
il francese	*French*	lo svedese	*Swedish*
il giapponese	*Japanese*	il tedesco	*German*
il greco	*Greek*	il turco	*Turkish*
l'inglese	*English*	l'ungherese	*Hungarian*

Applicazione

7.24 Quante lingue! Indica quale lingua (o lingue) si parla nei paesi *(countries)* seguenti.

ESEMPIO Danimarca

Nella Danimarca si parla il danese.

1. Ungheria
2. Turchia
3. Germania
4. Svezia
5. Spagna
6. Russia
7. Portogallo
8. Polonia
9. Italia
10. Inghilterra
11. Grecia
12. Israele
13. Cina
14. Giappone
15. Arabia Saudita
16. Finlandia

GRAMMATICA ▬▬▬▬▬▬

Il pronome oggetto diretto

◈ Direct object pronouns replace direct objects.

Claudia non studia **il francese** quest'anno.
Claudia is not studying French this year.

Claudia non **lo** studia quest'anno.
Claudia is not studying it this year.

Tutti amano **gli italiani**.
Everyone loves Italians.

Tutti **li** amano.
Everyone loves them.

◈ The most common type of direct object pronoun, known as **atono** *(atonic)*, comes before the verb.

Pronouns	English equivalents	Examples
mi	*me*	Claudia **mi** chiama ogni sera. *Claudia calls me every evening.*
ti	*you (fam, sing)*	Sembra che lei non **ti** conosca. *It seems that she doesn't know you.*
lo *(m)*	*him*	Claudia **lo** chiama spesso. *Claudia calls him often.*
la *(f)*	*her*	Lui invece non **la** chiama mai. *He, on the other hand, never calls her.*
La	*you (pol)*	Signor Binni, **La** chiamo domani. *Mr. Binni, I'll call you tomorrow.*
ci	*us*	Perché non **ci** chiami più spesso? *Why don't you call us more often?*
vi	*you (fam, pl)*	Non **vi** chiamo perché non ho tempo. *I don't call you because I don't have time.*
li *(m)*	*them*	I miei parenti? Sì, **li** chiamo spesso. *My relatives? Yes, I call them often.*
vi	*you (pl)*	Signori Binni, **vi** accompagno io alla stazione domani. *Mrs. and Ms. Binni, I will take you to the station tomorrow.*
le *(f)*		Le mie amiche? Sì, **le** chiamo spesso. *My friends? Yes, I call them often.*

◈ Note that the third person forms, **lo**, **la**, **li**, **le** also replace inanimate direct objects:

Domani compro **il giornale**.
Tomorrow I'm buying the newspaper.

Domani **lo** compro.
Tomorrow I'm buying it.

Faccio **i compiti** stasera.
I'm doing my assignments this evening.

Li faccio stasera.
I'm doing them this evening.

Oggi mangio **la pizza** volentieri.
Today I'll eat pizza gladly.

Oggi **la** mangio volentieri.
Today I'll eat it gladly.

Penso che lui non mangi mai **le paste**.
I think that he never eats pastries.

Penso che lui non **le** mangi mai.
I think that he never eats them.

◆ In compound tenses, the past participle *must* agree in gender and number with the **lo**, **la**, **li**, **le** forms (Note that elision of the pronouns is permitted and preferred only in the singular):

Ieri ho comprato **il giornale**.
Yesterday I bought the newspaper.

Lo ho (**L'**ho) comprat**o** ieri.
Yesterday I bought it.

Ho già fatto **i compiti**.
I've already done my assignments.

Li ho già fat**ti**.
I've already done them.

Ho appena mangiato **la pizza**.
I have just eaten the pizza.

La ho (**L'**ho) appena mangiat**a**.
I have just eaten it.

Penso che non abbia mai mangiato **quelle paste**.
I think that he has never eaten those pastries.

Penso che non **le** abbia mai mangiat**e**.
I think that he has never eaten them.

◆ Agreement with the other forms (**mi**, **ti**, **ci**, **vi**) is optional.

Maria, ti ha chiamata/chiamato Dario?
Maria, did Dario call you?

No, non mi ha chiamata/chiamato.
No, he didn't call me.

Signor Binni, L'ha invitata/invitato alla festa mia moglie?
Mr. Binni, did my wife invite you to the party?

Sì, mi ha invitato.

Yes, she invited me.

Ragazzi, vi ha aspettati/aspettato il professore?
Guys, did the teacher wait for you?

No, non ci ha aspettati/aspettato.

No, he didn't wait for us.

◆ This pattern of agreement applies to reflexive verbs as well, replacing the typical agreement pattern required by these verbs between past participle and subject. In front of the direct object forms **lo**, **la**, **li**, **le**, the reflexive pronoun forms **mi**, **ti**, **si**, **ci**, **vi** become **me**, **te**, **se**, **ce**, **ve** respectively.

Maria si è messa **il cappotto**.
Mary put her coat on.

Maria **se l'**è mess**o**.
Mary put it on.

Ieri mi sono lavato **le mani**.
Yesterday I washed my hands.

Ieri **me le** sono lavat**e**.
Yesterday I washed them.

Noi ci siamo messi **la cravatta**.
We put on a tie.

Noi **ce la** siamo mess**a**.
We put it on.

◆ Direct object pronouns also have a *tonic* form, used to avoid ambiguity, confusion, for emphasis, and after prepositions and adverbs. These pronouns come after the verb, preposition, or adverb.

	English equivalents	Atonic form	Tonic form
me	*me*	Claudia **mi** chiama ogni sera. *Claudia calls me every evening.*	Claudia chiama **me** ogni sera (non **te**). *Claudia calls me every evening (not you).*
te	*you (fam, sing)*	Sembra che lei non **ti** conosca. *It seems that she doesn't know you.*	Sembra che lei conosca solo **te**. *It seems that she knows only you.*
lui	*him*	Claudia **lo** chiama spesso. *Claudia calls him often.*	Claudia chiama solo **lui**. *Claudia calls only him.*
lei	*her*	Lui non **la** chiama mai. *He never calls her.*	Lui non chiama neanche **lei**. *He doesn't even call her.*
Lei	*you (pol)*	Signor Binni, **La** chiamo domani. *Mr. Binni, I'll call you tomorrow.*	Signor Binni, chiamo **Lei** domani. *Mr. Binni, I'll call you tomorrow.*
noi	*us*	Perché non **ci** chiami più spesso? *Why don't you call us more often?*	Perché non chiami **noi** più spesso? *Why don't you call us more often?*
voi	*you (pl)*	Non **vi** chiamo perché non ho tempo. *I don't call you because I don't have time.*	Non chiamo **voi** perché non ho tempo. *I don't call you because I don't have time.*
loro	*them (m) you (pol, pl)*	I miei parenti? Sì, **li** chiamo spesso. *My relatives? Yes, I call them often.*	I miei parenti? Sì, chiamo **loro** spesso. *My relatives? Yes, I call them often.*
loro	*them (f) you (pol, pl)*	Le mie amiche? Sì, **le** chiamo spesso. *My friends? Yes, I call them often.*	Le mie amiche? Sì chiamo **loro** spesso. *My friends? Yes, I call them often.*

Applicazione

7.25 Sì, ha chiamato lei! Rispondi affermativamente alle seguenti domande, usando il pronome tonico. Segui l'esempio.

> **ESEMPIO** Ieri sera Claudia ha chiamato Teresa?
> **Sì, ha chiamato lei!**

1. Claudia ha visitato i tuoi amici?
2. Samuele ha chiamato me?
3. Diana ha visto perfino Maria in Italia?
4. Mia sorella ha chiamato voi?
5. A Roma loro hanno incontrato Piero?
6. Loro hanno chiamato te e i tuoi amici?

7.26 Botta e risposta. Rispondi alle domande affermativamente sostituendo l'oggetto o il pronome oggetto in corsivo con il pronome atono adatto.

> **ESEMPIO** Maria ha comprato *la rivista*?
> **Sì, Maria l'ha comprata.**

1. Lui ha letto *le e-mail*?
2. Tua sorella ha consultato *la guida*?
3. I tuoi genitori hanno visto *quel museo*?
4. Barbara si è messa *il cappello*?
5. Pierino si è lavato *i denti*?
6. Loro hanno comprato *i biglietti*?

7.27 Dialogo. Completa il seguente dialogo con le forme appropriate del pronome oggetto.

Ciao, Maria. _____ hanno detto che vai all'estero. È vero?

Chi _____ ha detto ciò?

Marco _____ ha chiamato ieri sera. Ci siamo visti al bar e _____ ha anche detto che con _____ parte anche Monica.

Non è vero. Marco _____ ha detto una bugia.

7.28 Domande. Rispondi alle seguenti domande usando i pronomi oggetto adatti.

> **ESEMPIO** Ti sei mai messo(-a) quel vestito strano?
> **Sì, me lo sono messo.**

Ti sei messo(-a)…

1. quella giacca strana?
2. quelle scarpe nuove?
3. quel cappello simpatico?
4. quegli stivali di pelle?

Laura e Monica si sono messe…

1. la giacca?
2. le scarpe eleganti?
3. quel vestito?
4. quelle scarpe eleganti?

Francesco si è messo…

1. la cravatta?
2. quelle scarpe nuove?
3. quell'impermeabile giallo?
4. i pantaloni nuovi?

Voi vi siete messi(-e)…

1. la cravatta?
2. quelle scarpe nuove?
3. quel cappello simpatico?
4. quegli stivali nuovi?

Il pronome oggetto indiretto

◈ Indirect object pronouns replace indirect objects. The following chart summarizes the indirect pronoun forms, tonic and atonic.

Atonic	Tonic	English equivalents	Examples
mi	**a me**	*to me*	Lei **mi** ha dato il libro ieri. Lei ha dato il libro **a me** ieri. *She gave the book to me yesterday.*
ti	**a te**	*to you (sing, fam)*	Chi **ti** ha inviato un SMS ieri? Chi ha inviato un SMS **a te** ieri? *Who sent you a text message yesterday?*
gli	**a lui**	*to him*	**Gli** ho parlato ieri. Ho parlato **a lui** ieri. *I spoke to him yesterday.*
le	**a lei**	*to her*	**Le** ho scritto ieri. Ho scritto **a lei** ieri. *I wrote to her yesterday.*
Le	**a Lei**	*to you (sing, pol)*	Signorina, **Le** piace questo libro? Signorina, questo libro piace **a Lei**? *Young lady, do you like this book?*
ci	**a noi**	*to us*	Perché non **ci** parli più? Perché non parli più **a noi**? *Why don't you speak to us any more?*
vi	**a voi**	*to you (pl)*	Che cosa **vi** ha detto? Che cosa ha detto **a voi**? *What did she say to you?*
gli	**a loro**	*to them*	Quel film non **gli** piace. Quel film non piace **a loro**. *They do not like that movie.*

◈ The past participles in compound tenses do not agree with indirect object pronouns:

With direct object pronouns	With indirect object pronouns
Maria? **L'**ho già chiamat**a**. *Mary? I have already called her.*	Maria? **Le** ho già inviato un SMS. *Mary? I have already sent a text to her.*
I miei amici? **Li** ho già chiamat**i**. *My friends? I have already called them.*	I miei amici? **Gli** ho già inviato un SMS. *My friends? I have already sent a text to them.*
Le mie amiche? **Le** ho già chiamat**e**. *My friends? I have already called them.*	Le mie amiche? **Gli** ho già inviato un SMS. *My friends? I have already sent a text to them.*

◈ Atonic object pronouns are attached to familiar (informal) imperative forms (that is, the **tu**, **noi**, and **voi** forms).

Gianni, parla a me!
John, speak to me!

Gianni, parlami!
John, speak to me!

Signora Lidi, parli a me!
Mrs. Lidi, speak to me!

Signora Lidi, mi parli!
Mrs. Lidi, speak to me!

Maria, invia un SMS a lei!
Mary, send her a text !

Maria, inviale un SMS!
Mary, send her a text!

Signor Giusti, chiami lei!
Mr. Giusti, call her!

Signor Giusti, la chiami!
Mr. Giusti, call her!

Ragazzi, chiamate il tassì!
Guys, call for a taxi!

Ragazzi, chiamatelo!
Guys, call for it!

Signori, chiamino il tassì!
Gentlemen, call for a taxi!

Signori, lo chiamino!
Gentlemen, call for it!

◈ Recall that the negative **tu**-form of the imperative is the infinitive. In this case, the pronoun can be attached or put before, as shown below.

Affirmative

Maria, mangiala!
Maria, eat it!

Marco, mandagli un SMS!
Marco, send him a text!

Negative

Maria, non mangiarla/non la mangiare!
Mary, don't eat it!

Marco, non mandargli un SMS/non gli mandare un SMS!
Marco, don't send him a text!

◆ With apostrophized imperative forms (**va'**, **di'**, **da'**, **fa'**, **sta'**) the first letter of the attached atonic pronoun is doubled, the exception being **gli**. Here are some examples.

Da' + mi = Dammi!

> Gianni, dammi la guida!
> *John, give me the guide!*

Di' + gli = Digli!

> Marina, digli tutto!
> *Marina, tell him everything!*

Di' + le = Dille!

> Giorgio, dille la verità!
> *George, tell her the truth!*

Fa' + ci = Facci!

> Franca, facci questo favore!
> *Franca, do us this favor!*

◆ Atonic object pronouns are also attached to infinitives, participles, gerunds, and the form **ecco** (*here is, here are*).

Prima di chiamare Luigi, voglio
  mangiare.
Before calling Luigi, I want to eat.

Prima di chiamarlo, voglio
  mangiare.
Before calling him, I want to eat.

Vedendo Lucia, l'ho chiamata.
Seeing Lucia, I called her.

Vedendola, l'ho chiamata.
Seeing her, I called her.

Ecco Luigi!
Here's Luigi!

Eccolo!
Here he is!

Ecco Maria!
Here's Mary!

Eccola!
Here she is!

Eccomi!
Here I am!

Eccoci!
Here we are!

◆ With modal constructions the atonic pronouns can be attached to or put before the whole construction:

Devo chiamare Luigi.
I have to call Luigi.

Lo devo chiamare. / Devo chiamarlo.
I have to call him.

Voglio parlare al professore.
I want to talk to the professor.

Gli voglio parlare. / Voglio parlargli.
I want to speak to him.

◆ Finally, it must always be kept in mind that the form **le** can have either a direct or indirect object meaning, and that this can thus be a source of confusion:

As direct object

Le patatine? Non **le** ho
  mangiat**e**.
The fries? I haven't eaten them.

Le carote? Penso che **le** abbia mangiat**e**
  tutte mio fratello.
*The carrots? I think my brother ate
  them all.*

As indirect object

La mia amica? Non **le** ho dato
  le patatine.
My friend? I haven't given her the fries.

Mia sorella? Non **le** ho dato le carote
  ancora!
*My sister? I haven't given her the
  carrots yet!*

Applicazione

7.29 Riflessione grammaticale. Indica se la parola in corsivo *(italicized)* è un articolo determinativo, un pronome oggetto diretto, un pronome oggetto indiretto o un pronome riflessivo.

ESEMPI *Le* ho inviato un SMS poco tempo fa.
Pronome oggetto indiretto

Le abbiamo comprate ieri.
Pronome oggetto diretto

Le ragazze di questo corso sono intelligenti.
Articolo determinativo

1. *Le* ho risposto subito.
2. *Le* ho viste ieri sera.
3. *Le* ho mangiate tutte io.
4. Tu non *mi* chiami mai!
5. *Mi* dai dieci dollari?
6. Ieri mattina *mi* sono alzato alle sei e mezza.
7. *Gli* dici tutto?
8. *Gli* studenti sono arrivati?
9. *Lo* conosco da due anni.
10. Dove ha messo *lo* zaino?
11. Oggi non posso accompagnar*ti*.
12. *Ti* sei divertita alla festa?

7.30 Qual è la domanda? Indica quale potrebbe essere una domanda appropriata per ciascuna delle seguenti risposte. Attenzione ai pronomi!

ESEMPIO Sì, gli ho inviato un SMS.
Hai inviato un SMS a Marco? / Hai inviato un SMS al tuo amico? / Hai inviato un SMS ai tuoi compagni?

1. No, non le ho spedite.
2. Sì, lo conosciamo bene.
3. No, non la guardiamo mai.
4. Non li mangio mai perché non mi piacciono.
5. Le ho parlato ieri.
6. No, ancora non gli ho scritto.
7. Gli sto parlando in questo momento.
8. Sì, signorina, mi chiami stasera.

7.31 Botta e risposta. Adesso, rispondi alle domande utilizzando il pronome oggetto adatto in ogni caso.

ESEMPIO Hai scritto a Luigi?
Sì, gli ho scritto.

1. Hai inviato un SMS a Maria?
2. Giovanni ti ha risposto?
3. Ti piace questo giornale?
4. Hai detto tutto a Paolo?
5. Tua sorella vi ha raccontato tutto?
6. Iera sera mi hai chiamato?
7. Vuoi telefonare ai tuoi genitori?
8. Posso telefonare a Mario?
9. Scriviamo alla signora Giannini?

7.32 Il pronome giusto. Dalle seguenti frasi mancano i pronomi oggetto. Inseriscili negli spazi appropriatamente.

1. Signor Rossi, _____ chiamerò domani.
2. Gli esercizi? _____ abbiamo già fatti.
3. Ho visto Claudia e _____ ho detto di venire a casa nostra.
4. Vado dal professor Verdi: devo parlar_____.
5. Ho visto la signora Giardino e _____ ho salutata.
6. Franca, da' _____ la guida! La voglio!
7. Se vedi Giorgio, di'_____ di venire subito a casa.
8. Signor Giusti, _____ telefoni alle otto.
9. Marco, parla alla tua fidanzata e di'_____ la verità!
10. Dove sono i ragazzi? Ecco_____!
11. Dov'è tua sorella? Ecco_____!
12. Marco, guardi troppo la TV! Non guardar_____ più!

7.33 Completa le frasi. Inserisci negli spazi vuoti le forme seguenti in modo logico.

leggerlo   mi dica   dimmi   mi faccia
parlarle   ringraziarLa   offrirti   eccola

1. Marcello, posso _____ un caffè?
2. Il giornale? Preferisco _____ stasera.
3. Signorina, Lei è sempre così gentile. Non so come _____.
4. Signor Binni, _____ questo favore!
5. Salvatore, _____ la verità!
6. Signorina, _____: queste guide turistiche sono utili?
7. Dov'è Teresa? _____!
8. Devo andare dalla professoressa Papini: ho bisogno di _____.

Yuri Arcurs/Shutterstock

© airportrait/iStockphoto

COMUNICAZIONE

Direzioni

Dove si trova…?	*Where does one find . . . ?*
Come si fa per andare a…?	*How does one get to . . . ?*
Può dirmi dov'è…? / Mi sa dire dov'è…?	*Can you tell me where . . . is?*
Può indicarmi la strada per…?	*Could you show me the way to . . . ?*
Come si arriva all'autostrada per…?	*How do you get to the highway for . . . ?*
A che fermata devo scendere?	*At which stop should I get off?*
Vada…	*Go . . .*
Giri…	*Turn . . .*
Continui…	*Continue . . .*
Torni indietro…	*Go back . . .*
a destra	*to the right*
a sinistra	*to the left*
dritto	*straight ahead*
avanti	*forward, ahead*
indietro	*backward, back*
di fronte	*in front*
a due passi	*a few feet (paces) away*
il semaforo	*traffic lights*
l'isolato	*city block*

Nouns

nord	*north*
nordest/nordovest	*northeast/northwest*
a nord	*to the north*
sud	*south*
sudest/sudovest	*southeast/ southwest*
a sud	*to the south*
est	*east*
a est	*to the east*
ovest	*west*
a ovest	*to the west*

Adjectives

centrale	*central*
meridionale	*south, southern*
occidentale	*western*
orientale	*eastern*
settentrionale	*north, northern*

◈ Many prepositional noun phrases referring to places do not require prepositional contractions. However, recall from the previous chapter that the contractions are needed when there is a modifier.

in Sicilia	nella Sicilia centrale
in Italia	nell'Italia settentrionale
in Spagna	nella Spagna orientale

◈ Some prepositional noun phrases have a different meaning, depending on form. Noun phrases constructed with prepositional contractions are generally literal in meaning.

Sono andato(-a) in montagna.	Quegli animali vivono nella montagna.
I went to the mountains.	*Those animals live inside the mountain.*
Ho viaggiato in treno.	Sono nel treno.
I traveled by train.	*I'm inside the train.*

◈ This general rule is not applicable to cities, which do not normally require the article. Note that **a** *(to, at, in)* is used with cities and **in** *(to, at, in)* with most other place names.

Non sono mai stato(-a) a Roma.	Non sono mai stato(-a) in Italia.
I have never been to Rome.	*I have never been to Italy.*
Abito a Firenze.	Abito in Toscana.
I live in Florence.	*I live in Tuscany.*
Sono andato(-a) a Napoli.	Sono nato(-a) nell'Italia meridionale.
I went to Naples.	*I went to southern Italy.*

◈ BUT: **Non è più la Roma di una volta.** *It is not the Rome of years ago.* / **È la Roma di Fellini.** *It's Fellini's Rome.*

Applicazione

7.34 Come si dice in italiano? Traduci le seguenti frasi.

1. Do you know how to get to via Torino? Yes, turn right a few blocks ahead, then turn left at the traffic lights. You will find it there.
2. Where is viale Michelangelo? Go straight ahead for a few blocks, then it's only a few feet away.
3. Can you tell me where corso Garibaldi is? It's here in front. Right there to the right, to the north.
4. Where is piazza Mazzini? You have to go back a few blocks and then, at the bus stop, turn left.
5. Can you tell me where the hospital is? It's to the south, next to the church.
6. How do I get to the highway from here? Just go west for a few blocks. It is near the museum.
7. I always travel by train when I am in Italy.
8. Where are you? I'm inside the train.
9. We always go to the sea on vacation, but our friends like going to the mountains.
10. This is De Sica's Rome, not the Rome of today.

7.35 Sei mai stato(-a) a Roma? Indica se sei stato(-a) nei seguenti luoghi.

ESEMPI   Roma
Sì, sono stato(-a) a Roma. / No, non sono mai stato(-a) a Roma.

Francia
Sì, sono stato(-a) in Francia. / No, non sono mai stato(-a) in Francia.

Francia orientale
Sì, sono stato(-a) nella Francia orientale. / No, non sono mai stato(-a) nella Francia orientale.

1. Firenze
2. Spagna meridionale
3. Londra
4. Africa settentrionale
5. Nairobi
6. Argentina occidentale
7. Berlino
8. Germania orientale
9. Egitto
10. Italia meridionale

7.36 Tocca a te! Adesso indica le seguenti cose.

Come si fa per andare…

1. a casa tua?
2. alla tua prossima lezione?
3. in centro?
4. alla casa del tuo amico/della tua amica?

In quale direzione è…

5. il municipio?
6. l'edificio principale dell'università/ della scuola?
7. lo stadio sportivo?
8. la palestra?

NOTA CULTURALE

Vacanze

Gli italiani amano le vacanze, specialmente durante le ferie estive *(summer break)* che, per chi lavora o studia, costituiscono un periodo «obbligatorio» di riposo di una certa ampiezza *(length, duration)*. Tradizionalmente, la vacanza si passa al mare o in montagna, ma oggi molti italiani vanno in vacanza all'estero.

La vacanza al mare continua, tuttavia *(however),* ad essere quella più popolare. Le spiagge nel mese di agosto sono affollate *(crowded)*. Esse sono particolarmente organizzate ed attrezzate *(equipped)* per ospitare *(to host)* i bagnanti *(bathers)*. Anche la vacanza in montagna continua ad essere molto popolare. I piccoli paesi di montagna, infatti, diventano «centri turistici» nei mesi estivi, riempiendosi di vacanzieri *(vacationers)*. L'intera Italia diventa un vero e proprio «luogo di vacanza» durante l'estate!

Applicazione

7.37 Vacanze italiane. Rispondi alle seguenti domande.

1. Che cosa costituisce un «periodo obbligatorio di riposo»?
2. Dove vanno in vacanza tradizionalmente gli italiani?
3. Dove vanno in vacanza molti italiani oggi?
4. Qual è la vacanza più popolare in Italia?
5. Cosa diventano i piccoli paesi di montagna nei mesi estivi?
6. Che cosa diventa l'Italia durante l'estate?
7. Sei mai stato(-a) al mare o in montagna in Italia? Se sì, descrivi le tue esperienze agli altri membri della classe.

MOMENTO CREATIVO

Diversi gruppi di studenti dovranno mettere in scena una vacanza al mare dove un turista americano/una turista americana incontra inaspettatamente *(unexpectedly)* una persona che conosce.

PARTE 3ª

DALLA LETTERATURA ITALIANA

Prima di leggere

7.38 Esperienze di viaggio. Quando viaggiamo può succedere di tutto! Spesso accadono le cose più inaspettate. Pensa, per esempio, al bambino del film *Mamma, ho perso l'aereo! (Home Alone!)* il quale, invece di andare in vacanza con i genitori in Florida, si imbarca sull'aereo sbagliato e finisce tutto solo a New York. Sicuramente anche tu conoscerai qualche curiosa storia di viaggio. Sarà forse un fatto successo proprio a te o a qualcuno che conosci. Racconta quest'esperienza ai tuoi compagni/alle tue compagne di classe. Poi, insieme, scegliete la storia più strana o più divertente.

Il brano che segue è tratto dal romanzo di Elio Vittorini, *Conversazione in Sicilia*. L'opera, pubblicata per la prima volta a puntate nella rivista letteraria *Letteratura* negli anni 1938–1939, narra la storia di un uomo, Silvestro Ferrauto, che da Milano ritorna dopo molti anni in Sicilia, la sua isola natale.

Ero in viaggio, e a Firenze, verso mezzanotte, cambiai treno, verso le sei del mattino dopo cambiai un'altra volta, a Roma Termini[1], e verso mezzogiorno giunsi[2] a Napoli, dove non pioveva e spedii un vaglia telegrafico[3] di lire cinquanta a mia moglie.

Le dissi: — Torno giovedì.

Poi viaggiai nel treno per le Calabrie, ricominciò a piovere, a esser notte e riconobbi il viaggio, me bambino[4] nelle mie dieci fughe[5] da casa e dalla Sicilia, in viaggio avanti e indietro per quel paese di fumo e di gallerie, e fischi inenarrabili[6] di treno fermo, nella notte, in bocca a un monte, dinanzi al mare, a nomi da sogni antichi, Amantèa[7], Maratèa[8], Gioia Tauro[9]. [...] Mi addormentai, mi risvegliai e tornai ad addormentarmi, a risvegliarmi, infine fui a bordo del battello-traghetto[10] per la Sicilia. [....]

Il battello era pieno di piccoli siciliani da terza classe, affamati[11] e soavi nell'aver freddo, senza cappotto [...] Avevo comprato a Villa San Giovanni[12] qualcosa da mangiare, pane e formaggio, e mangiavo sul ponte, pane, aria cruda, formaggio, con gusto e appetito [...] I piccoli siciliani, curvi con le spalle nel vento e le mani in tasca, mi guardavano mangiare, [...] E io, mangiando, sorridevo loro e loro mi guardavano senza sorridere.

«Non c'è formaggio come il nostro», io dissi. [...]

— «Un siciliano non mangia mai la mattina», egli disse d'un tratto.

— Soggiunse[13]: «Siete americano, voi?»

Parlava con disperazione eppure con soavità[14], come sempre era stato soave anche nel disperato pelare[15] l'arancia e nel disperato mangiarla. Le ultime tre parole disse eccitato, in tono di stridula tensione come se gli fosse in qualche modo necessario, per la pace dell'anima, sapermi americano.

— «Sì», dissi io, vedendo questo. «Americano sono. Da quindici anni.» [...]

— E chiese[16]: «Mangiano tutti in America la mattina?»

Avrei potuto dire di no, e che anch'io, di solito, non mangiavo la mattina, e che conoscevo tanta gente che non mangiava forse più di una volta al giorno, e che in tutto il mondo era lo stesso, eccetera, ma non potevo parlargli male di un'America dove non ero stato, e che, dopotutto, non era nemmeno l'America, ma una sua idea di regno dei cieli[17] sulla terra. Non potevo; non sarebbe stato giusto[18].

— «Credo di sì», risposi. «In un modo o in un altro...»

— «E il mezzogiorno?» egli chiese allora. «Mangiano tutti, il mezzogiorno, in America?»

— «Credo di sì», dissi io. «In un modo o in un altro...»

— «E la sera?» egli chiese. «Mangiano tutti, la sera, in America?»

— «Credo di sì», dissi io. «Bene o male...»

— «Pane?» disse lui. «Pane e formaggio? Pane e verdure? Pane e carne?»

— Era con speranza che lui mi parlava e io non potevo più dirgli di no.

— «Sì», dissi. «Pane e altro.»

From Elio Vittorini, *Conversazione in Sicilia*. © Copyright Eredi Elio Vittorini. Tutti i diritti riservati trattati da Agenzia Letteraria Internazionale, Milano. Pubblicato da RCS Libri, Milano.

[1] *«Stazione di Roma Termini»* is the main train station of Rome.   [2] *I arrived*   [3] *telegraphic money order*   [4] *as a child*   [5] *escapes*   [6] *indescribable*   [7] Amantea *is a town in the province of Cosenza in the Calabria region of southern Italy.*   [8] Maratea *is a town Basilicata, in the province of Potenza.*   [9] Gioia Tauro *is a town in the province of Reggio Calabria in the Calabria region of southern Italy.*   [10] *ferry-boat*   [11] *hungry*   [12] Villa San Giovanni *is a town in the province of Reggio Calabria in the Calabria region of southern Italy.*   [13] *He added*   [14] *He spoke [...] in a gentle tone*   [15] *to peel*   [16] *he asked*   [17] *Kingdom of Heaven*   [18] *It wouldn't have been right*

Applicazione

7.39 Test di comprensione. Segna le affermazioni che ti sembrano giuste.

1. _____ Silvestro era in viaggio, e a Bologna, verso mezzanotte, cambiò treno.
2. _____ Verso mezzogiorno giunse a Napoli.
3. _____ A Napoli nevicava.
4. _____ Silvestro disse alla moglie: —Torno giovedì.
5. _____ In treno, Silvestro passò dalla Calabria.
6. _____ Infine Silvestro prese un aereo per la Sicilia.
7. _____ Sull'alta piattaforma faceva freddo e c'era vento.
8. _____ Il battello era pieno di ragazzi calabresi.
9. _____ A San Giovanni, Silvestro aveva comprato pane e formaggio.
10. _____ Silvestro è americano.

7.40 Riscrivi le frasi. Riscrivi le seguenti frasi nel modo indicato, usando il congiuntivo passato. Segui l'esempio.

ESEMPIO   Silvestro è arrivato a Firenze verso mezzanotte. (pare che)
              Pare che Silvestro sia arrivato a Firenze verso mezzanotte.

1. Silvestro ha cambiato treno a Roma Termini. (sembra che)
2. Silvestro ha spedito un vaglia alla moglie. (pare che)
3. Loro hanno viaggiato in treno. (è probabile che)
4. È ricominciato a piovere. (credo che)
5. Sono passati da paesi antichi: Amantèa, Maratèa, Gioia Tauro. (penso che)
6. Si è addormentato nel treno. (sembra che)
7. Hanno comprato qualcosa da mangiare a Villa San Giovanni. (credo che)
8. I ragazzi mi hanno guardato. (immagino che)

7.41 Prova a indovinare... Rispondi alle seguenti domande, discutendo le tue risposte con gli altri membri della classe.

1. Perché, secondo te, Silvestro ritorna in Sicilia?
2. Secondo te, questo viaggio metterà il nostro protagonista in contatto con quali realtà?
3. Che cosa farà scoprire questo viaggio al nostro viaggiatore? Che cosa gli insegnerà?

7.42 Lavoro di gruppo. Metti in scena con i tuoi compagni/ le tue compagne una possibile continuazione alla conversazione tra Silvestro e i «piccoli siciliani». Quali altre domande Silvestro avrà potuto fare ai «piccoli siciliani»? Quali saranno state le loro risposte?

CON FANTASIA

Attività generali

7.43 Lavoro di gruppo. Metti in scena con un tuo compagno/una tua compagna la seguente situazione.

Due amici pianificano *(are planning)* un viaggio in Italia ed in altri paesi europei. Devono fare una lista di posti da visitare spiegando perché vogliono andarci e poi devono discutere come coprire le spese *(cover the expenses)*.

7.44 Ricordi di viaggio. Rispondi alle seguenti domande.

1. Quali paesi hai visitato? Quali vorresti visitare? Perché?
2. Ricordi tutte le città che hai visitato? Elencale e descrivi le tue esperienze.

7.45 Proverbi. Svolgi liberamente (per iscritto) un tema basato su uno dei seguenti proverbi.

1. Tutto il mondo è paese.
2. Tutte le strade conducono a Roma.
3. Chi lascia la via vecchia per la nuova, sa quel che lascia ma non sa quel che trova.

Dal mondo italiano

7.46 Conosci dei luoghi di villeggiatura in Italia? Se sì, descrivili.

Luoghi	Descrizione

Navigare su Internet

Per ulteriori attività online, visita il seguente sito: www.wiley.com/college/danesi

7.47 Ricerche online.

1. Cerca un sito che offre viaggi in Italia. Indica alla classe quello che ci trovi.
2. Adesso cerca il sito di una particolare città italiana (Roma, Napoli, ecc.). Indica alla classe quello che ci trovi.

© Svariophoto/iStockphoto

Il piacere di cucinare

AVVIO

Quanto sai già?

8.1 **A chi piace?** Identifica una persona (da te conosciuta) alla quale piace, in modo particolare, il cibo indicato.

ESEMPIO   le patatine fritte
> **Le patatine fritte piacciono a mio fratello!**

1. il prosciutto
2. gli spaghetti
3. i pomodori
4. il risotto
5. gli spinaci
6. i legumi
7. le noccioline americane
8. la nutella

8.2 **Leggi il seguente menù.** Poi svolgi le attività indicate sotto.

Antipasti

Prosciutto e melone
Affettati vari
Frutti di mare sott'olio

Primi piatti

Spaghetti alle vongole
Lasagne al forno ripiene di ricotta
Minestrone con spinaci
Risotto alla milanese

Secondi piatti

Bistecca alla fiorentina
Trota ai ferri
Cotoletta alla viennese

Contorni

Patatine fritte
Insalata mista
Legumi vari

Dolci vari, frutta e formaggio

---

1. Descrivi ciascuna delle vivande *(foods)* che conosci.
2. Fa' un elenco *(list)* dei tuoi antipasti, primi piatti, secondi piatti e dolci preferiti.
3. Discuti il tuo elenco con gli altri membri della classe.
4. Prepara un menù diverso a piacere e poi presentalo alla classe.

8.3 Sai cosa mangiare? Oggi ci rendiamo sempre più conto che per star bene bisogna mangiare bene. Tu sai quali sono i cibi che possono fare bene alla salute o che possono nuocerla *(harm it)*? Fa' il seguente test e scoprirai se sai cosa bisogna mangiare o non mangiare quando si soffre di una particolare malattia. Controlla i risultati alla fine del test.

	Vero	*Falso*
Chi ha il diabete...		
1. può mangiare zucchero.	❑	❑
2. può bere aranciata.	❑	❑
3. può mangiare carne.	❑	❑
Chi ha l'ulcera...		
4. non può mangiare uova sode.	❑	❑
5. può mangiare riso.	❑	❑
6. può mangiare pesce ben cotto.	❑	❑
Chi soffre d'ipertensione...		
7. può mangiare cibo contenente sale.	❑	❑
8. non può mangiare frutta fresca.	❑	❑
Chi soffre di stitichezza (constipation)...		
9. non può bere né caffè né tè.	❑	❑
10. non può mangiare cioccolato.	❑	❑

9-10 **risposte corrette:** Conosci molto bene le regole da seguire in fatto di cibo.

6-8 **risposte corrette:** Conosci abbastanza bene le regole da seguire in fatto di cibo.

1-5 **risposte corrette:** Non sei molto informato(-a) sulle regole da seguire in fatto di cibo.

Risultati:

1. falso 3. vero 5. vero 7. falso 9. vero

2. falso 4. vero 6. vero 8. falso 10. falso

Prima di leggere

8.4 Scelte personali. Nella seguente tabella elenca quello che mangi generalmente nei periodi di tempo indicati.

La mia dieta giornaliera

Colazione	Pranzo	Cena

Lettura *La dieta corretta*

La dieta corretta per uomo e per donna varia un po'. La dieta dell'uomo è, in media, di 2.805 calorie mentre quella della donna è di 1.958 calorie. Ecco quello che propongono gli esperti della salute per mantenere questo apporto calorico *(caloric intake)*.

Colazione

Per un uomo: caffè a piacere, latte intero e due cucchiaini di zucchero, un po' di pane, alcuni biscotti con marmellata, un succo di frutta.

Per una donna: caffè a piacere, latte intero e due cucchiaini di zucchero, un po' di pane o dei biscotti con pochissima marmellata.

Pranzo

Per un uomo: risotto con pochissimo burro, carne di manzo semigrassa con un po' d'olio, un po' d'insalata, frutta di stagione, un bicchiere di vino, un caffè con un cucchiaino di zucchero.

Per una donna: pasta o riso, con una fetta di pane, pomodoro fresco, carne di manzo magra ai ferri, frutta di stagione, un bicchiere di vino, caffè con un cucchiaino di zucchero.

Cena

Per un uomo: pane, prosciutto crudo in moderazione, pomodori conditi, frutta di stagione, un bicchiere di vino, un caffè con un cucchiaino di zucchero.

Per una donna: pane, due uova, insalata condita, frutta di stagione, un bicchiere di vino, un caffè con un cucchiaino di zucchero.

Applicazione

8.5 Ricordi quello che hai letto?

1. Qual è la dieta corretta per un uomo a colazione? E per una donna?
2. Qual è la differenza principale fra la dieta dell'uomo e quella della donna, a pranzo?
3. Che cosa raccomandano gli esperti per la cena?

8.6 Discussione in classe. Rispondi a piacere alle seguenti domande, discutendo le tue risposte con gli altri membri della classe.

1. Quali sono, secondo te, i cibi che fanno bene alla salute?
2. Come deve essere, secondo te, la dieta di uno studente/una studentessa?
3. Di quanto cibo/quante calorie ha bisogno uno studente/una studentessa per mantenersi in forma?

Vocabolario

Cibi

La verdura	Vegetables
l'aglio	*garlic*
la carota	*carrot*
la cipolla	*onion*
il fagiolo	*bean*
il fagiolino	*string bean*
la lattuga	*lettuce*
la patata	*potato*
il pisello	*pea*
il pomodoro	*tomato*
il prezzemolo	*parsley*
gli spinaci	*spinach*
la zucchina	*zucchini*
La carne	**Meat**
l'agnello	*lamb*
il maiale	*pork*
il manzo	*beef*
il pollo	*chicken*
il vitello	*veal*
Il pesce	**Fish**
il merluzzo	*cod*
il riccio (di mare)	*sea urchin*
il salmone	*salmon*

la sogliola	*sole*
il tonno	*tuna*
la trota	*trout*

La frutta — **Fruit**

l'arancia	*orange*
la banana	*banana*
la ciliegia	*cherry*
la fragola	*strawberry*
il limone	*lemon*
la mela	*apple*
la pera	*pear*
la pesca	*peach*
l'uva	*grapes*

I latticini — **Dairy Products**

il burro	*butter*
il formaggio	*cheese*
il gelato	*ice cream*
il latte	*milk*
l'uovo (*pl* le uova)	*egg*

La pasta — **Pasta**

le fettuccine	*fettuccine*
gli gnocchi	*gnocchi*
le lasagne	*lasagna*
le penne	*penne*
i ravioli	*ravioli*
gli spaghetti	*spaghetti*

Applicazione

8.7 **Ti piace?** Indovina che cos'è e poi di' se ti piace e se ti è piaciuto(-a) l'ultima volta che l'hai mangiato(-a). Segui l'esempio.

ESEMPIO È mangiata di solito alla conclusione di un pasto.
la frutta
Mi piace molto. / Non mi piace affatto.
Mi è piaciuta anche l'ultima volta che l'ho mangiata. /
Non mi è piaciuta l'ultima volta che l'ho mangiata.

1. *Vegetables* in italiano.
2. Piacciono a Bugs Bunny.
3. Pesce che rima con «limone».
4. Pesce che rima con «carota».
5. Si usa per fare il vino.
6. La mangiamo di solito con il vino rosso.
7. Le fa la gallina.
8. Sono lunghi e sottili; possiamo mangiarli al pomodoro, al burro o al pesto.

8.8 Al posto giusto. Metti i seguenti cibi nella tabella, in modo appropriato. Poi indica se ciascun cibo ti piace o no e come preferisci mangiarlo.

ravioli	penne	burro	latte	pera
mela	tonno	sogliola	vitello	agnello
aglio	spinaci	pomodoro	maiale	manzo
pollo	cipolla	fagiolino	fagioli	fettuccine
gnocchi	lasagne	banana	ciliegia	fragola
merluzzo	lattuga	patate	piselli	riso

Verdura	Carne	Pesce	Frutta	Latticini	Pasta

8.9 I pasti del giorno. Rispondi alle seguenti domande.

1. Quanti pasti fai al giorno? A quale pasto mangi di più, di meno?
2. Fai colazione al mattino? Di solito a che ora fai colazione? Che cosa mangi? La colazione del mattino è importante per te? Perché sì/no?
3. A che ora pranzi di solito? Che tipo di pranzo preferisci: leggero o pesante? Descrivi il tuo pranzo ideale.
4. A che ora ceni di solito? Che tipo di cena preferisci? Descrivi una cena che, secondo te, è da considerarsi *(is to be considered)* bene equilibrata.
5. Fai gli spuntini? Se sì, quando? Che cosa mangi? Che cosa bevi?

L'imperfetto indicativo

◈ The imperfect indicative of regular verbs is formed by dropping the infinitive ending and adding the following endings.

	mangiare	prendere	finire
io	mangi**avo**	prend**evo**	fin**ivo**
tu	mangi**avi**	prend**evi**	fin**ivi**
lui/lei/Lei	mangi**ava**	prend**eva**	fin**iva**
noi	mangi**avamo**	prend**evamo**	fin**ivamo**
voi	mangi**avate**	prend**evate**	fin**ivate**
loro/Loro	mangi**avano**	prend**evano**	fin**ivano**

◈ There are few irregular verbs in the imperfect. Here are the most common ones.

bere	bevevo, bevevi, beveva, bevevamo, bevevate, bevevano
dare	davo, davi, dava, davamo, davate, davano
dire	dicevo, dicevi, diceva, dicevamo, dicevate, dicevano
essere	ero, eri, era, eravamo, eravate, erano
fare	facevo, facevi, faceva, facevamo, facevate, facevano
stare	stavo, stavi, stava, stavamo, stavate, stavano

◈ The imperfect is used to indicate an action that continued for an indefinite period of time in the past: **Ieri, mentre mangiavo, mi hanno chiamato al telefono.** *Yesterday, while I was eating, they called me to the phone.* It corresponds to such English forms as *I used to eat, I was eating, you used to finish, you were finishing,* and so on. In short, it allows you to talk about an incomplete, repeated or habitual past action. It also allows you to describe something or someone in the past, especially weather conditions, mental and emotional feelings, and the like.

Present perfect	Imperfect
Ieri ho dormito per due ore. *Yesterday I slept for two hours.*	Ieri, mentre dormivo, mia sorella leggeva. *Yesterday, while I was sleeping, my sister read.*
Da bambino(-a) ho mangiato gli spinaci una sola volta! *As a child I ate spinach one time only!*	Da bambino(-a) mangiavo sempre gli spinaci. *As a child I always used to eat spinach.*
Quella sera tu hai bevuto troppo caffè. *That evening you drank too much coffee.*	La sera tu bevevi troppo caffè. *In the evenings you used to drink too much coffee.*
Ieri sera sono andato/a a teatro. *Last night I went to the theater.*	Quando abitavo a Firenze, andavo spesso a teatro. *When I was living in Florence, I often went to the theater.*

◈ Note that there is a progressive form of the imperfect which is an alternative form. But, like all progressive tenses, it allows you to focus in on the action. Consequently, it is translated always with the English forms *I was eating, you were calling.*

Ieri mangiavo mentre tu dormivi. *Yesterday I was eating as you slept.*	Ieri stavo mangiando mentre tu dormivi. *Yesterday I was eating as you slept.*
Che cosa facevi ieri quando ti ho chiamato? *What were you doing yesterday when I called you?*	Che cosa stavi facendo ieri quando ti ho chiamato? *What were you doing yesterday when I called you?*

◈ The progressive is constructed with the imperfect of **stare** and the gerund of the verb. Here's the verb **parlare** conjugated completely.

io	stavo parlando	*I was speaking*
tu	stavi parlando	*you were speaking*
lui/lei/Lei	stava parlando	*he/she was speaking/you (pol) were speaking*
noi	stavamo parlando	*we were speaking*
voi	stavate parlando	*you were speaking*
loro/Loro	stavano parlando	*they/you (pol) were speaking*

Applicazione

8.10 Pasquale, cuoco di grande fama! Il grande cuoco Pasquale è stato intervistato recentemente alla televisione. Ecco la trascrizione *(transcript)* dell'intervista. Metti i verbi indicati al passato prossimo oppure all'imperfetto secondo i casi (**I** = intervistatore, **P** = Pasquale).

I: Pasquale, puoi dirci che cosa tu (volere) _____ diventare quando (essere) _____ bambino? È vero, no, che tu (amare) _____ molto leggere e che (preferire) _____ stare sempre in casa?

P: Sì. Devo dire che io (sognare) _____ di diventare pilota; (volere) _____ diventare comandante di volo dell'Alitalia.

I: Allora come mai tu (diventare) _____ un grande cuoco?

P: Perché tutti mi (dire) _____ che (sapere) _____ cucinare molto bene anche da bambino. Ma anche mio fratello (essere) _____ bravo in cucina, sai?

I: E le tue sorelle? Loro (diventare) _____ professioniste, non è vero?

P: Sì, la più grande, che (volere) _____ fare la cuoca come me, (studiare) _____ medicina. La più piccola, che (dare) _____ sempre fastidio a tutti, (diventare) _____ una brava professoressa di matematica.

I: E quali (essere) _____ i tuoi piatti preferiti da bambino?

P: La mamma ci (fare) _____ mangiare pasta, pesce e verdura quasi tutti i giorni.

I: E verdure come le zucchine?

P: Beh, io (mangiare) _____ le zucchine una volta sola! Non mi (piacere) _____ e non le ho mangiate più.

I: Quali verdure tu (mangiare) _____ di solito?

P: Io (mangiare) _____ spesso le carote, gli spinaci e i piselli.

I: E la pasta come la (mangiare) _____ tutti voi in famiglia, di solito?

P: Noi la (mangiare) _____ quasi sempre nello stesso modo: con pomodoro, aglio e cipolla.

I: I dolci ti (piacere) _____ da bambino?

P: Sì, mi (piacere) _____ molto! Mi piacciono ancora oggi!

I: E che cosa voi (bere) _____ a tavola?

P: Io (bere) _____ acqua minerale, i miei genitori (bere) _____ quasi sempre vino.

8.11 Da bambino(-a)! Chiedi ad un compagno/una compagna le seguenti cose. Segui l'esempio. Il tuo compagno/la tua compagna risponderà in modo logico.

> **ESEMPIO** . . . what he/she used to say when his/her parents didn't allow him/her to watch TV
>
> **Che cosa dicevi quando i tuoi genitori non ti facevano guardare la TV?**
>
> **Non dicevo niente perché ero un bambino/una bambina ubbidiente.**

Chiedi ad un compagno/ad una compagna…

1. what he/she had to do regularly around the house
2. what he/she used to like that he/she does not like now
3. who was the most popular family member and why
4. where he/she went for summer holidays
5. what his/her favorite pastimes (**il passatempo**) and hobbies (**l'hobby**) were and what they are now
6. where he/she lived and where he/she lives now

8.12 Tocca a te! Usa ciascuno dei seguenti verbi in altrettante frasi che ne illustrino il loro uso all'imperfetto.

1. cominciare
2. prendere
3. capire
4. dormire
5. bere
6. fare
7. essere
8. dare
9. dire
10. stare

COMUNICAZIONE

Parlare di quantità

◈ The partitive (**il partitivo**) renders quantitative concepts such as *some, any, a few, several* in English. There are several ways to express these concepts.

◈ With count nouns (nouns that have plural forms) the most commonly-used partitive construction is the contracted form of **di** + *definite article* (**dei, degli,** ecc.).

Singular		Plural	
una mela	*an apple*	delle mele	*some apples*
un amico	*a friend*	degli amici	*some friends*
una carota	*a carrot*	delle carote	*some carrots*
uno zio	*an uncle*	degli zii	*some uncles*

◈ **Alcuni(-e)** can also be used. But it renders more specifically the idea of *several, a few.*

Singular		Plural	
una mela	*an apple*	alcune mele	*a few apples*
un amico	*a friend*	alcuni amici	*a few friends*
una carota	*a carrot*	alcune carote	*a few carrots*
uno zio	*an uncle*	alcuni zii	*a few uncles*

◈ The pronoun **qualche** may also be used with count nouns. Be careful! It must be followed by a singular noun.

Singular		Plural	
una mela	*an apple*	qualche mela	*some apples*
un amico	*a friend*	qualche amico	*some friends*
una carota	*a carrot*	qualche carota	*some carrots*
uno zio	*an uncle*	qualche zio	*some uncles*

◈ Make sure that the verb agrees with the number of the partitive used as a subject.

Solo alcune mele sono buone. *(pl)*   *Only a few apples are good.*
Solo qualche mela è buona. *(sing)*   *Only a few apples are good.*

◈ **Alcuni(-e)** is the only partitive that can be used as a pronoun.

Quante carote compri?   *How many carrots are you buying?*
Ne compro solo alcune.   *I'm buying only a few.*

Quanti studenti vanno in Italia?   *How many students are going to Italy?*
Alcuni.   *A few.*

◈ To express the negative partitive with count nouns *(not ... any, none)*, either omit the partitive construction altogether, or replace it with **non ... nessuno** + *singular noun.* **Nessuno** is inflected like the indefinite article (see Chapter 2), that is, consider it to be made up of **ness + uno**, changing **uno** in front of nouns as if it were the indefinite article.

Affirmative	Negative
Sì, ho degli amici in Italia. *Yes, I have some friends in Italy.*	1. No, non ho amici in Italia. 2. No, non ho nessun amico in Italia. *No, I don't have any friends in Italy.*
Ho comprato alcuni zaini *(backpacks).* *I bought some backpacks.*	1. Non ho comprato zaini. 2. Non ho comprato nessuno zaino. *I haven't bought any backpacks.*
Ho fatto qualche domanda. *I asked a few questions.*	1. Non ho fatto domande. 2. Non ho fatto nessuna domanda. *I haven't asked any questions.*

◈ With noncount nouns (nouns that normally do not have a plural form) the partitive is rendered by either **di** + *singular definite article* (in contracted form) or **un po' di** which means *a bit of, a little.* No structure is used in the negative.

Affirmative	Negative
Voglio dello zucchero. Voglio un po' di zucchero. *I want some (a little) sugar.*	Non voglio zucchero. *I don't want any sugar.*
Voglio della carne. Voglio un po' di carne. *I want some (a little) meat.*	Non voglio carne. *I don't want any meat.*
Ho bevuto dell'acqua. Ho bevuto un po' d'acqua. *I drank some (a little) water.*	Non ho bevuto acqua. *I didn't drink any water.*

◈ The following words allow you to express various quantitative concepts:

molto/tanto	*much, many, a lot/(quite) much, many, a lot*
troppo	*too much*
poco	*little, a bit*
tutto	*all, everything*
parecchio	*several, a lot*
abbastanza *(invariable)*	*enough*
assai *(invariable)*	*quite, enough*
mezzo *(adj.)*/la metà *(noun)*	*half*

◈ **Molto**, **tanto**, **troppo**, **poco**, and **parecchio** can have different functions. As adjectives they agree in gender and number with the nouns they modify. As adverbs they are not inflected, of course. Be careful! This is a common source of errors.

Adjective function	Adverb function
Lui ha mangiato molte patate. *He ate a lot of potatoes.*	Lui ha mangiato molto lentamente. *He ate very slowly.*
Lei ha tanti amici. *She has many friends.*	I suoi amici sono tanto simpatici. *Her friends are very nice.*
Io mangio troppa carne. *I eat too much meat.*	La carne è troppo costosa. *Meat is too expensive.*
Lei ha parecchie amiche italiane. *She has a lot of Italian friends.*	Loro parlano sempre parecchio. *They always speak a lot.*

◈ They can also function as pronouns:

Adjective	Pronoun
Molti italiani non mangiano più la carne. *Many Italians don't eat meat anymore.*	Molti non mangiano più la carne. *Many don't eat meat anymore.*
Molta gente preferisce il pesce. *Many people prefer fish.*	Molti preferiscono il pesce. *Many prefer fish.*
Poche persone fanno quello. *Few people do that.*	Pochi fanno quello. *Few do that.*

Peter Adams/The Image Bank/Getty Images

Applicazione

8.13 Il gioco delle coppie. Accoppia i partitivi alle parole in modo appropriato. Poi metti le frasi al negativo.

Oggi	ho comprato	dei della delle dello dei degli del	spinaci latte pomodori carote mele carne zucchero

ESEMPIO   Oggi ho comprato delle carote.

Oggi non ho comprato carote. / Oggi non ho comprato nessuna carota.

8.14 Il partitivo. Usa costruzioni partitive equivalenti.

ESEMPI   degli zii

alcuni zii/qualche zio

della carne
un po' di carne

1. delle carote
2. dello zucchero
3. degli gnocchi
4. della pasta
5. delle cipolle
6. delle uova
7. dei fagioli
8. degli amici
9. dell'uva

8.15 La parola giusta. Completa ciascuna frase con la parola appropriata (nella lista ci sono alcune parole in più).

nessuna   degli   molti   qualche   nessuno   molto
mezzo   nessun   troppa   poca   molte

1. Hai _____ domanda?
2. No, non ho _____ domanda.
3. Hai _____ zii in Italia?
4. No, non ho _____ zio in Italia.
5. Non ho fame. Ho già mangiato _____ pasta.
6. Lui mangia sempre _____ lentamente.
7. Ho comprato _____ fragole.
8. _____ non mangiano più la carne.

8.16 Botta e risposta. Accoppia le domande alle loro risposte.

1. Vuoi dello zucchero?
2. Quanta pasta hai mangiato?
3. Hai comprato tutti i libri?
4. C'erano entrambi (both)?
5. Capisci tutte le parole?
6. Hai bevuto tutto il latte?

a. No, soltanto (only) mezzo bicchiere.
b. Sì, c'erano tutti e due.
c. No, solo alcune.
d. Sì, solo un po', per favore.
e. No, solo alcuni.
f. L'ho mangiata tutta.

NOTA CULTURALE

La cucina italiana

La cucina italiana è conosciuta in tutto il mondo. Tuttavia, non esiste veramente una cucina comune a tutti, ma molte «cucine» che riflettono le diverse tradizioni delle regioni italiane. La «cucina», perciò, viene caratterizzata come toscana, romana, siciliana, e così via.

Per esempio, tra molte altre cose, la Lombardia è famosa per il panettone (pane dolce con frutta candita e uva secca), la Liguria per la pasta al pesto (salsa a base di aglio, olio e basilico), l'Emilia Romagna per i tortellini, le tagliatelle e le lasagne, la Toscana per il castagnaccio (torta fatta con farina di castagne), la Campania per la pizza e la Sicilia per i cannoli.

Studi condotti durante gli ultimi anni hanno dimostrato che una delle cucine più sane e corrette è quella «mediterranea», la quale consiste di pane, pasta, olio d'oliva, legumi secchi, verdura, frutta fresca, pesce e piccole quantità di carne.

Applicazione

8.17 Vero o falso? Correggi le frasi false in modo appropriato.

1. Chi segue la dieta mediterranea mangia molta carne.
2. La Lombardia è famosa per i cannoli.
3. La Sicilia è famosa per il panettone.
4. La Toscana è famosa per il castagnaccio.
5. Il castagnaccio è una torta fatta con le mele.
6. La Liguria è famosa per la pasta al pesto.
7. Il pesto è una salsa a base di formaggio.
8. L'Emilia Romagna è famosa per la pizza.
9. In Italia, ogni regione ha la sua cucina.

8.18 Le ricette. Scegli uno dei seguenti piatti. Poi trova la ricetta su Internet e decrivila agli altri membri della classe.

1. gli spaghetti alla carbonara
2. gli spaghetti all'amatriciana
3. le penne all'arrabbiata
4. il risotto alla milanese
5. un piatto regionale che a te piace molto

MOMENTO CREATIVO

Con i tuoi compagni/le tue compagne di classe, metti in scena la seguente situazione.

Una famiglia decide di andare in un ristorante famoso. Al ristorante ciascun membro della famiglia ordina da mangiare e da bere in base al menù. La scena finisce in modo inaspettato *(unexpected)*.

PARTE 2ª

AVVIO

Quanto sai già?

8.19 Fai i tuoi pasti nelle migliori condizioni? Quali sono le regole che segui in fatto di cibo? Fa' il seguente test e scoprirai se sai mangiare come si deve.

1.	Al mattino di solito fai colazione a letto.	sì	no
2.	Mangi spesso in poltrona o sul divano perché pensi di digerire meglio.	sì	no
3.	Pranzo o cena sono ottime occasioni per affrontare problemi di lavoro.	sì	no
4.	A tavola non perdi tempo: più in fretta mangi, meglio è.	sì	no
5.	A tavola accetti discussioni animate perché un po' di eccitazione fa bene all'appetito e alla digestione.	sì	no
6.	Subito dopo mangiato fai un sonnellino.	sì	no
7.	Mentre mangi ti piace guardare la TV.	sì	no
8.	Mentre mangi leggi il giornale o controlli il tuo dispositivo mobile.	sì	no
9.	Tra una portata *(course)* e l'altra invii SMS.	sì	no
10.	Quando arrivi a casa dopo la scuola o il lavoro ti piace metterti subito a tavola.	sì	no

Risultati

Se hai risposto **no** a tutte le domande sai perfettamente come mangiare. Per le domande a cui hai risposto **sì**, non sarebbe meglio cambiare queste abitudini?

Prima di leggere

8.20 Conosci le seguenti parole ed espressioni? Spiega alla classe quelle che conosci.

1. anzitutto
2. spago
3. poiché
4. maniera scherzosa
5. si distinguono
6. in bianco
7. guanciale soffritto
8. cotti al punto ottimale
9. alici
10. basilico
11. maggiorana
12. pinoli

Lettura *Gli spaghetti*

Gli spaghetti sono un piatto così caratteristico della gastronomia italiana da essere quasi considerati, in maniera scherzosa, uno dei simboli del Paese. La parola *spaghetto* significa, letteralmente, «piccolo spago». Si tratta quindi di un nome appropriato, poiché questa varietà di pasta ha proprio la forma di uno spago.

Come tutti sanno, gli spaghetti si possono cucinare in vari modi. Ci sono, anzitutto, gli «spaghetti al pomodoro» che si distinguono dagli «spaghetti in bianco» conditi soltanto con un filo d'olio o un po' di burro. Per chi ama il gusto piccante, ci sono gli spaghetti all'aglio, olio, e peperoncino. Gli «spaghetti alla carbonara», piatto supercalorico ma buonissimo, sono quelli conditi con guanciale soffritto, uova e formaggio pecorino. Molto gustosi anche gli «spaghetti al ragù» ovvero *(that is)* conditi con un sugo di carne cotta in salsa di pomodoro e odori *(aromatic herbs)* vari. Infine vanno ricordati gli spaghetti con pomodoro, capperi, olive nere e alici sotto sale e i famosi «spaghetti al pesto», conditi con una salsina di basilico, maggiorana, pinoli, aglio e pecorino.

Questi sono solo alcuni fra i modi fantasiosi di preparare un piatto a base di spaghetti, ma la cosa più importante è che essi siano sempre «al dente», cioè cotti al punto ottimale.

Applicazione

8.21 Ricordi quello che hai letto? Rispondi alle seguenti domande.

1. Indica tutti i tipi di spaghetti che ti ricordi, fra quelli menzionati nella lettura.
2. Descrivi ciascun tipo.
3. Hai un piatto di spaghetti preferito? Quale?
4. Conosci qualche altro modo di cucinare gli spaghetti?

8.22 Formiamo delle frasi! Usa le seguenti parole ed espressioni in altrettante frasi che ne rendano chiaro il loro significato.

1. alla carbonara
2. al dente
3. gastronomia
4. spaghetti in bianco
5. spaghetti al pesto

8.23 L'intruso. Cancella la parola che non c'entra in ciascuna colonna.

capretto	limone	lasagne	alici
pecorino	acqua minerale	ravioli	basilico
agnello	tè	piatto	frutta
pollo	caffè	fettuccine	aglio

8.24 Tocca a te! Scegli una persona che vuoi intervistare (un tuo compagno/una tua compagna di classe, un tuo/una tua insegnante, tuo padre, tua madre, ecc.) e chiedile qual è il suo tipo di pasta preferito e perché.

8.25 Ricerca online. Cerca su Internet un famoso cuoco/una famosa cuoca italiana e riporta alla classe quello che trovi.

Vocabolario

Pasti

Condimenti, pane, riso	***Dressings, bread, rice***
l'aceto	*vinegar*
il grissino	*breadstick*
l'olio	*oil*
il pane	*bread*
il pepe	*pepper*
il peperoncino	*hot pepper*
il riso	*rice*
il sale	*salt*
lo zucchero	*sugar*
I pasti	***Meals***
la (prima) colazione	*breakfast*
fare colazione	*to have breakfast*
il pranzo	*lunch*
pranzare	*to have lunch*
la cena	*dinner*
cenare	*to have dinner*
lo spuntino	*snack*
fare uno spuntino	*to have a snack*

Applicazione

8.26 A tavola! Indica quando, perché e dove usi o mangi…

1. lo zucchero
2. il sale
3. il riso
4. il pane
5. l'aceto
6. i grissini
7. l'olio
8. il peperoncino

8.27 Che cosa mangi? Indica che cosa mangi di solito...

per colazione	per pranzo	per cena	per spuntino

GRAMMATICA ▬▬▬▬▬▬▬▬▬▬

I pronomi doppi

◈ When a sentence contains both direct and indirect object pronouns at the same time, the following patterns apply.

◈ The indirect object pronouns always precede the direct object forms **lo**, **la**, **li**, **le**, and the indirect object forms **mi**, **ti**, **ci**, **vi** change, respectively, to **me**, **te**, **ce**, **ve**.

Alessandro **mi** porta **la carne** domani.
Alessandro is bringing me the meat tomorrow.

Alessandro **me la** porta domani.
Alessandro is bringing it to me tomorrow.

Da bambina, i tuoi genitori **ti** davano spesso **i fagioli**.
As a child, your parents used to give you beans often.

Da bambina, **te li** davano spesso.
As a child, they used to give you them often to eat.

Ci portano **il salmone** domani.
They're bringing salmon to us tomorrow.

Ce lo portano domani.
They're bringing it to us tomorrow.

Vi raccomandiamo **le fragole**.
We recommend the strawberries to you.

Ve le raccomandiamo.
We recommend them to you.

◈ The indirect object forms **gli**, **le**, and **Le** *(pol)* change to **glie**, which is attached in front of **lo**, **la**, **li**, **le**.

Renzo **gli** ha preparato **la pizza**.
Renzo prepared the pizza for him.

Renzo **gliela** ha (**gliel'**ha) preparata.
Renzo prepared it for him.

Marco **le** ha cucinato **gli spaghetti**.
Marco cooked the spaghetti for her.

Marco **glieli** ha cucinati.
Marco cooked them for her.

Io **Le** *(pol)* raccomando **il pollo**.
I recommend the chicken to you.

Io **glielo** raccomando.
I recommend it to you.

Credo che mia sorella **gli** prepari **le patate**.
I believe my sister is preparing potatoes for him.

Credo che mia sorella **gliele** prepari.
I believe my sister is preparing them for him.

◆ As discussed in previous chapters, object pronouns are attached in certain cases, as for example to the familiar forms of the imperative. This applies to double pronouns as well.

Renzo, prepara**mi la pizza**!
Renzo, prepare the pizza for me!

Renzo, prepara**mela**!
Renzo, prepare it for me!

Maria, servi**ci il pollo**!
Mary, serve the chicken to us!

Maria, servi**celo**!
Mary, serve it to us!

Ragazzi, cucinate**gli gli spaghetti**!
Guys, cook the spaghetti for them!

Ragazzi, cucinate**glieli**!
Guys, cook them for them!

Nora, da**mmi il pane**!
Nora, give me the bread!

Nora, da**mmelo**!
Nora, give it to me!

Franco, fa**lle le lasagne**!
Frank, make lasagne for her!

Franco, fa**gliele**!
Frank, make them for her!

Silvana, fa**cci la torta**!
Silvana, make cake for us!

Silvana, fa**ccela**!
Silvana, make it for us!

Negative patterns

Renzo, non preparar**mi la pizza**/non **mi** preparare **la pizza**!
Renzo, don't prepare pizza for me!

Renzo, non preparar**mela**/non **me la** preparare!
Renzo, don't prepare it for me!

Maria, non servir**ci il pollo**/non **ci** servire **il pollo**!
Mary, don't serve the chicken to us!

Maria, non servir**celo**/non **ce lo** servire!
Mary, don't serve it to us!

◆ As you know, with modal verbs (**potere**, **dovere**, **volere**) the pronouns can be attached to the infinitive or can be placed before the modal verb.

Posso dar**ti la pizza**?/**Ti** posso dare **la pizza**?
May I give you pizza?

Posso dar**tela**?/**Te la** posso dare?
May I give it to you?

Devi far**mi un favore**./**Mi** devi fare **un favore**.
You have to do me a favor.

Devi far**melo**./**Me lo** devi fare.
You have to do it for me.

◆ In compound tenses, the normal agreement pattern in gender and number between the past participle and preceding direct object pronoun is maintained.

Giovanni **mi** ha portato **la carne**.
John brought me meat.

Giovanni **me l'**ha portat**a**.
John brought it to me.

Silvana **ci** ha dato **i pomodori**.
Silvana gave us tomatoes.

Silvana **ce li** ha dat**i**.
Silvana gave them to us.

Bruno **le** ha preparato **le lasagne**.
Bruno prepared lasagne for her.

Bruno **gliele** ha preparat**e**.
Bruno prepared them for her.

◇ The same patterns apply to reflexive verbs (see Chapter 7). Note, once again, that in compound tenses, agreement takes place between the direct object and the past participle, not the past participle and the subject.

Maria **si** è lavat**a i capelli** ieri.
Mary washed her hair yesterday.

Maria **se li** è lavat**i** ieri.
Mary washed it yesterday.

Loro **si** sono mess**i il cappotto**.
They put on their coat.

Loro **se lo** sono mess**o**.
They put it on.

Applicazione

8.28 Glieli porto domani! Rispondi liberamente alle domande usando i pronomi doppi.

ESEMPIO   Quando porti gli spinaci al nonno?
Glieli porto domani/adesso/stasera/...

1. Quando porti la verdura a Giovanni?
2. Quando compri la carne alla nonna?
3. Quando fai le lasagne ai ragazzi?
4. Quando dai il latte a Pierino?
5. Quando porti i pomodori al nonno?

8.29 Attenzione al pronome doppio! Riscrivi ciascuna frase con i pronomi doppi.

ESEMPIO   Maria, mi dai i tuoi appunti *(notes)*?
Maria, me li dai?

1. Paolo, mi compri la carne?
2. Ti compro la verdura questo pomeriggio.
3. Vi hanno portato la verdura per la festa?
4. Sì, ci hanno portato la verdura stamattina.
5. Ci hai già preparato il caffè?
6. Sì, vi ho già preparato il caffè.
7. Scusi, cameriere, quando mi serve gli spaghetti?
8. Le servo gli spaghetti subito, signorina.
9. Quando mi compri il gelato, mamma?
10. Non posso comprarti il gelato oggi.
11. Posso dare le caramelle a Pierino?
12. Sì, gli puoi dare le caramelle.
13. Posso fare gli spaghetti ai bambini stasera?
14. No, non puoi fare gli spaghetti ai bambini stasera.

8.30 I pronomi doppi. Rispondi alle seguenti domande affermativamente con i pronomi doppi, seguendo l'esempio.

> **ESEMPIO** Mi hai dato la ricetta?
> **Sì, te l'ho data.**

1. Lui ti ha offerto il pranzo?
2. Mi hai comprato le fragole?
3. Avete già dato i pomodori al nonno?
4. Hai già preparato il caffè alla mamma?
5. Mi compri il gelato oggi, mamma?
6. Ti sei dimenticata la pasta al supermercato?
7. Gianna si lava i capelli tutti i giorni?
8. Posso dare queste pesche ai bambini?

8.31 Compiti comunicativi. Svolgi i seguenti compiti comunicativi, usando i pronomi doppi. Segui l'esempio.

> **ESEMPIO** Di' a tuo cugino di preparare gli spaghetti a sua sorella.
> **Preparaglieli!**

Di' a tuo fratello di cucinare gli spinaci...
1. alla sua fidanzata.
2. al suo amico.
3. ai suoi professori.

Di' a tua sorella di non dare il messaggio...
4. al suo fidanzato.
5. alle sue amiche.
6. alla signora Biagi.

Di' al professore/alla professoressa di scrivere l'e-mail...
7. a tua madre.
8. a tuo padre.
9. agli altri studenti.

Di' ai tuoi amici di fare il compito...
10. per il professore.
11. per te.
12. per gli altri membri della classe.

I tempi indefiniti

◈ The **infinito** *(infinitive)* expresses actions that are perceived to go on for an indefinite time period. There are three main infinitive forms, as you know—**parlare**, **vedere**, **finire**. A few verbs end in **-durre**. These can be considered to have the implicit form **-ducere**, from which the conjugations are derived. Here's an example of how **tradurre** *(to translate)* is conjugated. First, change it (mentally) to "**traducere**" and then conjugate it as a second-conjugation verb.

	Present indicative	Present subjunctive	Imperative	Imperfect
io	traduco	traduca	—	traducevo
tu	traduci	traduca	traduci	traducevi
lui/lei/Lei	traduce	traduca	traduca	traduceva
noi	traduciamo	traduciamo	traduciamo	traducevamo
voi	traducete	traduciate	traducete	traducevate
loro/Loro	traducono	traducano	traducano	traducevano

◈ The past participle of such verbs ends in **-dotto** (**tradotto**): **io ho tradotto**, **tu hai tradotto**, and so on. Here are some common **-durre** verbs.

condurre	*to drive, conduct, to lead*	produrre	*to produce*
dedurre	*to deduce*	ridurre	*to reduce*
indurre	*to induce*	sedurre	*to seduce*

◈ The verb **porre** *(to put, place)* and verbs constructed with it (**sottoporre** *to submit*, **comporre** *to compose*, and so on) can be thought of as having the implicit form "**ponere**" and conjugated as shown below. The past participle is **posto**: **io ho posto**, **tu hai posto**, and so on.

	Present indicative	Present subjunctive	Imperative	Imperfect
io	pongo	ponga	—	ponevo
tu	poni	ponga	poni	ponevi
lui/lei/Lei	pone	ponga	ponga	poneva
noi	poniamo	poniamo	poniamo	ponevamo
voi	ponete	poniate	ponete	ponevate
loro/Loro	pongono	pongano	pongano	ponevano

◆ The verb **trarre** *(to draw, pull)*, and verbs constructed with it (**sottrarre** *to subtract*, **attrarre** *to attract*, and so on), are all conjugated as follows. The past participle is **tratto: io ho tratto**, **tu hai tratto**, and so on.

	Present indicative	Present subjunctive	Imperative	Imperfect
io	traggo	tragga	—	traevo
tu	trai	tragga	trai	traevi
lui/lei/Lei	trae	tragga	tragga	traeva
noi	traiamo	traiamo	traiamo	traevamo
voi	traete	traiate	traete	traevate
loro/Loro	traggono	traggano	traggano	traevano

◆ When attaching pronouns to these infinitives, one of the **r**'s is eliminated.

Prima di tradurre quei libri, devo studiare di più.   *Before translating those books, I have to study more.*
Prima di tradurli, devo studiare di più.   *Before translating them, I have to study more.*

◆ The gerunds of these verbs are as follows.

tradurre	traducendo
porre	ponendo
trarre	traendo

◆ The infinitive is the only verb form that may be used as a subject of a sentence or the object of a preposition or some other structure. It is always masculine.

Il mangiare/Mangiare è necessario per vivere.   *Eating is necessary to live.*
Prima di mangiare, mi lavo le mani.   *Before eating, I'm going to wash my hands.*

◆ There is also a past infinitive constructed with the infinitive of the auxiliary verb (**avere** or **essere**) plus the past participle.

Credo di aver(e) detto tutto.   *I believe I've said everything.*
Non mi ero reso(-a) conto di esser(e) arrivato(-a) in ritardo   *I didn't realize I had arrived late.*

◆ The gerund can replace **mentre** + *imperfect* when the subject of the clauses is the same.

Mentre giocavo a tennis ieri, ho visto Maria.   Giocando a tennis ieri, ho visto Maria.
While I was playing tennis yesterday, I saw Mary.   *While I was playing tennis yesterday, I saw Mary.*

Mentre guardavo la TV, mi sono addormentata.   Guardando la TV, mi sono addormentata.
While I watched TV, I fell asleep.   *While I watched TV, I fell asleep.*

◈ There is also a past gerund tense made up of the gerund of the auxiliary verb (**avere** or **essere**) and the past participle of the verb. All the features associated with compound tenses apply here as well. Note that object pronouns are attached to the gerund.

Siccome aveva mangiato tutta la pizza, non aveva più fame.
Since he had eaten all the pizza, he was no longer hungry.

Avendo mangiato tutta la pizza, non aveva più fame.
Having eaten all the pizza, he was no longer hungry.

Siccome l'aveva mangiata tutta, non aveva più fame.
Since he had eaten all of it, he was no longer hungry.

Avendola mangiata tutta, non aveva più fame.
Having eaten all of it, he was no longer hungry.

Poiché sono vissuti molti anni a Roma, loro parlano italiano molto bene.
Since they have lived many years in Rome, they speak Italian very well.

Essendo vissuti molti anni a Roma, loro parlano italiano molto bene.
Having lived many years in Rome, they speak Italian rather well.

Applicazione

8.32 Verbi! Completa le caselle in modo opportuno.

	Infinitive	Gerund	Present Indicative	Present Perfect	Imperative	Imperfect
1.	tradurre	traducendo	io traduco	io ho tradotto	—	io traducevo
2.			lui produce			
3.				tu hai composto		
4.						voi ponevate
5.			noi traiamo			
6.				loro hanno sottratto		
7.			lei deduce			

8.33 Ti piace fare l'interprete? Prova a dire le seguenti cose in italiano.

1. Even though I don't know English very well, I translated this recipe.
2. I used to deduce the meaning of the words by comparing them to Italian.
3. Eating rice is good for you.
4. Before eating it (**il riso**), put it into the oven (**il forno**)!
5. And after having eaten it (**il riso**), let me know if you liked it!
6. While walking, I ate an ice cream.
7. Having read the recipe carefully, they were able to prepare a very good meal.
8. Having eaten too much, he was no longer hungry.
9. Even though they ate all of it (**la pizza**), they were still hungry.
10. Although I always get up early, I never have breakfast.

8.34 Tocca a te! Usa liberamente ciascuno dei seguenti verbi all'infinito (presente o passato) o al gerundio (presente o passato) in altrettante frasi che ne dimostrino il loro uso.

1. sottrarre
2. porre
3. produrre
4. essere
5. stare
6. fare
7. dire

COMUNICAZIONE

Al ristorante

il menù	*menu*
l'antipasto	*appetizer*
il primo/secondo… piatto	*first/second . . . dish*
la pasta (al dente, al sugo)	*pasta (al dente, with sauce)*
la bistecca (ben cotta, al sangue)	*steak (well done, rare)*
il pesce (ai ferri, fritto, lesso)	*fish (grilled, fried, boiled)*
il pollo (arrosto, lesso)	*chicken (charcoal broiled, boiled)*
il contorno	*side dish*
l'insalata	*salad*
le bevande	*drinks*
l'acqua	*water*
l'acqua minerale gassata/non gassata	*carbonated/non carbonated mineral water*
il vino	*wine*
la birra (alla spina)	*(draft) beer*
la bibita	*soft drink*
il caffè	*coffee*
espresso	*espresso*
cappuccino	*cappuccino*
ristretto	*strong*
lungo	*weak*
macchiato	*with a dash of milk*
il dolce, il dessert	*dessert*
la mancia	*tip*
dare la mancia	*to leave a tip*
il conto	*check, bill*

Applicazione

8.35 Al ristorante. Sei in un ristorante. Svolgi i seguenti compiti comunicativi.

ESEMPIO Ordina un antipasto.
Per antipasto prendo il melone e prosciutto.

1. Ordina un antipasto.
2. Come primo, ordina un piatto di pasta qualsiasi.
3. Come secondo, ordina o *(either)* un piatto di carne o *(or)* uno di pesce con contorni.
4. Ordina una bevanda qualsiasi.
5. Ordina una bottiglia di acqua minerale (gassata/non gassata).
6. Ordina un caffè (ristretto, macchiato, ecc.).
7. Ordina qualsiasi tipo di dolce o frutta.
8. Chiedi il conto.
9. Da' una mancia appropriata.

Fare la spesa

il fruttivendolo	*fruit stand/vendor*
la macelleria	*butcher shop*
il mercato	*market*
il panificio, la panetteria	*bakery*
la pasticceria	*pastry shop*
la pescheria	*fish market*
il supermercato	*supermarket*

◈ Note that **fare la spesa** means *to shop for food*, whereas **fare delle spese** means *to shop* in general. Note the following conceptualizations of *food*:

i generi alimentari	*food, as bought in a store*
il cibo	*food, the actual substance*
la cucina	*food, as prepared (cooking, cuisine)*

Applicazione

8.36 Andiamo a fare la spesa! Indica alcune delle cose che puoi comprare...

1. al panificio
2. dal fruttivendolo
3. in una pasticceria
4. al supermercato
5. al mercato
6. in una pescheria
7. in una macelleria

8.37 Tocca a te! Usa le seguenti parole o espressioni in altrettante frasi che ne rendano chiaro il significato.

1. il cibo
2. la cucina
3. i generi alimentari
4. fare la spesa
5. fare delle spese

NOTA CULTURALE

La pasta

Quali sono le origini della pasta, prodotto alimentare che simboleggia in modo particolare la cucina italiana? C'è chi dice che Marco Polo (1254-1324), grande esploratore veneziano, la portò con sé dall'Oriente dopo uno dei suoi viaggi in Cina. C'è, invece, chi dice che sia un prodotto italiano, ottenuto dalla semola *(seeds)* di grano. Ma nessuno lo sa con certezza *(for sure)*.

Il pregio *(advantage)* alimentare della pasta deriva da una buona quota di proteine (11%) e da un'ottima digeribilità *(digestibility)*. La pasta è ricca di sali minerali, soprattutto quelli di potassio, e povera di grassi (1%).

Le varie specialità di pasta costituiscono l'essenza e delizia della cucina italiana: spaghetti, ravioli, lasagne, farfalle, cannelloni, e così via.

Applicazione

8.38 Ricordi quello che hai letto? Rispondi alle seguenti domande.

1. Quali sono le due principali ipotesi sull'origine della pasta?
2. Si è sicuri?
3. Qual è il pregio alimentare della pasta?
4. Di che cosa è ricca la pasta?

8.39 Adesso tocca a te! Descrivi i seguenti piatti.

1. gli spaghetti
2. i ravioli
3. le lasagne
4. le farfalle
5. i cannelloni
6. qualsiasi altro piatto di pasta

MOMENTO CREATIVO

Con un tuo compagno/una tua compagna di classe, metti in scena la seguente situazione.

Due amici/amiche si incontrano al supermercato e decidono di continuare a fare la spesa insieme. Alla fine decidono di fare qualcosa di veramente interessante, sempre insieme.

DALLA LETTERATURA ITALIANA

Prima di leggere

8.40 Conosci le seguenti espressioni? Se sì, indica il loro significato agli altri studenti.

1. la minestra con la pasta e fagioli
2. disfarsi in bocca come il burro
3. colmi fino all'orlo
4. salato
5. stuzzicante
6. le uova sode
7. i sottoaceti
8. un vassoio
9. i tagliati
10. lo spezzatino
11. agro
12. il formaggio pecorino
13. dolci fatti al forno
14. la pasta margherita
15. dolci spolverati di zucchero di vaniglia

Lettura *La ciociara* (di Alberto Moravia)

Mangiammo[1] senza esagerazione almeno per tre ore. Mangiammo prima la minestra con la pasta e fagioli, la pasta era leggera, tutta d'uovo, gialla come l'oro e i fagioli erano della migliore qualità, bianchi, teneri e grossi, che si disfacevano in bocca[2] come il burro. Della minestra, ciascuno mangiò due piatti e anche tre, colmi fino all'orlo[3], tanto era buona.

Quindi fu la volta dell'antipasto: prosciutto di montagna un po' salato ma stuzzicante, salame fatto in casa, uova sode, sottoaceti. Dopo l'antipasto, le donne si precipitarono nella capanna[4] che stava lì a pochi passi e ne tornarono[5] portando ciascuna un vassoio pieno di tagliati alla buona, di carne arrostita, carne di vitello di prima scelta, tenera[6] e bianca.

Dopo il vitello fu la volta dell'agnello in spezzatino, tenero e delicato, con un sugo bianco agro e dolce tanto buono; quindi mangiammo il formaggio pecorino, duro come un sasso[7], piccante; e dopo il formaggio la frutta, ossia arance, fichi, una frutta secca.

Ci furono anche dei dolci, sissignore[8], fatti al forno, con la pasta margherita, spolverati[9] di zucchero di vaniglia...

Per questa gente di Fondi, come del resto anche al paese mio, mangiare e bere era importante come a Roma avere la macchina e l'appartamento; tra di loro chi mangia e beve poco è un disperato, cosí che chi vuole essere considerato un signore cerca di mangiare e bere più che può, sapendo che questa è la sola maniera per essere ammirati e considerati.

From Alberto Moravia, *La ciociara.* © Copyright Bompiani: Milano, 1965. Reprinted by permission of Bompiani/RCS.

[1]*We ate* [2]*melted in one's mouth* [3]*filled to the brim* [4]*dashed towards the shack (hut)* [5]*came back*
[6]*tender* [7]*hard as a stone* [8]*yes sir* [9]*powdered*

Applicazione

8.41 Ricordi quello che hai letto? Rispondi alle seguenti domande.

1. Per quanto tempo hanno mangiato le persone del brano?
2. Che cosa hanno mangiato prima?
3. Che cosa hanno mangiato per antipasto?
4. Che cosa hanno portato le donne dalla capanna?
5. Che cosa hanno mangiato dopo il vitello?
6. Che cosa hanno mangiato alla fine?

8.42 Sei d'accordo? Con alcuni compagni/alcune compagne, discuti l'asserzione che nei piccoli paesi «chi mangia poco è un disperato, cosí che chi vuole essere considerato un signore cerca di mangiare e bere più che può, sapendo che questa è la sola maniera per essere ammirati e considerati». È ancora valida tale asserzione *(such an assertion)*?

PARTE 4ᵃ

CON FANTASIA

Attività generali

8.43 Passato prossimo o imperfetto? Decidi quale tempo del verbo è appropriato, inserendo ciascun verbo negli spazi.

1. mangiare
   a. Da bambino io _____ sempre i cioccolatini.
   b. Da bambino io _____ gli spinaci una volta sola.
2. bere
   a. Ieri io _____ quella bevanda per la prima volta in vita mia.
   b. Ieri, mentre io _____ una bibita al bar, ho visto Maria.
3. fare
   a. Quando mia sorella era piccola, ha _____ un solo viaggio in Italia.
   b. Ieri, mentre il mio amico _____ da mangiare, è arrivato Paolo.
4. essere
   a. Ieri, quando sono ritornato a casa, _____ le dieci.
   b. L'anno scorso io _____ in Italia, quando la mia amica si è laureata *(graduated)*.
5. studiare
   a. Da ragazzino Claudio _____ molto.
   b. Ieri sera Claudio _____ fino alle undici.
6. piacere
   a. Da bambina mi _____ andare al parco tutti i giorni.
   b. Ieri sera ho visto un film che mi _____ molto.

8.44 **Lo shopping su Internet.** Naviga su Internet e cerca un negozio di alimentari in Italia. In base al sito (o siti) che troverai, rispondi alle seguenti domande.

1. Quanto costano i diversi tipi di pasta?
2. Quanto costa una bottiglia di vino?
3. Per quale tipo di cibo si offre lo sconto?
4. Quanto costano diversi tipi di verdura?
5. Ci sono offerte? Se sì, quali e fino a quando sono valide?

8.45 **Tema.** Svolgi liberamente uno dei seguenti temi.

1. Una sana e corretta alimentazione è alla base della buona salute.
2. È meglio, secondo te, pranzare in un fast food o in mensa *(cafeteria)*?

Dal mondo italiano

8.46 **Il piacere di cucinare.** Ecco delle ricette italiane classiche. Le conosci? Se sì, descrivile agli altri membri della classe.

1. il risotto alla milanese
2. le tagliatelle alla bolognese
3. gli spaghetti alla carbonara
4. le zucchine ripiene
5. il fritto misto di mare
6. le penne all'arrabbiata
7. gli spaghetti all'amatriciana
8. le melanzane alla parmigiana

© Massimiliano Gallo/iStockphoto

Navigare su Internet

Per ulteriori attività online, visita il seguente sito: www.wiley.com/college/danesi

8.47 **Ricerche online.**

1. Cerca un sito di ricette italiane.
2. Indica alla classe l'indirizzo Internet del sito e se vale la pena *(it's worthwhile)* di visitarlo.
3. Scegli *(choose)* la ricetta che più ti piace e poi descrivila alla classe.
4. Descrivi la ricetta che, invece, non ti piace.

Javier Larrea/Age Fotostock/Getty Images

In macchina per l'Italia

AVVIO

Quanto sai già?

9.1 Segnali stradali. Fa' il seguente test. Rispondi alle domande e poi assegnati un punto per ogni risposta esatta. Le risposte e l'analisi del punteggio si troveranno alla fine del test.

1. Questo segnale vuol dire che...
   _____ a. è vietato *(it is forbidden)* fermarsi.
   _____ b. bisogna fare lo stop.
   _____ c. bisogna dare la precedenza ai pedoni *(pedestrians)*.

2. Questo segnale vuol dire che...
   _____ a. è vietata la circolazione dei camion *(trucks)*.
   _____ b. i camion possono circolare.
   _____ c. solo i camion possono circolare.

3. Questo segnale ci indica...
   _____ a. di girare a sinistra.
   _____ b. che è vietato girare a sinistra.
   _____ c. che è vietato l'accesso *(access)*.

4. Se vedi questo segnale...
   _____ a. fai lo stop e gira a sinistra.
   _____ b. gira a sinistra.
   _____ c. non girare a sinistra.

5. Questo segnale indica che...
   _____ a. il traffico è lento.
   _____ b. c'è il senso unico.
   _____ c. è ammesso l'accesso.

6. Questo segnale indica che...
   _____ a. la velocità minima è 40 chilometri all'ora.
   _____ b. la velocità massima è 40 chilometri all'ora.
   _____ c. la sola velocità permessa è 40 chilometri all'ora.

7. Questo segnale indica che...
   _____ a. la strada ha molte curve.
   _____ b. si può correre ad alta velocità.
   _____ c. la strada è sdrucciolevole *(slippery)*.

8. Questo segnale vuol dire che…
    _____ a. la strada diventa più larga.
    _____ b. la strada diventa più stretta *(narrow)*.
    _____ c. più avanti c'è il divieto di parcheggio.

9. Questo segnale indica che…
    _____ a. si può sorpassare solo a destra.
    _____ b. le gare *(races)* di velocità sono proibite.
    _____ c. il sorpasso è vietato.

Punteggio:

9 punti: Bravo(-a)! Conosci il codice della strada e, se hai la patente *(driver's license)*, non rischi multe a sorpresa.

6-8 punti: È meglio ripassare il codice della strada, specialmente se hai la patente. Non lamentarti se ricevi qualche multa.

0-5 punti: Se hai la patente forse è meglio rifare l'esame di guida. Potresti essere pericoloso(-a) per te e per gli altri.

Risposte:
1-c, 2-a, 3-c, 4-c, 5-b, 6-b, 7-c, 8-b, 9-c

9.2 **Te ne intendi di automobili?** Scegli la risposta giusta.

1. Copertura che chiude il motore.
    a. il cofano
    b. la tettoia

2. Posto davanti all'autista *(driver)* dove ci sono i comandi e gli strumenti di controllo.
    a. il cruscotto
    b. l'alzacristallo

3. Congegno *(Device)* che serve a rallentare o a fermare la macchina.
    a. lo sportello
    b. il freno

4. Dispositivo *(Device)* di metallo che serve a pulire il parabrezza *(windshield)*.
    a. il tergicristallo
    b. la carrozzeria

5. Strumento che misura la velocità.
    a. la targa
    b. il tachimetro

6. Permette di aprire lo sportello *(car door)*.
    a. la maniglia
    b. il portabagagli

9.3 Discussione in classe. Rispondi alle seguenti domande e discutile con gli altri membri della classe.

1. Qual è il tuo mezzo di trasporto preferito? Perché?
2. Hai la macchina? Se sì, descrivila. Sei un bravo/una brava automobilista *(driver)*?
3. Hai mai viaggiato con la nave? Se sì, racconta la tua esperienza.

Mark Burrows (Nottingham, UK) /Shutterstock

Prima di leggere

9.4 Conosci le seguenti parole o espressioni? Se sì, spiegale alla classe.

1. la segnaletica stradale internazionale
2. prestare attenzione ai segnali
3. i fari anabbaglianti
4. il pedaggio autostradale
5. le corsie
6. il parcheggio
7. posteggiare
8. devono essere sempre accesi

9.5 Un po' di traduzione. Traduci in inglese i seguenti segnali stradali *(street signs)*.

1. Fermarsi e dare precedenza
2. Divieto di sosta
3. Senso vietato
4. Divieto di transito
5. Parcheggio

9.6 Proverbio! C'è un proverbio che dice: «Paese che vai usanze che trovi». In che modo pensi sia analogo il titolo del dépliant *(brochure)* che leggerai: «Paese che vai regole che trovi»?

Paese che vai regole che trovi.

Qui sotto trovate la tabella con la segnaletica stradale internazionale. Prestate molta attenzione a tutti i segnali. Il rispetto di queste norme garantirà maggiore sicurezza al vostro viaggio. Ricordatevi, inoltre, queste semplici regole che vi faranno viaggiare sicuri e in tutto relax:

- sulle strade extraurbane e sulle autostrade i fari anabbaglianti devono essere sempre accesi anche di giorno;
- in Italia il **pedaggio autostradale è obbligatorio** e bisogna sempre ricordare che le corsie sono differenziate per metodo di pagamento;
- ricordatevi di prestare attenzione ai parcheggi a pagamento, riconoscibili dalle strisce Blu: il pagamento del parcheggio si effettua con le apposite macchinette collocate nelle vicinanze;
- non parcheggiate nelle aree riservate agli handicappati, delimitate dalle strisce Gialle. Inoltre, è vietato l'accesso nelle zone a traffico limitato (ZTL), appositamente segnalate;
- quando riconsegnate la vettura Avis in un aeroporto, posteggiatela solo negli spazi riservati AVIS.

STOP				
Fermarsi e dare precedenza	Divieto di sosta	Senso vietato	Divieto di transito	Semaforo
BRINDISI TARANTO	FIRENZE 180 BOLOGNA 285 MILANO 472	P		
Strada statale	Autostrada a pagamento	Parcheggio		

From www.avisautonoleggio.it, *Paese che vai regole che trovi*. Copyright © AVIS. Reprinted by permission of AVIS Budget Italia.

Applicazione

9.7 Ricordi che cosa hai letto? Rispondi alle seguenti domande.

1. Che cosa devono essere sempre accesi sulle strade extraurbane?
2. Che cosa è obbligatorio in Italia?
3. Come sono differenziate le corsie?
4. Come si riconoscono i parcheggi a pagamento?
5. Come si effettua il pagamento?
6. Come sono delimitate le aree riservate agli handicappati?
7. Dov'è vietato l'accesso?
8. Dove bisogna posteggiare la vettura Avis quando la riconsegniamo in un aeroporto?

Vocabolario

Vari mezzi di trasporto

l'aereo	*plane*
l'autobus/il pullman	*bus*
l'automobile *(f)*, la macchina	*automobile, car*
la barca	*boat*
la bicicletta (la bici)	*bicycle (bike)*
il camion *(invariable)*	*truck*
la metropolitana	*subway*
la motocicletta (la moto)	*motorcycle (motorbike)*
il motorino	*scooter*
la nave	*ship*
il pulmino	*minivan, minibus*
la roulotte *(invariable)*	*camper, trailer*
lo scuolabus *(invariable)*	*school bus*
il taxi, il tassì *(invariable)*	*taxi*
il tram *(invariable)*	*streetcar, trolley*
il treno	*train*
il veicolo, la vettura	*vehicle*

Applicazione

9.8 **Il gioco delle parole.** Completa i seguenti annunci pubblicitari scegliendo le parole adatte elencate sopra, nelle loro forme appropriate.

1. Se viaggiate spesso in _____, la FIAT è per voi!

2. La _____ Honda: il veicolo a due ruote più veloce!

3. Una volta si andava in America con la _____. Oggi ci sono gli _____ dell'Alitalia!

4. Dovete uscire stasera? Non avete la macchina? Chiamate un nostro _____. I nostri autisti sono sempre a vostra disposizione!

5. Dovete andare a Firenze o a Milano? Non vi piace volare? Odiate le stazioni ferroviarie? Scegliete i _____ della Lanzi. Hanno tutti l'aria condizionata!

6. Non vi piace volare? C'è sempre il _____! I nostri vagoni letto *(sleeping cars)* sono veramente comodi!

7. Volete passare un weekend al campeggio, vicino a un lago o a un fiume? Le nostre _____ sono pronte per voi!

8. Odiate il rumore *(noise)* di motori? Desiderate un mezzo di trasporto che vi aiuti a stare in forma? Allora ci sono le nostre _____.

9.9 Mezzi di trasporto. Identifica il mezzo di trasporto in base alla definizione data.

1. Motocicletta di piccola cilindrata che non supera un certo limite di velocità.
2. Due tipi sono lo yacht e il panfilo *(sailboat)*.
3. Mezzo di trasporto sotterraneo.
4. Tipo di monovolume.
5. Pulmino che trasporta i bambini alla scuola.
6. Veicolo che si muove su rotaie *(tracks)*.

9.10 Come viaggi? Rispondi a piacere alle seguenti domande.

1. Qual è il tuo mezzo di trasporto preferito per muoverti in *(move around the)* città? Perché?
2. Hai la macchina? Se sì, di che marca è? Sei un bravo/una brava automobilista?
3. Hai mai viaggiato in nave? Se sì, racconta la tua esperienza.

GRAMMATICA

Il congiuntivo imperfetto

◈ The imperfect subjunctive of regular verbs is formed by dropping the infinitive suffix and adding the following endings.

	mangiare	prendere	finire
io	mang**iassi**	prend**essi**	fin**issi**
tu	mang**iassi**	prend**essi**	fin**issi**
lui/lei/Lei	mang**iasse**	prend**esse**	fin**isse**
noi	mang**iassimo**	prend**essimo**	fin**issimo**
voi	mang**iaste**	prend**este**	fin**iste**
loro/Loro	mang**iassero**	prend**essero**	fin**issero**

◈ There are only a few verbs that have irregular imperfect subjunctive forms. They are the same ones that are irregular in the imperfect indicative.

bere	bevessi, bevessi, bevesse, bevessimo, beveste, bevessero
dare	dessi, dessi, desse, dessimo, deste, dessero
dire	dicessi, dicessi, dicesse, dicessimo, diceste, dicessero
fare	facessi, facessi, facesse, facessimo, faceste, facessero
essere	fossi, fossi, fosse, fossimo, foste, fossero
stare	stessi, stessi, stesse, stessimo, steste, stessero

◈ The imperfect subjunctive forms of verbs like **tradurre**, **porre**, and **trarre** are based on the hypothetical infinitive forms «**traducere**», «**ponere**», and «**traere**» (Chapter 8) and are, therefore, conjugated like second-conjugation verbs: **traducessi**, **ponessi**, **traessi**, and so on.

◈ The **congiuntivo imperfetto** is the subjunctive counterpart of the **imperfetto indicativo**: that is, it is used in the same ways, but in sentences that require the subjunctive (in dependent clauses after nonfactual verbs, after certain conjunctions, and so on).

Indicative	Subjunctive
Da bambino **aveva** i capelli biondi. *As a child he had blond hair.*	Penso che da bambino **avesse** i capelli biondi. *I think that as a child he had blond hair.*
È chiaro che loro **stavano dormendo** quando ho chiamato. *It's clear that they were sleeping when I called.*	È probabile che loro **stessero dormendo** quando ho chiamato. *It's probable that they were sleeping when I called.*
Anche se **pioveva**, sono uscito lo stesso. *Even though it was raining, I went out just the same.*	Benché **piovesse**, sono uscito lo stesso. *Although it was raining I went out just the same.*

◈ Note that if the main-clause verb is in the past, then the imperfect is normally required.

Present/Past subjunctive	Imperfect subjunctive
Penso che lui **abbia studiato** l'italiano. *I think he studied Italian.*	Pensavo che lui **studiasse** l'italiano. *I thought he was studying Italian.*
È l'unica persona che io **conosca** qui. *She/He's the only person I know here.*	Era l'unica persona che io **conoscessi** qui. *She/He was the only person whom I knew here.*
Sebbene **piova**, esco lo stesso. *Although it is raining, I'm going out just the same.*	Sebbene **piovesse**, sono uscito lo stesso. *Although it was raining, I went out just the same.*

◈ There is a progressive form of the imperfect subjunctive.

Pare che lei **stesse leggendo** quando l'abbiamo chiamata.
It seems that she was reading when we called.

Pensavo che tu **stessi guardando** la TV quando ti ho chiamato.
I thought you were watching TV when I called you.

Applicazione

9.11 Trasformazioni. Premetti l'espressione tra parentesi alla frase, facendo tutte le modifiche necessarie.

ESEMPIO   Paolo aveva una FIAT. (credevo che)
   Credevo che Paolo avesse una FIAT.

1. Quella macchina costava ventimila euro. (pensavo che)
2. La mia prima moto era giapponese. (lei immaginava che)
3. Anni fa *(Years ago)*, il treno per Milano arrivava sempre alle cinque e mezzo. (pare che)
4. Da bambino(-a), le sue cugine preferite erano quelle italiane. (credo che)
5. Le macchine italiane una volta consumavano molta benzina. (è probabile che)
6. L'anno scorso io finivo sempre tardi di lavorare. (lui non crede che)
7. Noi venivamo sempre in Francia da bambini. (nessuno crede che)
8. Loro non capivano quello che hai detto. (è probabile che)
9. Mio fratello stava bevendo il caffè al bar ieri. (credo che)
10. Per andare al lavoro la mia amica prendeva sempre l'autobus. (pare che)

9.12 Come mai? Ultimamente non ne indovini una *(you've been doing everything wrong)*! Però ogni volta che qualcuno te lo fa notare, trovi sempre una buona scusa (indicata tra parentesi). Rispondi alle domande utilizzando l'espressione tra parentesi e premettendo **credevo che**.

ESEMPIO   Come mai hai perso il treno? (partire alle sei)
   Credevo che partisse alle sei.

1. Come mai hai comprato questa macchina? (essere una buona macchina)
2. Come mai hai preparato tutti questi panini? (voi avere fame)
3. Come mai sei andato(-a) al cinema senza di me? (tu non volere venire)
4. Come mai non hai portato il caffè alla festa? (loro non bere caffè)
5. Come mai non hai portato il bambino dal dottore? (stare bene)
6. Come mai sei passato(-a) con il semaforo rosso? (il semaforo essere verde)
7. Come mai non hai studiato ieri? (l'esame essere cancellato)
8. Come mai non mi hai inviato un SMS? (tu essere molto impegnato)

9.13 Che cosa facevano...? Un amico/un'amica ti sta facendo una serie di domande sulla giornata di ieri. Ecco le risposte che gli/le hai dato, alle quali però manca il verbo. Inserisci il verbo tra parentesi usando la forma appropriata del congiuntivo imperfetto.

ESEMPIO Che cosa faceva Marco quando lo hai chiamato?
Credo che lui _____ (guardare) la TV.
Credo che guardasse la TV.

1. Che cosa faceva Maria ieri sera?
Penso che _____ (leggere) un romanzo.

2. Che cosa facevano tua sorella e il suo ragazzo ieri pomeriggo?
Credo che loro _____ (studiare) insieme per un esame.

3. Che cosa facevano i tuoi amici quando li hai chiamati ieri?
Immagino che loro _____ (stare) per uscire.

4. Che cosa faceva il tuo amico quando gli hai inviato un SMS?
Penso che lui _____ (stare preparando) la cena.

5. Che cosa faceva tuo fratello quando l'ho chiamato ieri?
Credo che lui non _____ (fare) nulla.

9.14 Ricordi. Adesso l'amico/l'amica ti fa un'altra serie di domande. Rispondi come nell'esercizio sopra col verbo indicato tra parentesi, mettendolo sempre al congiuntivo imperfetto.

1. Dove stava Giorgio da giovane?
Penso che (lui) _____ (vivere) in Italia.

2. È vero che lui e sua moglie andavano sempre a lavorare in macchina?
Sì, credo che _____ (andare) in macchina.

3. Quanti anni avevi quando tuo padre ti ha comprato la bicicletta?
Mi pare che io _____ (avere) solo cinque anni.

4. Secondo te, i tuoi cugini volevano rimanere in Italia?
No, dubito che loro _____ (volere) rimanere in Italia.

5. Le tue sorelle litigavano (*argued*) spesso?
No, sembra che non _____ (litigare) mai.

9.15 Verbi. Usa ciascuno dei seguenti verbi in altrettante frasi che ne dimostrino l'uso al congiuntivo imperfetto.

1. tradurre
2. dare
3. porre
4. dire
5. trarre
6. essere
7. stare
8. fare
9. bere

COMUNICAZIONE

All'aeroporto

l'arrivo	*arrival*
il bagaglio (a mano)	*baggage (hand)*
il banco d'accettazione *(f)*	*check-in counter*
il biglietto	*ticket*
la carta d'imbarco	*boarding pass*
la dogana	*customs*
la linea/la compagnia aerea	*airline*
la partenza	*departure*
il passaporto	*passport*
la prenotazione	*reservation*
l'uscita	*gate, exit*
la valigia	*suitcase*
il visto	*visa*
il volo	*flight*

Applicazione

9.16 Al banco dell'Alitalia. Con un compagno/una compagna mettete in scena una serie di domande e risposte tra un impiegato/un'impiegata *(employee)* dell'Alitalia e un passeggero/una passeggera, per ogni vocabolo *(vocabulary item)* dato. Seguite gli esempi.

> **ESEMPI** il banco d'accettazione
> **Scusi, è questo il banco d'accettazione dell'Alitalia?**
> **Sì, questo è il banco d'accettazione dell'Alitalia.**
>
> le valigie
> **Quante valigie ha?**
> **Ho solo una valigia e un bagaglio a mano.**

1. la partenza
2. il biglietto
3. la carta d'imbarco
4. il numero del volo
5. il visto
6. l'uscita
7. la dogana
8. la prenotazione
9. il passaporto
10. l'arrivo

9.17 All'aeroporto. Rispondi alle domande in modo opportuno.

1. Quali documenti bisogna avere prima di fare l'accettazione?
2. Tu come ti prepari per andare all'aeroporto?
3. Elenca cinque cose che per te sono le più noiose *(bothersome)* all'aeroporto.

Il traffico in Italia

Come in tutti i paesi industrializzati e urbanizzati, la congestione del traffico nelle città italiane è diventata un problema serio. Attualmente *(Right now)* il metodo più usato dagli italiani per spostarsi da un luogo all'altro è la macchina. L'età minima per ottenere la patente di guida è 18 anni.

Molte sono le stazioni di servizio, inclusi i «self-service» lungo le autostrade. Per viaggiare sulle autostrade bisogna pagare il pedaggio *(toll)*. Tutte le autostrade iniziano con «A» (che sta per «autostrada»): A1, A11, ecc. Poi ci sono le «superstrade», che sono strade a scorrimento veloce, di solito con almeno due corsie *(lanes)*, ed esenti da *(free from)* pedaggio. Tutte le superstrade iniziano con la «S»: S15, S21, ecc.

Applicazione

9.18 Test di comprensione. Tutte le affermazioni seguenti sono false. Correggile.

1. In Italia c'è poco traffico.
2. La maggioranza degli italiani vive in campagna.
3. Gli italiani usano i mezzi pubblici più della macchina privata.
4. Le autostrade iniziano con la «S».
5. Per viaggiare sulle superstrade bisogna pagare il pedaggio.
6. L'età minima per la patente in Italia è 14 anni.

9.19 Discussione in classe. Rispondi liberamente alle seguenti domande, discutendo le tue risposte con gli altri membri della classe.

1. Hai mai guidato in Italia? Se sì, descrivi le tue esperienze.
2. Hai mai guidato in Italia? Se sì, come pensi che sono le autostrade e le superstrade italiane.
3. Come si potrebbe risolvere il problema del traffico nelle grandi città?
4. Secondo te, le automobili stanno rovinando *(are damaging)* la nostra salute?

MOMENTO CREATIVO

Con un compagno/una compagna, metti in scena la seguente situazione.

Due pendolari *(commuters)* si incontrano sul treno Bologna-Milano e fanno conoscenza. Ad un certo punto, uno/una dei/delle due comincia a lamentarsi *(to complain)* perché il treno è in ritardo e spiega all'altro(-a) che preferisce guidare perché si arriva prima. L'altro(-a) invece dice di preferire il treno perché è più comodo e rilassante. La discussione continua fino all'arrivo a Milano.

AVVIO

Quanto sai già?

9.20 Le auto in Italia. Conosci le seguenti macchine italiane? Se sì, descrivile alla classe.

1. la FIAT
2. l'Alfa Romeo
3. la Ferrari
4. la Maserati

9.21 Opinioni. Secondo te...

1. qual è la macchina più bella del mondo? Perché?
2. qual è la macchina più economica ed efficiente? Perché?
3. qual è la macchina più brutta? Perché?
4. qual è la macchina più sportiva? Perché?
5. come si possono eliminare gli incidenti stradali?

Prima di leggere

9.22 Indovinelli. Che cos'è o che cosa vuol dire?

1. un incidente automobilistico
2. attraversare la strada
3. frenare di colpo
4. investire
5. il poliziotto
6. di corsa
7. il portapacchi

Quando si guida o si cammina bisogna sempre fare attenzione agli altri e non solo obbedire ciecamente alle regole della strada. Ieri si è verificato uno strano incidente automobilistico. Mentre una persona attraversava la strada, un'automobile che andava di corsa ha dovuto frenare di colpo, investendo il passante (*pedestrian*). La macchina aveva il portapacchi e le valige sono cadute dietro la macchina in seguito alla brusca frenata.

Questo è quanto l'autista spiega al poliziotto che investiga il caso. Il poliziotto, notando che qualcosa non era corretto non crede alla versione dei fatti dell'autista e così decide di arrestarlo.

Applicazione

9.23 Enigma poliziesco. Spiega brevemente il motivo per cui, secondo te, il poliziotto non crede alla versione dei fatti che gli racconta l'autista. Discuti la tua risposta con gli altri membri della classe.

(**Risposta:** In seguito alla brusca frenata le valigie sarebbero dovute cadere in avanti e non indietro.)

Bloomberg/Getty Images

Vocabolario

In macchina

accelerare	*to speed up*	l'incrocio	*intersection*
l'autogrill	*highway restaurant and snack-bar*	il meccanico	*mechanic*
		mettere in moto (la macchina)	*to start (the car)*
avere una gomma a terra	*to have a flat tire*		
la benzina	*gas*	parcheggiare	*to park*
il benzinaio	*gas station attendant*	il parcheggio	*parking*
cambiare l'olio	*to change the oil*	la patente di guida	*driver's license*
il concessionario	*car dealer*	rallentare	*to slow down*
controllare	*to check*	rimorchiare l'auto	*to tow the car*
la corsia	*traffic lane*	il semaforo	*traffic lights*
fare il pieno	*to fill-up*	la stazione di servizio/ il rifornimento (di benzina)	*gas station*
fermare/fermarsi	*to stop*		
frenare	*to brake*		
girare (a destra/ a sinistra)	*to turn (left/right)*	la strada	*road*

Applicazione

9.24 Tocca a te! Usa ciascuna delle seguenti parole ed espressioni in altrettante frasi che ne rendano chiaro il significato.

1.	accelerare	6.	la patente
2.	girare	7.	il meccanico
3.	frenare	8.	avere una gomma a terra
4.	fermarsi	9.	il semaforo
5.	l'autogrill	10.	il parcheggio

9.25 Dal meccanico. Indica le cose che si possono fare nei seguenti posti:

Sull'autostrada	Dal meccanico	Dal benzinaio	All'autogrill	Dal concessionario

GRAMMATICA

Il *si* impersonale

◈ The so-called *impersonal* **si** replaces indefinite expressions such as **la gente, uno, tutti, le persone,** and so on. It conveys the meaning of *one, you, they,* and *people,* and sometimes *we*. Here are its main characteristics.

◈ It requires a singular verb when the object of the sentence is singular, and a plural verb when the object is plural:

Qui la gente parla solo una lingua.
Here people speak only one language.

Qui **si parla** solo **una lingua**.
Here one speaks only one language. / Here only one language is spoken.

Qui le persone parlano almeno due lingue.
Here people speak at least two languages.

Qui **si parlano** almeno **due lingue**.
Here one speaks at least two languages. / Here at least two languages are spoken.

Tutti mangiano la pasta in Italia.
Everyone eats pasta in Italy.

Si mangia la pasta in Italia.
One eats pasta in Italy. / Pasta is eaten in Italy.

Tutti mangiano gli spaghetti in Italia.
Everyone eats spaghetti in Italy.

Si mangiano gli spaghetti in Italia.
One eats spaghetti in Italy. / Spaghetti are eaten in Italy.

◈ When the **si** occurs in compound tenses, the auxiliary used is **essere**:

Qui la gente ha parlato sempre una lingua.
Here people have always spoken one language.

Qui **si è** sempre **parlata una lingua**.
Here one has always spoken one language. / Here one language has always been spoken.

Qui le persone hanno parlato sempre due lingue.
Here the people have always spoken two languages.

Qui **si sono parlate** sempre **due lingue**.
Here everyone has always spoken two languages. / Here two languages have always been spoken.

In questa classe tutti hanno studiato molto.
In this class everyone has studied very hard.

In questa classe **si è studiat**o molto.
In this class one has studied very hard.

◈ When **si** is followed by a predicate adjective, the adjective is always in the plural, even if the verb is singular:

Quando uno è stanco, non dovrebbe guidare.
When one is tired, one should not drive.

Quando **si è stanchi**, non si dovrebbe guidare.
When one is tired, one should not drive.

Qui le persone sono sempre allegre.
Here people are always happy.

Qui **si è** sempre **allegri**.
Here one is always happy.

◈ **Si** follows direct object pronouns:

Qui tutti parlano l'italiano.	Qui **si parla l'italiano**.
Here everyone speaks Italian.	*Here one speaks Italian.*
Qui tutti lo parlano.	Qui **lo si parla**.
Here everyone speaks it.	*Here one speaks it.*
Perché la gente non dice mai la verità?	Perché non **si dice** mai **la verità**?
Why do people never tell the truth?	*Why does one never tell the truth?*
	Perché non **la si dice** mai?
Perché la gente non la dice mai?	*Why do people never tell it?*
Why do people never tell it?	

◈ In reflexive constructions, containing the reflexive pronoun **si**, the *si impersonale* is not repeated, but is replaced by **ci**:

A casa mia la mattina tutti si alzano presto.	A casa mia la mattina **ci si** alza presto.
At my house, everyone gets up early in the morning.	*At my house, one gets up early in the morning.*
In quella discoteca tutti si divertono molto.	In quella discoteca **ci si** diverte molto.
In that club, everyone enjoys themselves a lot.	*In that club, one enjoys oneself a lot.*

Applicazione

9.26 Generalizzazioni. Esprimi le seguenti generalizzazioni in altro modo, usando il *si* impersonale. Segui l'esempio.

ESEMPIO   Oggi tutti vogliono viaggiare in macchina.
   Oggi si vuole viaggiare in macchina.

1. Oggi la gente usa troppo la macchina per andare in giro.
2. In questa città nessuno prende più l'autobus.
3. Oggi la gente si annoia facilmente.
4. Oggi tutti si vogliono divertire continuamente.
5. Oggi la gente preferisce vivere bene.
6. In passato tutti viaggiavano con la nave.
7. Un tempo la gente pensava che la terra fosse piatta.
8. Oggi tutti sanno che il mondo è tondo.
9. La gente oggi è troppo indaffarata *(busy)*.
10. Tutti oggi sono troppo stressati.
11. Oggi la gente è molto impaziente.
12. Oggi la gente desidera la vita comoda *(comfortable)*?
13. Sì, la gente la desidera.

9.27 Sempre le stesse cose! A casa tua la vita è monotona. Fate sempre le stesse cose. Ecco alcune delle cose che fate. Ripeti le frasi usando il *si* impersonale. Segui l'esempio.

> ESEMPIO   La mattina noi ci alziamo sempre alle sette.
> **La mattina ci si alza sempre alle sette.**

1. Facciamo sempre la colazione insieme.
2. Usciamo di casa sempre alla stessa ora.
3. Andiamo a lavorare sempre in autobus.
4. Lavoriamo dalle nove alle cinque.
5. Alle cinque ritorniamo a casa.
6. Alle sette ceniamo.
7. Andiamo a letto sempre alla stessa ora.

9.28 La giornata di ieri. Ecco alcune delle cose che tu e tua sorella avete fatto ieri. Ripeti le frasi usando il *si* impersonale. Segui l'esempio.

> ESEMPIO   Ieri ci siamo alzati/e alle sette.
> **Ieri ci si è alzati/e alle sette.**

1. Abbiamo fatto colazione insieme.
2. Siamo usciti/e di casa molto presto.
3. Abbiamo preso il pullman per andare alle lezioni.
4. Abbiamo studiato molto.
5. Ci siamo divertiti/e molto dopo le lezioni.
6. Ci siamo messi a fare i compiti.
7. Siamo andati/e a letto tardi.

Ci, ne

◆ **Ci** can replace words or phrases expressing location, place, and so on. It conveys the meaning of English *there* and goes before the verb.

Non **ci** vado mai.	*I never go there.*
Non **ci** ho messo niente.	*I put nothing there.*

◆ It is the counterpart of the adverbs **lì/là**.

Quando sei andato in quel posto?	Sono andato **là** ieri.
When did you go to that place?	*I went there yesterday.*
	Ci sono andato ieri.
	I went there yesterday.
Ti piacerebbe abitare in quella città?	Sì, abiterei **lì** volentieri.
Would you like to live in that city?	*Yes, I would gladly live there.*
	Sì, **ci** abiterei volentieri.
	Yes, I would gladly live there.

◈ **Ci** changes to **ce** before the direct object pronouns **lo**, **la**, **li**, **le**.

Hai messo la penna nel cassetto?
Did you put the pen in the drawer?

Sì, **ce l'**ho messa.
Yes, I put it there.

Hai portato i libri in biblioteca?
Did you bring the books to the library?

Sì, **ce li** ho portati.
Yes, I brought them there.

◈ It follows reflexive pronouns.

Ti diverti in Italia?
Do you have fun in Italy?

Sì, **mi ci** diverto.
Yes, I have fun it there.

Ti ci diverti?
Do you have fun there?

◈ **Ci** also replaces the construction **da** + *place*, which renders the idea of *at, to someone's place.*

Vado **dal medico** domani.
Ci vado domani.

I'm going to the doctor's tomorrow.
I'm going there tomorrow.

Andiamo **da Maria** dopo.
Ci andiamo dopo.

We're going to Maria's after.
We're going there after.

◈ **Ne** replaces partitive structures (see Chapter 8), conveying the meaning *some (of it/ them)*. It goes before inflected verbs. To stress *some*, **alcuni(-e)** is used with count nouns and **un po' di** with noncount nouns.

Unstressed	Stressed
Noncount	
Vuoi della carne?	Vuoi della carne?
Do you want some meat?	*Do you want some meat?*
Sì, **ne** voglio.	Sì, ne voglio **un po'**.
Yes, I want some.	*Yes, I do want some (a little).*
Count	
Vuoi delle mele?	Vuoi delle mele?
Do you want some apples?	*Do you want some apples?*
Sì, **ne** voglio.	Sì, **ne** voglio alcune.
Yes, I want some.	*Yes, I do want some (a few).*

◈ **Ne** is attached to the same verb forms to which object and reflexive pronouns are attached: for example, **Mangiane!** *Eat some!*

◆ **Ne** also replaces numerical and indefinite quantitative expressions. The numerical or indefinite modifier of the noun in the expression is retained.

| Voglio comprare tre **cose**. | *I want to buy three things.* |
| **Ne** voglio comprare tre. | *I want to buy three (of them).* |

| Quanti **caffè** vuoi? | *How many coffees do you want?* |
| **Ne** voglio due. | *I want two (of them).* |

| Mangi molta **carne**? | *Do you eat a lot of meat?* |
| Sì, **ne** mangio molta. | *Yes, I eat a lot (of it).* |

◆ **Ne** also replaces **di** + *person/thing*, in which case it means *of, about*.

| Parla sempre di matematica. | *He/She always speaks about mathematics.* |
| **Ne** parla sempre. | *He/She always speaks about it.* |

| Ho bisogno **di lui.** | *I need him (I have need of him).* |
| **Ne** ho bisogno. | *I need him.* |

◆ In compound tenses, the past participle agrees in gender and number with the noun that **ne** replaces. The exception occurs when **ne** replaces **di** + *person/thing* (meaning *of, about*), for which there is no agreement.

| Ho mangiato tre mele. | *I ate three apples.* |
| **Ne** ho mangiat**e** tre. | *I ate three.* |

| Hanno parlato di matematica. | *They talked about mathematics.* |
| **Ne** hanno parlato. | *They talked about it.* |

| Ha comprato dei calzini. | *He/She bought some socks.* |
| **Ne** ha comprat**i**. | *He/She bought some.* |

| Abbiamo parlato dei loro parenti. | *We talked about their relatives.* |
| **Ne** abbiamo parlato. | *We talked about them.* |

| Ha mangiato troppe fragole. | *He/she ate too many strawberries.* |
| **Ne** ha mangiat**e** troppe. | *He/she ate too many.* |

| Hai mai avuto bisogno di soldi? | *Have you ever needed money?* |
| **Ne** hai mai avuto bisogno? | *Have you ever needed any?* |

◆ Be careful with the indefinite modifier **tutto**. It does not convey a partitive notion, so a direct object pronoun, not **ne**, must be used:

| Voglio **della carne**. | *I want some meat.* |
| Voglio **tutta la carne**. | *I want all the meat.* |

| **Ne** voglio. | *I want some.* |
| **La** voglio **tutta**. | *I want all of it.* |

| Ho mangiato **tre fragole**. | *I ate three strawberries.* |
| Ho mangiato **tutte le fragole**. | *I ate all the strawberries.* |

| **Ne** ho mangiate **tre**. | *I ate three of them.* |
| **Le** ho mangiat**e** **tutte**. | *I ate them all.* |

◈ Like **ci**, **ne** can be used in combination with object and reflexive pronouns, including the impersonal **si**. The usual changes and patterns apply.

Mi puoi comprare delle patate?   *Can you buy some potatoes for me?*
Me ne puoi comprare? / Puoi comprar**mene**?   *Can you buy me some?*

Gli ho dato tante fragole.   *I gave him a lot of strawberries.*
Gliene ho dat**e tante**.   *I gave him lots.*

In questa casa si mangia troppa carne.   *In this house one eats too much meat.*
In questa casa **se ne** mangia troppa.   *In this house one eats too much of it.*

Applicazione

9.29 Sì, ci sono andato(-a)! Rispondi affermativamente alle seguenti domande, usando la particella **ci**. Segui l'esempio.

ESEMPIO   Sei andato(-a) in Italia l'anno scorso?
           Sì, ci sono andato(-a).

1. Vai in Italia spesso?
2. Ti diverti in Italia?
3. Vai alle tue lezioni in autobus?
4. Hai portato le tue nipotine dal dottore ieri?
5. Avete messo i vestiti nella valigia?
6. Puoi venire all? aeroporto?
7. Pensi spesso alla tua famiglia?

9.30 Trasformazioni. Sostituisci alle frasi in corsivo un pronome o una particella adatto(-a). Riscrivi l'intera frase facendo tutte le modifiche necessarie.

ESEMPI   Oggi ho scritto *tre lettere*.
           Oggi ne ho scritte tre.

           Quando sei andato *in Italia*?
           Quando ci sei andato?

1. Ho comprato solo *due riviste*.
2. Vado *al mare* tutti i giorni.
3. Mi dia un chilo *di mortadella*!
4. Dammi un chilo *di mortadella*!
5. Compra *del pane*!
6. Non parlare male *di lei*! Hai capito?
7. Io non ho mai parlato male *di lei*.
8. Ho fatto *tutti i compiti*.
9. Luigi ha mangiato *tre piatti di pasta*.
10. Paolo ha bevuto *un litro di latte*.
11. Alla riunione hanno parlato *di politica* per tre ore.
12. Io vado *a New York* tutti gli anni.

9.31 Le funzioni grammaticali di ci. Indica la funzione di **ci** nelle seguenti frasi. Metti un visto (✓) nelle caselle appropriate.

	Particella di luogo	Pronome riflessivo / reciprocale	Pronome oggetto diretto	Pronome oggetto indiretto
1. Ci telefoniamo ogni giorno.				
2. Ci svegliamo alle sette.				
3. Ci piacciono le macchine italiane.				
4. Ci vieni anche tu?				
5. Ci lamentiamo sempre.				
6. Vacci tu!				
7. Io ci mangio sempre qui.				
8. Lui ci chiama tutte le sere.				

9.32 Che cosa ne pensi? Completa liberamente il seguente schema. Fa' attenzione al pronome **ne**.

	Domande	Risposte
1.	Che cosa ne pensi del Presidente?	
2.		Me ne sono dimenticato.
3.	Avete parlato dell'Italia oggi a scuola?	
4.	Quanta pasta ha cucinato tuo padre?	
5.		Non ne abbiamo mai parlato.
6.	Quando ti sei innamorato di Maria?	
7.		Non ne ho mangiate.
8.	Quanti ne abbiamo oggi?	

COMUNICAZIONE

Alla stazione ferroviaria

il biglietto di andata e ritorno	*round-trip ticket*
il biglietto di prima/seconda classe	*first/second class ticket*
il binario	*track*
la coincidenza	*connection*
fare il biglietto	*to purchase a ticket*
l'orario	*schedule*
lo scompartimento	*compartment*
il vagone (letto)	*coach (sleeping)*

Applicazione

9.33 Come si dice in italiano? Ecco delle domande che potrebbero essere utili in una stazione ferroviaria. Traducile.

1. When is the train leaving?
2. Is there a connection for Milano?
3. How much does a first-class ticket cost?
4. Where is the train schedule?
5. From what track does the train leave?
6. What's the number of the compartment?
7. I would like a return ticket, please.

NOTA CULTURALE

Automobili italiane

La macchina italiana più «simbolica» è la FIAT, le cui lettere stanno per Fabbrica Italiana (di) Automobili (di) Torino. Sono anche molto conosciute le auto di lusso *(luxury)* e quelle sportive come la Lamborghini, la Ferrari, la Maserati, la Lancia e così via *(and so on)*. Oggi si vedono per le strade d'Italia anche molte macchine straniere, come la Mercedes e la BMW.

La FIAT è stata fondata a Torino nel 1899 da G. Agnelli. Con il boom del mercato automobilistico di fine anni Cinquanta, la FIAT divenne il maggiore complesso industriale privato italiano: le sue utilitarie *(compact cars)*, dalla Balilla alla Topolino fino alla 600 e alla 500, furono le protagoniste della motorizzazione di massa in Italia. Negli ultimi anni, la FIAT ha stretto patti societari *(ironed out corporate agreements)* con compagnie automobilistiche internazionali.

Applicazione

9.34 Ricordi quello che hai letto? Rispondi alle seguenti domande.

1. Qual è la macchina più «simbolica» dell'automobilismo italiano?
2. Per che cosa stanno le lettere della sigla FIAT?
3. Quali sono altre auto italiane?
4. Che cos'altro si vede oggi per le strade d'Italia?
5. Quando e da chi è stata fondata la FIAT?
6. Che cosa divenne *(became)* la FIAT con il boom di fine anni Cinquanta?
7. Indica il nome di alcune delle utilitarie della FIAT.
8. Che cosa ha fatto la FIAT negli ultimi anni?

9.35 Ricerche online. Va' su Internet e cerca il sito della FIAT. Indica alla classe quello che ci trovi (per esempio, il nome dei suoi modelli).

MOMENTO CREATIVO

Diversi gruppi di studenti dovranno mettere in scena un dialogo, simile a quello della lettura *Un incidente stradale,* con una conclusione inaspettata.

PARTE 3ª

DALLA LETTERATURA ITALIANA
Prima di leggere

9.36 Dov'è l'errore? Quando si guida, ogni piccolo errore potrebbe essere fatale. Nel seguente esercizio sono presentate delle situazioni in cui ci sono degli errori fondamentali di infrazione del codice stradale. Sai identificare gli errori? Discuti le tue risposte con gli altri membri della classe.

1. È notte. Sei in città. Guidi a 80 chilometri all'ora perché le strade sono deserte.
2. Sei sull'autostrada e squilla *(rings)* il tuo cellulare. Rallenti e rispondi.
3. Sei sull'autostrada e vai a 150 chilometri all'ora perché vuoi verificare la velocità che raggiunge la tua nuova macchina sportiva.
4. Sei sull'autostrada e c'è una fila lunghissima. Devi andare a lavorare ma sei in ritardo. Usi la corsia d'emergenza.
5. Sei ad una festa e un tuo amico, che ha bevuto troppo, vuole ritornare a casa con la sua macchina. Tu gli togli le chiavi della macchina *(car keys)* e cerchi di convincerlo a prendere un tassì. Visto che non riesci a convincerlo gli ridai le chiavi e lo lasci andare.

6. Hai appena preso delle medicine molto forti quando ti chiama un amico/un'amica che vuole un passaggio. Tu esci subito in macchina per andare dal tuo amico/dalla tua amica.

7. Devi andare a comprare il pane. Non ti va di *(You don't feel like)* camminare e perciò vai in macchina. Non ti metti la cintura di sicurezza *(seat belt)* perché il negozio è vicino.

8. Piove e sei sull'autostrada. Ti avvicini molto alla macchina che sta davanti a te per far capire all'autista che hai fretta e vuoi sorpassare.

9. Devi andare in un negozio per fare delle spese. Metti in moto la macchina e ti accorgi *(you realize)* che hai dimenticato gli occhiali *(eye glasses)*. Nonostante *(Even though)* tu abbia bisogno degli occhiali per guidare, non ritorni a casa a riprenderli perché il negozio non è lontano.

9.37 Che cosa vuol dire? Conosci il significato delle seguenti parole ed espressioni? Spiega il significato di quelle che conosci alla classe.

1. un falegname
2. essere investito(-a) da una macchina
3. tagliare la strada a qualcuno
4. un processo (in tribunale)
5. vincere la causa
6. un eremita
7. un campione di automobilismo
8. andare in pensione

Lettura *Storia di un falegname e d'un eremita* (di Gianni Celati)

C'era un uomo che abitava a Ficarolo, in provincia di Ferrara; era un falegname[1]. Una sera tornando a casa in bicicletta, in una stradina che immette[2] sulla piazza del paese, veniva investito[3] da una macchina di forestieri[4] perché pedalava troppo lentamente. Siccome nella macchina c'erano altri due passeggeri, e nessun testimone[5] aveva assistito all'incidente, è stato facile per il guidatore sostenere che il ciclista gli aveva tagliato la strada[6].

Dopo alcune settimane d'ospedale il falegname si rivolge a[7] un avvocato per essere assistito nel processo[8]. Questo avvocato propone un accordo con la parte avversa[9], mostrando di dubitare che la sola testimonianza del falegname sia sufficiente a vincere la causa[10]. Quanto al falegname, poiché[11] da una parte non capisce neanche la metà delle obiezioni dell'avvocato, e dall'altra insiste sul buon diritto di essere risarcito[12], alla vigilia dell'udienza[13] licenzia[14] il legale e decide di affrontare il processo da solo.

Si presenta dunque da solo in tribunale, sostenendo che di avvocati non ce n'è bisogno in quanto lui ha ragione e deve essere risarcito.

[1]*carpenter* [2]*leads into* [3]*he got hit* [4]*foreigners* [5]*witness* [6]*cut him off* [7]*turns to* [8]*trial* [9]*other party, adversary* [10]*case, trail* [11]*since* [12]*right of being compensated* [13]*the eve before the hearing* [14]*he fires*

Dopo varie obiezioni a procedere e la convocazione[15] d'un difensore d'ufficio[16], finalmente viene il momento in cui i passeggeri della macchina sono chiamati a deporre[17]. E qui il falegname, accorgendosi che ogni parola dei testimoni è falsa, rimane così stupefatto[18] che non vuol neanche più parlare col suo difensore d'ufficio; e, quando infine è sollecitato[19] dal giudice ad esporre la sua versione dei fatti, dichiara di non aver niente da dire e che tutto va bene così.

È dunque condannato[20] a pagare i danni dell'incidente, oltre alle spese del processo.

Pochi giorni dopo vende tutta l'attrezzatura[21] della falegnameria al suo aiutante[22], che da tempo desiderava mettersi in proprio[23], cedendogli[24] anche la bottega e la licenza d'esercizio[25]. Torna a casa e resta seduto su una sedia in cucina per una settimana, rispondendo sempre nello stesso modo alla moglie che gli fa domande: che ha caldo alla testa e non può parlare con lei.

Per un'altra settimana resta seduto in un bar a guardare la gente che passa sulla piazza, e una sera invece di tornare a casa si avvia[26] fuori del paese. Si avvia a piedi verso l'argine[27] del Po; e dopo molto camminare, nell'alba[28] arriva ad una capanna[29] dove abita un pescatore eremita[30].

Questo eremita è un ex campione di automobilismo[31] che, dopo essersi ritirato dalle corse, aveva aperto un'officina meccanica dove venivano «truccati», ossia potenziati[32], i motori di vetture sportive. Stancatosi[33] però di quel lavoro e dopo aver letto molti libri di psicologia, s'era deciso a diventare eremita pescatore e s'era ritirato a vivere in una capanna sulle rive del Po.

La capanna dell'eremita era fatta di vecchie lamiere[34] e altri materiali di recupero[35], sopra la porta un pannello[36] diceva «Gomme Michelin».

Il falegname sa che l'eremita s'è ritirato a vivere in quella capanna perché non vuole più parlare con nessuno. Dunque appena arrivato non gli rivolge la parola[37], si siede e si mette a guardare il fiume.

È d'estate, e per circa un mese i due vanno a pescare assieme e dormono nella stessa capanna sempre in silenzio.

Una mattina il falegname si sveglia e l'eremita non c'è più, perché è andato ad annegarsi[38] nel fiume, sotto il vecchio ponte di Stellata.

Quel giorno il falegname ha modo di assistere da lontano al salvataggio[39] dell'eremita, che peraltro[40] nuota benissimo e avvolto in una coperta[41] viene portato[42] via dalla moglie, a bordo d'una grossa macchina sportiva, concludendo la sua carriera di eremita.

Il falegname è tornato in paese e ha chiesto al suo aiutante di assumerlo come aiutante, nella sua vecchia bottega. Così è stato. Il falegname vive ancora e solo da poco è andato in pensione.

"Storia di un falegname e d'un eremita" from Narratori delle pianure. Gianni Celati © 1985, first published in Italy by Giangiacomo Feltrinelli Editore SpA, 1985.

[15]*convocation, arrangement, hiring* [16]*court-appointed lawyer* [17]*are called to testify* [18]*stupefied, stunned* [19]*called upon* [20]*sentenced* [21]*tools* [22]*helper* [23]*to go on his own* [24]*handing over to him* [25]*operating license* [26]*he sets out* [27]*riverbank* [28]*dawn* [29]*shack* [30]*hermit fisherman* [31]*car racing* [32]*restored, "souped up"* [33]*having become tired* [34]*sheet metals* [35]*scrap metals* [36]*sign* [37]*doesn't say a word to him* [38]*to drown himself* [39]*rescue* [40]*by the way, as a matter of fact* [41]*covered by a blanket* [42]*he is taken away*

Applicazione

9.38 Ricordi quello che hai letto? Completa le frasi scegliendo la risposta giusta. In alcuni casi tutte e due le risposte possono essere giuste.

1. C'era un uomo che abitava...
   a. a Ficarolo.
   b. in provincia di Ferrara.

2. Quest'uomo era...
   a. un eremita.
   b. un falegname.

3. Una sera quest'uomo viene investito...
   a. da una moto.
   b. da una macchina.

4. Dopo alcune settimane d'ospedale l'uomo si rivolge a...
   a. un avvocato.
   b. un medico.

5. Secondo l'avvocato...
   a. la sola testimonianza del falegname non basta a vincere la causa.
   b. la testimonianza del falegname è sufficiente per vincere la causa.

6. Il falegname decide allora...
   a. di licenziare l'avvocato.
   b. di affrontare il processo da solo.

7. Il falegname si accorge che ogni parola dei testimoni è...
   a. falsa.
   b. vera.

8. Il falegname è condannato...
   a. a pagare i danni dell'incidente.
   b. a pagare le spese del processo.

9. Alcuni giorni dopo il falegname vende la sua falegnameria...
   a. al suo aiutante.
   b. al suo avvocato.

10. Quando ritorna a casa risponde alle domande della moglie dicendo sempre...
    a. che ha caldo alla testa.
    b. che non può parlare con lei.

11. Una sera invece di tornare a casa...
    a. si avvia verso la piazza.
    b. si avvia fuori del paese.

12. Dopo molto camminare arriva ad una capanna dove abita…
    a. un pescatore eremita.
    b. un ex campione di automobilismo.

13. Questo eremita aveva aperto…
    a. un'officina meccanica.
    b. un rifornimento di benzina.

14. L'eremita s'era ritirato a vivere in quella capanna…
    a. perché non voleva più parlare con nessuno.
    b. per guardare la gente che passava sulla piazza.

15. Per circa un mese l'eremita e il falegname…
    a. vanno insieme a pescare.
    b. dormono nella stessa capanna sempre in silenzio.

16. Una mattina l'eremita non c'è più perché…
    a. è andato ad annegarsi nel fiume.
    b. ha deciso di tornare in paese.

17. Infine il falegname…
    a. ritorna a lavorare come aiutante nella sua vecchia bottega.
    b. viene portato via dalla moglie in una macchina sportiva.

9.39 Studio del vocabolario. Indica una parola o un'espressione che corrisponde a ciascuna definizione.

ESEMPIO   lavora col legno
       Il falegname

1. avviene in un tribunale davanti a un giudice
2. il luogo dove un giudice pronuncia la sentenza *(sentence)*
3. affermare con convinzione
4. chiamare in causa
5. rendersi conto
6. l'assistente
7. la prima luce del giorno
8. il complesso di strumenti o utensili
9. la parte che limita le acque di un fiume
10. girarsi in una determinata direzione
11. proveniente da un paese diverso
12. un sinonimo per «insegna»
13. un piccolo negozio
14. il luogo dove lavora il falegname
15. mandare via dal lavoro
16. persona che vive da sola

9.40 Discussione in classe. Rispondi liberamente alle seguenti domande e discuti le tue risposte con gli altri membri della classe.

1. Secondo te, qual è la morale di questo racconto?
2. Tu sei d'accordo con la decisione del falegname di affrontare il processo da solo, ignorando i consigli del suo avvocato? Perché sì/no?
3. Perché il falegname decide alla fine di ritornare a casa?

PARTE 4ª

CON FANTASIA

Attività generali

9.41 Lavoro di gruppo. Con un compagno/una compagna, metti in scena la seguente situazione.

All'aeroporto un passeggero/una passeggera in partenza si presenta al banco dell'Alitalia. Al principio, il dialogo tra passeggero(-a) e impiegato(-a) si svolge in modo normale («Biglietto, per favore»; «Il volo è in orario?»; ecc.). Ad un certo punto il volo viene cancellato. L'impiegato(-a) spiega al passeggero/alla passeggera cosa è successo e gli/le suggerisce delle alternative per farlo/la arrivare a destinazione.

9.42 Proverbi. Ecco tre proverbi italiani. Sai dire che cosa significano?

1. Chi va piano, va sano e va lontano.
2. Tutto il mondo è paese.
3. Tutte le strade conducono a Roma.

9.43 Tema. Svolgi liberamente uno dei seguenti temi.

1. Vantaggi e svantaggi dei mezzi di viaggio moderni.
2. Oggi usiamo troppo la macchina e siamo diventati troppo pigri.
3. I mezzi di trasporto e il problema dell'inquinamento.

Dal mondo italiano

9.44 Emergenze stradali. Leggi la seguente pagina tratta da un dépliant *(brochure)* dell'Avis.

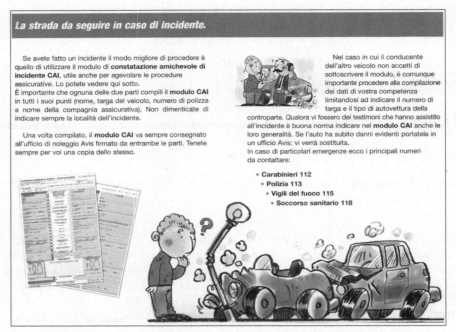

La strada da seguire in caso di incidente.

Se avete fatto un incidente il modo migliore di procedere è quello di utilizzare il modulo di **constatazione amichevole di incidente CAI**, utile anche per agevolare le procedure assicurative. Lo potete vedere qui sotto.
È importante che ognuna delle due parti compili il **modulo CAI** in tutti i suoi punti (nome, targa del veicolo, numero di polizza e nome della compagnia assicurativa). Non dimenticate di indicare sempre la località dell'incidente.

Una volta compilato, il **modulo CAI** va sempre consegnato all'ufficio di noleggio Avis firmato da entrambe le parti. Tenete sempre per voi una copia dello stesso.

Nel caso in cui il conducente dell'altro veicolo non accetti di sottoscrivere il modulo, è comunque importante procedere alla compilazione dei dati di vostra competenza limitandosi ad indicare il numero di targa e il tipo di autovettura della controparte. Qualora vi fossero dei testimoni che hanno assistito all'incidente è buona norma indicare nel **modulo CAI** anche le loro generalità. Se l'auto ha subito danni evidenti portatela in un ufficio Avis: vi verrà sostituita.
In caso di particolari emergenze ecco i principali numeri da contattare:

- Carabinieri 112
- Polizia 113
- Vigili del fuoco 115
- Soccorso sanitario 118

From www.avisautonoleggio.it *La strada da seguire in caso d' incidente.* Copyright © AVIS. Reprinted by permission of AVIS Budget Italia.

9.45 Ricordi cosa hai letto? Adesso, rispondi alle seguenti domande.

1. Quali sono i numeri per chiamare i carabinieri, la polizia, i vigili del fuoco, il soccorso sanitario in caso di particolari emergenze?
2. Che cos'è il modulo CAI?
3. Quali sono i punti da compilare?
4. Che cosa si può fare se il conducente dell'altro veicolo non accetta di sottoscrivere il modulo?

Navigare su Internet

Per ulteriori attività online, visita il seguente sito: www.wiley.com/college/danesi

9.46 Ricerche online.

Cerca un sito italiano che offre informazioni sul traffico, indicando alla classe quello che trovi.

Valeria73/Shutterstock.com

Il mondo dello sport

AVVIO

Quanto sai già?

10.1 Te ne intendi (*Do you know anything*) di calcio? Se sì, rispondi alle seguenti domande.

1. Sai quali sono gli attuali risultati delle partite di calcio in Italia e l'attuale classifica (*standings*) del campionato di calcio di Serie A? Se sì, riportali agli altri membri della classe.

2. Quante squadre italiane di calcio conosci? Qual è la tua preferita? Perché?

10.2 Sport e passatempi a confronto. Metti a confronto (*Compare*) le attività delle tre colonne e scrivi nell'apposita casella il numero della colonna in cui si trova l'attività da te preferita e/o che fai di più. Alla fine del test controlla l'analisi delle tue scelte.

I	II	III	Colonna scelta
nuotare	passeggiare sulla spiaggia	prendere il sole	_____
fare ginnastica	fare un picnic	leggere	_____
giocare a baseball	tagliare l'erba del giardino	dormire	_____
giocare a calcio	lavare la macchina	guardare la televisione	_____
giocare a pallacanestro	spalare la neve	parlare al telefono	_____
andare in bicicletta	andare a cavallo	giocare a tombola (*bingo*)	_____
giocare a hockey	andare a pesca	giocare a carte	_____
giocare a football	fare del giardinaggio	fare un giro in macchina	_____
andare a sciare	guardare le vetrine	giocare a scacchi (*chess*)	_____
fare jogging	andare in palestra	andare al cinema	_____

Analisi delle scelte

- Se hai scelto di più le attività della prima colonna, ti piace praticare gli sport e ne sei appassionato(-a). Il detto «l'ozio (*idleness, sloth*) è il padre di tutti i vizi» sicuramente non si riferisce a te.
- Se hai scelto di più le attività della seconda colonna, ti piace essere attivo(-a) e trascorrere tempo all'aria aperta, anche se non sei molto appassionato(-a) di sport. Ricordati che il mondo è delle persone attive.
- Se hai scelto di più le attività della terza colonna, non ti piace praticare gli sport e preferisci condurre una vita sedentaria. Ti muovi poco e trascorri gran parte del tuo tempo seduto(-a). Ricorda che «chi dorme non piglia pesci» e non sempre «chi va piano va lontano».

10.3 Sondaggio. La classe si divide in tre gruppi. Ciascun gruppo dovrà preparare un questionario contenente da 10 a 15 domande sul tema dello sport. I tre questionari dovranno essere compilati da un/una rappresentante della classe. La compilazione dovrà essere poi discussa in classe.

Esempi di domande

1. Quale tipo di sport ami di più?
2. Perché?
3. Quale preferisci praticare?
4. Vai spesso allo stadio?

Prima di leggere

10.4 Conosci le seguenti parole ed espressioni? Se sì, spiega il loro significato.

1. a pedali
2. l'Ottocento
3. il corridore
4. la gara
5. la pista
6. il velodromo
7. le prove
8. conseguito

Lettura   *Il ciclismo in Italia*

Il ciclismo, come sport, diventò popolare nell'Ottocento, poco dopo l'introduzione della bicicletta a pedali. Questo sport fu incluso nei Giochi Olimpici nel 1886. Nel ciclismo sportivo i corridori fanno parte di squadre e le gare si distinguono in: ciclismo su strada (corse di un giorno o a tappe), ciclismo su pista speciale (che si svolgono principalmente in un velodromo), e ciclismo su percorsi di campagna (ciclocross). Tra le gare ciclistiche più importanti c'è il *Giro d'Italia* (dal 1909). Oltre al ciclismo maschile, oggi esiste anche quello femminile, presente ai Giochi Olimpici fin dal 1984.

Fra gli appuntamenti fondamentali del calendario ciclistico ci sono il campionato del mondo e le prove in linea, come la Milano-Sanremo (dal 1907) e il Giro di Lombardia (dal 1905); dal 1989 i risultati conseguiti in una decina di gare in linea, tra le più prestigiose, servono per assegnare la Coppa del Mondo. Gli Azzurri sono sempre stati fra i più bravi nel ciclismo e tutt'oggi questo sport fa parte del «carattere sportivo» dell'Italia.

Applicazione

10.5 Ricordi quello che hai letto? Rispondi alle seguenti domande.

1. Quando diventò popolare il ciclismo?
2. Quando è stato incluso nei Giochi Olimpici?
3. Di che cosa fanno parte i corridori?
4. Come si distinguono le gare?
5. Quali sono due delle corse più importanti?
6. Da quando è presente il ciclismo femminile ai Giochi Olimpici?
7. Quali sono alcuni appuntamenti fondamentali del calendario ciclistico?

10.6 Ciclisti famosi. Conosci dei ciclisti famosi? Se sì, indica chi sono alle classe.

10.7 Discutiamo! Rispondi liberamente alle seguenti domande.

1. Ti piace il ciclismo? Perché sì/no?
2. Qual è il tuo sport preferito? Perché? Lo pratichi regolarmente?
3. Tu pensi che gli atleti oggi siano troppo controllati da «interessi commerciali»? Se sì, come risolveresti il problema?
4. Secondo te, chi è attualmente lo sciatore/la sciatrice più bravo(-a), il/la pugile più bravo(-a), il giocatore/la giocatrice più bravo(-a) di baseball, football, tennis, hockey e pallacanestro?

Cameron Spencer/GettyImages Inc.

Vocabolario

Gli sport

l'alpinismo	*mountain climbing*	il judo	*judo*
l'atletica leggera	*track and field*	il karate	*karate*
l'automobilismo	*car racing*	la lotta	*wrestling*
il baseball *(invariable)*	*baseball*	il motociclismo	*motorcycling*
il calcio	*soccer*	il nuoto	*swimming*
il ciclismo	*bicycle racing*	la pallacanestro	*basketball*
la corsa	*race*	la pallanuoto	*water polo*
il culturismo	*body-building*	la pallavolo	*volleyball*
la ginnastica	*gymnastics*	il pattinaggio	*skating*
il golf *(invariable)*	*golf*	il pugilato	*boxing*
l'hockey *(m, invariable)*	*hockey*	lo sci	*skiing*
l'ippica	*horse racing*	il sollevamento pesi	*weight-lifting*
		il tennis	*tennis*

Applicazione

10.8 Che sport è? Indovina lo sport in base alle definizioni. Poi indica agli altri membri della classe se ti piace quello sport e se lo pratichi. Segui l'esempio.

ESEMPIO   Lo sport che si pratica su un campo diviso da una rete *(net)* e in cui si usano le racchette *(rackets)*.
Il tennis.
Mi piace molto, ma purtroppo non l'ho mai praticato.

1. Lo sport in cui si corre con le macchine.
2. Lo sport in cui si usano le biciclette.
3. Lo sport dei nuotatori.
4. Lo sport in cui si fa anche sollevamento dei pesi *(weight-lifting)*.
5. Un tipico sport nordamericano in cui ci sono le «basi».
6. Lo sport con squadre di cinque giocatori in cui si deve mettere la palla in un canestro.
7. Lo sport più popolare in Italia, il quale si gioca negli stadi.
8. Lo sport dei cento metri, del salto in alto, del salto in lungo, e così via.
9. Lo sport che si pratica sulla neve.
10. Lo sport in cui ci si dà pugni *(punches)* con dei guantoni.
11. Lo sport praticato su ghiaccio, consistente di due squadre di giocatori.

10.9 Ricerca lessicale. Ogni sport ha bisogno della propria attrezzatura *(equipment)*. Per lo sci servono, per esempio, gli scarponi, gli sci e i guanti. Con l'aiuto del dizionario o di Internet indica l'attrezzatura usata per gli sport menzionati.

1. il tennis
2. l'alpinismo
3. il golf
4. il culturismo
5. il ciclismo
6. il motociclismo
7. la corsa
8. la ginnastica
9. il pattinaggio
10. l'ippica
11. il karate
12. il judo

GRAMMATICA

Il plurale dei nomi invariabili

◈ Nouns that end in a consonant do not change in the plural. These nouns are usually borrowed from English or some other language and are, generally, masculine.

Singular	Plural
l'autobus *bus*	gli autobus *buses*
il bar *coffee bar*	i bar *coffee bars*
il camion *truck*	i camion *trucks*
il club *club*	i club *clubs*
il computer *computer*	i computer *computers*
il film *film, movie*	i film *films, movies*
il gol *goal*	i gol *goals*
il record *record (as in sports)*	i record *records*
lo sponsor *sponsor*	gli sponsor *sponsors*
lo sport *sport*	gli sport *sports*
il tram *trolley*	i tram *trolleys*
il weekend *weekend*	i weekend *weekends*

Applicazione

10.10 Come si dice? Prima traduci la parola in italiano. Poi, metti l'articolo determinativo davanti alla parola tradotta. Infine, volgi la frase al plurale.

ESEMPIO   truck
        camion
        il camion
        i camion

1. sport
2. film, movie
3. computer
4. weekend
5. coffee bar
6. bus
7. trolley
8. sponsor
9. goal
10. record
11. club

Il perfetto vs. l'imperfetto

◈ The **passato prossimo** and the **congiuntivo passato** are known, more generally, as *perfect tenses*, because they allow you to describe a finished ("perfected") action in the past.

Ieri Luigi ha giocato a tennis per due ore (= action ended over the span of two hours).
Yesterday Luigi played tennis for two hours.

Credo che Luigi abbia giocato a tennis tutto il pomeriggio (= action ended over the span of an afternoon).
I think that Luigi played tennis all afternoon.

◈ The **imperfetto indicativo** and the **congiuntivo imperfetto**, on the other hand, are *imperfect tenses*, that is, they allow you to express unfinished ("imperfected") and repeated actions in the past, as well as to describe past events, features, and the like.

Da bambino, Luigi giocava sempre a tennis.
As a child, Luigi always played tennis.

Penso che Luigi giocasse a tennis da bambino.
I think that Luigi played tennis as a child.

Mentre tu preparavi la cena, Gianni ha chiamato.
While you were preparing dinner, Johnny called.

Credevo che Gianni chiamasse più spesso.
I believe that Gianni called more often.

◈ Note that some verbs change their meaning accordingly. **Sapere**, for instance, means *to know something* in imperfect tenses, but *to find out* in perfect ones:

Sapevo che veniva.
Ho saputo che veniva.

I knew that he/she was coming.
I found out that he/she was coming.

Diego Cervo/Shutterstock

Applicazione

10.11 Imperfetto o perfetto? Completa le seguenti frasi in modo opportuno, scegliendo tra l'imperfetto e il passato prossimo del verbo tra parentesi.

1. Nella Coppa del Mondo 1982, Paolo Rossi _____ (segnare) sei gol.
2. Nel 1982 Paolo Rossi _____ (giocare) per la Juventus.
3. Io non _____ (sapere) che il baseball fosse popolare in Italia.
4. La partita _____ (cominciare) in ritardo.
5. La mia squadra preferita _____ (vincere) l'incontro di pallacanestro contro la tua squadra preferita: il risultato _____ (essere) 102-88.
6. L'arbitro *(referee)* _____ (dare) un rigore all'Inter perché pare che un giocatore _____ (colpire) la palla con la mano.
7. «Cosa _____ (fare) l'Italia nella pallavolo?» «Non so, ma spero che _____ (vincere)».
8. Una volta Pete Sampras _____ (essere) tra i migliori tennisti del mondo.

10.12 Trasformazioni. Riscrivi le frasi premettendo l'espressione tra parentesi. Nota che il verbo della frase deve essere messo al congiuntivo imperfetto nella riscrittura. Segui l'esempio.

ESEMPIO   A te non piace il baseball. (credevo che)
Credevo che a te non piacesse il baseball.

1. Tu vai in piscina spesso. (non sapevo che)
2. Io gioco per una squadra di pallacanestro. (nessuno sapeva che)
3. Noi andiamo a sciare ogni weekend. (loro non credevano che)
4. Mia sorella sa giocare bene a calcio. (tu non pensavi che)
5. Loro fanno ginnastica regolarmente. (io non sapevo che)
6. Ai miei amici piace molto il baseball. (nessuno credeva che)

Il trapassato

◈ The **trapassato** (**indicativo** and **congiuntivo**) corresponds to the English pluperfect tense—*he had finished, she had come*. The indicative form of the **trapassato** is more specifically named the **trapassato prossimo**. The **trapassato** indicates an action that occurred before another simple past action (expressed by the **passato prossimo**, the **congiuntivo passato**, the **imperfetto indicativo**, or the **congiuntivo imperfetto**).

Il trapassato indicativo	Il trapassato congiuntivo
Quando sei venuto, **avevo** già **mangiato**. *When you came, I had already eaten.*	Non sapevo che tu **avessi** già **mangiato**. *I didn't know that you had already eaten.*
Quando mi hai chiamato, **mi ero** appena **alzata**. *When you called, I had just gotten up.*	Sebbene **mi fossi alzata** tardi, avevo ancora sonno. *Although I had gotten up late, I was still sleepy.*
Era ovvio che lui **aveva** già **finito** di giocare. *It was obvious that he had already finished playing.*	Nessuno sapeva se lui **avesse** già **finito** di giocare. *No one knew if he had already finished playing.*
Hanno saputo che **era venuta** ieri. *They found out that she had come yesterday.*	Pensavano che **fosse venuta** ieri. *They thought that she had come yesterday.*

◈ The **trapassato** is formed with the imperfect (indicative or subjunctive) of the auxiliary verb, **essere** or **avere** (as the case may be), and the past participle. Both tenses follow the same grammatical rules as any compound tense (see Chapter 6).

◈ Here is one verb with **avere** and one with **essere** fully conjugated in both pluperfect tenses.

	parlare (*to speak*)	andare (*to go*)
Trapassato prossimo		
io	avevo parlato	ero andato(-a)
tu	avevi parlato	eri andato(-a)
lui/lei/Lei	aveva parlato	era andato(-a)
noi	avevamo parlato	eravamo andati(-e)
voi	avevate parlato	eravate andati(-e)
loro/Loro	avevano parlato	erano andati(-e)
Trapassato congiuntivo		
io	avessi parlato	fossi andato(-a)
tu	avessi parlato	fossi andato(-a)
lui/lei/Lei	avesse parlato	fosse andato(-a)
noi	avessimo parlato	fossimo andati(-e)
voi	aveste parlato	foste andati(-e)
loro/Loro	avessero parlato	fossero andati(-e)

Applicazione

10.13 Il trapassato. Volgi ogni frase al trapassato. Segui l'esempio.

       ESEMPI   Lui è andato allo stadio.
                        Lui era andato allo stadio.

1. Tu non hai mai visto quel giocatore.
2. Quel giocatore non ha mai segnato un gol.
3. È la prima volta che voi siete andati(-e) allo stadio.
4. Credo che quelle due squadre non abbiano mai vinto.
5. Tu non sei mai andato(-a) a pattinare *(to skate)*.
6. Penso che loro si siano alzati(-e) presto.
7. Si dice che quel giocatore sia stato molto bravo anni fa.

10.14 Verbi. Inserisci negli spazi vuoti la forma corretta dei seguenti verbi al trapassato prossimo o al trapassato congiuntivo, secondo il caso. Alcuni verbi possono essere usati più di una volta.

giocare	segnare	cominciare	andare
toccare *(to touch)*	fare	vedere	finire

1. Finalmente ieri sera ho visto una partita di hockey. Non _____ mai _____ una partita.
2. Quando quel giocatore ha segnato il gol, molti spettatori _____ già _____ via.
3. Quando lui è arrivato, penso che la gara di tennis _____ già _____ da alcuni minuti.
4. Prima che quel giocatore entrasse in campo, gli avversari _____ già _____ tre gol.
5. Gli facevano male le gambe perché _____ a pallone *(soccer)* il giorno prima.
6. Quando sono arrivato alla palestra *(gym)*, voi _____ già _____ ad allenarvi *(to work out, practice)* e stavate per tornare a casa.
7. Domenica scorsa il mio giocatore preferito ha finalmente segnato. Credo che dopo l'infortunio *(injury)* non _____ più _____ neanche un gol.
8. L'arbitro ha assegnato il rigore perché il difensore _____ il pallone con le mani.

COMUNICAZIONE

Parlare dello tempo

il bollettino meteorologico, le previsioni del tempo	*weather forecast*
il ghiaccio	*ice*
il clima	*climate*
il gelo	*frost*
il temporale	*thunderstorm*
Che tempo fa?	*How's the weather? / What's the weather like?*
C'è umidità.	*It is humid.*
C'è il sole.	*It is sunny.*
Fa bel tempo.	*It is nice.*
Fa brutto, cattivo tempo.	*It is awful.*
Fa caldo.	*It is hot, warm.*
Fa freddo.	*It is cold.*
Fa fresco.	*It is cool.*
Il cielo è chiaro, sereno	*The sky is clear.*
C'è nebbia.	*It is foggy.*
la neve	*snow*
nevicare	*to snow*
la nuvola	*cloud*
È nuvoloso, coperto	*It is cloudy, overcast.*
la pioggia	*rain*
piovere	*to rain*
la temperatura	*temperature*
temperatura minima/massima	*minimum/maximum temperature*
gradi centigradi/Fahrenheit	*Centigrade/Fahrenheit degrees*
il lampo	*lightning*
lampeggiare	*to lightning*
la grandine	*hail*
grandinare	*to hail*
il vento	*wind*
tirare vento	*to be windy*
il tuono	*thunder*
tuonare	*to thunder*

Applicazione

10.15 Il meteo. Come si dice?

1. Traduci in inglese le seguenti previsioni del tempo.

> ### Il tempo
>
> Oggi coperto con qualche schiarita. Massima quattro. Sabato coperto con pioggia ghiacciata. Minima uno e massima tre. Domenica in prevalenza nuvoloso cieli nuvolosi. Minima zero. Massima tre.

2. Ora traduci in italiano tutte le informazioni contenute nel seguente bollettino metereologico.

10.16 Com'è il tempo nella tua città? Rispondi alle seguenti domande.

1. Com'è il clima generalmente nella tua città?
2. Qual è la temperatura media nella tua città in inverno, in estate, in autunno e in primavera?
3. Che tempo fa nella tua città durante ciascuna delle quattro stagioni?

Reagire al tempo

avere caldo/freddo	*to be hot/cold*
sudare	*to perspire*
amare il caldo/il freddo	*to love the heat/the cold*
odiare il caldo/il freddo	*to hate the heat/the cold*

◈ Note that the concepts of "coldness" and "hotness" are rendered by different verbs.

in the atmosphere	**Fare**	
	Fa caldo oggi.	*It's hot today.*
	Fa freddo oggi.	*It's cold today.*
in an object	**Essere**	
	La pizza è calda.	*The pizza is hot.*
	La pizza è fredda.	*The pizza is cold.*
in a person	**Avere**	
	Lui/Lei ha caldo.	*He/She's feeling the heat.*
	Lui/Lei ha freddo.	*He/She's feeling the cold.*

Applicazione

10.17 Parliamone! Rispondi alle seguenti domande con frasi complete.

1. Come reagisci quando fa molto caldo e c'è molta umidità?
2. Che tipo di tempo ami? Che tipo di tempo odi?
3. Quali cibi ti piacciono caldi? Quali preferisci freddi?

10.18 Tocca a te! Usa ciascuna delle seguenti parole ed espressioni in altrettante frasi che ne rendano chiaro il significato.

1. avere freddo
2. fare caldo
3. sudare
4. odiare il freddo
5. essere freddo
6. lampeggiare
7. tuono
8. tirare vento
9. piovere
10. nebbia
11. gelo
12. umido

NOTA CULTURALE

Lo sport in Italia

Dziurek/Shutterstock.com

In Italia, come in tanti altri paesi, lo sport svolge un ruolo importante. Lo sport preferito degli italiani è il calcio, ma sono in continuo aumento i tifosi *(fans)* di altri sport, specialmente di quelli americani come il baseball, il football e l'hockey. Altri sport molto seguiti in Italia sono: l'automobilismo, il ciclismo, il tennis, il pugilato, lo sci e la pallacanestro.

Le squadre di calcio portano, in generale, il nome delle città che rappresentano: la Roma, il Napoli, il Torino, il Milan. La partita di calcio si gioca tradizionalmente di domenica—il giorno dedicato al tifo calcistico.

Nell'automobilismo la macchina italiana che ha regalato *(has given)* tante vittorie agli sportivi di tutto il mondo è la Ferrari, chiamata anche «il Cavallino Rampante».

La gara ciclistica più importante è il Giro d'Italia, che ha luogo di solito nei mesi di maggio e giugno e alla quale partecipano i più grandi ciclisti del mondo.

Applicazione

10.19 Ricordi quello che hai letto? Di' a cosa corrisponde ciascuna delle seguenti definizioni.

> **ESEMPIO**   Si gioca tradizionalmente la domenica.
> **Il calcio**

1. È lo sport più popolare in Italia.
2. Il giorno generalmente dedicato al tifo calcistico.
3. Lo sono il Napoli e il Milan, per esempio.
4. È anche chiamata «il Cavallino Rampante».
5. La gara ciclistica più importante d'Italia.

10.20 Discussione in classe. Rispondi liberamente alle seguenti domande e discuti le tue risposte con gli altri membri della classe.

1. Ti piace il calcio? Perché sì/no?
2. Hai mai visto una partita di calcio in Italia? Se sì, descrivi l'esperienza.
3. Pensi che il calcio abbia raggiunto il livello di popolarità del baseball o del football in America? Perché sì/no?

MOMENTO CREATIVO

Con un compagno/una compagna, metti in scena la seguente situazione.

Un famoso/una famosa atleta è intervistato(-a) da un/una giornalista. Gli/le viene chiesto, per esempio, quanto guadagna, perché ha così tante sponsorizzazioni, e così via. Alla fine l'atleta dichiara che vuole fare qualcos'altro nella vita.

PARTE 2ª

AVVIO

Quanto sai già?

10.21 Ti piace lo sport? Completa la tabella in modo opportuno.

Quali partite hai visto durante la settimana?	Quali sono stati i risultati?	Quali attività sportive hai praticato?	Indica gli sport che vorresti praticare.

Prima di leggere

10.22 Giochi al bowling? Rispondi alle seguenti domande.

1. Hai mai giocato al bowling? Se sì, spiega come si gioca.
2. Hai mai giocato in un torneo *(tournament)* di bowling? Hai vinto?
3. Qual è la tua media *(average)* generalmente?

Lettura   *Il mio papà gioca al bowling!*

From C.M. Schultz, *Il mio papà gioca a bowling*. Charlie Brown. PEANUTS © 1995. Peanuts Worldwide LLC. Dist. By UNIVERSAL UCLICK. Reprinted with permission. All rights reserved.

Applicazione

10.23 Ricordi quello che hai letto? Rispondi alle seguenti domande.

1. Chi gioca al bowling?
2. Dove sta il papà di Charlie Brown la sera?
3. Che media ha raggiunto il papà di Lucy nel torneo del lunedì sera?
4. E che media ha raggiunto in quello del giovedì sera?
5. E in quello del venerdì sera?

10.24 Tocca a te! Con un compagno/una compagna, continuate liberamente il dialogo tra Charlie Brown e Lucy, concludendolo in un modo logico.

Vocabolario

Il mondo dello sport

l'agonismo	*competitiveness, competition*
l'allenatore/l'allenatrice	*trainer, coach*
l'arbitro/l'arbitra	*referee*
l'atleta *(m/f)*	*athlete*
il campionato	*playoffs, championship*
la classifica	*standings*
il/la concorrente, il/la rivale	*competitor, rival*
la coppa	*cup*
il giocatore/la giocatrice	*player*
il pareggio	*draw*
la partita	*game, match*
la perdita	*loss*
praticare uno sport	*to practice a sport*
il punteggio	*score*
il punto	*point*
il risultato	*result, (final) score*
la sconfitta	*defeat*
la squadra	*team*
lo stadio	*stadium*
il tifoso/la tifosa	*sports fan*
la vincita	*win*
il vincitore/la vincitrice	*winner*
la vittoria	*victory*

Applicazione

10.25 Parliamo di sport! Sai spiegare le differenze tra le seguenti attività o nozioni sportive?

1. un allenatore/un'allenatrice e un giocatore/una giocatrice
2. un/un'atleta e un tifoso/una tifosa
3. una vincita e una perdita
4. un pareggio e una sconfitta
5. l'agonismo e le gare vere e proprie
6. una squadra e i giocatori/le giocatrici
7. il punteggio e i punti
8. il campionato e la classifica
9. il concorrente (il rivale) e la coppa

10.26 Il gioco dello sport. La classe si divide in due gruppi. A vicenda *(Taking turns)*, i diversi membri di ciascun gruppo dovranno creare degli indovinelli ai quali i membri dell'altro gruppo dovranno rispondere. Il gruppo vincente sarà quello col numero maggiore di risposte corrette (ciascuna delle quali si dovrà indovinare entro un determinato periodo di tempo).

ESEMPIO È famosa nella storia del tennis. È di origine ceca...
Martina Navratilova

GRAMMATICA

Il passato remoto

◈ The **passato remoto** *(past absolute)* is formed by dropping the infinitive suffix and adding the following endings to the stem.

	nuotare	dovere	capire
io	nuot**ai**	dov**ei**/dov**etti**	cap**ii**
tu	nuot**asti**	dov**esti**	cap**isti**
lui/lei/Lei	nuot**ò**	dov**é**/dov**ette**	cap**ì**
noi	nuot**ammo**	dov**emmo**	cap**immo**
voi	nuot**aste**	dov**este**	cap**iste**
loro/Loro	nuot**arono**	dov**erono**/dov**ettero**	cap**irono**

◈ There are many irregular verbs in the **passato remoto**. Learning them can be facilitated somewhat by following these guidelines.

- Most of the irregular verbs are **-ere** verbs. And many of these follow a 1-3-3 pattern; that is, they are irregular in the first-person singular and third-person singular and plural. Many irregular forms can be deduced as follows.

	avere	Pattern
io	ebb**i**	*irregular stem + **-i***
tu	avesti	*regular*
lui/lei/Lei	ebb**e**	*irregular stem + **-e***
noi	avemmo	*regular*
voi	aveste	*regular*
loro/Loro	ebb**ero**	*irregular stem + **-ero***

- Here are verbs that follow this pattern. You are given the first-person singular from which you can deduce the other forms:

assumere	assunsi, assumesti…	**mettere**	misi, mettesti…
avere	ebbi, avesti…	**nascere**	nacqui, nascesti…
bere	bevvi, bevesti…	**piacere**	piacqui, piacesti…
cadere	caddi, cadesti…	**rimanere**	rimasi, rimanesti…
chiedere	chiesi, chiedesti…	**rispondere**	risposi, rispondesti…
chiudere	chiusi, chiudesti…	**rompere**	ruppi, rompesti…
conoscere	conobbi, conoscesti…	**sapere**	seppi, sapesti…
correre	corsi, corresti…	**scrivere**	scrissi, scrivesti…
crescere	crebbi, crescesti…	**vedere**	vidi, vedesti…
discutere	discussi, discutesti…	**venire**	venni, venisti…
leggere	lessi, leggesti…	**volete**	volli, volesti…

- Verbs like **tradurre** and **porre** (Chapter 8) also follow this pattern: **tradussi, traducesti, tradusse, traducemmo, traduceste, tradussero/posi, ponesti, pose, ponemmo, poneste, posero.**

- Some verbs do not follow the 1-3-3 pattern. Here are the most common ones.

dire	**dare**	**essere**	**fare**	**stare**
dissi	diedi	fui	feci	stetti
dicesti	desti	fosti	facesti	stesti
disse	diede	fu	fece	stette
dicemmo	demmo	fummo	facemmo	stemmo
diceste	deste	foste	faceste	steste
dissero	diedero	furono	fecero	stettero

◈ The past absolute corresponds to the English tense *I swam*, *I enjoyed myself*, and so on. Note that this is also covered by the **passato prossimo**, which, as you know, covers other English tenses as well.

Passato prossimo *or* **passato remoto**	*Only* **passato prossimo**
L'anno scorso **sono andato/andai** in Italia.	**Sono** appena **andato** in farmacia.
Last year I went to Italy.	*I have just gone to the drugstore.*
L'anno scorso il Milan **ha vinto/ vinse** lo scudetto.	Non **ho** mai **vinto** a tennis contro mio fratello.
Last year Milan won the championship.	*I have never won at tennis against my brother.*

◈ In general, the **passato remoto** cannot be used to describe an action that has taken place within less than the past twenty-four hours.

Lei è arrivata stamani.	*She arrived this morning.*
Io ho appena giocato a tennis.	*I've just played tennis.*
Alcuni minuti fa hanno chiamato.	*They called a few minutes ago.*

◈ Outside this time restriction, the past absolute can be used, generally, as an alternative.

Passato remoto	Passato prossimo
Lei **arrivò** la settimana scorsa.	Lei **è arrivata** la settimana scorsa.
She arrived last week.	*She arrived last week.*
Io **giocai** a tennis ieri.	Io **ho giocato** a tennis ieri.
I played tennis yesterday.	*I played tennis yesterday.*
Chiamarono alcuni giorni fa.	**Hanno chiamato** alcuni giorni fa.
They called a few days ago.	*They called a few days ago.*

◈ In certain regions of Italy, one or the other tense is preferred in traditional conversational situations: for example, in northern Italy, the **passato prossimo** is more common, whereas in parts of southern Italy the **passato remoto** is more widespread. This situation is however changing.

◈ The **passato remoto** is used as a literary past tense throughout Italy: that is, as the past tense for the narration of historical events:

La seconda guerra mondiale **finì** nel 1945.	*The Second World War ended in 1945.*
Michelangelo **nacque** nel 1475.	*Michelangelo was born in 1475.*

Applicazione

10.27 Il passato. Metti i verbi delle seguenti frasi prima al passato prossimo e poi al passato remoto, usando la parola o l'espressione tra parentesi.

ESEMPIO Giovanni guarda il suo programma preferito. (ieri)
Giovanni ha guardato il suo programma preferito ieri.
Giovanni guardò il suo programma preferito ieri.

1. La partita comincia alle tre. (ieri)
2. La partita finisce alle cinque. (ieri)
3. I ragazzi vanno allo stadio. (due giorni fa)
4. Noi vendiamo tutti gli scarponi e gli sci. (la settimana scorsa)
5. Tu ricevi dei bellissimi regali. (lo scorso Natale)
6. Allo stadio devo comprare il biglietto. (ieri)
7. Io e mia sorella siamo in Italia. (l'estate scorsa)
8. Andate a vedere la gara di nuoto tu e Mario? (avantieri)
9. Maria fa un lungo viaggio in Europa. (tre anni fa)
10. Perché Marco non viene alla festa? (sabato scorso)

10.28 Quiz storico. Uno studente/una studentessa formerà una domanda appropriata (in base alle indicazioni date) usando il passato remoto. Un altro studente/un'altra studentessa risponderà alla domanda, se sa la risposta.

> ESEMPIO inventare/la radio...
> **Chi inventò la radio?**
> **Marconi inventò la radio. / La inventò Marconi.**

1. scrivere/la *Divina commedia*
2. uccidere/Giulio Cesare
3. dipingere/*La Gioconda*
4. scolpire/*il Davide*
5. dire/«Essere o non essere...»
6. vincere/la Coppa del Mondo di calcio nel 1934
7. essere/il primo uomo sulla luna

10.29 Verbi. Completa la seguente tabella con le forme adatte del passato remoto dei verbi indicati.

	avere	essere	bere	chiedere
1.		fummo		chiedemmo
2.	avesti			
3.			bevvero	chiesero
4.	ebbe			
5.			beveste	
6.		fui		

	fare	dire	dare	leggere
7.		dicemmo		leggemmo
8.	facesti			
9.			diedero	
10.	fece			lesse
11.			deste	
12.		dissi		

10.30 Un articolo sportivo. Leggi il seguente articolo, in cui viene descritta una partita di calcio giocata negli anni Sessanta tra le squadre del Milan e dell'Inter. Cerca sul dizionario o su Internet le parole che non conosci e cambia i verbi dal passato prossimo al passato remoto.

La partita ha avuto inizio in perfetto orario. Il Milan è passato subito in vantaggio con Rivera. Rivera ha scartato due avversari e ha messo la palla in rete dietro le spalle del portiere. Il pubblico ha esultato dalla gioia (*approved with joy*) mentre sventolava (*waved*) le bandiere rossonere. Il miraggio (*mirage*) della vittoria ha condizionato negativamente la squadra milanista che, dopo essere passata in vantaggio, ha avuto paura di fallire l'obiettivo. Il Milan ha cominciato a difendere il risultato. Tuttavia l'Inter, dopo che ha cominciato ad attaccare continuamente, ha raggiunto il pareggio a un minuto dal termine.

Facchetti dalla sinistra ha passato al centro per Mazzola che ha segnato indisturbato. Il pubblico è rimasto di stucco (*stunned*). Le squadre sono andate ai supplementari. L'Inter ha fatto subito tremare la squadra avversaria. Al quarto minuto Suarez ha colpito in pieno il palo (*post*) destro della porta milanista. Ma il Milan è tornato subito in vantaggio.

Rivera ha preso la palla a centrocampo, ha scartato due giocatori, è arrivato nell'area di rigore dell'Inter ma, mentre stava per tirare, è caduto a terra spinto (*pushed*) da un difensore. L'arbitro, che era a due passi, ha visto tutto e ha fischiato (*whistled*) il rigore (*penalty*). Lo ha tirato lo stesso Rivera. Il portiere dell'Inter, nonostante il grosso sforzo (*effort*), non è riuscito a fermare la palla. Il Milan in quell'occasione ha conquistato una vittoria molto importante. I tifosi milanisti sono stati molto soddisfatti del risultato.

10.31 Un gol importante. Ecco come un tifoso italiano ricorda il gol di Marco Tardelli nella finale Italia-Germania della Coppa del Mondo 1982. Nel racconto mancano dei verbi. Completalo in modo appropriato con i verbi tra parentesi, mettendoli all'imperfetto o al passato remoto, secondo il caso.

_____ (Essere) una giornata molto calda. Lo stadio Bernabeu di Madrid _____ (essere) pieno. L'Italia e la Germania _____ (affrontarsi) per la finale della Coppa del Mondo. La partita _____ (iniziare) in perfetto orario. Gli Azzurri _____ (attaccare), ma i tedeschi _____ (difendersi) molto bene. Le due squadre _____ (giocare) da trenta minuti quando l'arbitro _____ (dare) un rigore agli Azzurri. Tardelli _____ (tirare) il rigore, ma clamorosamente _____ (sbagliare). Alcuni minuti più tardi, Tardelli _____ (prendere) la palla a centrocampo e la _____ (passare) a Paolo Rossi. Arrivato nell'area di rigore Paolo Rossi _____ (tirare), ma il portiere tedesco _____ (respingere) la palla. _____ (intervenire) Tardelli, il quale _____ (segnare). Gol! Gol! Gol! In quel momento i tifosi italiani di tutto il mondo _____ (impazzire) e _____ (saltare) dalla gioia. L'Italia _____ (vincere) la partita per 3-1 e _____ (conquistare) la Coppa del Mondo per la terza volta.

10.32 **La Coppa del Mondo 1934: Italia-Cecoslovacchia.** Dalla cronaca di questa partita famosa e mitica mancano dei verbi. Completala in modo opportuno mettendo i verbi tra parentesi all'imperfetto o al passato remoto, secondo il caso.

_____ (Essere) il 6 luglio 1934 e l'Italia e la Cecoslovacchia _____ (affrontarsi) nella partita finale della Coppa del Mondo. La gara _____ (giocarsi) a Parigi. Al 16° del primo tempo la Cecoslovacchia _____ (passare) in vantaggio, ma l'Italia _____ (pareggiare) al 33°. Il primo tempo _____ (finire) con il risultato di 1-1. Nel secondo tempo, al 58° Meazza _____ (segnare) il secondo gol per l'Italia. L'incontro _____ (finire) 2-1. L'Italia _____ (conquistare) la Coppa del Mondo. _____ (Essere) la prima volta che l'Italia la _____ (vincere).

William Perugini/Shutterstock.com

COMUNICAZIONE

Parlare dello sport

l'allenamento	*training*	sciare	*to ski*
allenarsi	*to train*	nuotare	*to swim*
fare ginnastica	*to do exercises,*	pattinare	*to skate*
	to work out	correre	*to run*
giocare a	*to play*	il campo da	*tennis court/baseball*
segnare	*to score*	tennis/baseball	*field*
perdere	*to loose*	la palestra	*gym*
vincere	*to win*	lo spogliatoio	*dressing room*
pareggiare	*to draw*	lo stadio	*stadium*
sconfiggere	*to beat, defeat*	la gara	*competition*

Applicazione

10.33 Indovinelli. Di' a che cosa o a chi corrispondono le seguenti definizioni.

1. Il campo dove si giocano le partite di calcio.
2. Il contrario di vincere.
3. La stanza in cui si spogliano *(undress)* gli atleti.
4. La persona che allena una squadra di calcio, per esempio.
5. Conseguire un pareggio in una partita.

10.34 Lavoro di ricerca. Cerca su Internet qualche articolo sportivo di un quotidiano *(daily newspaper)* italiano. Poi elenca le parole ed espressioni sportive che non conosci e, con l'aiuto del dizionario e dell'insegnante, prova a definirle. Riporta le parole alla classe.

10.35 Conosci il linguaggio sportivo? Alcune delle seguenti parole sono state introdotte precedentemente in questo libro. Altre, invece, sono nuove e tu dovrai provare a indovinarle. Poi controllale in un dizionario o su Internet.

ESEMPIO Guida la macchina.
un automobilista

1. Corre.
2. Addestra gli atleti/le atlete o le squadre.
3. Sorveglia le gare sportive.
4. L'antagonista di gioco.
5. Chi ha perso la partita.
6. Un gruppo di giocatori.
7. Sostenitore di una squadra.
8. Chi ha vinto una partita.
9. Nuota nelle gare di nuoto.
10. Pattina nelle gare di pattinaggio.
11. Pratica la ginnastica.
12. Salta nelle gare di salto.
13. Scia nelle gare di sci.
14. Gioca a tennis.
15. Si tuffa nelle gare di tuffo.

10.36 Sei uno sportivo/una sportiva? Rispondi liberamente alle seguenti domande.

1. Qual è il tuo sport preferito? Perché? Lo pratichi regolarmente?
2. Vai spesso a vedere partite? Se sì, quali?
3. Guardi spesso i programmi sportivi in TV o su Internet? Quali e perché?
4. Qual è, secondo te, la funzione sociale dello sport?
5. È importante il ruolo sociale che svolge lo sport oggi?

NOTA CULTURALE

Gli Azzurri

Gli atleti che giocano nelle squadre nazionali italiane indossano *(wear)* una maglia azzurra e per questo motivo vengono chiamati «Azzurri».

Perché? A quanto pare questo colore ha sempre avuto valori simbolici particolari in Italia. C'è, per esempio, il Principe Azzurro *(Prince Charming)*, il quale indossa l'azzurro perché era il colore della nobiltà. In araldica *(heraldry)*, l'azzurro è uno dei cinque colori principali dello scudo *(armor, shield)*. L'azzurro, che ancora oggi è considerato il colore più nobile, in Italia fu distintivo dei Guelfi. Di conseguenza, un/un'atleta della squadra nazionale italiana che gareggia negli incontri internazionali viene, inconsciamente, considerato «nobile».

Applicazione

10.37 Ricordi quello che hai letto? Rispondi alle seguenti domande.

1. Di che colore è la maglia indossata dagli atleti che giocano nelle squadre nazionali italiane? Perché?
2. Chi è il Principe Azzurro?
3. Sai quali sono i cinque colori dello scudo in araldica?
4. Come viene considerato un/un'atleta della squadra nazionale italiana?

10.38 Ricerca storica. Fa' una ricerca sui Guelfi e sui Ghibellini, riportando alla classe quello che trovi.

MOMENTO CREATIVO

Diverse coppie di studenti/studentesse dovranno mettere in scena la seguente situazione.

Due giocatori/giocatrici di calcio della squadra nazionale italiana bisticciano *(pick on each other, argue)*, dopo che la squadra avversaria ha segnato il gol vincente. Alla fine, però, fanno pace.

DALLA LETTERATURA ITALIANA

Prima di leggere

10.39 I segni del buono e del cattivo tempo. Nella poesia che segue, l'autore scrive che, dopo la tempesta, sente gli uccelli che «fanno festa», cantano e si divertono. Il canto degli uccelli o di altri animali (come anche altri segni della natura) può aiutarci a prevedere che tempo farà. Tu sai riconoscere questi segni di buono o cattivo tempo? Prova a fare il seguente test e lo scoprirai. Controlla il significato delle parole che non sai in un dizionario o su Internet.

		Farà bel tempo	Farà cattivo tempo
1.	Il cielo è rosso di sera.	_____	_____
2.	Il cielo è rosso di mattina.	_____	_____
3.	Ci sono pochi tuoni e molti lampi.	_____	_____
4.	Il cielo è a pecorelle *(little clouds)*.	_____	_____
5.	Il sale diventa umido.	_____	_____
6.	Le rane *(frogs)* gracidano *(croak)*.	_____	_____
7.	I passeri cantano continuamente insieme.	_____	_____
8.	Le rondini volano alto.	_____	_____
9.	La nebbia al mattino è sui monti.	_____	_____
10.	I gatti si passano le zampe dietro le orecchie.	_____	_____

Risposte

Farà bel tempo   1, 2, 6, 8

Farà cattivo tempo   3, 4, 5, 7, 9, 10

Passata è la tempesta;
odo[1] augelli[2] far festa, e la gallina[3],
tornata in su la via,
che ripete il suo verso[4]. Ecco il sereno
rompe là da ponente[5], alla montagna;
sgombrarsi[6] la campagna
e chiaro nella valle il fiume appare.

Ogni cor[7] si rallegra, in ogni lato
risorge il romorio[8],
torna il lavoro usato.
L'artigiano a mirar[9] l'umido cielo,
con l'opra in man[10], cantando,
farsi in su l'uscio[11]; a prova
vien fuor la femminetta a cor dell'acqua
della novella piova[12];
e l'erbaiol rinnova
di sentiero[13] in sentiero
il grido[14] giornaliero.

Ecco il sol che ritorna, ecco sorride
per li poggi[15] e le ville. Apre i balconi,
apre terrazzo e logge la famiglia;
e, dalla via corrente, odi[16] lontano
tintinnio di sonagli[17]; il carro[18] stride
del passegger che il suo cammin ripiglia[19].

Si rallegra ogni core.
Sì dolce, sì gradita
quand'è, com'or, la vita?
Quando con tanto amore
l'uomo a' suoi studi intende?
o torna all'opre? o cosa nova imprende?
Quando de' mali suoi men si ricorda?
Piacer figlio d'affanno[20];
gioia vana, ch'è frutto
del passato timor[21], onde[22] si scosse
e paventò[23] la morte
chi la vita abborria[24];
onde in lungo tormento,
fredde, tacite[25], smorte[26]
sudar le genti e palpitar[27], vedendo
mossi alle nostre offese
folgori[28], nembi[29] e vento.

[1]*I hear* [2]*birds* [3]*chicken* [4]*sound* [5]*from the west* [6]*to become empty* [7]*heart* [8]*clamor* [9]*to look at* [10]*his work in his hand* [11]*make the door* [12]*new rain* [13]*trail, path* [14]*yell* [15]*through the hills* [16]*you can hear* [17]*clanging of bells* [18]*cart* [19]*who resumes his stroll* [20]*worry, breathlessness* [21]*fear* [22]*where* [23]*feared* [24]*abhorred* [25]*quiet* [26]*lifeless* [27]*to palpitate, throb* [28]*thunderbolts* [29]*clouds*

O natura cortese,
son questi i doni tuoi,
questi i diletti[30] sono
che tu porgi ai mortali. Uscir di pena
è diletto fra noi.
Pene tu spargi a larga mano; il duolo[31]
spontaneo sorge; e di piacer, quel tanto
che per mostro e miracol talvolta
nasce d'affanno[32], è gran guadagno[33]. Umana
prole[34] cara agli eterni! assai felice
se respirar ti lice[35]
d'alcun dolor; beata
se te d'ogni dolor morte risana[36].

[30]*pleasures* [31]*ache* [32]*sigh* [33]*gain, advantage* [34]*progeny, offspring, species* [35]*you are fond of* [36]*heals*

Applicazione

10.40 Lessico letterario. Trova nella poesia le parole corrispondenti ai seguenti vocaboli.

ESEMPIO   porta
          uscio

1. sentire
2. odiare
3. paura
4. quieto, silenzioso
5. uccelli
6. piacere
7. rumore
8. regalo
9. figli
10. occidente, ovest
11. collina
12. dolore
13. temere
14. nuvola
15. lampo

10.41 Ricordi quello che hai letto? Rispondi alle seguenti domande.

1. Che cosa è appena passata?
2. Chi torna sulla via?
3. Che cosa appare nella valle?
4. Che cosa si rallegra?
5. Che fa l'artigiano?
6. Che fa l'erbaiolo?
7. Che fa il sole?
8. Com'è la gioia?
9. Quali sono i doni della natura?
10. Che cosa sparge la natura?

10.42 Discussione in classe. Rispondi alle seguenti domande e discuti le tue risposte con gli altri membri della classe.

1. Qual è, secondo te, il tema di questa poesia?
2. Quali sono, secondo te, i versi più difficili da capire nella poesia? Discuti con gli altri studenti il loro significato.
3. Quali sono le immagini (*images*) della poesia che più ti piacciono? Perché?
4. È vero che dopo una tempesta diventiamo più felici? Perché sì/no?

10.43 Giochiamo con le parole. Scrivi la forma completa o più comune o moderna delle seguenti parole.

ESEMPI   far (forma incompleta)
            fare

            cor
            cuore

1. su la
2. mirar
3. man
4. vien
5. fuor
6. sol
7. cammin
8. a'
9. de'
10. miracol

10.44 Ricordi i versi della poesia? Indica i versi in cui il poeta riflette…

1. sulla condizione umana.
2. sulla vanità del piacere.
3. sullo stato infelice dell'umanità.

10.45 Intervista storica a Leopardi. Metti in scena con un tuo compagno/una tua compagna la seguente intervista.

Giacomo Leopardi (1798-1837) fu uno dei più grandi poeti italiani. La sua poesia evoca sempre immagini di solitudine e di pena. Era un pessimista. Nell'ottica *(in the framework)* del programma televisivo intitolato *Tornare indietro nel tempo!* l'intervistatore/l'intervistatrice (interpretato(-a) da uno studente/una studentessa) intervisterà Leopardi (interpretato da un altro studente/un'altra studentessa) e gli chiederà di interpretare la sua poesia. Cercherà poi di convincerlo che il mondo è cambiato. Ma Leopardi non ci crede. L'intervista termina quando Leopardi dice qualcosa di veramente inaspettato *(unexpected)*.

PARTE 4ª

CON FANTASIA

Attività generali

10.46 Il campionato di Serie A. Va' su Internet e studia i risultati e la classifica attuali *(current)* del campionato italiano di calcio di Serie A. Poi rispondi alle seguenti domande.

1. Quale squadra è prima in classifica? Quanti punti ha?
2. Chi ha giocato contro il Milan? Chi ha vinto?
3. Chi ha giocato contro l'Udinese? Chi ha vinto?
4. Qual è stato il risultato più sorprendente, secondo te?
5. Quale calciatore ha segnato più gol di tutti?

10.47 Secondo te...

1. Chi sono i calciatori più bravi oggi?
2. Con quali squadre giocano?
3. Quali sono le squadre vincenti?
4. Quali squadre sono ancora in Serie A?
5. Quali sono invece in altre serie?

Dal mondo italiano

10.48 Le previsioni del tempo. Studia le seguenti previsioni metereologiche riportate da un giornale italiano. Poi indica che tempo fa oggi nelle varie parti d'Italia e quali erano le temperature ieri nelle principali città italiane.

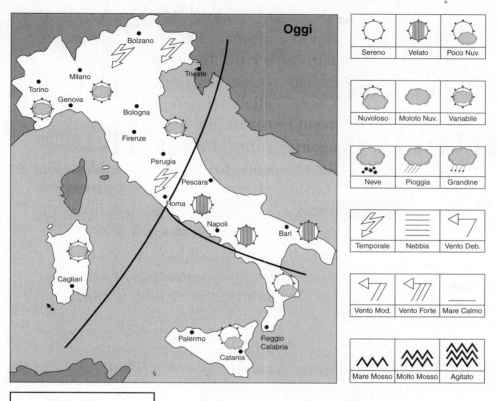

TEMPERATURE								
Ieri in Italia								
Bolzano	15	23	Firenze	21	28	Napoli	17	29
Verona	17	30	Pisa	17	25	Potenza	18	27
Trieste	22	27	Perugia	17	25	S.M. di Leuca	20	23
Venezia	19	29	Pescara	26	30	R. Calabria	15	28
Milano	15	27	L' Aquila	16	25	Messina	21	27
Torino	15	26	Roma Urbe	28	19	Palermo	22	28
Genova	19	22	Roma Fiumic.	21	26	Catania	13	33
Bologna	20	28	Campobasso	19	24	Alghero	17	25
			Bari	20	36	Cagliari	18	31

Navigare su Internet

Per ulteriori attività online, visita il seguente sito: www.wiley.com/college/danesi

10.49 Ricerche online. Va' su Internet e cerca un sito sportivo in Italia, e poi indica alla classe le informazioni che ci trovi (per esempio, i risultati delle gare o delle partite).

© Enrico Fianchini/iStockphoto

Carattere e personalità

AVVIO

Quanto sai già?

11.1 Il gioco dei contrari. Conosci la parola che indica la qualità o la nozione contraria? Se sì, indicala al resto della classe.

> **ESEMPIO** basso
> **alto**

1. antipatico
2. energico
3. ricco
4. piccolo
5. brutto
6. avaro
7. bravo
8. furbo

11.2 Le caratteristiche dei VIP. Identifica un/un'artista del cinema o della televisione che ha, secondo te, la qualità indicata.

> **ESEMPIO** intelligente
> **Vanessa Redgrave/Morgan Freeman/...**

1. erotico(-a)
2. socievole
3. sexy
4. sensuale
5. lunatico(-a)
6. schietto(-a)
7. quieto(-a)
8. bravo(-a)
9. divertente
10. gentile
11. forte
12. altruista

11.3 Il mondo delle superstizioni. Scopri questo mondo, facendo il seguente test. Non dimenticare di controllare l'analisi delle tue risposte alla fine del test.

1. Quando si sente parlare di disgrazie *(misfortunes)* o di morte...
   a. bisogna toccare ferro o legno.
   b. bisogna cominciare a ridere per allontanare *(keep away)* la cattiva fortuna.

2. Il ferro di cavallo *(horseshoe)* porta fortuna perché...
   a. è simbolo di «ricchezza».
   b. ha la forma della lettera *C*, la prima lettera del nome di Cristo.

3. Se si incontra un gatto nero mentre si cammina...
   a. bisogna spaventarlo *(scare him)* perché se si spaventa non porterà sfortuna *(bad luck)*.
   b. bisogna cambiare strada.

4. Il gatto nero porta sfortuna perché...
   a. il colore nero è simbolo di lutto *(mourning)*.
   b. il gatto è un animale imprevedibile.

5. Aprire un ombrello in casa...
   a. porta bene.
   b. porta male.

6. Passare sotto una scala...
   a. porta bene.
   b. porta male.

7. Quando cade del sale per terra...
   a. bisogna raccoglierlo immediatamente.
   b. bisogna buttarsene un po' dietro le spalle.

8. Per gli italiani il numero diciassette porta sfortuna perché...
   a. per gli antichi romani il numero «XVII» era l'anagramma della parola «VIXI», e cioè «ho vissuto, sono morto».
   b. perché Giulio Cesare fu ucciso il 17 marzo.

9. In molte nazioni il numero tredici è considerato un numero sfortunato perché...
   a. è il giorno in cui è scoppiata la seconda guerra mondiale.
   b. è il numero delle persone presenti all'Ultima Cena, dopo la quale Cristo fu crocifisso.

10. Per gli italiani, invece, il tredici è un numero fortunato perché...
    a. fare tredici vuol dire vincere al totocalcio.
    b. il 13 dicembre si celebra la festa di Santa Lucia.

Analisi delle risposte

8-10 risposte corrette:	Hai un'ottima conoscenza del mondo delle superstizioni. Questa conoscenza è dovuta al fatto che sei superstizioso(-a)?
5-7 risposte corrette:	Hai una discreta conoscenza del mondo delle superstizioni.
1-4 risposte corrette:	Hai una scarsa conoscenza del mondo delle superstizioni.

Le risposte corrette:
1-a, 2-b, 3-b, 4-a, 5-b, 6-b, 7-b, 8-a, 9-b, 10-a

Prima di leggere

11.4 Conosci i segni dello zodiaco? Se sì, completa la seguente tabella e poi leggila in classe.

Segni zodiacali	Mese, giorni	Caratteristiche generali
Ariete		
Toro		
Gemelli		
Cancro		
Leone		
Vergine		
Bilancia		
Scorpione		
Sagittario		
Capricorno		
Acquario		
Pesci		

Lettura   *L'oroscopo di Marcello*

Ariete
Per i nati sotto questo segno sta per arrivare un'occasione professionale tutta particolare.

Toro
Chi è nato sotto questo segno dovrà concedersi più tempo per riposare.

Gemelli
I nati sotto questo segno dovranno essere più amabili nelle loro relazioni d'amore.

Cancro
I nati sotto questo segno passeranno un periodo molto felice.

Leone
I nati sotto questo segno avranno giorni di grande fortuna.

Vergine
I nati sotto questo segno saranno contenti e soddisfatti di quello che è successo recentemente.

Bilancia
I nati sotto questo segno conseguiranno una serie di grandi successi professionali.

Scorpione
Buone notizie per chi è nato sotto questo segno: la sua fortuna sta per cambiare.

Sagittario
I nati sotto questo segno avranno tante belle cose da fare questo mese.

Capricorno
I nati sotto questo segno faranno una vacanza indimenticabile tra breve.

Acquario
I nati sotto questo segno dovranno approfittare delle feste per trascorrere più tempo insieme al proprio/alla propria partner.

Pesci
Per i nati sotto questo segno sta per arrivare il vero amore.

Applicazione

11.5 Ricordi quello che hai letto? Completa le frasi scegliendo la risposta giusta.

1. Per i nati sotto il segno dell'Ariete…
   a. sta per arrivare un'occasione professionale tutta particolare.
   b. sta per arrivare un'occasione romantica tutta particolare.

2. I nati sotto il segno del Toro…
   a. dovranno impegnarsi un po' di più nel lavoro.
   b. dovranno concedersi un po' di relax.

3. I nati sotto il segno dei Gemelli…
   a. dovranno essere più disponibili nelle loro relazioni d'amore.
   b. dovranno essere più amabili nelle loro relazioni romantiche.

4. I nati sotto il segno del Cancro…
   a. passeranno un periodo molto felice.
   b. passeranno un periodo molto difficile.

5. I nati sotto il segno del Leone…
   a. avranno giorni di grandi difficoltà.
   b. avranno giorni di grande fortuna.

6. I nati sotto il segno della Vergine…
   a. saranno contenti e soddisfatti di quello che è successo recentemente.
   b. saranno cauti, in seguito a quanto successo di recente.

7. I nati sotto il segno della Bilancia…
   a. avranno un periodo di grande successo professionale.
   b. faranno nuove esperienze romantiche.

8. Per i nati sotto il segno dello Scorpione…
   a. sta per arrivare qualcosa di inaspettato.
   b. sta per cambiare la loro fortuna.

9. I nati sotto il segno del Sagittario…
   a. avranno poco da fare questo mese.
   b. avranno tante belle cose da fare questo mese.

10. I nati sotto il segno del Capricorno…
    a. faranno una vacanza indimenticabile tra poco.
    b. faranno un viaggio di ritorno.

11. I nati sotto il segno dell'Acquario…
    a. dovranno approfittare delle feste per stare insieme col proprio partner.
    b. dovranno approfittare delle feste per cercare un nuovo partner.

12. Per i nati sotto il segno dei Pesci…
    a. il vero amore sta per arrivare.
    b. il vero amore deve essere ricercato con più energia.

11.6 Il mio oroscopo. Va' su Internet e cerca l'oroscopo di oggi. Riassumi brevemente ciò che l'oroscopo dice a proposito del tuo segno. Cos'è previsto per te nel lavoro? E nell'amore? Come sarà la tua salute? Cosa ti viene consigliato? Quale sarà il tuo giorno favorevole?

11.7 Parliamone! Rispondi liberamente alle seguenti domande.

1. Credi nell'oroscopo? Perché sì/no? Se ci credi, lo leggi regolarmente?
2. Perché, secondo te, gli oroscopi sono tanto popolari?
3. Sei mai stato(-a) da un/una chiromante *(fortune-teller)*? Se sì, perché? Racconta l'esperienza che hai avuto.
4. Si è mai avverata *(come true)* una previsione zodiacale nei tuoi riguardi? Se sì, racconta la situazione.
5. Sei superstizioso(-a)? C'è qualche superstizione che temi più delle altre?

Vocabolario

Attributi (prima parte)

alto	*tall*	basso	*short*
altruista	*altruist*	egoista	*selfish*
avaro	*greedy, stingy*	generoso	*generous*
bello	*beautiful, handsome*	brutto	*ugly*
bravo	*good (especially at something)*	incompetente	*incompetent*
buono	*good*	cattivo	*bad*
debole	*weak*	forte	*strong*
educato	*well-mannered, polite*	maleducato	*ill-mannered, rude*
furbo	*sly, clever, cunning*	ingenuo	*ingenuous, naive*
gentile	*gentle, kind*	rozzo	*rough, crude*
grande	*big*	piccolo	*small*

Applicazione

11.8 Caratteristiche opposte. Indica che la persona specificata tra parentesi ha la caratteristica opposta. Segui l'esempio.

ESEMPIO Mia sorella è molto alta. (tuo cugino)
Tuo cugino, invece, è molto basso.

1. I suoi amici sono altruisti. (i miei amici)
2. Lui è un uomo avaro. (lei)
3. Mia madre è una donna gentile. (suo padre)
4. La mia amica ha sposato un uomo furbo. (mia sorella)
5. Tua cugina è molto brava. (tuo cugino)
6. Marco è un ragazzo debole. (Maria)

11.9 Tu sei avaro(-a) o generoso(-a)? Rispondi alle domande seguenti.

1. Chi nella tua famiglia è avaro(-a)? Chi, invece, è generoso(-a)?
2. Descrivi la persona più grande che conosci. Adesso, descrivi la persona più piccola che conosci.
3. Chi dei tuoi amici/delle tue amiche è il/la più maleducato(-a)?
4. Chi dei tuoi amici/delle tue amiche o parenti è il/la più gentile? Chi è il/la più rozzo(-a)?

11.10 Al contrario! Indovina il tratto e poi indica quello contrario.

ESEMPIO   Persona disponibile ad aiutare gli altri.
         Un/un'altruista
         (contrario) **un/un'egoista**

1. Persona abile e capace.
2. Persona corretta.
3. Persona che manca di vigore o di forza.
4. Persona astuta come una volpe *(fox)*.
5. Persona attaccata *(attached)* al proprio denaro.

GRAMMATICA

Superlativi

◈ The suffix **-issimo** can be added to any adjective or adverb to express *very*, and thus to add emphasis. The final vowel of the adjective is dropped before adding **–issimo**.

Carlo è molto intelligente.   Carlo è intelligentissimo.
Carlo is very intelligent.   *Carlo is very intelligent.*

Maria è molto brava.   Maria è bravissima.
Mary is very good (kind-hearted).   *Mary is very good (kind-hearted).*

Gli studenti sono molto furbi.   Gli studenti sono furbissimi.
The students are very clever.   *The students are very clever.*

Le sue amiche sono molto generose.   Le sue amiche sono generosissime.
His/her friends are very generous. *His/her friends are very generous.*

◈ For an adjective ending in **-co**, the emphatic superlative is derived from the masculine plural form of the adjective, which may end in either **-ci** or **-chi**, as discussed in a previous chapter.

molto simpatico (simpatici)   simpaticissimo(-a)
molto ricco (ricchi)   ricchissimo(-a)

Applicazione

11.11 Il mio amico è bellissimo! Indica che la persona o le persone menzionate tra parentesi hanno il tratto specificato in modo superlativo.

ESEMPI   bello (il mio amico)
               Il mio amico è bellissimo!

               bello (le tue cugine)
               Le tue cugine sono bellissime!

1. alto (mio fratello)
2. intelligente (tua sorella)
3. bravo (sua madre)
4. simpatico (suo padre)
5. ricco (i loro amici)
6. gentile (mio nonno)
7. buono (quel bambino)
8. elegante (le sue amiche)
9. forte (i miei amici)

Il futuro

◇ Like English, Italian has two future tenses, the **futuro semplice** *(simple future)* and the **futuro anteriore** *(future perfect)*. The simple future allows you to express an action that will occur in the future *(I will love, you will receive, he will finish)*. It is formed by dropping the final **-e** of the infinitive of all three conjugations and adding the endings **-ò**, **-ai**, **-à**, **-emo-**, **-ete-**, **anno**. The **-a-** of the infinitive of first-conjugation verbs, moreover, is changed to **-e-**.

	amare → amer- *(to love)*	ricevere → ricever- *(to receive)*	finire → finir- *(to finish)*
io	amer**ò**	ricever**ò**	finir**ò**
tu	amer**ai**	ricever**ai**	finir**ai**
lui/lei/Lei	amer**à**	ricever**à**	finir**à**
noi	amer**emo**	ricever**emo**	finir**emo**
voi	amer**ete**	ricever**ete**	finir**ete**
loro/Loro	amer**anno**	ricever**anno**	finir**anno**

◇ This formation pattern applies as well to verbs like **tradurre** (**tradurrò**, **tradurrai**) and **porre** (**porrò**, **porrai**).

◆ Verbs ending in **-care** and **-gare** require the addition of **h**, indicating that the hard **c** and **g** sounds are retained:

cercare → cercher-
cercherò, cercherai, cercherà, cercheremo, cercherete, cercheranno

pagare → pagher-
pagherò, pagherai, pagherà, pagheremo, pagherete, pagheranno

◆ The **-i-** of the infinitive of verbs in **-ciare** and **-giare** is dropped.

cominciare → comincer-
comincerò, comincerai, comincerà, cominceremo, comincerete, cominceranno

mangiare → manger-
mangerò, mangerai, mangerà, mangeremo, mangerete, mangeranno

◆ Most irregular verbs in the future are formed by dropping both vowels of the infinitive suffix and adding the future endings. For example, the future of the verb **andare** is formed by first dropping the **-e** (**andar-**), then the **-a-** (**andr-**), and adding the regular endings (**andrò, andrai, andrà**, ecc.). The main verbs conjugated this way are:

andare	**(andr-)**	andrò, andrai, andrà, andremo, andrete, andranno
avere	**(avr-)**	avrò, avrai, avrà, avremo, avrete, avranno
cadere	**(cadr-)**	cadrò, cadrai, cadrà, cadremo, cadrete, cadranno
dovere	**(dovr-)**	dovrò, dovrai, dovrà, dovremo, dovrete, dovranno
godere	**(godr-)**	godrò, godrai, godrà, godremo, godrete, godranno
potere	**(potr-)**	potrò, potrai, potrà, potremo, potrete, potranno
sapere	**(sapr-)**	saprò, saprai, saprà, sapremo, saprete, sapranno
vedere	**(vedr-)**	vedrò, vedrai, vedrà, vedremo, vedrete, vedranno
vivere	**(vivr-)**	vivrò, vivrai, vivrà, vivremo, vivrete, vivranno

◆ Note the irregular future forms of the following verbs.

bere	**(berr-)**	berrò, berrai, berrà, berremo, berrete, berranno
dare	**(dar-)**	darò, darai, darà, daremo, darete, daranno
dire	**(dir-)**	dirò, dirai, dirà, diremo, direte, diranno
essere	**(sar-)**	sarò, sarai, sarà, saremo, sarete, saranno
fare	**(far-)**	farò, farai, farà, faremo, farete, faranno
rimanere	**(rimarr-)**	rimarrò, rimarrai, rimarrà, rimarremo, rimarrete, rimarranno
stare	**(star-)**	starò, starai, starà, staremo, starete, staranno
tenere	**(terr-)**	terrò, terrai, terrà, terremo, terrete, terranno
venire	**(verr-)**	verrò, verrai, verrà, verremo, verrete, verranno
volere	**(vorr-)**	vorrò, vorrai, vorrà, vorremo, vorrete, vorranno

◈ As mentioned, the **futuro semplice** is used to express simple future actions. It can be rendered in English in three ways.

Fra un mese andrò a Roma.

> In a month I will go to Rome.
> In a month I will be going to Rome.
> In a month I am going to Rome.

Presto riceverai una proposta di lavoro.

> Soon you will receive a job offer.
> Soon you will be receiving a job offer.
> Soon you are going to receive a job offer.

◈ The future perfect (*I will have eaten, I will have gone*) is formed with the future of the auxiliary verb, **avere** or **essere**, and the past participle of the verb.

	mangiare (to eat)	andare (to go)
io	avrò mangiato	sarò andato(-a)
tu	avrai mangiato	sarai andato(-a)
lui/lei/Lei	avrà mangiato	sarà andato(-a)
noi	avremo mangiato	saremo andati(-e)
voi	avrete mangiato	sarete andati(-e)
loro/Loro	avranno mangiato	saranno andati(-e)

◈ The **futuro anteriore** is used to express an action that will be completed before a simple future action.

Quando leggerai l'oroscopo, la situazione **sarà** già **migliorata**.
When you read the horoscope, the situation will have already improved.

Quando arriverai a New York, io **sarò** già **partito** per le vacanze.
When you arrive in New York, I will have already left for my holidays.

◈ In clauses introduced by **se** *(if)*, **quando** *(when)*, **appena** *(as soon as)*, **dopo che** *(after)* and other temporal conjunctions, the future is implied and can be expressed in two ways.

- If the main verb is in the present, the verb in the dependent clause should also be in the present: **Se Mario va alla festa, ci vado anch'io.** *If Mario goes to the party, I'll go too.*

- If the main verb is in the future, the verb in the dependent clause should also be in the future: **Se Mario andrà alla festa, ci andrò anch'io.** *If Mario goes to the party, I'll go too.*

◈ In conversational Italian, the two tenses can be mixed: **Se Mario va alla festa, ci andrò anch'io. / Se Mario andrà alla festa, ci vado anch'io.**

◈ The future is used to express probability or supposition. It often renders the English modal construction *must/must have*.

Quanto costa?
How much does it cost?

Costerà 100 euro.
It must cost 100 euro.

Quanto è costato?
How much did it cost?

Sarà costato 100 euro.
It must have cost 100 euro.

A che ora arriveranno?
At what time are they arriving?

Arriveranno alle cinque.
They are probably arriving at five.

A che ora sono arrivati?
At what time did they arrive?

Saranno arrivati alle cinque.
They must have arrived at five.

MATTES RenÃ©/Getty Images

Applicazione

11.12 Alla ricerca del futuro. Nell'oroscopo che hai letto a pagina 309 ci sono diversi verbi al futuro. Identificali, indicando l'infinito.

ESEMPIO (Ariete) Non sarà impossibile!
sarà
(infinito) **essere**

11.13 L'angolo dei buoni propositi (resolutions, intentions). All'inizio di ogni anno si fanno dei buoni propositi per l'anno nuovo. Indica i propositi delle seguenti persone, usando il verbo al futuro al posto della costruzione modale. Segui l'esempio.

ESEMPIO   Io *voglio smettere* di guardare la TV.
              Infatti, io smetterò di guardare la TV.

1. Carlo e Luisa vogliono studiare di più.
2. Salvatore vuole cercare di essere meno aggressivo.
3. La bambina vuole mangiare meno dolci.
4. Noi vogliamo essere più sinceri.
5. Tu vuoi arrabbiarti di meno.
6. Loro vogliono litigare di meno.
7. Il professore vuole essere meno severo.
8. Loro vogliono essere più pazienti.

11.14 I buoni propositi in classe. Chiedi a un compagno/una compagna di fare un buon proposito per la settimana prossima. Poi, rivela il suo proposito agli altri membri della classe, usando il futuro.

ESEMPIO   **Carlo ha detto che starà più attento alle spiegazioni dell'insegnante.**

11.15 Oroscopo del mese. Metti al futuro semplice i verbi fra parentesi del seguente oroscopo.

1. *Ariete:* Per voi questo mese _____ (cominciare) molto bene.
2. *Toro:* La fortuna vi _____ (sorridere) e finalmente voi _____ (pagare) un vecchio debito.
3. *Gemelli:* I vostri impegni di lavoro o di studio _____ (risultare) molto faticosi; la situazione economica vi _____ (potere) costare qualche sacrificio.
4. *Cancro:* Tu _____ (fare) un lungo viaggio, _____ (fare) molte cose nuove, _____ (avere) molte nuove opportunità e _____ (cercare) di fare nuove amicizie.
5. *Leone:* Alcune novità importanti vi _____ (fare) capire quanto sia bella la vita.
6. *Vergine:* _____ (essere) un anno proficuo: a te non _____ (mancare) le occasioni per migliorare la tua posizione economica.
7. *Bilancia:* Tu _____ (ricevere) delle ottime proposte di lavoro e _____ (avere) una proposta d'amore inaspettata.
8. *Scorpione:* Un importante incontro _____ (potere) cambiare sensibilmente la vostra vita.
9. *Sagittario:* La tua compagna _____ (essere) molto gentile con te questo mese, _____ (venire) spesso a trovarti, _____ (rimanere) a lungo con te, e insieme _____ (divertirsi) a non finire!
10. *Capricorno:* La tua attesa di novità in amore _____ (prolungarsi) ancora per molto tempo.
11. *Acquario:* Cambiate atteggiamento e _____ (vedere) che ogni cosa _____ (assumere) un diverso rilievo.
12. *Pesci:* Il momento è favorevole per te e ne _____ (dovere) approfittare.

11.16 La catena magica. Segui la catena logicamente finché arrivi al punto di partenza. Segui l'esempio.

ESEMPIO   1. svegliarsi
          2. fare colazione
          3. uscire
          Dopo che mi sarò svegliato(-a), farò colazione.
          Dopo che avrò fatto colazione, uscirò.

16. ADDORMENTARSI	1. SVEGLIARSI	2. FARE COLAZIONE	3. USCIRE	4. PORTARE LA MACCHINA DAL MECCANICO
15. ANDARE A LETTO				5. INCONTRARE DEGLI AMICI IN UN BAR
14. GUARDARE IL TELEGIORNALE				6. FARSI UN CAFFÈ CON GLI AMICI
13. RIENTRARE A CASA				7. RITORNARE A CASA
12. PORTARE LA RAGAZZA/ IL RAGAZZO FUORI A CENA	11. ANDARE AL CINEMA	10. USCIRE CON LA RAGAZZA/IL RAGAZZO	9. RIPOSARSI	8. FARE UNO SPUNTINO

11.17 Chissà dove sarà! Marco ha un appuntamento con i suoi amici ma non è ancora arrivato. Come mai? Ecco cosa pensano i suoi amici. Segui l'esempio usando il futuro o il futuro anteriore a seconda *(according to)* della situazione.

ESEMPI   stare ancora dormendo
         Starà ancora dormendo. *(He must be still sleeping.)*

         arrivare i suoi parenti dall'Italia
         Saranno arrivati i suoi parenti dall'Italia. *(His relatives must have arrived from Italy.)*

1. arrivare in ritardo, come al solito
2. fermarsi per un caffé al bar con la sua fidanzata
3. stare male
4. svegliarsi tardi
5. dimenticarsi
6. fermarsi per comprare qualcosa
7. avere un incidente
8. esserci molto traffico
9. avere altri impegni

11.18 Non lo so... Rispondi liberamente alle seguenti domande usando il futuro di probabilità. Segui l'esempio.

> **ESEMPIO** Quanti anni ha il fidanzato di Paola?
> **Non lo so... Avrà venticinque anni.**

1. Che ore sono?
2. Dov'è Maria?
3. Perché Paolo non mangia la carne?
4. Quante persone c'erano alla festa ieri sera?
5. Chi ha telefonato a Marcello?
6. Quanto costa quel diamante *(diamond)*?

11.19 Verbi. Usa ciascuno dei seguenti verbi in altrettante frasi che ne illustrino il loro uso al futuro semplice o al futuro anteriore.

1. dare	6. venire	11. bere
2. dire	7. tenere	12. sapere
3. fare	8. dovere	13. vedere
4. stare	9. rimanere	14. potere
5. volere	10. essere	15. godere

COMUNICAZIONE

Parlare di sé e degli altri

Carattere	**Character**
dolce	*sweet*
romantico	*romantic*
serio	*serious*
sensibile	*sensitive*
Capelli	**Hair**
castani	*brown*
neri	*black*
biondi	*blond*
lunghi	*long*
corti	*short*
rossi	*red*
grigi	*gray*
bianchi	*white*
Occhi	**Eyes**
celesti	*blue*
castani	*brown*
verdi	*green*

Applicazione

11.20 Cercasi anima gemella! Leggi i seguenti annunci di persone che cercano la loro anima gemella *(soul mate)* attraverso un sito sociale e rispondi alle domande che seguono con frasi complete.

1. Mi chiamo Luca e ho 20 anni. Sono single, sensibile e romantico; ho occhi celesti e capelli biondi. Cerco ragazza sincera, amante della natura e dei viaggi, possibilmente laureata.
   a. Quanti anni ha Luca?
   b. Luca è sposato?
   c. Di che colore sono gli occhi di Luca? E i capelli?
   d. Che tipo di ragazza cerca Luca, secondo te?

2. Sono Francesca. Ho 34 anni e studio economia e commercio. Sono single, carina, molto dolce. Cerco un ragazzo simile a me, alto, affettuoso, serio e di buon carattere.
   a. Come si chiama la ragazza?
   b. Quanti anni ha?
   c. Com'è di carattere?
   d. Cosa studia?
   e. Che tipo di ragazzo cerca?

3. Ho 50 anni. Mi chiamo Pietro. Sono del segno dei Pesci, single, timido, allegro e ottimista; ho gli occhi e i castani. Cerco una donna riservata e colta, scopo matrimonio.
   a. Di che segno è Pietro?
   b. Pietro è sposato?
   c. Com'è di carattere Pietro?
   d. Di che colore sono i suoi capelli?
   e. E gli occhi?
   f. Che tipo di donna cerca?
   g. Per quale scopo?

11.21 Chi sono e chi cerco? Ora scrivi tu un annuncio, simile a quelli precedenti, dicendo chi sei e chi cerchi. Leggilo in classe.

NOTA CULTURALE

Le formule di cortesia

La cortesia comprende vari tipi di comportamento *(behavior)*, dal vestire ai gesti, ma il linguaggio è tra i codici *(codes)* di cortesia più importanti.

Gli elementi verbali di cortesia usati in italiano sono la scelta tra il **tu** e il **Lei**, l'uso frequente di titoli (professore, avvocato, ecc.), l'uso di formule come «Buongiorno, per piacere, per favore, per cortesia, se non ti/Le dispiace, mi dispiace, prego, grazie», e la scelta del tono di voce che può essere asciutto, cortese, neutro, rispettoso, sarcastico, secco o ironico.

Alcune espressioni di cortesia particolarmente utili sono:

Scusi *(pol)*/Scusa *(fam)*.	*Excuse me.*
Permesso?	*Excuse me (making your way through people).*
Prego.	*You're welcome/Go ahead.*
Auguri!	*Good luck/Best wishes!*
Mi dispiace.	*I'm sorry.*
Si figuri! *(pol)*/Figurati! *(fam)*.	*Don't mention it!*
È permesso/Posso/Si può?	*May I?*
Congratulazioni/Complimenti!	*Congratulations!*
Si accomodi *(pol)*/Accomodati *(fam)*.	*Come in.*
Se non Le dispiace./Se non ti dispiace.	*If you don't mind./If you please.*
Grazie, molto gentile.	*Thank you. It's very kind of you.*
Lo farò con piacere.	*I'll be glad/happy to do it.*
Avanti/Prego!	*Come in!*

Applicazione

11.22 La cortesia. Indica una situazione in cui ciascuna delle seguenti espressioni potrebbe essere usata.

ESEMPIO Vorrei un caffè.
Si usa in un bar per ordinare un caffè.

1. Vorrei il menù.
2. Mi potrebbe aiutare?
3. Saresti così gentile da darmi una mano?
4. Si può?
5. Potrei vedere quel vestito?
6. Lo farò con piacere.
7. Se non Le dispiace.
8. Avanti!
9. Complimenti!
10. Si figuri!/Figurati!
11. Auguri!
12. Mi dispiace.

11.23 Trova le forme di cortesia. Leggi il seguente dialogo e individua le forme di cortesia.

—Buongiorno. Permesso?

—Sì, sì... Si accomodi.

—Mi scusi! Cercavo lo studio del Dottor Rossi.

—Che? Che cosa ha detto?

—Saprebbe dirmi dov'è lo studio del Dottor Rossi, per favore?

—Mi dispiace, non saprei.

—Ci sono altri studi o uffici su questo piano?

—Sì, provi giù in fondo al corridoio. Ce n'è un altro lì.

—Grazie. Molto gentile.

—Prego. Buongiorno.

—Buongiorno.

11.24 Opinioni. Pensi che sia necessario usare le formule di cortesia? Perché sì/no?

MOMENTO CREATIVO ━━━━━━━━

Con un compagno/una compagna, mettete in scena la seguente situazione.

Un ragazzo innamorato di una ragazza decide di andare da una chiromante *(fortune-teller)* per «conoscere il suo futuro». La chiromante chiede informazioni sulle caratteristiche fisiche e sociali della ragazza. La scena termina quando la chiromante si rende conto che il giovane è innamorato di sua figlia.

PARTE 2ª

AVVIO ━━━━━━━━

Quanto sai già?

11.25 Che cosa potresti dire...

1. se stai ascoltando un discorso molto noioso?
   - a. Caspita!
   - b. Che barba!

2. dopo che ti è successo qualcosa di brutto?
   - a. Povero me!
   - b. Che seccatura!

3. dopo che tuo fratello ha suonato un brano di musica classica molto bene.
   - a. Bravo!
   - b. Bene!

4. se tua sorella facesse qualcosa di stupido?
   - a. Silenzio!
   - b. Che sciocca!

5. a qualcuno che parla troppo?
   - a. Auguri!
   - b. Sta' zitto(-a)!

Prima di leggere

11.26 Conosci le seguenti parole o espressioni? Se sì, spiegale agli altri membri della classe.

1. Caspita!
2. imbrogliare (qualcuno)
3. un cestino
4. sacchetti di carta
5. uno scemo/una scema
6. consigliare qualcuno

Lettura *Caspita!*

[1] *basket, lunchbox*   [2] *stupid person*

From C.M. Schultz, *Caspita!* PEANUTS © 1995. Peanuts Worldwide LLC. Dist. By UNIVERSAL UCLICK. Reprinted with permission. All rights reserved.

Applicazione

11.27 Ricordi quello che hai letto? Rispondi alle seguenti domande.

1. Chi ha imbrogliato Sally, secondo lei?
2. Che cosa ha portato a scuola?
3. Come?
4. Dove avevano la colazione gli altri bambini?
5. Come si è sentita?
6. Che cosa non sopporta Charlie Brown?

11.28 Che cosa significa? Spiega l'uso dell'espressione «caspita» nella striscia.

Vocabolario

Attributi (seconda parte)

introverso	*introverted*
magro	*skinny*
onesto	*honest*
ottimista	*optimistic*
paziente	*patient*
pigro	*lazy*
ricco	*rich*
sensibile	*sensitive*
simpatico	*nice, pleasant*
estroverso	*extroverted*
grasso	*fat*
disonesto	*dishonest*
pessimista	*pessimistic*
impaziente	*impatient*
energico	*energetic*
povero	*poor*
insensibile	*insensitive*
antipatico	*not nice, unpleasant*

Applicazione

11.29 E tu, invece, che farai? Indica che tu farai la cosa contraria. Segui l'esempio.

> **ESEMPIO** Mio fratello sposerà una donna paziente.
> **Io, invece, sposerò una donna/un uomo impaziente.**

1. Mia sorella incontrerà un uomo simpatico.
2. Mio fratello conoscerà una ragazza povera.
3. Mia sorella sposerà una persona pigra.
4. Mio fratello sposerà una donna sensibile.
5. Mia sorella amerà un uomo ricco.

11.30 Al contrario! Indovina il tratto e poi indica quello contrario.

ESEMPIO Persona disponibile ad aiutare gli altri.
un/un'altruista
(contrario) **un/un'egoista**

1. Persona capace di dimostrare molto sentimento.
2. Persona molto calma e tranquilla.
3. Persona pronta a giudicare le cose molto positivamente.
4. Persona pronta a giudicare le cose molto negativamente.
5. Persona che tende a chiudersi in sé stesso(-a).
6. Persona che si attiene a principi di integrità morale.
7. Persona che manca di vigore o di forza.
8. Persona molto gradevole.

11.31 Le tue qualità... Adesso indica, onestamente, quali sono le tue qualità migliori e le tue qualità peggiori.

GRAMMATICA

Particolarità del nome

◈ As discussed in previous chapters, most nouns referring to people have corresponding masculine and feminine forms (**ragazzo/ragazza, studente/studentessa**).

◈ It is not possible to determine the gender of nouns referring to objects and ideas. However, note the following pairs.

la tavola	*eating table, diagrammatic table (for example, mathematical)*
il tavolo	*any other kind of table, including eating table*
la casa	*house, home*
il caso	*case, chance*
la colla	*glue*
il collo	*neck*
la colpa	*fault, guilt*
il colpo	*blow, shot, push*
la foglia	*leaf*
il foglio	*sheet (of paper)*
la mostra	*exhibit*
il mostro	*monster*
la pianta	*plant*
il pianto	*weeping, cry*
la sala	*hall (banquet)*
il sale	*salt*
la pala	*shovel*
il palo	*pole*
la salute	*health*
il saluto	*greeting*
la fine	*end (of something)*
il fine	*goal, objective*

◈ Sometimes, you can tell the gender of the noun from its ending. Nouns ending in **-zione**, **-sione**, **-gione** and **-tà**, for example, are feminine; those ending in **-one** and **-ore** are masculine.

-zione/-gione/-sione	-tà	-one	-ore
la conversazione *conversation*	la verità *truth*	il fannullone *good-for-nothing, idler*	il rumore *noise*
la carnagione *complexion*	l'abilità *ability*	il portone *main entrance door*	il dolore *pain*
la tensione *stress*	l'università *university*	il torrone *nougat candy*	l'editore *publisher*

Applicazione

11.32 Differenze. Spiega la differenza tra i seguenti nomi.

1. la tavola e il tavolo
2. la casa e il caso
3. la colla e il collo
4. la colpa e il colpo
5. la foglia e il foglio
6. la mostra e il mostro
7. la pianta e il pianto
8. la sala e il sale
9. la pala e il palo
10. la salute e il saluto
11. la fine e il fine

11.33 Tocca a te! Usa ciascuna delle seguenti parole in altrettante frasi che ne rendano chiaro il significato.

1. conversazione
2. carnagione
3. abilità
4. università
5. tensione
6. verità
7. fannullone

Nomi alterati

◆ Certain suffixes can be added to Italian nouns and adjectives to alter or modify their meanings.

◆ The suffixes **-ino**, **-etto**, **-ello**, **-icino**, **-uccio**, **-olino** and **-ellino** and their corresponding feminine forms are used with some nouns to convey connotations of *smallness* or *sweetness* to the meaning of the noun. These are known as diminutives:

Nome	Nome alterato
il ragazzo	il ragazzino *(the little boy)*
la ragazza	la ragazzina *(the little girl)*
la casa	la casetta *(the nice little house)*
il libro	il libricino *(the small book)*
l'albero	l'alberello *(the little tree)*
il pesce	il pesciolino *(the little fish)*
il cuore	il cuoricino *(the little heart)*
la mano	la manina *(the small hand)*

◈ The suffix **-one** and its corresponding feminine form **-ona** is used with some nouns to emphasize the qualities of *bigness* or *largeness*:

Nome	Nome alterato
il ragazzo	il ragazzone *(the big boy)*
la ragazza	la ragazzona *(the big girl)*
la casa	la casona *(the big house)*
il libro	il librone *(the big book)*
la mano	la manona *(the large hand)*

◈ The suffixes **-accio**, **-astro**, and **-ucolo** are used with some nouns to convey *badness* or *ugliness*:

Nome	Nome alterato
il ragazzo	il ragazzaccio *(the bad boy)*
la ragazza	la ragazzaccia *(the bad girl)*
la casa	la casaccia *(the ugly house)*
il libro	il libraccio *(the bad, ugly book)*
il maestro	il maestrucolo *(the useless teacher)*

◈ These are only guidelines. Suffixes cannot be attached to nouns and adjectives freely. In some cases, they do not work. For example, **il nasello** is not a *small nose*, but a type of fish *(hake)*; **il mulino** is not a *small mule*, but a *mill*; **il tacchino** is not a *small heel* but a *turkey*. You will always have to check a dictionary before using them.

Applicazione

11.34 Tocca a te! Scrivi le forme alterate equivalenti alle seguenti definizioni.

ESEMPIO   piccola casa
           casetta

1. piccolo libro
2. ragazzo simpatico
3. piede grande
4. tempo cattivo
5. sorella piccola
6. scarpa grande

11.35 I nomi alterati. Forma delle frasi con i seguenti nomi alterati.

1. casona
2. piattone
3. piccolino
4. gattino
5. ragazzaccio

6. cavalluccio
7. mulino
8. carino
9. venticello
10. tacchino

COMUNICAZIONE

Reagire a diverse situazioni

Ahi!	*Ouch!*
Attenzione!	*Attention! Be careful!*
Basta!	*Stop it! That's enough!*
Bene!	*Good!*
Bravo(-a)!	*Well done!*
Caspita!	*Wow! Good heavens!*
Che barba!	*What a bore!*
Che guaio!	*It's a real problem!*
Che peccato!	*What a pity (shame)!*
Che sciocco(-a)!	*What a fool!*
Che seccatura!	*What a nuisance (bore, drag)!*
Ma sei pazzo(-a)?	*Are you crazy?*
Magari!	*I wish!*
Meraviglioso! Fantastico! Magnifico!	*Wonderful! Marvellous! Great!*
Non dire schiocchezze!	*Don't talk nonsense!*
Non importa!	*It doesn't matter!*
Povero(-a) me!	*Poor me!*
Silenzio!	*Quiet! Be (keep) quiet!*
Sta'/stai fermo(-a)!	*Stay still!*
Sta'/stai zitto(-a)!	*(Be) quiet! Shut up!*

Applicazione

11.36 Sai cosa dire? Scegli tra le esclamazioni elencate sotto quella adatta ad ogni situazione.

Ma sei pazzo? Che barba! Silenzio! Ahi! Sta' fermo! Brava!

1. I bambini parlano troppo e ti disturbano.
2. Il tuo amico ha appena detto che ha intenzione di andare a nuotare nell'acqua gelata di un lago.
3. Stai guardando un film che consideri molto noioso.
4. Un bambino continua a muoversi e ti dà fastidio.
5. La tua amica ha ottenuto un bel voto all'esame.
6. Ti sei appena bruciato(-a) *(You just burned yourself)*.

11.37 Quale situazione? Adesso indica tu la situazione che potrebbe suscitare *(provoke)* ciascuna delle seguenti esclamazioni.

1. Magnifico!
2. Caspita!
3. Che guaio!
4. Povero(-a) me!
5. Che peccato!
6. Bene!
7. Non importa!
8. Magari!
9. Basta!
10. Che seccatura!
11. Non dire schiocchezze!
12. Ma sei pazzo(-a)?
13. Attenzione!
14. Che sciocco(-a)!

NOTA CULTURALE

Gli oroscopi

Gli oroscopi fanno parte della cultura popolare odierna. Il termine deriva dalla parola greca *horoscopos* (osservatore dell'ora). Essi sono particolarmente popolari in Italia dove esiste una vera e propria «industria oroscopica». Sui giornali, in televisione, alla radio, insomma dappertutto, ci sono astrologi/astrologhe pronti(-e) a darci informazioni «personalizzate» sul nostro destino, in base all'osservazione della posizione delle stelle al momento della nostra nascita. Perché sono così popolari? Forse la ragione è che non abbiamo ancora perso la nostra antica «fede *(faith)* negli astri».

Applicazione

11.38 Ricordi quello che hai letto? Rispondi alle seguenti domande.

1. Dove sono particolarmente popolari gli oroscopi oggi?
2. Perché sono così popolari?
3. Dove si possono trovare?
4. Come si potrebbe definire un oroscopo?
5. Da dove deriva la parola?

MOMENTO CREATIVO

Diverse coppie di studenti dovranno cercare l'oroscopo di una persona famosa e poi leggerlo in classe, discutendo la sua validità in base a quello che si sa circa *(about)* la persona.

DALLA LETTERATURA ITALIANA

Prima di leggere

11.39 **Chi sei e cosa vuoi dalla vita?** Alcuni nostri atteggiamenti, alcune nostre preferenze e opinioni ci aiutano a capire chi siamo e cosa vogliamo dalla vita. Nella lettura che segue, la scrittrice Natalia Ginzburg scrive che, siccome perdeva «un tempo infinito oziando e fantasticando», era dunque stata «sempre molto pigra». Vuoi sapere anche tu chi sei e cosa vuoi dalla vita? Fa' il seguente test e lo scoprirai.

Se tu potessi all'improvviso partire per il viaggio dei tuoi sogni, a quale mezzo di trasporto ti affideresti *(would you rely on)*? Discuti la tua scelta con gli altri membri della classe.

IL TRENO - Sei una persona sentimentale e perfino romantica.

LA ZATTERA - Sei un individuo che ama l'avventura.

IL SOMMERGIBILE - Sei una persona riservata che non ama mettersi in mostra.

IL PALLONE - Sei un tipo esibizionista.

LA NAVE - Hai una personalità alquanto contraddittoria.

L'AEREO - Sei una persona pratica e determinata, però anche impaziente.

L'AUTO SCOPERTA - Sei una persona estrosa e un po' vanitosa. Ti piace attirare l'attenzione degli altri su di te.

LA ROULOTTE - Sei un tipo piuttosto attivo e dinamico, ma forse un po' introverso.

Nel '44, nel mese di ottobre, venni a Roma per trovare lavoro. Mio marito era morto nell'inverno. A Roma aveva sede[1] una casa editrice[2], dove mio marito aveva lavorato per anni. L'editore si trovava allora in Svizzera; ma la casa editrice, subito dopo la liberazione di Roma, aveva ripreso la sua attività. Pensavo che se avessi chiesto di lavorare in quella casa editrice, m'avrebbero dato lavoro; e tuttavia[3] il chiederlo mi pesava[4], perché pensavo che mi sarebbe stato dato un posto per compassione, essendo io vedova[5], e con figli da mantenere; avrei voluto che qualcuno mi desse un posto senza conoscermi e per mie competenze.

Il male era che io competenze non ne avevo. Avevo intrattenuto questi pensieri[6] nei mesi dell'occupazione tedesca. Ero allora con i miei bambini nella campagna toscana. Di là era passata la guerra, poi era sopravvenuto il silenzio che succede alla guerra, e infine, nella campagna immota[7] e sui villaggi sconvolti[8] erano arrivati gli americani. Noi ci trasferimmo a Firenze; lasciai i bambini a Firenze con i miei genitori e venni a Roma. Volevo lavorare perché non avevo soldi; tuttavia, se fossi rimasta con i miei genitori, avrei ugualmente potuto vivere. Ma l'idea d'essere mantenuta dai miei genitori mi pesava moltissimo; inoltre volevo che i miei bambini riavessero una casa con me.

Da tempo, noi non avevamo più casa. Avevamo vissuto in quei mesi di guerra o da parenti o da amici, o in conventi o alberghi. Viaggiando verso Roma in una macchina che ogni mezz'ora si fermava, carezzavo sogni[9] di lavori avventurosi, come fare la bambinaia[10], o fare la cronaca nera[11] in un quotidiano[12]. L'ostacolo principale ai miei propositi di lavoro consisteva nel fatto che non sapevo far niente. Non avevo mai preso la laurea[13], essendomi fermata davanti a una bocciatura[14] in latino (materia in cui, in quegli anni, non veniva mai bocciato nessuno). Non sapevo lingue straniere, a parte un po' il francese, e non sapevo scrivere a macchina[15]. Nella mia vita, salvo[16] allevare i miei propri bambini, fare le faccende domestiche con estrema lentezza e inettitudine[17] e scrivere dei romanzi, non avevo mai fatto niente.

Inoltre ero stata sempre molto pigra. La mia pigrizia non consisteva nel dormire tardi al mattino (mi sono sempre svegliata all'alba[18] e alzarmi non m'è mai costato nulla) ma nel perdere un tempo infinito oziando[19] e fantasticando[20]. Questo aveva fatto sì[21] che io non riuscissi a portare a termine alcuno studio o fatica. Mi dissi che era venuta l'ora per me di strapparmi a questo difetto[22]. L'idea di rivolgermi a quella casa editrice, dove mi avrebbero accolto per pietà e comprensione, mi parve a un tratto la più logica e attuabile[23], benché mi fossero pesanti i motivi per cui mi avrebbero ascoltata.

From Natalia Ginzburg, "La pigrizia", in *Mai devi domandarmi*. © Copyright Einaudi: Torino, 1989. Reprinted by permission of Giulio Einaudi Editore.

[1]*main office*   [2]*publishing house*   [3]*however*   [4]*was weighing on me*   [5]*widow*   [6]*entertained such thoughts*
[7]*motionless*   [8]*upside-down*   [9]*I entertained dreams*   [10]*nanny*   [11]*crime news*   [12]*daily newspaper*
[13]*university degree*   [14]*failure*   [15]*to type*   [16]*except for*   [17]*slowness and ineptitude*   [18]*at dawn*   [19]*being idle*   [20]*day-dreaming*   [21]*made it such that*   [22]*tear myself away from this flaw*   [23]*do-able*

Applicazione

11.40 Abbinamenti. Accoppia le parole della colonna A con quelle della colonna B. (Nella colonna B ci sono due parole in più.) Poi forma cinque frasi con cinque parole di tua scelta.

A	B
1. morto	a. all'improvviso
2. chiedere	b. proprio
3. posto	c. deceduto
4. compassione	d. castigo
5. trasferirsi	e. per di più
6. inoltre	f. domandare
7. hotel	g. completare
8. niente	h. mi sembrò
9. portare a termine	i. pietà
10. mi parve	j. cambiare residenza
11. a un tratto	k. nulla
	l. impiego
	m. albergo

11.41 Vero o falso? Correggi tutte le frasi false in modo appropriato.

1. Nel '44 l'autrice andò a cercare lavoro a Roma.
2. Suo marito era a Roma e lavorava per una casa editrice.
3. La casa editrice le avrebbe dato lavoro perché la conosceva molto bene.
4. Dopo la guerra si era trasferita con i figli a Firenze.
5. Non aveva bisogno di soldi.
6. Era contenta che i genitori la mantenessero.
7. Mentre viaggiava verso Roma, spesso immaginava di fare lavori avventurosi come la bambinaia oppure la giornalista.
8. Aveva preso la laurea in latino.
9. Sapeva parlare il francese.
10. Aveva scritto romanzi.

11.42 Parliamone! Rispondi alle seguenti domande.

1. Pensi che la Ginzburg fosse veramente pigra? Perché sì/no?
2. Quali sono, secondo te, le caratteristiche di una persona pigra?
3. Quali sono, secondo te, le competenze che potrebbero essere utili quando si va in cerca di un lavoro?
4. Qual è, secondo te, il tema di questo brano?
5. Che tipo di persona è l'autrice? Com'è di carattere? Che tipo di personalità possiede (forte, decisa, volitiva)?

11.43 Lavoro di gruppo. Con un compagno/una compagna, metti in scena la seguente situazione.

L'autrice del brano ha un colloquio di lavoro *(job interview)* con il direttore della casa editrice presso la quale ha fatto domanda. Il direttore fa le solite domande e tutto sembra procedere bene. La conversazione, però, prende improvvisamente una piega inaspettata *(Takes an unexpected turn)*.

PARTE 4ª

CON FANTASIA
Attività generali

11.44 Caratteristiche importanti. Secondo te, quali caratteristiche dovrebbero avere i professori, i politici, gli avvocati, gli attori, i medici, i genitori, gli studenti? Discuti le tue opinioni con gli altri membri della classe.

11.45 Dal/Dalla chiromante. Con un compagno/una compagna, mettete in scena la seguente situazione.

Una persona desidera sapere dal suo/dalla sua chiromante chi sarà (e come sarà) la donna/l'uomo che sposerà. Il/La chiromante, purtroppo, fornisce una descrizione del tutto contraria alle aspettative *(expectations)* della persona.

11.46 Sai prevedere il futuro? Chiedi ad un compagno/una compagna il suo segno. Poi, inventa il suo oroscopo. Leggilo in classe.

ESEMPIO	Persona:	**Dan**
	Segno:	**Cancro**
	Caratteristiche:	**romantico, sensibile, gentile**
	Oroscopo del mese:	**Riceverai inaspettatamente una notizia incredibile.**

Ecco delle espressioni che ti potranno essere utili:

influssi astrali difficili	*troublesome astral influences*
buone prospettive	*good prospects*
influenze positive/negative	*positive/negative influences*
dare retta a	*to heed*
momento opportuno/inopportuno	*opportune/inopportune moment*
rapporti romantici/affettivi	*love affairs*
intraprendere	*to undertake*

11.47 Proverbi. Ecco dei proverbi che riguardano caratteristiche personali e sociali. Spiega con parole tue quello che secondo te ciascun proverbio significa.

> **ESEMPIO** Volere è potere.
> **Chi vuole far qualcosa, prima o poi ci riesce**
> *(succeeds in doing it sooner or later).*

1. Chi si accontenta, gode.
2. Dal «dire» al «fare» c'è di mezzo il mare.
3. Chi cerca, trova.
4. Sbagliando, s'impara.
5. Non bisogna fare il passo più lungo della gamba.

11.48 Tocca a te! Ora racconta una storia, successa a te oppure a qualche tuo amico, che illustra uno dei proverbi menzionati.

© martin purmensky/iStockphoto

Dal mondo italiano

11.49 Oroscopi immaginari! Ecco i nomi di personaggi storici italiani. In base alla loro data di nascita, componi l'oroscopo per uno di essi e poi leggilo in classe.

1. Dante Alighieri
2. Galileo Galilei
3. Lucrezia Borgia
4. Caterina de' Medici

Navigare su Internet

Per ulteriori attività online, visita il seguente sito: www.wiley.com/college/danesi

11.50 Ricerche online. Cerca un «sito-oroscopo» italiano e poi indica alla classe…

1. l'indirizzo web del sito.
2. che cosa offre.
3. il tuo oroscopo di oggi.
4. se consigli *(you recommend)* questo sito.

Riccardo Piccinini /Shutterstock

Una proposta di lavoro

TO THE STUDENT

For video and related activities go to the student's website

TO THE INSTRUCTOR

For tests and examination materials go to the instructor's website

LEARNING OBJECTIVES

In this chapter, you will learn:

- how to talk about jobs and professions

- how to interact in banks and talk about money

- how to talk about work and to interact in offices

- how to form and use ordinal numbers

- how to pluralize certain nouns

- how to conjugate and use verbs in the conditional tenses (present and past)

- how to form and use counterfactual (hypothetical) clauses

AVVIO

Quanto sai già?

12.1 Offerta di lavoro. La classe si divide in coppie. Ciascuna di esse dovrà preparare un'intervista di lavoro basata sul seguente annuncio. In seguito, ciascuna coppia dovrà mettere in scena l'intervista davanti alla classe.

SEGRETARIO/SEGRETARIA

CERCASI

Minimo 3 anni di esperienza. Ottima conoscenza inglese e italiano. Disposto(-a) a lavorare in gruppo. Persona ambiziosa e capace di lavorare sotto pressione. Ottime conoscenze informatiche *(computer programming)*.
Contattare Claudio
Indirizzo e-mail: c.atri@gmail.it
(06) 33 43 458

12.2 Il linguaggio bancario. Sai in che modo sono differenti le seguenti nozioni bancarie? Se sì, spiegale agli altri membri della classe.

1. un credito e un debito
2. aprire un conto e chiudere un conto
3. un direttore/una direttrice e un impiegato/un'impiegata
4. un investimento e un prestito

12.3 La sequenza dei colmi. Il «colmo» è un gioco di parole basato sul doppio significato (metaforico, scherzoso, ironico) di alcune espressioni, con cui si cerca di definire la cosa peggiore o migliore (il colmo, appunto: lit. *the peak, the highest point*) che possa succedere ad una persona, ad un animale o ad una cosa. Ecco un esempio:

> **Qual è il colmo per un idraulico *(plumber)*?**
> **Avere la goccia al naso.** = *To have a runny nose.*
> *(The plumber who fixes leaking faucets cannot fix his "leaking" nose.)*

Ora cerca di identificare i colmi per ognuna delle professioni illustrate nel disegno. Non dimenticare di scrivere il nome della professione accanto a ciascun colmo. Se hai difficoltà a capire il gioco di parole consulta il dizionario o chiedi aiuto al tuo/alla tua insegnante.

Qual è il colmo per...

un dentista?	un astronauta?	un pescatore?	un muratore?
un fotografo?	un imbianchino?	un vigile urbano?	un postino?
un chirurgo?	un vigile del fuoco?	un gioielliere?	
un elettricista?	uno scultore?		

1. _____ Venire ai ferri corti con un paziente.
2. _____ Bere un espresso.
3. _____ Non raggiungere l'obiettivo.
4. _____ Andare al cinema e vedere un mattone.
5. _____ Sposare una vecchia fiamma.
6. _____ Dirigere un traffico illecito.
7. _____ Essere continuamente in tensione mentre lavora.
8. _____ Scolpirsi bene le parole nella mente.
9. _____ Non sapere quali pesci pigliare.
10. _____ Mettere i denti a cinquant'anni.
11. _____ Tornare a casa con la luna.
12. _____ Passare una notte in bianco.
13. _____ Essere triste fra tante gioie.

12.4 Il significato dei colmi. Spiega ai tuoi compagni/alle tue compagne il significato di due dei colmi dell'esercizio precedente.

Prima di leggere

12.5 Parole da sapere. Se conosci le seguenti parole ed espressioni, spiega il loro significato agli altri membri della classe. Altrimenti cerca di indovinarlo.

1. una rivista
2. un istante
3. un ruggito di collera
4. prendere male qualcosa
5. un briciolo
6. la sofferenza
7. l'orgoglio
8. un maschio ferito
9. franare
10. interrompere
11. un attimo
12. un tono garbato
13. il sorriso
14. un saldo punto di riferimento
15. una proposta

Lettura   *Una proposta di lavoro?*

From "Il segreto di Miriam", Grand Hotel, Anno XLVII, n. 29 (17 luglio 1992) p. 70 (fotoromanzo a puntate, IV° episodio).
© Copyright Universo 1992. Reprinted by permission of Casa Editrice Universo.

¹**ruggito...** *lit., roar of anger*   ²*crumb (shred)*   ³*pride*   ⁴*collapses*   ⁵*kind, courteous*   ⁶*smile*   ⁷*solid*

Applicazione

12.6 Vero o falso? Indica se ciascuna delle seguenti affermazioni è vera o falsa. Correggi quelle false.

1. Cecilia si trova nella trattoria per una cena di lavoro.
2. Cecilia chiede il conto al cameriere.
3. Cecilia chiede lavoro al padrone della trattoria.
4. Cecilia è soddisfatta del suo lavoro.
5. Il dottor Poli interrompe Cecilia per un attimo.
6. Il dottor Poli ha un tono garbato.
7. Il dottor Poli ha una proposta da fare a Cecilia.

12.7 Quale proposta? Immagina la proposta del dottor Poli. Indicala agli altri membri della classe. Quindi confrontate *(compare)* le vostre «proposte».

12.8 Aggiorna la scena! Il fotoromanzo è stato creato negli Anni Ottanta. In esso ci sono diversi aspetti che ormai sono antiquati. Altre cose invece non cambiano mai. Indica le cose antiquate (oggetti, stili di abbigliamento) e le cose che sono rimaste uguali (per esempio, i modi di parlare).

> **ESEMPIO**   **Cecilia usa una macchina da scrivere** *(typewriter).* **Oggi, invece, in tutti gli uffici si usano i computer.**

12.9 Parliamone! Rispondi liberamente alle seguenti domande.

1. Hai un lavoro? Se sì, descrivi cosa fai.
2. Che mestiere o professione vorresti esercitare nel futuro?
3. Secondo te, qual è il mestiere o la professione ideale? Perché?
4. Ti piacerebbe lavorare in Italia? Perché sì/no?

Vocabolario

Mestieri e professioni (prima parte)

l'architetto	*architect*	il/la dentista	*dentist*
l'avvocato	*lawyer*	il direttore/la	*orchestra*
il barbiere	*barber*	direttrice d'orchestra	*conductor*
il/la barista	*bartender*	il/la dirigente	*manager*
il cameriere/la cameriera	*waiter/waitress*	il/la docente,	
il chirurgo/la chirurga	*surgeon*	l'insegnante	*teacher*
il/la chitarrista	*guitarist*	l'elettricista	*electrician*
il/la commercialista	*public accountant*	il falegname	*carpenter*
il commesso/la commessa	*salesperson*	il/la farmacista	*pharmacist*
il/la contabile	*accountant*	il/la giornalista	*journalist*
il cuoco/la cuoca	*cook*		

◈ Note that the definite article is not used in the construction **essere** + *job/profession*:

Lui è avvocato/Lui è un avvocato.   *He is a lawyer.*
Lei è medico/Lei è un medico.   *She is a doctor.*

◈ The definite article is however used in the construction **fare** + *definite article* + *job/profession*:

Lei fa il medico.   *She's a doctor.*
Lui fa l'avvocato.   *He's a lawyer.*

Applicazione

12.10 Che mestiere/professione fa? Identifica i seguenti professionisti o lavoratori usando un'espressione opportuna. Segui l'esempio.

ESEMPIO   Difende i clienti.
               Fa l'avvocato. / È avvocato.

1. Insegna.
2. Dirige un'orchestra.
3. Suona la chitarra.
4. Lavora in un ristorante.
5. La dottoressa «dei denti».
6. Lavora con il legno.
7. Disegna le case.
8. Va spesso in tribunale.
9. Donna che lavora in un negozio di abbigliamento.
10. Lavora in un bar.
11. Lavora in una farmacia.
12. Scrive per i giornali.

12.11 Gli attrezzi del mestiere. Con l'aiuto del dizionario, trova almeno cinque arnesi *(tools)* che vengono usati dai seguenti lavoratori/dalle seguenti lavoratrici.

1. elettricista   **cacciavite,** _____
2. falegname   **sega,** _____
3. barbiere   _____
4. cuoco(-a)   _____

12.12 Differenze professionali. Spiega le differenze tra...

1. un barista e un cameriere
2. un chirurgo e un farmacista
3. un contabile e un commercialista
4. un dirigente e un direttore d'orchestra
5. un docente e uno studente

GRAMMATICA

I numeri ordinali

1st	primo	6th	sesto
2nd	secondo	7th	settimo
3rd	terzo	8th	ottavo
4th	quarto	9th	nono
5th	quinto	10th	decimo

◈ After **decimo**, ordinals are formed by dropping the final vowel of the corresponding cardinal number word and adding **-esimo**.

11th	undici	→	undic**esimo**
24th	ventiquattro	→	ventiquattr**esimo**

◈ For numbers ending in **-tré**, the accent mark is removed before **-esimo** is added on. For those ending in **-sei**, the **i** is dropped.

23rd	ventitré	→	ventitreesimo
33rd	trentatré	→	trentatreesimo
46th	quarantasei	→	quarantaseesimo
56th	cinquantasei	→	cinquantaseesimo

◈ Ordinal numbers, unlike cardinals, are adjectives and thus agree in gender and number with the nouns they modify. They generally precede the noun. When expressed as figures, the ordinals are followed by a superscript indicating masculine or feminine gender and number.

il terzo piano (il 3° piano)	*the third floor*
la sesta pagina (la 6ª pagina)	*the sixth page*
i quinti piani (i 5ⁱ piani)	*the fifth floors*

◈ The definite article is not used before an ordinal number and a proper noun in phrases such as the following.

Papa Giovanni Ventitreesimo	*Pope John the 23rd*
Luigi Quattordicesimo	*Louis the XIV*

◈ The pronoun forms of ordinals correspond exactly to the adjectival ones, retaining the gender and number of the adjective forms they replace.

Adjectives	Pronouns
Sono le prime cose che hai fatto? *Are they the first things you did?*	Sì, sono le prime. *Yes, they're the first.*
È la seconda volta che vai in Italia? *Is it the second time that you go to Italy?*	No, è la quinta. *No, it's the fifth.*

◈ Fractions are formed with the cardinal number as the numerator and the ordinal number as the denominator, just as in English.

1/4 = un quarto   3/8 = tre ottavi
1/3 = un terzo   11/35 = undici trentacinquesimi

Applicazione

12.13 I numeri in lettere. Scrivi in lettere i numeri indicati. Segui gli esempi.

ESEMPI   1ª volta
            prima volta

            2/3
            due terzi

1. 2ª giornata	7. 8ᵉ lezioni	13. 85º compleanno	
2. 3º piano	8. 9ⁱ piani	14. 3/7	
3. 4ⁱ posti	9. 10ª volta	15. 34/59	
4. 5ᵉ settimane	10. 23º capitolo	16. 4/15	
5. 6ª volta	11. 38ª giornata	17. 8/99	
6. 7º piano	12. 56º giorno	18. 3/4	

12.14 Personaggi storici. Sei capace di identificare i seguenti personaggi storici? Segui l'esempio.

ESEMPIO   Luigi 14º
            Luigi Quattordicesimo? Era un famoso re francese.

1. Giovanni 23º   5. Giovanni Paolo 2º
2. Enrico 8º   6. Vittorio Emanuele 3º
3. Elisabetta 2ª   7. Napoleone 1º
4. Enrico 4º

Il plurale dei nomi in -ista

◈ Nouns ending in *-ista* can be either masculine or feminine. They are "regularized" in the plural; that is, if they refer to females they have a feminine plural form and if they refer to males they have a masculine plural form.

Masculine		Feminine	
Singular	Plural	Singular	Plural
il dentista *dentist*	i dentisti *dentists*	la dentista *dentist*	le dentiste *dentists*
il pianista *pianist*	i pianisti *pianists*	la pianista *pianist*	le pianiste *pianists*
l'artista *artist*	gli artisti *artists*	l'artista *artist*	le artiste *artists*

Applicazione

12.15 Nomi in -ista. Spiega il significato dei seguenti nomi, servendoti del dizionario, se necessario. Poi forma delle frasi con ciascuna parola.

> **ESEMPIO** ciclista
> **chi va in bicicletta/chi pratica lo sport della bicicletta/chi ripara biciclette**
> **Fausto Coppi è stato un grandissimo ciclista.**

1. pianista
2. statista
3. regista
4. tassista
5. batterista
6. artista

12.16 Dal singolare al plurale. Metti al plurale le seguenti frasi.

> **ESEMPIO** l'amico violinista
> **gli amici violinisti**

1. il fratello violoncellista
2. la professoressa regista
3. lo psicanalista bravo
4. l'infermiera attivista
5. l'uomo esibizionista
6. la giornalista straniera
7. la cameriera ottimista
8. il barista pessimista

COMUNICAZIONE ■■■■■■

In banca

l'assegno	*check*	firmare	*to sign*
il biglietto, la banconota	*bill*	il libretto bancario	*bankbook*
cambiare un assegno	*to cash a check*	il libretto degli assegni	*bankbook*
il cambio	*exchange rate*	il modulo	*form, document*
il conto	*account*	il prelevamento	*withdrawal*
depositare, versare	*to deposit*	prelevare	*to withdraw*
il deposito, il versamento	*deposit*	il prestito	*loan*
di taglio grosso/piccolo	*large/small (bill)*	i soldi, il denaro	*money*
il direttore/la direttrice	*manager*	gli spiccioli	*small change, coins*
il dollaro	*dollar*	lo sportello	*wicket, window*
l'euro *(invariable)*	*Euro*	il tasso d'interesse	*interest rate*
la firma	*signature*	l'ufficio di cambio	*exchange office*

Applicazione

12.17 In banca. Con un compagno/una compagna, mettete in scena liberamente dei dialoghi basati sulle seguenti situazioni.

ESEMPIO   fare un deposito

Cliente:	**Vorrei fare un deposito.**
Impiegato(-a):	**Di quanto?**
Cliente:	**Di duecento euro.**
Impiegato(-a):	**Compili questo modulo.**

1. fare un deposito
2. fare un prelevamento
3. cambiare un assegno in contanti *(cash)*
4. chiedere un prestito
5. aprire un conto in banca
6. chiudere un conto in banca

12.18 Come si dice? Svolgi i seguenti compiti comunicativi. Segui l'esempio.

ESEMPIO   Say that you would like to change 100 dollars into euros.
Vorrei cambiare cento dollari in euro.

1. Ask at what time banks open in Italy.
2. Say that you would like a loan.
3. Say that you would like to go to the bank.
4. Say that you would like to cash a check.
5. Say that you would like to open an account.
6. Ask where the currency exchange is.
7. Say that you would like small bills, not large ones.
8. Ask where the teller's wicket is.
9. Say that you would like to withdraw three hundred euros.
10. Ask where you must sign.

© WillSelarep /iStockphoto

NOTA CULTURALE

© RobertoVannucci/iStockphoto

Le banche in Italia

Il sistema bancario italiano è costituito da banche normali (**istituti di credito ordinario**), dove si possono ottenere prestiti e svolgere attività bancarie comuni, e da **istituti di credito speciale**, dove si possono ottenere mutui *(mortgages)*.

In Italia, come pure nel Nord America, i **bancomat** *(ATMs)* sono usati con grande frequenza. Nei maggiori centri turistici italiani, sono anche molto popolari i bancomat specializzati in operazioni di cambio: basta inserire delle banconote straniere per ottenere la corrispondente somma in euro. Di solito, per le operazioni di cambio, le banche fanno pagare una commissione *(service charge)*.

In Italia si trova la banca più vecchia del mondo, chiamata Monte dei Paschi di Siena. Alcune banche italiane hanno filiali *(branches)* in diversi paesi del mondo.

Applicazione

12.19 Vero o falso? Indica se ciascuna delle seguenti affermazioni è vera o falsa. Correggi quelle false.

1. Il Monte dei Paschi di Siena è un museo.
2. Negli istituti di credito speciale si possono ottenere mutui.
3. Le banche italiane non hanno filiali fuori d'Italia.
4. I bancomat non sono popolari in Italia.
5. Per le operazioni di cambio, le banche italiane non fanno pagare niente.

12.20 Parliamone!

1. Sei mai stato(-a) in una banca italiana? Se sì, racconta la tua esperienza.
2. Hai degli euro? Se sì, descrivi le diverse banconote o le diverse monete.

MOMENTO CREATIVO

> Con un compagno/una compagna, mettete in scena una conclusione al fotoromanzo sopra, puntando sulla *(focusing on)* «proposta» che il Dottor Poli vuole fare a Cecilia.

PARTE 2ª

AVVIO

Quanto sai già?

12.21 Quale professione o mestiere vorresti fare? Spiega la tua scelta. Nota che ciascuna frase dovrà essere costruita con il condizionale del verbo. Te lo ricordi?

Prima di leggere

12.22 Ecco alcuni mestieri e professioni. Li conosci? Se sì, spiegali agli altri membri della classe.

1. albergatore/albergatrice
2. assessore
3. concessionario
4. consulente
5. direttore/direttrice di mensa
6. economo(-a) dell'ospedale
7. impiantista
8. geometra

Lettura   *Grazie!*

Ecco come una ditta ha ringraziato recentemente i suoi impiegati e collaboratori esterni.

Vogliamo ringraziare tutti coloro che operano nei seguenti settori per la collaborazione prestata nel corso degli anni:

gli albergatori	*i consulenti*
gli assessori	*i cuochi*
i designer	*i direttori di mensa*
i trasportatori	*gli economi*
gli importatori	*i geometra*
gli ingegneri	*i gestori*
i dietisti	*gli impiantisti*
i concessionari	*i vigili del fuoco*

Applicazione

12.23 Test di comprensione. Ora identifica la persona che esercita le attività menzionate nella lettura.

1. Vende automobili. _____
2. È il proprietario di un hotel. _____
3. Lavora in un ristorante. _____
4. Svolge un'attività di vendita per conto di una casa produttrice. _____
5. Si occupa professionalmente di design. _____
6. Gestisce un ristorante. _____
7. Medico specialista in dietetica. _____
9. Interviene in casi d'incendio. _____
10. Progetta e dirige la realizzazione di opere edilizie, stradali, meccaniche e industriali. _____

Vocabolario

Mestieri e professioni (seconda parte)

l'idraulico	*plumber*
l'impiegato(-a)	*employee (white collar worker)*
l'infermiere(-a)	*nurse*
l'informatico	*computer scientist*
l'ingegnere	*engineer*
il meccanico/la meccanica	*mechanic*
il medico/il dottore/la dottoressa	*doctor*
il muratore	*bricklayer*
il/la musicista	*musician*
l'operaio(-a)	*employee (blue collar worker)*
il parrucchiere/la parrucchiera	*hairdresser*
il/la pianista	*pianist*
il/la pilota	*pilot*
il poliziotto/la poliziotta	*policeman/policewoman*
il professore/la professoressa	*professor, high school teacher*
lo psicologo/la psicologa	*psychologist*
il sarto/la sarta	*tailor*
lo scienziato/la scienziata	*scientist*
il segretario/la segretaria	*secretary*
il/la tassista	*taxi driver*
il/la violinista	*violinist*

Applicazione

12.24 Che mestiere/professione fa? Identifica i seguenti professionisti o lavoratori.

1. Suona il pianoforte.
2. Ripara le macchine.
3. Fa abiti su misura.
4. Visita i pazienti.
5. Conduce un tassì.
6. Taglia e acconcia *(cuts and styles)* i capelli.
7. Si occupa della manutenzione *(upkeep, maintenance)* di impianti idraulici.
8. Lavora, per esempio, in una banca.
9. Assiste i malati.
10. Si occupa di applicazioni pratiche delle conoscenze scientifiche.
11. Suona il violino.
12. Persona che ha il controllo di un aereo.
13. Membro del corpo di polizia.
14. Si occupa di computer.

12.25 Gli attrezzi del mestiere. Con l'aiuto del dizionario completa il seguente schema, trovando almeno cinque arnesi per ogni mestiere.

1. infermiere(-a)   **siringa,** _____
2. sarto(-a)   **ago,** _____
3. parrucchiere(-a) **forbici,** _____
4. idraulico   _____
5. muratore   _____

12.26 Differenze professionali. Spiega le differenze tra le seguenti professioni o i seguenti mestieri.

1. un operaio e un impiegato
2. un ingegnere e uno scienziato
3. un pilota e un co-pilota
4. un idraulico e un elettricista

12.27 Parliamone! Rispondi liberamente alle seguenti domande.

1. Secondo te, qual è la professione più prestigiosa? Perché?
2. Spiega con parole tue il detto *(saying)* italiano «Impara l'arte e mettila da parte!».
3. Che mestiere o professione fanno i membri della tua famiglia?

GRAMMATICA

Il condizionale

◆ The conditional mood allows you to express a condition (*I would go, if . . . ; You could do it, but . . .*). It corresponds to the English conditional (*I would work, I would be working . . .*). Like English, Italian has two conditional tenses, the **condizionale presente** and the **condizionale passato**.

◆ The **condizionale presente**, like the **futuro semplice**, is formed by dropping the **-e** of the infinitive suffix of all three conjugations and adding the following endings. First-conjugation verbs, as you may recall, change **-a-** to **-e-**.

	amare → amer- *(to love)*	ricevere → ricever- *(to receive)*	finire → finir- *(to finish)*
io	amer**ei**	ricever**ei**	finir**ei**
tu	amer**esti**	ricever**esti**	finir**esti**
lui/lei/Lei	amer**ebbe**	ricever**ebbe**	finir**ebbe**
noi	amer**emmo**	ricever**emmo**	finir**emmo**
voi	amer**este**	ricever**este**	finir**este**
loro/Loro	amer**ebbero**	ricever**ebbero**	finir**ebbero**

◆ Verbs ending in **-care**, **-gare**, **-ciare**, and **-giare** undergo the same spelling patterns that apply to these verbs in the future tense (see Chapter 11): **cercherei**, **comincerei**. Similarly, those verbs with irregular stems in the future have the same irregular stems in the conditional: **andare → andrei**, **essere → sarei**.

◆ The **condizionale passato** is formed with the present conditional of the auxiliary verb, **avere** or **essere** as the case may be, and the past participle. It corresponds in meaning and function to the English past conditional (*I would have worked, I would have gone*).

	lavorare *(to work)*	andare *(to go)*
io	avrei lavorato	sarei andato(-a)
tu	avresti lavorato	saresti andato(-a)
lui/lei/Lei	avrebbe lavorato	sarebbe andato(-a)
noi	avremmo lavorato	saremmo andati(-e)
voi	avreste lavorato	sareste andati(-e)
loro/Loro	avrebbero lavorato	sarebbero andati(-e)

◆ The conditional is used to:

- express a condition

Andrei a lavorare, ma non sto bene.	*I would go to work, but I don't feel well.*
Compreremmo questo, ma non abbiamo abbastanza soldi.	*We would buy this, but we don't have enough money.*
Sarei andato(-a) a lavorare, ma non stavo bene.	*I would have gone to work, but I wasn't feeling well.*
Avremmo comprato questo, ma non avevamo abbastanza soldi.	*We would have bought this, but we didn't have enough money.*

- convey politeness

Potrei fare questo?	*May I do this?*
Vorrei un caffè.	*I would like a coffee.*

- provide opinion and express probability

Secondo la polizia, lui sarebbe colpevole.	*According to the police, he is (probably) guilty.*
Secondo me, tu dovresti lavorare di meno.	*In my view (according to me), you should be working less.*
Secondo la polizia, lui sarebbe stato colpevole.	*According to the police, he was (probably) guilty.*
Secondo me, tu avresti dovuto lavorare di meno.	*In my view, you should have been working less.*

Applicazione

12.28 Volere non sempre è potere! Di' che faresti le cose indicate, ma che, purtroppo, per qualche motivo non puoi. Usa le forme appropriate del condizionale presente.

ESEMPIO   andare a studiare in Italia

Andrei a studiare in Italia, ma purtroppo non posso perché prima devo mettere da parte più soldi/perché devo studiare di più la lingua/...

1. cercare un altro lavoro
2. fare il medico
3. lavorare in banca
4. studiare altre lingue
5. vivere in Italia

12.29 La proposta del dottor Poli. Metti al condizionale presente il verbo tra parentesi.

Cecilia va dal dottor Poli e gli dice: «_____ (potere) chiederLe un favore? Oggi _____ (volere) andare a casa presto». Il dottor Poli le risponde: «Va bene, può andare, ma prima _____ (avere) un consiglio da darLe. Lei _____ (dovere) lavorare di meno. La vedo sempre triste. Perché non accetta la mia proposta?» Cecilia, un po' seccata, gli risponde: «_____ (preferire) non parlarne in questo momento». Il dottor Poli continua: «Forse Lei _____ _____ (dovere) cominciare ad apprezzare la vita diversamente. Io Le _____ (consigliare) di riposarsi di più. A poco a poco Lei _____ (riuscire) ad avere una vita più tranquilla».

12.30 Il fotoromanzo continua... Metti al posto degli infiniti fra parentesi le forme corrette del condizionale presente o passato, secondo il caso.

Il giorno dopo, Cecilia _____ (dovere) chiamare il suo fidanzato, ma non l'ha fatto. Lui la incontra a un bar: «Mi _____ (potere) dire perché non hai chiamato?» Lei gli risponde, sorpresa: «_____ (dovere) chiamarmi prima tu, se non sbaglio!» In quel momento arriva il dottor Poli e dice al fidanzato di Cecilia: «Sapevo che Lei _____ (venire) qui ad incontrare Cecilia. Lei deve lasciarla in pace. In questo momento Cecilia _____ (dovere) essere al lavoro!» Il fidanzato risponde: «Immaginavo che Lei _____ (dire) questo! Perché Lei _____ (volere) controllare tutto, non è vero?»

12.31 Tocca a te! Usa ciascuno dei seguenti verbi in altrettante frasi che ne rendano chiaro il loro uso al condizionale presente.

1. mangiare
2. cominciare
3. lasciare
4. indicare
5. pagare
6. andare
7. dire
8. fare
9. sapere
10. conoscere
11. dormire
12. partire

12.32 Tocca ancora a te! Adesso usa ciascuno dei verbi elencati sopra in altrettante frasi che ne rendano chiaro il loro uso al condizionale passato.

1. mangiare
2. cominciare
3. lasciare
4. indicare
5. pagare
6. andare
7. dire
8. fare
9. sapere
10. conoscere
11. dormire
12. partire

La frase ipotetica

◈ The **frase ipotetica** is composed of a dependent clause introduced by **se** expressing a condition, and a main clause that indicates the hypothetical realization of that condition.

◈ When the condition is considered real or probable, rather than hypothetical, the indicative, in an appropriate tense, is used in both the main and the dependent clauses.

Se tu **vai** alla festa, ci **vado** anch'io.
If you go to the party, I'll go too.

Se non è **venuto**, significa che **è andato** al lavoro.
If he didn't come, it means that he went to work.

Se tu **andrai** alla festa, ci **andrò** anch'io.
If you go to the party, I'll go too.

Solo se **avrò finito** i compiti, ti **chiamerò**.
Only if I (will) have finished my homework, will I call you.

◈ When the condition is hypothetical, improbable, uncertain, or unreal, the imperfect or pluperfect subjunctive is used in the **se** clause, and the simple or past conditional in the main clause.

Condizionale presente	Condizionale passato
Se tu **andassi** alla festa, ci **andrei** anch'io. *If you were to go to the party, I would go too.*	Se tu **fossi andato(-a)** alla festa, ci **sarei andato(-a)** anch'io. *If you had gone to the party, I would have gone too.*
Se io **avessi avuto** il raffreddore, oggi non **sarei** qui. *If I had had a cold, I wouldn't be here today.*	Se io **avessi avuto** il raffreddore ieri, oggi non **sarei venuto(-a)**. *If I had had a cold yesterday, I wouldn't have come (in) today.*

◈ In most **frasi ipotetiche**, the imperfect subjunctive after **se** is used in conjunction with the present conditional in the main clause.

Se tu **andassi** alla festa, ci **andrei** anch'io.
Se **dovessi** farlo, lo **farei**.

If you were to go to the party, I would go too.
If I had to do it, I would do it.

◈ And the pluperfect subjunctive is used in conjunction with the past conditional in the main clause.

Se tu **fossi andato(-a)** alla festa, ci **sarei andato(-a)** anch'io.
Se **avessi dovuto** farlo, lo avrei fatto.

If you had gone to the party, I would have gone too.
If I had had to do it, I would have done it.

Applicazione

12.33 Se potessi, lo farei! Metti il verbo nella proposizione principale *(main clause)* o al condizionale presente o al condizionale passato, secondo il caso.

ESEMPIO   Se potessi, (io) _____ (fare) l'ingegnere.
  Se potessi, (io) farei l'ingegnere.

1. Se potesse, lui/lei, _____ (risparmiare) più soldi.
2. Se avessero avuto coraggio, loro, _____ (chiedere) l'aumento *(a wage increase)*.
3. Se tu volessi, _____ (potere) sempre lavorare in una banca.
4. Se potessi, io _____ (fare) il medico.
5. Se avessero avuto più denaro, loro _____ (andare) in Italia.

12.34 Il fotoromanzo finisce! Metti i verbi indicati al congiuntivo (imperfetto o trapassato) o al condizionale (presente o passato), secondo il caso.

Se ieri Cecilia _____ (chiamare) il suo fidanzato, oggi lui sarebbe venuto. Se il dottor Poli lo _____ (sapere), l'avrebbe licenziata *(fired her)*. Se il suo fidanzato avesse soldi, la _____ (portare) in un posto lontano. Cecilia _____ (andare) via subito con il suo fidanzato, se potesse. Anzi, se _____ (partire) con lui, oggi non sarebbe nei guai. Il dottor Poli le dice: «Se io _____ (sapere) questo, non L'avrei assunta!» Cecilia gli risponde: «Se Lei potesse, sono sicura che mi _____ (mandare) via subito, vero?»

12.35 Congiuntivo o condizionale? Metti i seguenti verbi al congiuntivo (imperfetto o trapassato) o al condizionale (presente o passato), secondo il caso. Alcuni verbi devono essere usati più di una volta.

andare	avere	chiedere	comprare
costare	divertirsi	essere	fare
mangiare	potere	seguire	vedere

1. Se io _____ soldi, farei un viaggio in Italia.
2. Se voi andaste a quella festa, ci _____ anch'io di sicuro.
3. Noi _____ tuo fratello, se fossimo arrivati prima.
4. Io _____ la stessa cosa, se mi fossi trovato al tuo posto.
5. Se _____, andrei subito in vacanza.
6. Se tu _____ ginnastica tutte le sere, ti sentiresti meglio.
7. Se noi _____ di meno, non _____ sempre «pieni zeppi».
8. Se quel vestito nero non _____ così tanto, io lo _____ subito.
9. Se ci _____ un bel film in prima visione, loro _____ al cinema.
10. Vi trovereste meglio, se (voi) _____ i nostri consigli.

12.36 Il gioco del se... Completa liberamente le frasi.

1. Se io avessi il tempo, …
2. Andrei in Italia immediatamente, se …
3. Se io fossi una stella del cinema, …
4. Se io fossi famoso(-a), …
5. Potrei fare molto di più, se …
6. Se io avessi studiato di più, …
7. Se facesse bel tempo, …
8. Se io avessi saputo quello che so ora, …
9. Se fossi ricco(-a), …

COMUNICAZIONE

Al lavoro

l'agenzia di collocamento	*employment agency*
assumere	*to hire*
l'aumento di stipendio	*increase in salary, raise*
il datore di lavoro	*employer*
dimettersi/dare le dimissioni	*to quit, to leave a position*
il/la dipendente	*employee*
disoccupato(-a)	*without work, unemployed*
la ditta, l'azienda	*company*
la fabbrica	*factory*
le ferie	*holidays*
guadagnare	*to earn*
licenziare	*to fire*
l'orario di lavoro	*working hours*
le qualifiche	*qualifications*
lo stipendio	*salary, pay*
lo straordinario	*overtime*
il titolo di studio	*education (degree, title)*

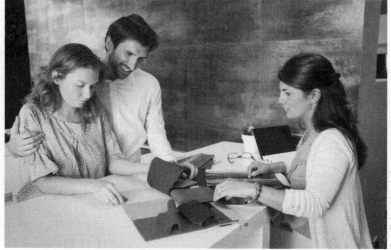

© nullplus /iStockphoto

Applicazione

12.37 Un colloquio di lavoro. La signorina Berti viene intervistata per un posto di lavoro. Ecco le domande che le sono state fatte. Traducile in italiano.

ESEMPIO   What kind of experience do you have?
Che tipo di esperienza ha (signorina)?

1. Do you have any experience in this type of work?
2. Would you be willing to learn English better, if we hired you?
3. Has someone ever fired you before?
4. How much would you like to earn?
5. Have you ever worked before? In a factory? For a company?
6. Do you know any of our employees?
7. What kind of skills do you have?
8. What are your qualifications for the job?
9. What education do you have?
10. Did you know about the job through (**tramite**) an employment agency?

12.38 La risposta logica. Rispondi a ciascuna delle domande sopra in modo logico.

ESEMPIO   **Che tipo di esperienza ha (signorina)?**
Ho lavorato per due anni in una banca. / Ho lavorato per una ditta simile l'anno scorso. / ...

12.39 Differenze. Adesso spiega la differenza tra le seguenti nozioni.

1. un'agenzia di collocamento e un'azienda
2. il lavoro e le ferie
3. un/una dipendente e un datore di lavoro
4. assumere e licenziare
5. cercare lavoro e dare le dimissioni

In ufficio

l'agenda	appointment book	la matita	pencil
il/la capoufficio	office manager	la penna	pen
la cartella	briefcase, folder	il pennarello	magic marker
il cestino	waste basket	la scheda	file
il computer	computer	la scrivania	desk
la cucitrice	stapler	la stampante	printer
le forbici	scissors	il taccuino	pad

Applicazione

12.40 In ufficio. Nelle seguenti affermazioni mancano delle parole. Inseriscile opportunamente negli spazi vuoti.

1. Aspetta un attimo. Prendo la mia _____ per vedere se sono libera domani.
2. Dov'è la _____? Devo appuntare questi fogli di carta.
3. Dov'è andato il _____? Deve firmare questo modulo.
4. Gianna, hai visto la mia _____? È importante che la trovi perché dentro ci sono tanti documenti importanti.
5. Non trovo la mia _____ per scrivere questo appunto. Forse potrei usare una _____.
6. Penso di aver gettato quel foglio nel _____! Ne avevi bisogno?
7. Oggi il mio _____ non funziona! Dovrò scrivere questa lettera a mano!
8. Prima taglia questo foglio con le _____.

12.41 Differenze. Spiega le differenze tra le cose seguenti.

1. una penna e un pennarello
2. una scheda e un taccuino
3. una stampante e un «mouse»

12.42 Domande personali. Rispondi alle seguenti domande.

1. Hai mai lavorato in un ufficio? Se sì, per quale azienda/ditta? Ti è piaciuta l'esperienza? Perché sì/no?
2. In futuro, ti piacerebbe lavorare in un ufficio? Perché?
3. C'è qualcuno nella tua famiglia che lavora in un ufficio? Se sì, che tipo di lavoro fa?

NOTA CULTURALE

L'euro

L'euro è l'unità monetaria di vari paesi che sono membri dell'Unione Europea, secondo gli accordi del Trattato di Maastricht. L'euro è stato scelto dal Consiglio Europeo di Madrid nel dicembre 1995, ed è stato varato *(was made official)* nell'aprile del 1998 da 11 paesi (Irlanda, Belgio, Lussemburgo, Portogallo, Spagna, Francia, Italia, Austria, Germania, Finlandia, Paesi Bassi). La Danimarca, la Gran Bretagna e la Svezia decisero di non aderire alla moneta comune, mentre la Grecia, rimasta fuori in un primo momento, adottò l'euro a partire dal 1° gennaio 2001.

Le banconote sono da 5, 10, 20, 50, 100, 200 e 500 euro; le monete sono da 1, 2, 5, 10, 20 e 50 centesimi, e da 1 e 2 euro.

Applicazione

12.43 Ricordi quello che hai letto? Rispondi alle seguenti domande.

1. Che cos'è l'euro?
2. Da chi e quando è stata scelta tale denominazione?
3. Quando è stato varato l'euro? Da chi?
4. Quali paesi decisero di non aderire all'euro?
5. Quale nazione adottò l'euro nel 2001?

12.44 Ipotesi. Tu pensi che sia possibile che l'America in futuro adotti l'euro o qualcosa di simile? Perché sì/no?

MOMENTO CREATIVO

Diverse coppie di studenti dovranno mettere in scena la seguente situazione: Un americano/un'americana si trova in una banca dove vuole cambiare i suoi dollari in euro. Alla fine lui/lei e l'impiegato(-a) fanno amicizia e decidono di fare qualcosa insieme più tardi.

PARTE 3ª

DALLA LETTERATURA ITALIANA
Prima di leggere

12.45 Il decalogo (*10 commandments*) del vero lavoratore. Il protagonista del brano seguente, dello scrittore italiano Giovanni Verga, è Mazzarò, un uomo che ha dedicato tutta la sua vita al lavoro. Con il suo lavoro assiduo, Mazzarò ha messo da parte un'ingente *(large)* fortuna, che però non è mai riuscito a godersi appunto perché stava sempre a lavorare. Il sopraggiungere *(arrival)* della vecchiaia lo preoccupa, così come gli dà fastidio *(bothers)* il dover lasciare dietro di sé, dopo la morte, tutti i suoi beni *(goods)*. Prima di leggere il brano di Verga, leggi il *Decalogo del vero lavoratore*, un decalogo (ovviamente ironico) che non farebbe per Mazzarò, e discuti ogni norma con gli altri membri della classe. Queste norme fanno per te?

Decalogo del vero lavoratore

1. Si nasce stanchi e si vive per riposare.
2. Ama il tuo letto come te stesso.
3. Riposa il giorno per dormire la notte.
4. Se vedi chi riposa, aiutalo.
5. Il lavoro è fatica.
6. Non fare oggi quello che puoi fare domani.
7. Fai meno che puoi e quello che devi fare fallo fare agli altri.
8. Di troppo riposo non è mai morto nessuno.
9. Quando ti vien voglia di lavorare siediti: aspetta che ti passi.
10. Se il lavoro è salute, evviva la malattia.

Lettura *La roba* (di Giovanni Verga)

«Questa è una bella cosa d'avere la fortuna che ha Mazzarò!» diceva la gente; e non sapeva quel che ci era voluto ad acchiappare[1] quella fortuna: quanti pensieri, quante fatiche, quante menzogne[2], quanti pericoli di andare in galera[3], e come quella testa che era un brillante avesse lavorato giorno e notte, meglio di una macina da mulino[4], per far la roba[5]; e se il proprietario[6] di una chiusa[7] limitrofa[8] si ostinava[9] a non cedergliela[10], e voleva prendere pel[11] collo Mazzarò, doveva trovare uno stratagemma per costringerlo[12] a vendere e farcelo cascare[13], malgrado la differenza contadinesca[14].

«Lo vedete quel che mangio?» rispondeva lui: «pane e cipolla! e sì che ho i magazzini pieni zeppi[15], e sono il padrone di tutta questa roba.» E se gli domandavano un pugno di fave[16], di tutta quella roba, ei[17] diceva: «Che vi pare che l'abbia rubate?» Non sapete quanto costano per seminarle[18], e zapparle[19], e raccoglierle[20]?» E se gli domandavano un soldo rispondeva che non l'aveva.

E non l'aveva davvero. Ché in tasca non teneva mai dodici tarì[21] tanti ce ne volevano per far fruttare tutta quella roba, e il denaro entrava e usciva come un fiume dalla sua casa. Del resto a lui non gliene importava del denaro; diceva che non era roba, e appena metteva insieme una certa somma, comprava subito un pezzo di terra; perché voleva arrivare ad avere della terra quanta ne ha il re[22], ed esser meglio del re, ché[23] il re non può né venderla, né dire ch'è sua.

Di una sola cosa gli doleva[24], che cominciasse a farsi vecchio, e la terra doveva lasciarla là dov'era. Questa è una ingiustizia di Dio, che dopo essersi logorata[25] la vita ad acquistare della roba, quando arrivate ad averla che ne vorreste ancora, dovete lasciarla! E stava delle ore seduto sul corbello[26], col mento nelle mani, a guardare le sue vigne[27] che gli verdeggiavano[28] sotto gli occhi, e i campi che ondeggiavano[29] di spighe[30] come un mare, e gli oliveti[31] che velavano[32] la montagna come una nebbia, e se un ragazzo seminudo gli passava dinanzi, curvo sotto il peso come un asino stanco, gli lanciava il suo bastone[33] fra le gambe, per invidia, e borbottava[34]: «Guardate chi ha i giorni lunghi! Costui[35] che non ha niente!»

Sicché[36] quando gli dissero che era tempo di lasciare la sua roba, per pensare all'anima, uscì nel cortile come un pazzo, barcollando[37], e andava ammazzando[38] a colpi di bastone le sue anitre[39] e i suoi tacchini[40], e strillava[41]: «Roba mia, vientene con me!»

[1]*amass* [2]*lies* [3]*jail* [4]*windmill* [5]*things, material possessions* [6]*owner* [7]*enclosure* [8]*nearby* [9]*persisted* [10]*give it up to him* [11]*pel = per + il* [12]*force him* [13]*to fall* [14]*of rural people* [15]*all filled up* [16]*a fistful of lima beans* [17]*ei = egli* [18]*sow them* [19]*plough them* [20]*gather them* [21]*old Sicilian currency* [22]*the king* [23]*because* [24]*hurt, regret* [25]*to become worn out* [26]*basket* [27]*vineyards* [28]*became green, gave off a green color* [29]*were filled with (literally: seemed like waves of corn)* [30]*ears of corn* [31]*olive groves* [32]*enshrouded* [33]*walking stick* [34]*mumbled* [35]*He* [36]*Therefore* [37]*wobbling* [38]*killing* [39]*ducks* [40]*turkeys* [41]*yelled*

Applicazione

12.46 Test di comprensione. Tutte le frasi seguenti sono false. Correggile in modo appropriato.

1. La gente pensava che Mazzarò non avesse niente.
2. Secondo Mazzarò, per acquistare la roba non ci voleva niente.
3. Mazzarò mangiava pane e cioccolata.
4. I suoi magazzini erano vuoti.
5. Mazzarò era molto generoso.
6. Mazzarò riusciva facilmente ad accumulare il denaro.
7. Mazzarò pensava ancora di essere giovane.
8. Mazzarò non era invidioso di nessuno.
9. Alla fine Mazzarò decise di buttare via tutta la sua roba.

12.47 Descrivi Mazzarò. Racconta quello che faceva e pensava (per esempio, «non sopportava la gente», «cercava sempre uno stratagemma per convincere un proprietario a cedergli la sua chiusa).

12.48 Parliamone! Rispondi alle seguenti domande.

1. Secondo te, qual è il tema del racconto?
2. Sei d'accordo con l'affermazione che «è una ingiustizia di Dio» dover lasciare tutta la roba che accumuliamo durante la vita? Perché sì/no?
3. Secondo te, l'attaccamento eccessivo alla roba può portare alla pazzia? Perché sì/no?

PARTE 4ª

CON FANTASIA

Attività generali

12.49 Accoppia i «ferri» con il mestiere. Se non riconosci alcune parole, controlla il loro significato in un dizionario.

1. contadino	a.	accetta, sega
2. calzolaio	b.	canna, lenza
3. barbiere	c.	lesina, martello
4. boscaiolo	d.	chiave inglese, cricco
5. pescatore	e.	rasoio, spazzola
6. cuoco	f.	falce, rastrello
7. meccanico	g.	pentola, tagliere

12.50 Domande personali. Rispondi liberamente alle seguenti domande.

1. Quale sarebbe per te il lavoro più piacevole? Più noioso? Perché?
2. Se tu avessi tantissimi soldi, lavoreresti ancora? Perché sì/no?

12.51 **Al lavoro.**

1. Descrivi il tuo lavoro ideale.
2. Se tu dovessi intervistare qualcuno per un lavoro, quali sarebbero tre domande che gli/le faresti?
3. Se tu fossi un/una capoufficio, che cosa faresti per mantenere un'atmosfera cordiale *(friendly)* nel tuo ufficio?

12.52 **Le barzellette.** Per ciascuno dei seguenti professionisti «strambi» *(strange, bizarre)* prova a scrivere una barzelletta appropriata. Poi leggi le tue barzellette in classe.

ESEMPIO   un noto pittore «astratto»

In una sala in cui sono esposti i più recenti quadri di un noto pittore di quadri «astratti» che nessuno riesce a capire, un visitatore si ferma davanti a uno dei quadri e chiede alla sua compagna: «Secondo te, si tratta di un'alba *(dawn)* o di un tramonto *(sunset)*?» «Indubbiamente di un tramonto!» dice la compagna. «Ma come fai a capirlo? Dal colore forse?» «Macché! Io conosco il pittore. È un amico. Non si è mai alzato prima di mezzogiorno!»

1. un/una pianista con un tic nervoso *(nervous tick)*
2. un direttore d'orchestra che porta la parrucca *(wig)*
3. un/una dentista a cui tremano *(tremble)* le mani

Dal mondo italiano

12.53 Va' su Internet e cerca un annuncio per un lavoro qualsiasi. Spiega al resto della classe quello che trovi e indica quali sono le caratteristiche richieste.

Navigare su Internet

Per ulteriori attività online, visita il seguente sito: www.wiley.com/college/danesi

12.54 **Ricerche online.** Va' su Internet e cerca un sito italiano dove si possono trovare impieghi di lavoro. Indica quello che hai trovato al resto della classe.

© wdstock /iStockphoto

Gli animali al cinema

TO THE STUDENT

For video and related activities go to the student's website

TO THE INSTRUCTOR

For tests and examination materials go to the instructor's website

LEARNING OBJECTIVES

In this chapter, you will learn:

- how to talk about pets and animals

- how to identify and refer to the sounds made by animals

- how to talk about going out and having fun

- how to talk about organizing parties

- more about cinema

- more about nouns

- how to form and use adverbs

- how to form and use comparative structures

AVVIO

Quanto sai già?

13.1 Sai in che modo sono differenti i seguenti animali? Se sì, spiega le differenze agli altri membri della classe. Se no, cerca ciascun animale in un dizionario.

1. la mosca e la zanzara
2. un animale domestico e un animale selvatico
3. l'asino e il mulo
4. l'orso e il panda
5. la volpe e il lupo
6. il gallo e la gallina

13.2 Il cinema e il mondo degli animali. Il mondo del cinema si è spesso servito di animali per molti film. Numerosissimi sono i film o i cartoni animati di Walt Disney che hanno come protagonisti, o come personaggi, degli animali. Metti alla prova la tua conoscenza dei film «classici» di Walt Disney in cui figurano degli animali, facendo il seguente test. Controlla i risultati dopo aver fatto il test.

1. Il film che ha come protagonista un elefante che vola s'intitola...
   a. *Dumbo.*
   b. *La bella addormentata.*
   c. *La sirenetta.*

2. Timothy, l'amico di Dumbo, è...
   a. un topo.
   b. un leone.
   c. un cervo.

3. Nel film *Pinocchio*, Jiminy, che rappresenta la coscienza di Pinocchio, è...
   a. un topo.
   b. un grillo.
   c. un gatto.

4. I due animali cattivi che convincono Pinocchio a non andare a scuola sono...
   a. il gatto e il lupo.
   b. il gatto e la volpe.
   c. la volpe e il cane.

5. Nel Paese dei Balocchi *(Pleasure Island)* Pinocchio viene trasformato in...
   a. un mulo.
   b. una pecora.
   c. un asino.

6. Geppetto e Pinocchio sono inghiottiti *(swallowed)* da...
   a. un rinoceronte.
   b. un coccodrillo.
   c. una balena.

7. Il film in cui tre fratellini costruiscono tre case s'intitola...
   a. *I tre topolini.*
   b. *I tre gattini.*
   c. *I tre porcellini.*

8. Nel film *I tre porcellini* l'animale cattivo è...
   a. un lupo.
   b. un leopardo.
   c. un serpente.

9. Trova l'accoppiamento sbagliato per i seguenti personaggi del *Libro della giungla*.
   a. Baloo = orso
   b. Shere Khan = giraffa
   c. Baghera = pantera
   d. King Louie = scimmia

10. Trova l'accoppiamento sbagliato per i seguenti personaggi di *Robin Hood*:
    a. Robin Hood = volpe
    b. King Richard = leone
    c. Sir Hiss = ippopotamo
    d. Little John = orso
    e. Narratore = gallo
    f. Madam Cluck = gallina

11. Trova l'accoppiamento sbagliato per i seguenti personaggi di *Aladdin*:
    a. Iago = pappagallo
    b. Abu = scimmia
    c. Rajah = zebra
    d. Jafar = serpente

12. Bambi è...
    a. un pesce.
    b. un cervo.
    c. uno scoiattolo.

13. In *Alice nel paese delle meraviglie*, il primo animale che la protagonista incontra è...
    a. un'oca.
    b. uno scoiattolo.
    c. un coniglio.

14. I protagonisti di *Lady and the Tramp* sono...
    a. dei cani.
    b. dei gatti.
    c. dei topi.

15. Gli animali che preparano un abito da sera a Cenerentola per andare alla festa da ballo sono dei topolini e...
    a. degli uccelli.
    b. dei gatti.
    c. dei cani.

Analisi delle risposte:

13-15 risposte corrette: Bravissimo(-a).

8-12 risposte corrette: Bravo(-a).

1-7 risposte corrette: Non prendertela: si tratta solo di un gioco.

Risposte:
1-a, 2-a, 3-b, 4-b, 5-c, 6-c, 7-c, 8-a, 9-b, 10-c, 11-c, 12-b, 13-c, 14-a, 15-a

Prima di leggere

13.3 Animali domestici. Rispondi alle seguenti domande liberamente. Poi leggi la striscia e metti a confronto le tue risposte con il suo contenuto.

1. Tu pensi che gli animali domestici siano importanti? Perché sì/no?
2. Ti piacciono i pesci rossi? Perché sì/no?
3. Per quali motivi pensi che la gente compri gli animali?
4. Sai chi è Snoopy? Se sì, descrivilo. Che cosa simboleggia secondo te?
5. Tu pensi che i cani siano veramente degli «amici»? Perché sì/no?
6. Come sarebbe il mondo, secondo te, se non ci fossero i cani?

¹ **pesci...** *goldfish*   ² *pail*   ³ **allevamento...** name of a farm

From C.M. Schultz, *Cane vendesi*. PEANUTS © 1995. Peanuts Worldwide LLC. Dist. By UNIVERSAL UCLICK. Reprinted with permission. All rights reserved.

Applicazione

13.4 Vero o falso? Indica se ciascuna delle seguenti affermazioni è vera o falsa. Correggi quelle false.

1. Per Charlie Brown gli animali domestici non sono importanti.
2. Un compagno di scuola di Linus ha ricevuto per il suo compleanno un canarino.
3. Il compagno desiderava veramente dei pesci rossi.
4. Ai giardini Charlie Brown stava giocando con dei bambini.
5. Un bambino rovesciò un secchiello di sabbia in testa a lui.
6. Furono i nonni che comprarono Snoopy per Charlie Brown.
7. Secondo Lucy, i cani sono intelligenti.
8. Secondo Charlie, il mondo sarebbe peggiore se non ci fossero i cani.

13.5 Parliamone! Rispondi liberamente alle seguenti domande.

1. Charlie Brown afferma che la gente compra gli animali per strane ragioni. Quali sono, secondo te, alcune di queste ragioni?
2. Hai un cane? Se sì, per quale motivo hai deciso di averne uno? Se no, per quale motivo non ne hai uno?
3. Charlie Brown afferma che siamo fortunati a godere della compagnia dei cani. Sei d'accordo? Giustifica la tua risposta.

Vocabolario

Gli animali

l'animale selvatico	*wild animal*	la mucca/il bue	*cow/ox*
l'animale domestico	*domestic animal, pet*	il mulo/la mula	*mule*
l'ape (f)	*bee*	l'orso/l'orsa	*bear*
l'asino/l'asina	*donkey*	il pappagallo	*parrot*
il cane/la cagna	*dog*	la pecora/il montone	*sheep/ram*
il castoro	*beaver*	il pesce	*fish*
il cavallo/la cavalla	*horse*	la scimmia	*monkey*
il coniglio	*rabbit*	lo scoiattolo	*squirrel*
l'elefante/l'elefantessa	*elephant*	il serpente/la serpe	*snake*
la formica	*ant*	il tacchino	*turkey*
il gallo/la gallina	*rooster/chicken*	la tartaruga	*turtle*
il gatto/la gatta	*cat*	la tigre	*tiger*
la giraffa	*giraffe*	il topo	*mouse*
il leone/la leonessa	*lion*	l'uccello	*bird*
il lupo/la lupa	*wolf*	la volpe	*fox*
il maiale/la scrofa	*pig*	la zanzara	*mosquito*
la mosca	*fly*		

◈ Many animal words have only one form to indicate both masculine and feminine gender. For example, **il topo** *(mouse)* is used to refer both to a female or male mouse. This is true also for **la volpe** *(fox)*, which has no masculine form. In such cases biological gender is specified typically as follows.

il topo maschio (*or* il maschio del topo)

il topo femmina (*or* la femmina del topo)

la volpe maschio (*or* il maschio della volpe)

la volpe femmina (or la femmina della volpe)

Applicazione

13.6 I paragoni. Per indicare delle qualità umane, si fa spesso il paragone con un animale. Per esempio, per far capire che una persona è molto testarda, si potrebbe dire: «È testardo(-a) come un mulo!». Sapresti completare i paragoni scegliendo gli animali adatti dalla seguente lista? Nella lista figurano tre animali in più. Usa il dizionario, se necessario.

lupo	coniglio	formica	pesce	mosca	asino
tartaruga	orso	scimmia	cane	uccello	leone
serpente	tigre	leone	volpe	pecora	gatto

1. È timido(-a) come _____.
2. È scontroso(-a) come _____.
3. È feroce come _____.
4. È fedele come _____.
5. È furbo(-a) come _____.
6. È muto(-a) come _____.
7. È tentatore/tentatrice come _____.
8. È coraggioso(-a) come _____.
9. È noioso(-a) come _____.
10. È ignorante come _____.
11. È affamato(-a) *(famished)* come _____.
12. È melodioso(-a) come _____.
13. È parsimonioso(-a) e attivo(-a) come _____.
14. Si arrampica *(climbs)* come _____.
15. È lento(-a) come _____.

13.7 Descrizioni. Sai descrivere i seguenti animali?

1. l'animale selvatico
2. l'animale domestico
3. l'ape *(f)*
4. il castoro
5. la gallina
6. la giraffa
7. il maiale
8. il mulo
9. il pappagallo
10. lo scoiattolo
11. il tacchino
12. il topo
13. la zanzara

13.8 Gli animali al femminile. Adesso indica la femmina di ciascun animale.

1. il cane
2. l'elefante
3. il gallo
4. il gatto
5. il montone

6. il bue
7. l'orso
8. il leone
9. il lupo
10. il maiale

GRAMMATICA

Il nome: caratteristiche particolari

◈ Count nouns refer to things that can be counted. Therefore, they have both singular and plural forms, and can be used with the indefinite article: **un gatto**. Noncount nouns refer to things that are perceived as being «noncountable.» Consequently, they have only a singular form, and cannot be used with the indefinite article: **il riso**, **la carne**.

◈ There are contrasts in the ways in which languages assign "countability". For example, **l'uva** *(grapes)* is noncountable in Italian, but countable in English. Also, some nouns are used in Italian as countable and noncountable with differences in meaning.

Noncountable usage	Countable usage
l'informazione *information (in general)*	le informazioni *items of information*
la verdura *vegetables (in general)*	le verdure *types of vegetables*
il pesce *fish (in general)*	i pesci *types of fish*
la gente *people (in general)*	le genti *specific kinds of people*

◈ When noncount nouns begin a sentence, they must always have the definite article, as do count nouns used in a general sense.

L'acqua è essenziale per la vita.	*Water is essential for life.*
Il latte fa bene.	*Milk is good for you.*
Gli italiani mangiano bene.	*Italians eat well.*

◈ Some nouns are made up of two parts (*noun + noun, verb + noun,* and so on). These are called compound nouns. Although there are no fixed rules for pluralizing such nouns, here are some general guidelines.

◈ In many cases the compound noun is pluralized by changing its final vowel in the usual manner.

l'arcobaleno *rainbow*   gli arcobaleni *rainbows*
la banconota *bank note*   le banconote *bank notes*
la ferrovia *railroad*   le ferrovie *railroads*
il francobollo *stamp*   i francobolli *stamps*
il gentiluomo *gentleman*   i gentiluomini *gentlemen*
il palcoscenico *stage*   i palcoscenici *stages*

◈ If the compound noun is made up of a *verb + plural noun*, then the whole form is masculine and it is invariable.

il portalettere *letter carrier*   i portalettere *letter carriers*
il cavatappi *bottle opener*   i cavatappi *bottle openers*

◈ However, if the compound noun is formed by a *verb + singular noun*, then it is pluralized in the normal way.

l'asciugamano *towel*   gli asciugamani *towels*
il portafoglio *wallet*   i portafogli *wallets*
il parafango *fender*   i parafanghi *fenders*

◈ If **capo** is an element in the compound construction, then, by convention, one or both parts of the construction are pluralized. You will have to look up nouns of this type in a dictionary to be sure.

il capogiro *dizziness*   i capogiri *bouts of dizziness*
il capogruppo *group leader*   i capigruppo *group leaders*
il capolavoro *masterwork*   i capolavori *masterworks*
il capotecnico *technical director*   i capitecnici/capotecnici *technical directors*
il capoufficio *office manager*   i capiufficio *office managers*

Applicazione

13.9 L'articolo determinativo. Completa le seguenti frasi con la forme adatte dell'articolo determinativo, se necessarie.

1. _____ cani sono animali domestici.
2. Carlo ha comprato _____ uva.
3. In quel ristorante io prendo sempre _____ pesce.
4. Lui studia _____ geografia.
5. _____ italiani sono generalmente simpatici.

13.10 La vita quotidiana del gatto. Completa l'articolo seguente con le forme appropriate dell'articolo determinativo o con le preposizioni articolate (**al**, **nello**) adatte.

La vita di un gatto!

_____ informazioni usate in questo articolo sono tutte basate _____ mie esperienze personali, non _____ antropologia. _____ gatti sono animali veramente «strani» e «misteriosi». _____ mio gatto, per esempio, a cui non piace generalmente _____ verdura, ha invece mangiato _____ verdure che gli ho dato alcuni giorni fa. _____ cibo preferito _____ gatti è _____ pesce, ma _____ mio gatto non piace _____ pesce. Odia _____ pesci! Però mangia volentieri _____ uva, anche se _____ gente non mi crede.

Sì, _____ vita di un gatto, anzi _____ molte vite di un gatto, sono interessanti. _____ animali domestici sono tutti simpatici, ma _____ gatti hanno un particolare fascino!

13.11 Nomi composti. Metti i seguenti nomi al singolare o al plurale, secondo il caso.

Singolare	Plurale
1. il capoufficio	_____
2. _____	i portalettere
3. il palcoscenico	_____
4. _____	le ferrovie
5. la banconota	_____
6. _____	gli arcobaleni
7. il cavatappi	_____
8. _____	i parafanghi

13.12 Tocca a te! Usa ciascuno dei seguenti nomi in frasi che ne rendano chiaro il significato.

1. capogiro
2. asciugamani
3. portafogli
4. gentiluomini
5. francobollo
6. capolavori

Gli avverbi

◈ Adverbs of manner are formed by adding the suffix **-mente** in the following ways.

If the descriptive adjective ends in **-o**, the ending is changed to **-a** before adding **-mente**.

raro	→	rara	→	raramente	*rarely*
vero	→	vera	→	veramente	*really*

The suffix **-mente** is added on directly to an adjective that ends in **-e**.

felice	→	felicemente	*happily*
enorme	→	enormemente	*enormously*

The **-e** is dropped, however, if the adjective ends in **-le** or **-re**.

difficile	→	difficilmente	*with difficulty*
facile	→	facilmente	*easily*
popolare	→	popolarmente	*popularly*
regolare	→	regolarmente	*regularly*

Exceptions to the above rules are as follows.

benevolo	→	benevolmente	*benevolently*
leggero	→	leggermente	*lightly*
violento	→	violentemente	*violently*

Applicazione

13.13 Gli avverbi. Prima trasforma i seguenti aggettivi in avverbi e poi usa ciascuno di essi in altrettante frasi che ne rendano chiaro il significato.

> **ESEMPIO** chiaro
> **chiaramente**
> **Il nostro/La nostra insegnante spiega tutto chiaramente.**

1. strano
2. intero
3. intelligente
4. fortunato
5. vero
6. certo
7. regolare
8. facile
9. difficile
10. felice
11. popolare
12. benevolo
13. enorme
14. leggero

13.14 Trasforma gli aggettivi. Dal seguente articolo mancano alcuni avverbi. Completalo in modo opportuno, trasformando i seguenti aggettivi in avverbi.

brutale   difficile   aggressivo   felice   benevolo
violento   erroneo   gentile   raro

Gli animali

_____ gli animali sono pericolosi. Anzi, _____ si trovano animali che aggrediscono le persone. A volte pare che si comportino _____; invece, se vengono lasciati in pace si comportano quasi sempre _____.

Spesso interpretiamo _____ le loro azioni. Tutte le specie di questo mondo desiderano vivere _____.

Gli animali di solito si comportano _____. Siamo noi esseri umani che, invece, spesso ci comportiamo _____ e _____.

COMUNICAZIONE

Uscire per divertirsi

andare a trovare gli amici, i parenti...	*to visit friends, relatives . . .*
andare...	*to go . . .*
in un locale notturno	*to a night club*
in discoteca	*to the club*
al bar	*to the (sports) bar*
al cinema	*to the movies*
al concerto	*to the concert*
al museo	*to the museum/art gallery*
al teatro	*to the theater*
ad una festa	*to a party*
in biblioteca	*to the library*
preferire...	*to prefer . . .*
la musica moderna	*modern music*
la musica classica	*classical music*
il jazz	*jazz*
la musica folcloristica	*folk music*
lo spettacolo	*show, performance*
la commedia	*comedy*
il dramma	*drama*
la tragedia	*tragedy*
uscire...	*to go out . . .*
con gli amici	*with friends*
da solo(-a)	*alone*
in compagnia	*in the company of friends*

Applicazione

13.15 Differenze. Spiega le differenze tra le seguenti cose.

1. una commedia e una tragedia
2. uno spettacolo e un dramma
3. da solo(-a) e in compagnia
4. musica classica e musica moderna
5. jazz e musica folcloristica
6. una discoteca e un museo
7. una biblioteca e un bar
8. il cinema e il teatro

13.16 Domande personali. Rispondi alle domande con frasi complete.

1. Vai spesso o di rado *(rarely)* in biblioteca? Perché?
2. Di solito quando esci? E dove vai?
3. Vai spesso alle feste? Ti piacciono? Perché sì/no?
4. Vai spesso in discoteca? Ti piace? Perché sì/no?
5. Ti piace il teatro? Indica la tua commedia preferita e la tua tragedia preferita.
6. Sei mai stato(-a) in un museo italiano? Se sì, racconta la tua esperienza.
7. Vai spesso ai concerti? Ti piacciono? Perché sì/no?
8. Che tipo di musica preferisci? Perché?

Organizzare una festa

gli affettati	*cold cuts*
apparecchiare la tavola	*to set the table*
ballare	*to dance*
la bibita	*soft drink*
il bicchiere	*drinking glass*
il coltello	*knife*
il cucchiaino	*teaspoon*
il cucchiaio	*spoon*
la forchetta	*fork*
l'invitato(-a)	*invited guest*
la lattina	*soft-drink can*
il panino	*bun sandwich*
il piatto	*plate*
raccontare barzellette	*to tell jokes*
la tazza	*cup*
il tovagliolo	*napkin*
il tramezzino	*flat sandwich*

Applicazione

13.17 La festa. Prepara una lista per una festa che organizzerai, poi leggila in classe. Includici:

1. le cose da comprare (cibo, bibite)
2. le cose da preparare (musica, giochi)
3. le persone da invitare
4. le attività da programmare

13.18 Indovinello! Che cos'è?

1. Si usa per affettare la carne.
2. Il contenitore del caffè.
3. Si usa per mangiare la minestra.
4. Si usa per mangiare la pasta.
5. Un sinonimo per «preparare» la tavola.
6. Un tipo di carne che si usa nei panini.
7. Una bevanda analcolica.
8. Si usa per pulirsi la bocca.
9. La persona invitata ad una festa.
10. Il contenitore di una bibita.
11. Ci si mette la pasta, la minestra e la carne.

NOTA CULTURALE

Musica

TAR-TASS / Nikolai Kuznetsov/NewsCom

Durante il Medioevo, l'Italia svolse un ruolo primario nel campo della musica sacra (da chiesa) col cosiddetto «canto gregoriano» attribuito a Papa Gregorio il Grande (540-604 d.C. circa). Tra i musicisti più noti del Rinascimento e del Barocco sono da menzionare Palestrina, Gabrieli, Monteverdi, Frescobaldi, Corelli, Vivaldi e Scarlatti.

L'opera lirica è sempre stata per gli italiani una delle forme artistiche più importanti. Rossini, Bellini, Donizetti, Verdi, Mascagni, Leoncavallo e Puccini sono tutt'oggi popolarissimi. Le loro opere—*Il barbiere di Siviglia*, *La traviata*, *Tosca*—vengono messe in scena frequentemente in tutto il mondo.

L'Italia è anche famosa per la musica leggera. Per questo tipo di musica, c'è tutt'oggi il Festival di Sanremo, una delle più famose gare canore *(song competitions)* del mondo, iniziato nel 1951, che ha luogo nella città ligure di Sanremo nel mese di febbraio. Ad esso partecipano i cantanti già famosi del Paese ma anche i futuri idoli della musica leggera italiana.

L'Italia ha, inoltre, una ricca tradizione di canto folcloristico. Particolarmente conosciute sono le canzoni napoletane tradizionali come *Santa Lucia*, *O sole mio*, e *Torna a Sorrento*.

Applicazione

13.19 Ricordi quello che hai letto? Completa le frasi in modo opportuno.

1. Il canto gregoriano è attribuito a _____.
2. Tra i compositori più conosciuti del Rinascimento e del Barocco sono da menzionare _____.
3. Il Festival di Sanremo è _____.
4. Il Festival di Sanremo ha luogo nel mese di _____.
5. A questo festival partecipano _____.
6. *O sole mio* e *Torna a Sorrento* sono due _____. napoletane tradizionali.
7. L'_____ lirica è sempre stata per gli italiani una delle forme artistiche più importanti.

13.20 Conosci qualche famoso compositore? Rispondi alle seguenti domande.

1. Chi è il compositore delle seguenti opere: *Il barbiere di Siviglia*, *La gazza ladra*, *Guglielmo Tell*?
2. Chi è il compositore delle seguenti opere: *Rigoletto*, *Il trovatore*, *La traviata*, *Aida*?
3. Chi è il compositore delle seguenti opere: *La bohème*, *Tosca*, *Madama Butterfly*?
4. Conosci qualche altro compositore di opera o di musica classica in generale italiano? Chi conosci?

MOMENTO CREATIVO

Diverse coppie di studenti/studentesse dovranno mettere in scena un dibattito sulla seguente questione:

«Oggi la musica non è bella come la musica di una volta.»

AVVIO

Quanto sai già?

13.21 Quiz cinematografico. Sei un esperto/un'esperta di cinema classico italiano? Lo scoprirai facendo il seguent test. In alcuni casi tutte e due le risposte possono essere corrette.

1. Roberto Rossellini è il regista del film...
   a. *La dolce vita.*
   b. *Roma città aperta.*

2. Il nome del regista italiano De Sica era...
   a. Giuseppe.
   b. Vittorio.

3. Il regista del film *La terra trema* è...
   a. Luchino Visconti.
   b. Franco Zeffirelli.

4. Franco Zeffirelli ha fatto un film sulla vita di...
   a. Gesù di Nazareth.
   b. San Francesco.

5. Michelangelo Antonioni è il regista del film...
   a. *Ben Hur.*
   b. *Blow Up.*

6. Pier Paolo Pasolini è il regista del film...
   a. *Il Vangelo secondo Matteo.*
   b. *8 1/2.*

7. Il nome del regista italiano Fellini era...
   a. Federico.
   b. Marcello.

8. Fellini è il regista del film...
   a. *La strada.*
   b. *Ginger e Fred.*

9. Sophia Loren e Marcello Mastroianni recitarono insieme nel film...
   a. *Matrimonio all'italiana.*
   b. *I girasoli.*

10. Giuseppe Tornatore vinse l'Oscar con il film...
    a. *Stanno tutti bene.*
    b. *Nuovo cinema paradiso.*

Risposte: 1-b, 2-b, 3-a, 4-a, 5-b, 6-a, 7-a, 8-a, 9-a, 10-b

Prima di leggere

13.22 Conosci le seguenti parole e espressioni? Se sì, spiegale agli altri membri della classe.

1. risalire a
2. commediografo
3. sotto la regia
4. tratto da
5. serva
6. fingersi in punto di morte
7. furba
8. al di là
9. valere la pena
10. trama

Matrimonio all'italiana, che risale al 1964, è uno dei film più umoristici del cinema italiano. Tratto dalla commedia *Filumena Marturana* del famoso commediografo napoletano Eduardo De Filippo, il film fu interpretato da una coppia di magnifici attori italiani, Sofia Loren e Marcello Mastroianni, sotto la regia di Vittorio De Sica.

Si tratta di una commedia satirica ambientata nella Napoli dell'immediato dopoguerra e che riguarda le relazioni romantiche in un'Italia che stava cambiando radicalmente. Dopo essere stata per anni serva e amante di Domenico, Filumena riesce a farsi sposare da lui, finge in punto di morte. Ma quando Domenico scopre l'inganno, annulla il matrimonio. Allora la donna ricorre a un nuovo stratagemma, rivelandogli di avere tre figli, uno dei quali sarebbe proprio suo. Così, la furba Filumena riesce a farsi sposare una seconda volta da Domenico, il quale in fondo è sempre stato innamorato di lei.

Matrimonio all'italiana è un «classico» cinematografico della «commedia all'italiana» che vale la pena di vedere ancora oggi perché — al di là degli aspetti comici della trama — i suoi temi universali dell'amore e della passione restano sempre validi.

Applicazione

13.23 Ricordi quello che hai letto? Rispondi alle seguenti domande.

1. A quale anno risale il film?
2. Chi è il regista del film?
3. Chi sono gli interpreti principali?
4. Da quale commedia italiana è tratto il film?
5. Qual è la trama?
6. Che genere di film è?
7. Perché vale la pena di vedere il film oggi?

13.24 Tocca a te! Adesso cerca il film su Internet e di' alla classe se ti è piaciuto o no. Indica il perché.

Vocabolario

Il verso degli animali

abbaiare	*to bark*	muggire	*to moo*
belare	*to bleat*	nitrire *(isc)*	*to neigh*
cantare, cinguettare	*to sing, chirp*	ragliare	*to bray*
fare chicchirichì	*cock-a-doodle-do*	ruggire *(isc)*	*to roar*
garrire *(isc)*	*to shrill*	ululare	*to howl*
miagolare	*to meow*		

Applicazione

13.25 Il verso degli animali. Accoppia gli animali seguenti con i verbi indicanti il loro verso.

1.	il gallo	a.	muggisce
2.	il cavallo	b.	garrisce
3.	il cane	c.	ruggisce
4.	il gatto	d.	bela
5.	il leone	e.	fa chicchirichì
6.	il lupo	f.	cinguetta
7.	la mucca	g.	nitrisce
8.	l'uccello	h.	raglia
9.	la pecora	i.	miagola
10.	l'asino	j.	ulula
11.	l'elefante	k.	abbaia

GRAMMATICA ▬▬▬▬▬▬

I comparativi

◈ Adjectives, adverbs, and other parts of speech can be used in comparisons according to degree.

Uguaglianza *(Equality/Positive)*

◈ With adjectives, **così ... come** or **tanto ... quanto** *as . . . as* are used, alternatively. In both cases, the first word is optional, but it is used more often than not.

Il mio gatto è così intelligente come il tuo.   *My cat is as intelligent as yours.*
Il nostro cane è tanto bello quanto   *Our dog is as beautiful as yours. (pl.).*
    il vostro.

◆ With other parts of speech (noun, adverb, and so on), only **tanto** … **quanto** can be used. In this case agreement patterns apply.

Maria è **tanto** bella **quanto** simpatica.	*Maria is as beautiful as she is nice.*
Studiare è **tanto** difficile **quanto** lavorare.	*Studying is as difficult as working.*
Io studio **tanto quanto** te.	*I study as much as you do.*

Maggioranza e minoranza *(Majority and minority)*

◆ For the comparative of majority and minority, **più** *(more)* and **meno** *(less)* are used respectively. When one adjective is used then **più** and **meno** are followed by **di** *(than)*. If one noun is compared by two adjectives, then **che** follows.

Comparing two nouns with one adjective:

Maria è **più** simpatica **di** Elena.	*Maria is nicer than Helen.*
Maria è **meno** furba **della** sua amica.	*Maria is less wily than her friend.*

Two adjectives with one noun:

Maria è **più** simpatica **che** intelligente.	*Maria is nicer than she is intelligent.*
Maria è **più** furba **che** sincera.	*Maria is wilier than she is sincere.*

◆ This same patterns apply to the comparison of other structures.

La musica mi piace **più della** pittura.	*I like music more than painting.*
Lui ha scritto **più** cose **di** me.	*He wrote more things than I.*
Mi piace **più** leggere **che** scrivere.	*I like reading more than writing.*
Lei ha mangiato **meno** carne **che** pesce.	*He ate less meat than fish.*

◆ The expression *than what* is rendered by **di quello che** or **di quanto** + *subjunctive.*

Maria è **meno** intelligente **di quello che** voi pensate.	*Mary is less intelligent than (what) you think.*
Gli ho dato **più di quanto** volesse.	*I gave him more than (the amount that) he wanted.*

◆ There are colloquial forms of **di quello che**: **di quel che** or **di ciò che**.

Lui è più furbo **di quel che** voi sapete.	*He's more clever than (what) you know.*
Lei sa più **di ciò che** pensate.	*She knows more than (what) you think.*

Superlativo *(Superlative)*

◆ For the superlative form of comparison **più** and **meno** are used preceded by the definite article. Note that in superlative constructions **di** renders the idea of *in/of* and **tra/fra** of *between/among.*

Maria è la **più** brava **della** classe.	*Mary is the best in the class.*
Questo è il corso **più** interessante **del** mondo.	*This is the most interesting course in the world.*
Giorgio è il **meno** simpatico **tra** i suoi amici.	*George is the least nice among his friends.*

◆ Be careful not to repeat the definite article in superlative constructions.

Maria è la più brava della classe. / Maria è la ragazza più brava della classe.
Not: Maria è la ragazza la più brava della classe.

◆ Forme alternative

Adjective	Comparative form	Superlative form
buono *good*	migliore (più buono) *better*	il/la migliore (il più buono/la più buona) *best*
cattivo *bad*	peggiore (più cattivo) *worse*	il/la peggiore (il più cattivo/la più cattiva) *the worst*
grande *big*	maggiore (più grande) *bigger*	il/la maggiore (il più grande/la più grande) *the biggest*
piccolo *small (little)*	minore (più piccolo) *smaller*	il/la minore (il più piccolo/la più piccola) *the smallest*

Adverb	Comparative form	Superlative form
bene *well*	meglio *better*	il meglio *the best*
male *bad(ly)*	peggio *worse*	il peggio *the worst*

◆ The final **-e** of **migliore** and **peggiore** may be dropped before a singular noun: **È il miglior libro che abbia mai letto.** *It's the best book I have ever read.*

Pronomi e aggettivi utili

◈ We have discussed these in previous parts of this book. They are summarized here for convenience.

Form	Adjective	Pronoun
alcuno *some*	Ci sono **alcuni** errori. *There are some errors.*	**Alcuni** pensano di sapere tutto. *Some think they know it all.*
altro *other*	Ci sono due **altri** gatti qui. *There are two other cats here.*	**Alcuni** dicevano una cosa, **altri** un'altra. *Some said one thing, others something else.*
certo *certain*	**Certe** persone odiano gli animali. *Certain people hate animals.*	**Certi** pensano che io odi i gatti. *Some (people) think that I hate cats.*
molto/tanto *much, a lot*	Lei ha **tanta** pazienza. *She has a lot of patience.*	**Tanti** hanno un gatto in casa. *Many have a cat in their home.*
parecchio *several*	Io ho **parecchi** gatti. *I have several cats.*	**Parecchi** preferiscono i cani. *Various people prefer dogs.*
poco *little, few*	Lui ha **poca** pazienza. *He has little patience.*	**Pochi** oggi hanno pazienza. *Few today have patience.*
stesso *same*	È la **stessa** cosa. *It's the same thing.*	Sono sempre gli **stessi** a lamentarsi. *It's always the same ones who complain.*
tutto *everything, everyone*	Ho mangiato **tutta** la carne. *I ate all the meat.*	**Tutti** amano i gatti. *Everyone loves cats.*

Applicazione

13.26 La comparazione. Completa ogni frase con le strutture della comparazione adatte.

1. La mia gatta è bella, ma la tua è più bella. La tua è _____ bella _____ mia, è la gatta _____ che io _____ abbia mai avuto.
2. Il tuo cane è intelligente, come lo è il suo. Il tuo è _____ intelligente _____ suo.
3. Mi piace camminare col cane e mi piace anche guardare la TV la sera. Mi piace _____ camminare col cane _____ guardare la TV la sera.
4. Ho comprato la stessa quantità di vino e di latte. Ho comprato _____ vino _____ latte.
5. La mia gatta è simpatica, ma non è poi così tanto simpatica. La mia gatta è _____ simpatica _____ tua.
6. Il mio gatto è intelligente, ma è poco furbo. Il mio gatto è _____ furbo _____ intelligente.
7. Il mio cane è il cane _____ bello _____ tutti i cani del quartiere.
8. La mia cagnetta è molto pigra: le piace _____ dormire _____ correre.

13.27 Adesso parla di te stesso(-a). Segui gli esempi.

ESEMPI   intelligente/tuo fratello

Sono più intelligente di mio fratello.
Sono meno intelligente di mio fratello.
Sono tanto intelligente quanto mio fratello.

alto/basso

Sono più alto(-a) che basso(-a).
Sono più basso(-a) che alto(-a).

studiare/lavorare

Mi piace più studiare che lavorare.
Mi piace meno studiare che lavorare.
Mi piace studiare quanto lavorare.

1. simpatico/tua sorella
2. energico/i tuoi amici
3. ricco/povero
4. paziente/impaziente
5. la città/la campagna
6. le vacanze/il lavoro
7. generoso/i tuoi amici
8. sensibile/impertinente
9. viaggiare/rimanere a casa

13.28 Migliore, maggiore, meglio, peggio? Usa una forma diversa della comparazione da quella indicata tra parentesi.

1. Questo caffè è (più buono) _____ di quell'altro.
2. Carmine è il fratello (più grande) _____.
3. Teresa è la sorella (più piccola) _____.
4. Gianfranco è il figlio (più piccolo) _____.
5. Questa frutta è (più cattiva) _____ di quella dell'altro giorno.

13.29 Traduciamo! Traduci le seguenti frasi in italiano.

1. Today my car is working better.
2. Today I am feeling much better.
3. That was the worst course I have ever taken.
4. She is the most intelligent among her friends.
5. He always thinks the worst.
6. My sister is more clever than you think.
7. He gave me more than I thought he would.

13.30 Animali selvatici. Adesso completa il seguente articolo sugli animali selvatici inserendoci opportunamente **alcuno, altro, certo, tanto, parecchio, poco, stesso, tutto, ultimo,** nelle loro forme appropriate.

Gli animali selvatici

Secondo me, _____ gli animali selvatici sono belli. Ma _____ sono più belli di _____, anche se tali percezioni variano da società a società. Però, _____ persone sono d'accordo sul fatto che bisogna proteggere _____ gli animali. _____ persone, invece, sostengono che negli _____ anni siamo diventati un po' troppo «fanatici» nei confronti degli animali. Ma gli _____ che dicono questo sono purtroppo quelli che permettono a persone meno sensibili di uccidere inutilmente _____ animali.

_____ persone sono molto insensibili. Fortunatamente ce ne sono _____ che capiscono _____ di più. La sopravvivenza degli animali dipenderà da noi!

COMUNICAZIONE

Al cinema

l'attore/l'attrice	*actor*
la colonna sonora	*sound track*
il corridoio	*corridor*
la fila	*aisle, row*
fare la fila /la coda	*to line up*
il film	*movie, film*
di spionaggio	*spy*
di fantascienza	*science fiction*
d'amore	*love*
d'avventura	*adventure*
giallo	*detective, thriller*
western	*western*
dell'orrore	*horror*
a colori	*color*
in bianco e nero	*black and white*
di prima visione	*premiere*
doppiato	*dubbed*
girare un film	*to make a movie*
i sottotitoli	*subtitles*
il/la regista	*movie director*
vietato ai minorenni	*forbidden to minors (restricted)*

Applicazione

13.31 Generi cinematografici. Accoppia le definizioni della colonna A con le parole della colonna B.

A

1. Film presentato al pubblico per la prima volta.
2. Persona che dirige un film.
3. Recita in un film.
4. Lo sono i film di James Bond.
5. Lo è *Star Trek*.
6. Lo è *Titanic*.
7. Lo è il film *Raiders of the Lost Ark*.
8. Lo sono molti film di Alfred Hitchcock.
9. *To line up* in italiano.

B

a. un film di spionaggio
b. un film in prima visione
c. un film d'avventura
d. il regista/la regista
e. un film di fantascienza
f. un film d'amore
g. film giallo
h. l'attore/l'attrice
i. fare la fila

13.32 Differenze. Spiega la differenza tra le seguenti cose.

1. il corridoio e il botteghino
2. la platea e la galleria
3. un film a colori e un film in bianco e nero
4. un film con i sottotitoli e un film doppiato
5. un film vietato ai minorenni e un film per la famiglia

13.33 Tocca a te! Rispondi alle domande.

1. Conosci qualche regista italiano(-a)? Chi? Quale dei suoi film ti piace di più? Perché?
2. Chi sono oggi le stelle del cinema?
3. Chi è il tuo attore/la tua attrice preferito(-a)? Perché?
4. C'è un attore/un'attrice che non sopporti? Chi è? Perché non lo/la sopporti?
5. Qual è il tuo film preferito? Perché?
6. Che genere di film ti piace? Perché?

NOTA CULTURALE

Cinecittà

L'Italia ha la sua Hollywood. Si chiama Cinecittà. Inaugurata a Roma nel 1937, è il più grande centro produttivo del cinema in Italia e uno dei più attrezzati *(well-equipped)* in Europa. Con lo scoppio *(outbreak)* della seconda guerra mondiale, Cinecittà dovette bloccare le attività, diventando un rifugio *(refuge)* per gli sfollati *(refugees, those who were without home)*.

La riapertura si ebbe nel 1947. A Cinecittà hanno lavorato non soltanto i più importanti registi italiani, come Vittorio De Sica e Roberto Rossellini. ma anche registi stranieri. Per esempio, nel 1950, Mervin LeRoy ci girò *Quo Vadis?*, nel 1959 ci venne girato *Ben Hur* e, nel 1963, *Cleopatra* di Joseph Mankiewicz. Oggi Cinecittà continua a promuovere il cinema italiano nel circuito internazionale, restaurando *(restoring)* anche i film storici.

Applicazione

13.34 La Hollywood italiana. Rispondi alle seguenti domande.

1. Come si chiama la Hollywood italiana?
2. Dove e quando nasce?
3. Che cosa bloccò le sue attività?
4. Quando si ebbe la sua riapertura?
5. Chi ci ha lavorato?

13.35 Conosci il cinema italiano? Fa' un elenco di tutti i film classici italiani che conosci, completando la tabella in modo opportuno e poi leggendola in classe.

Titolo	Regista	Protagonisti	Breve descrizione

MOMENTO CREATIVO

Con un compagno/una compagna, mettete in scena la seguente situazione.

Uno studente/una studentessa chiama un amico/un'amica per invitarlo/la ad uscire insieme («Andiamo al cinema?» «Vuoi venire con me in discoteca?»). Però, all'amico/all'amica non è simpatico(-a) la persona che lo/la invita. Non volendolo/la offendere, troverà una «scusa plausibile e delicata» per respingere *(turn down)* l'invito.

DALLA LETTERATURA ITALIANA

Prima di leggere

13.36 Quanto conosci la lingua italiana? Il brano che leggerai è una continuazione di *Lui e io* (primo capitolo). Prima di leggere, sapresti spiegare il significato delle seguenti parole o espressioni?

1. stonato
2. miagolare
3. accorgersi
4. inventato
5. mugolare

6. una melopea lamentosa
7. le lagrime
8. una sorta di felicità
9. chissà perché

13.37 Ti piace cantare? Perché sì/no?

Lettura   *Lui e io, continua* (di Natalia Ginzburg)

Mi piace cantare. Non so cantare, e sono stonatissima; canto tuttavia, qualche volta, pianissimo, quando sono sola. Che sono così stonata, lo so perché me l'hanno detto gli altri; dev'essere la mia voce, come il miagolare d'un gatto. Ma io, da me, non m'accorgo di nulla; e provo, nel cantare, un vivo piacere. Lui, se mi sente, mi rifà il verso; dice che il mio cantare è qualcosa fuori della musica; qualcosa di inventato da me.

Mugolavo, da bambina, dei motivi di musica, inventati da me. Era una lunga melopea lamentosa, che mi faceva venire le lagrime agli occhi.

[...]

Ricordo, di una canzone, le parole. Posso ripetere all'infinito le parole che amo. Ripeto anche il motivo che le accompagna, al mio modo, nel mio miagolare; e provo, così miagolando, una sorta di felicità. Mi sembra di seguire, nello scrivere, una cadenza e un metro musicale. Forse la musica era vicinissima al mio universo, e il mio universo, chissà perché, non l'ha accolta.

From Natalia Ginzburg, "Lui e io", in *Le piccole virtù*. © Einaudi: Torino, 1962. Reprinted by permission of Giulio Einaudi Editore.

Applicazione

13.38 Ricordi quello che hai letto? Rispondi alle seguenti domande.

1. Come canta la narratrice?
2. Quando canta?
3. Com'è la sua voce, secondo gli altri?
4. Che cosa prova nel cantare?
5. Che fa «lui» quando la sente.

6. Che cosa mugolava la narratrice da bambina?
7. Che cosa può ripetere all'infinito?
8. Che cosa era vicinissimo al suo universo?
9. Secondo te, qual è il tema di questo racconto?

13.39 Le colonne sonore. Molti film sono famosi per la loro musica (la loro colonna sonora). Quanti ne conosci? Completa la tabella in modo opportuno.

Titolo	Regista	Protagonisti	Breve descrizione della musica

PARTE 4ª

CON FANTASIA

Attività generali

13.40 Personaggi-animali. Quanti film basati sugli animali conosci? Completa la seguente tabella in modo opportuno.

Film	Personaggi	Trama

13.41 L'ultimo film che hai visto. Prepara una scheda basata sull'ultimo film che hai visto o su un film che ti è particolarmente caro.

Titolo

Anno

Regia

Interpreti

Durata

Trama

13.42 Ricerca. Fa' una ricerca su uno dei seguenti temi e poi indica alla classe quello che hai trovato.

1. la musica di Giuseppe Verdi
2. la musica di Gioacchino Rossini
3. la musica di Giacomo Puccini
4. il cinema di Federico Fellini
5. il cinema di Lina Wertmüller

Dal mondo italiano

13.43 Va' su Internet e cerca una recensione *(review)* di un film italiano recente. Poi rispondi alle seguenti domande.

1. Di che cosa tratta il film?
2. Chi sono gli interpreti?
3. Chi è il regista?
3. Racconta la trama del film.
4. Hai visto il film? Se sì, racconta la tua esperienza alla classe.

Navigare su Internet

Per ulteriori attività online, visita il seguente sito: www.wiley.com/college/danesi

13.44 Ricerche online. Cerca un sito dove sono annunciati i film italiani attuali. Indica alla classe quello che ci hai trovato.

Blaj Gabriel /Shutterstock

Donne e uomini in casa e fuori

TO THE STUDENT

For video and related activities go to the student's website

TO THE INSTRUCTOR

For tests and examination materials go to the instructor's website

LEARNING OBJECTIVES

In this chapter, you will learn:

- how to talk about homes and houses
- how to talk about furniture and appliances
- more about expressing your feelings
- how to talk about the battle of the sexes
- how to form and use the causative construction
- how to use modal verbs

AVVIO

Quanto sai già?

14.1 Differenze. Sai in che modo sono differenti le seguenti cose? Se sì, spiegalo agli altri membri della classe.

1. il soffitto e la soffitta
2. la cucina e la camera da letto
3. un comodino e un armadio
4. una porta e un portone
5. la sala da pranzo e il salotto

14.2 Un'inchiesta in classe. Indica con un visto (✓) le affermazioni che condividi *(share)*. Poi paragona le tue opinioni con quelle degli altri membri della classe.

1. ☐ Gli uomini oggi sono ancora prepotenti *(full of themselves)*.
2. ☐ Gli uomini di oggi sono più gentili, affettuosi e solleciti degli uomini di una volta.
3. ☐ Le donne oggi sono carrieriste *(careerists)*.
4. ☐ Le donne sono più sagge *(sage, wise)* degli uomini.
5. ☐ Le discoteche per «single» sono posti ideali per incontrare un/una partner.
6. ☐ I siti come Facebook o Twitter sono posti che possono favorire incontri romantici.

14.3 Sondaggio. La classe si divide in due gruppi diversi—uno consistente di soli maschi e un altro di sole femmine. Poi, ciascun gruppo dovrà fare le seguenti cose…

1. preparare un questionario per determinare quali sono le qualità ideali di un sesso o dell'altro (qualità fisiche, sociali).
2. distribuire il questionario a tutta la classe (e tutti i membri della classe dovranno rispondere onestamente alle domande).
3. compilare i risultati del proprio questionario.
4. paragonare i risultati dei due tipi di questionario.
5. determinare se ci sono degli «atteggiamenti generali» e poi discuterli in classe.

Prima di leggere

14.4 Conosci le seguenti parole ed espressioni? Se sì, spiegale al resto della classe, descrivendole o definendole.

1. scomparire
2. tuttoggi
3. cacciare
4. sfuggire
5. piuttosto che
6. alle strette
7. ammonire
8. subire
9. sventura
10. reperibile

Oggi la parola *uscio* viene usata poco dagli italiani i quali preferiscono usare *porta*. Ma non tutti gli usi di uscio sono scomparsi. Tuttoggi, in diverse parti d'Italia si sente ancora dire «l'uscio di casa», «l'uscio di un negozio», «l'uscio di un ufficio». Questa parola viene anche utilizzata in alcune espressioni come, ad esempio, «mettere qualcuno all'uscio» (per indicare che lo vogliamo cacciare di casa).

Alcuni modi di dire richiedono proprio l'uso di *uscio*, piuttosto che *porta*. Per esempio, per sfuggire velocemente a qualcuno o a qualcosa si «prende l'uscio». L'espressione «essere a uscio e bottega" significa avere il negozio o l'ufficio vicino casa. Quando diciamo di essere «tra l'uscio e il muro» indichiamo che siamo alle strette, cioè che ci troviamo in una situazione difficile. Tale espressione si usa anche per ammonire qualcuno e costringerlo a prendere una risoluzione: «La sua richiesta ti ha messo tra l'uscio e il muro; devi fare qualcosa». Ancora, chi ha «il malanno e l'uscio addosso», sta subendo una serie di sventure. E se una cosa «non si trova a ogni uscio», vuol dire che è rara o difficilmente reperibile.

Insomma, la parola *uscio* non si può considerare morta nella lingua italiana. Certo, non si usa più per indicare una semplice porta. Tuttavia continua a sopravvivere in molte espressioni.

Applicazione

14.5 Ricordi quello che hai letto? Indica il significato delle seguenti espressioni.

1. prendere l'uscio
2. mettere qualcuno all'uscio
3. essere a uscio e bottega
4. tra l'uscio e il muro
5. avere il malanno e l'uscio addosso
6. non si trova a ogni uscio

14.6 Tocca a te! Conosci altre parole che si riferiscono a qualche parte della casa o a qualche mobile e che hanno usi tutti particolari? Se sì, presentale alla classe.

14.7 Casa e arredamento. Adesso descrivi…

1. la tua casa/il tuo appartamento
2. i mobili della tua casa
3. la tua casa ideale
4. Il tuo stile di arredamento preferito

Vocabolario

La casa

l'aria condizionata	*air conditioning*
l'armadio a muro	*wall cupboard, walk-in closet*
l'arredamento	*decoration*
l'ascensore *(m)*	*elevator*
il bagno	*bathroom*
il balcone	*balcony, window ledge*
il battente	*shutter*
la camera (da letto)	*bedroom*
il camino	*chimney*
il campanello	*doorbell*
la cantina	*cellar*
la cassetta delle lettere	*mailbox*
il corridoio	*corridor*
la cucina	*kitchen*
il davanzale	*window ledge*
la doccia	*shower*
l'elettricità *(f)*	*electricity*
l'entrata, l'ingresso	*entrance*
la finestra	*window*
il garage, l'autorimessa	*garage*
il gas	*gas (for heating)*
il gradino	*step*
l'impianto elettrico	*wiring*
l'interruttore *(m)*	*switch (light)*
il lavandino	*wash basin*
il lavabo	*bathroom sink*
la luce	*light, power*
il muro	*wall*
la parete	*internal wall, partition*
il pavimento	*floor*
il pianerottolo	*landing*
il piano	*floor level*
la porta	*door*
il portone	*main door of a building*
il ripostiglio	*storeroom, closet*
il riscaldamento	*heating*
la sala da pranzo	*dining room*
la scala	*stairs*
la soffitta	*attic*
il soffitto	*ceiling*
il soggiorno, il salotto	*living room*
il tappeto	*carpet*
la tenda	*curtain*
il tetto	*roof*
l'uscita	*exit*

◆ Note the following distinctions.

l'appartamento	*apartment*
la casa	*house, home*
il palazzo	*apartment building*
la villa, il villino	*country home*

◆ Note the difference between **il muro** *wall in general* and **la parete** *internal wall, partition*. In the plural **i muri** refers to walls in general, whereas the form **le mura** refers to the walls of a city.

Applicazione

14.8 Abbinamenti. Accoppia le definizioni con le parole.

Parole:

il davanzale	il tetto	la cucina
il divano *(sofa)*	l'arredamento	la parete
il ripostiglio	l'autorimessa	le faccende di casa *(chores)*

Definizioni:

1. Dove si fa da mangiare.
2. Ci si mette la macchina.
3. Ci si mettono, per esempio, le cose che non usiamo.
4. La struttura che copre la casa.
5. Ci si può sedere.
6. La sistemazione estetica della mobilia.
7. La struttura davanti alla finestra.
8. Le cose che si devono fare per tenere la casa pulita e a posto.
9. Un muro interno.

14.9 Differenze. Sai spiegare in che modo sono differenti le seguenti cose?

1. l'ingresso e l'uscita
2. la porta e il portone
3. una stanza e il corridoio
4. la terrazza e il balcone
5. l'ascensore, la scala e il gradino
6. la soffitta e il soffitto
7. il pavimento, il pianerottolo e il piano
8. le mura e i muri
9. la luce, l'impianto elettrico e l'interruttore
10. il lavandino e il lavabo
11. il gas e l'elettricità
12. la sala da pranzo e la cantina
13. una casa e un appartamento
14. un palazzo e una villa

14.10 Tocca a te! Usa ciascuna delle seguenti parole o espressioni in altrettante frasi che ne rendano chiaro il significato.

1. l'aria condizionata
2. l'armadio a muro
3. la doccia
4. il riscaldamento
5. la tenda
6. il campanello
7. il battente
8. la cassetta delle lettere

GRAMMATICA

Il causativo

◈ The construction **fare** + *infinitive* is used to render the idea of *to make/have/get someone to do something* or *to have something done by someone*. It is known as a causative construction.

My father makes me wash the dishes.

Subject	**fare**	**infinitive**	**object(s)**
↓	↓	↓	↓
Mio padre	fa	lavare	i piatti a me

Or: Mio padre mi fa lavare i piatti.

◈ Note the use of object pronouns with this construction. These are never attached to the infinitive following **fare**.

Mia sorella ha fatto lavare i piatti al suo amico.	*My sister had her friend wash the dishes.*
Mia sorella glieli ha fatti lavare.	*My sister had him wash them.*
Fa' lavare i piatti a lui!	*Have him wash the dishes!*
Faglieli lavare!	*Have him wash them!*
Non farglieli lavare! / Non glieli far lavare!	*Don't have him wash them!*
Pensavo che mi facesse guidare la sua auto.	*I thought that he would let me drive his car.*
Pensavo che me la facesse guidare.	*I thought he would let me drive it.*

◈ Reflexive verbs used in causative constructions require the auxiliary **avere**, instead of the usual **essere** in compound tenses; and the reflexive pronouns are not required.

Mi hanno fatto divertire.	*They made me enjoy myself.*
L'hanno fatto alzare presto.	*They had him wake up early. / They got him to wake up early.*

Applicazione

14.11 Verbi. Usa la forma appropriata dei verbi tra parentesi.

> **ESEMPIO** Ieri Pierino mi _____ (far fare) una brutta figura.
> **Ieri Pierino mi ha fatto fare una brutta figura.**

1. Non provare a convincermi. Qualsiasi cosa tu mi dica non mi _____ (far cambiare) idea.
2. Perché Mario ti _____ (fare arrabbiare) ieri sera?
3. Ieri Antonio ci _____ (fare aspettare) più di un'ora e poi non è nemmeno venuto.
4. Gianna, _____ (far parlare) anche loro! Parli sempre tu!
5. Ragazzi, _____ (far rispondere) anche loro! Rispondete sempre voi!

14.12 Il piacere di delegare! Molte persone spesso delegano i lavori. Fa' il seguente esercizio, seguendo l'esempio. Nota che dovrai usare i pronomi oggetto.

> **ESEMPIO** Chi farà lavare la macchina a Luigi?
> a. Noi…
> **(Noi) la faremo lavare a Luigi.**
>
> b. Loro…
> **(Loro) la faranno lavare a Luigi.**

1. Chi ha fatto preparare la cena a te?
   a. loro
   b. voi

2. Chi ha fatto pulire la cucina a papà?
   a. io
   b. loro

3. Chi farà tagliare l'erba a mio fratello?
   a. tu
   b. lui

4. Chi fa aggiustare la macchina a quel meccanico?
   a. lei
   b. loro

5. Chi ha fatto lavare i piatti a mio fratello?
   a. nostra madre
   b. nostro padre

14.13 Come si dice in italiano? Traduci le seguenti frasi.

1. They made me get up early yesterday.
2. My mother had me put on that new jacket.
3. Get Mario to wash the dishes!
4. Get him to wash them!
5. I thought that he would let me drive his car.

Verbi modali

◈ The verbs **potere**, **dovere**, **volere** are known as modal verbs because they allow you to express a manner or way of carrying something out. They are normally followed by an infinitive.

Posso venire anch'io?	*May I come too?*
Avrei dovuto farlo ieri.	*I should have done it yesterday.*
Pare che nessuno volesse uscire.	*It seems that nobody wanted to go out.*

◈ Modal verbs have the following characteristics. In compound tenses, the auxiliary to be used is determined by the infinitive.

Lei	ha	voluto	scrivere.	*She wanted to write.*
Lei	è	voluta	uscire.	*She wanted to go out.*
Lei	si è	voluta	divertire.	*She wanted to enjoy herself.*

◈ In ordinary conversational Italian, however, there is a tendency to use only **avere** as the auxiliary: **Lei ha voluto uscire.**

◈ Pronouns and particles can be put before the modal or attached to the infinitive.

Glielo vogliono dare.	Vogliono darglielo.
They want to give it to him.	*They want to give it to him.*
Me ne hanno volute dare tre.	Hanno voluto darmene tre.
They wanted to give me three of them.	*They wanted to give me three of them.*

◈ Note that the past participle agrees with the direct object pronoun (or **ne**) only if it precedes the participle.

Me ne hanno dovute dare due.	Hanno dovuto darmene due.
They had to give two to me.	*They had to give two to me.*
Penso che te le abbiano volute dare.	Penso che abbiano voluto dartele.
I think they wanted to give them to you.	*I think they wanted to give them to you.*

◈ With reflexive verbs, if the pronoun precedes, then the usual agreement is maintained; if it is attached to the infinitive, then there is no agreement and **avere** is used as the auxiliary.

Maria non si è potuta divertire.	Maria non ha potuto divertirsi.
Mary couldn't enjoy herself.	*Mary couldn't enjoy herself.*
Voi vi siete dovuti alzare presto.	Voi avete dovuto alzarvi presto.
You had to get up early.	*You had to get up early.*

◈ When used in conditional tenses these verbs are translated as *could*, *should*, *would like* (present conditional) and *could have*, *should have*, *would have liked* (perfect conditional):

Potrei farlo io.	*I could do it.*
Dovrei farlo io.	*I should do it.*
Vorrei farlo io.	*I would like to do it.*
Avrei potuto farlo io.	*I could have done it.*
Avrei dovuto farlo io.	*I should have done it.*
Avrei voluto farlo io.	*I would have liked to do it.*

Applicazione

14.14 Verbi. Dal seguente articolo mancano i verbi modali. Inseriscili opportunamente negli spazi usando la forma appropriata.

L'uguaglianza!

Tutti _____ (dovere) essere uguali, o meglio tutti _____ (volere) essere uguali. Ma è tutt'altro che vero. Nel passato le donne _____ (dovere) fare, in generale, le faccende di casa. Oggi c'è più uguaglianza in questo campo, o almeno ci _____ (dovere) essere.

Prendiamo l'esempio di mia madre. Lei _____ (dovere) sempre fare le faccende quando era giovane, anche se non le _____ (volere) mai fare. Oggi, lei _____ (potere) anche non farle, ma per via di abitudine, _____ (volere) continuare ad essere lei la faccendiera di casa. Se io _____ (dovere) fare quello che ha fatto mia madre, sarei scappata via di casa! Oggi io _____ (potere), _____ (volere), e _____ (dovere) fare molto di più, se avessi più tempo.

14.15 I verbi modali. Includi le seguenti costruzioni in altrettante frasi che ne rendano chiaro il loro uso.

1. poter venire
2. dover studiare
3. voler divertirsi
4. dover fare
5. poter andare

COMUNICAZIONE

Esprimere diversi sentimenti (prima parte)

abbracciarsi	*to hug, embrace*
amarsi	*to love one another*
arrabbiarsi	*to become angry*
baciare	*to kiss*
bisticciare	*to bicker, scuffle*
con affetto	*with affection*
detestare	*to detest*
di buon umore	*in a good mood*
di malumore, di cattivo umore	*in a bad mood*
essere depresso(-a)	*to be depressed*
essere disperato(-a)	*to be desperate*
essere triste	*to be sad*
fare la pace	*to make up*
la gioia	*joy*

Applicazione

14.16 Sentimenti e comportamenti. Spiega la differenza tra i seguenti sentimenti o comportamenti.

1. amare e odiare
2. gioia e affetto
3. abbracciarsi e bisticciare
4. amarsi e arrabbiarsi
5. baciare e fare la pace
6. di buon umore e di cattivo umore
7. essere depresso(-a) ed essere disperato(-a)

14.17 Domande personali. Rispondi alle seguenti domande.

1. Quali sono le caratteristiche che odi o che detesti in una persona del sesso opposto? Perché?
2. Per quali ragioni bisticci con il tuo ragazzo/la tua ragazza?
3. Per quali motivi ti arrabbi con il tuo ragazzo/la tua ragazza?
4. Sei sempre d'accordo con quello che fa e dice il tuo ragazzo/la tua ragazza? Perché sì/no?

NOTA CULTURALE

Uomini e donne

I rapporti tra uomini e donne in Italia non sono molto diversi da quelli che esistono negli altri paesi industrializzati.

Ecco alcuni eventi cruciali nella storia di questi rapporti:

- Nel 1945 la donna italiana conquista il diritto di voto.
- Nel 1964 entra nella magistratura.
- Tra il 1966 e il 1968, sull'onda dei movimenti studenteschi, nasce il femminismo italiano grazie al quale, proprio in questi anni entrano in vigore *(come into force)* molte leggi che tutelano i diritti delle donne.
- Nel 1977 lo stato italiano riconosce la parità di trattamento tra donne e uomini nel campo lavorativo. In questo anno, per la prima volta, una donna, Tina Anselmi, diventa ministro.
- Nel 1979 una donna, Nilde Jotti, diventa presidente della Camera.
- Nel 1989 le donne entrano nella magistratura militare.
- Nel 1991 viene approvata la legge sulla parità tra uomo e donna. Lo Stato italiano offre incentivi a quelle imprese che favoriscono la donna.

Dalla fine degli anni novanta a oggi le tradizionali differenze tra uomini e donne continuano a diminuire e a scomparire portando, in pratica, alla parità totale.

Applicazione

14.18 Vero o falso? Di' quali delle seguenti affermazioni sono vere. Correggi, invece, quelle false in modo appropriato.

1. La donna italiana ha conquistato il diritto di voto oltre 90 anni fa.
2. Il femminismo italiano è nato negli anni Settanta.
3. La parità di trattamento tra donne e uomini in ambito di lavoro è stata riconosciuta nel 1977.
4. Nel 1977 per la prima volta una donna viene nominata ministro.
5. Nilde Jotti è stata la prima donna italiana ad essere nominata ministro.
6. Lo Stato italiano non ha mai dato incentivi a imprese che favoriscono le donne.

14.19 Stereotipi. Quali sono, secondo te, gli stereotipi comuni riguardo alle donne e agli uomini?

MOMENTO CREATIVO

Laura scrive a «Stella», una rubrica di «consigli» *(advice column)* su una rivista per donne. Leggi ciò che Laura scrive e rispondi tu alla sua lettera. Leggi la tua risposta in classe.

«Mi chiamo Laura e ho ventisette anni. Mi sposerò l'anno prossimo. In futuro vorrei avere dei figli, ma l'idea di star chiusa in casa mi angoscia *(pains me)*. In realtà mi piacerebbe lavorare, avere un'attività che mi dia soddisfazione, senza però togliere nulla alla famiglia. Che devo fare»?

PARTE 2ᵃ

AVVIO

Quanto sai già?

14.20 Ricordi il pronome relativo? Scegli il pronome relativo adatto.

1. Lui è la persona _____ io rispetto più degli altri.
   a. che
   b. chi

2. _____ dice questo, non sa quel che dice.
   a. che
   b. chi

3. Lei è la persona di _____ parlavo ieri.
   a. chi
   b. cui

4. Non capisco _____ stai dicendo.
   a. che
   b. quello che

5. Questi mobili, _____ sono molto belli, costano però troppo.
   a. i quali
   b. cui

Prima di leggere

14.21 Ecco delle parole ed espressioni utili. Se le conosci, spiegale agli altri membri della classe.

1. anzitutto	5. gustoso	8. città sede
2. odore	6. gradire	9. si riscontra
3. comunque	7. disputare	10. giocare in casa
4. anziché		

La parola *casalingo* ha usi e significati interessanti. Anzitutto, si riferisce ad elementi o situazioni della casa. Per esempio, un odore casalingo identifica la casa dal punto di vista del suo odore; un negozio di casalinghi è un negozio che vende oggetti per il bagno, per la cucina, e così via; un piatto casalingo, è un piatto fatto in casa, anziché preparato in un ristorante. In questo senso, quando si parla di «cucina casalinga» ci si riferisce comunque al fatto che è più gustosa.

La stessa parola può anche indicare una persona che gradisce la vita di famiglia e ama trascorrere molto tempo in casa, per cui si dice, ad esempio, che è «un tipo casalingo». Non a caso la parola, al femminile, in passato indicava la funzione di attendere esclusivamente alla cura della casa e della famiglia. Questo ruolo era tradizionalmente svolto dalla donna — *la casalinga*, appunto. Oggigiorno, in seguito ai cambiamenti verificatisi all'interno della famiglia e nel mondo del lavoro, sono sempre più numerosi i casi in cui la donna lavora fuori casa mentre l'uomo resta in casa a badare ai figli e alle faccende domestiche. Insomma, «fa il casalingo».

Un altro uso interessante di *casalingo* si riscontra nel linguaggio sportivo. Un «incontro casalingo» è una partita che si disputa nella città sede di una delle due squadre, con esito di solito favorevole alla squadra che gioca in casa.

Applicazione

14.22 Ricordi quello che hai letto? Spiega il significato delle seguenti espressioni.

1. un odore casalingo
2. un piatto casalingo

3. un incontro casalingo
4. un negozio di casalinghi

14.23 Parliamone! Adesso rispondi alle domande seguenti.

1. Tu sei un tipo casalingo? Perché sì/no?
2. Conosci qualcuno della tua famiglia che è un casalingo/una casalinga? Chi?
3. Perché pensi che i piatti casalinghi siano più gustosi?

Vocabolario

Mobili ed elettrodomestici

la credenza	*hutch, sideboard*	il congelatore	*freezer*
il divano	*sofa*	la cucina	*stove*
il letto	*bed*	il frigorifero	*refrigerator*
la poltrona	*armchair, easy chair*	la lavapiatti/	*dishwasher*
la sedia	*chair*	lavastoviglie	
il tavolo	*table*	*(invariable)*	
l'asciugatrice *(f)*	*clothes dryer*	la lavatrice	*clothes washer*
l'aspirapolvere	*vacuum cleaner*		
(m, invariable)			

Espressioni utili

affittare	*to rent*	le faccende di casa	*house chores*
l'affitto	*rent*	l'inquilino(-a)	*tenant*
arredare la casa	*to decorate the house*	la pensione	*flat*
cambiare casa,		rifare il letto	*to make the bed*
traslocare	*to move*	la stanza	*room*
la casa in affitto	*house for rent*	la terrazza	*patio*
la casa in vendita	*house for sale*		

Applicazione

14.24 La casa. Identifica le parti della casa e gli oggetti o mobili indicati. Poi usa ciascuna parola in una frase che ne illustri il significato.

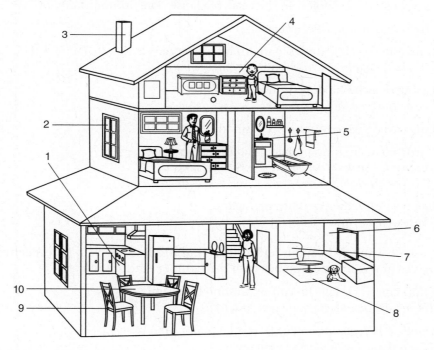

14.25 Ancora differenze! Sai spiegare in che modo sono differenti le seguenti cose?

1. una credenza e un armadio
2. un divano, una sedia e una poltrona
3. rifare il letto e arredare la casa
4. una pensione e una casa in affitto
5. affittare e traslocare
6. un'asciugatrice e una lavatrice
7. la lavastoviglie e l'aspirapolvere
8. un congelatore e un frigorifero

14.26 Tocca a te! Usa ciascuna delle seguenti parole o espressioni in altrettante frasi che ne rendano chiaro il significato.

1. la terrazza
2. l'inquilino(-a)
3. affittare
4. il tavolo
5. l'affitto

GRAMMATICA ▬▬▬▬▬▬

Pronomi relativi

◈ A relative clause is introduced into a sentence by means of a pronoun that functions as a subject or an object in the relative clause. The pronouns are:

che = *that, which, who, whom*

L'articolo che ho letto ieri è molto interessante.
The article that I read yesterday is very interesting.

La persona che ha detto quello ha ragione.
The person who said that is right.

cui = *which, whom* after a preposition

L'articolo di cui ti ho parlato è molto interessante.
The article I spoke to you about is very interesting.
(Lit. *The article of which I spoke to you is very interesting.*)

La persona a cui ho parlato ha ragione.
The person to whom I spoke is right.

◈ Both **che** and **cui** can be replaced by **il quale** if there is an antecedent. This form agrees in gender and number with the noun to which it refers.

I fiori che (= i quali) ho comprato sono bellissimi.
The flowers that I bought are very beautiful.

Quella è la ragazza con cui (= con la quale) sono uscito.
That is the girl with whom I went out.

chi = *he/she/they who, anyone who, whoever, some people*

Chi ha detto quello, ha mentito.
Whoever said that, lied.

Chi parla bene le lingue, ha buone possibilità di lavoro.
Anyone who speaks languages well, has good job prospects.

C'è chi preferisce il lavoro alle vacanze.
There are some who prefer work to vacations.

quello che = *what* (literally *that which*)

Quello che dici è assolutamente vero.
What you are saying is absolutely right.

◈ The forms **quel che** or **ciò che** are colloquial alternatives.

Quel che vuoi fare non è possibile.
What you want to do is not possible.

Ciò che hai fatto ieri è sbagliato.
What you did yesterday is wrong.

il cui = *whose* (Note that the article agrees in gender and number with the noun referred to).

Ecco la ragazza la cui intelligenza è ben nota.
Here's the girl whose intelligence is well known.

Quello è il regista il cui film ha vinto l'Oscar.
That is the director whose movie won the Oscar.

Applicazione

14.27 **Cosa pensano gli uomini delle donne?** Ecco le risposte di circa tremila uomini ai quali è stata chiesta la loro opinione delle donne. Da queste risposte mancano i pronomi relativi. Inseriscili tu.

ESEMPIO   La cosa _____ si preoccupa il 60% è il fatto che le donne sono troppo arriviste.

La cosa di cui si preoccupa il 60% è il fatto che le donne sono troppo arriviste.

Secondo l'indagine…

1. Gran parte degli uomini _____ sono stati intervistati hanno dichiarato _____ preferivano essere sposati.

2. Gli uomini _____ hanno detto _____ non volevano sposarsi erano pochissimi.

3. _____ aveva una carriera professionale preferiva una donna che fosse altrettanto professionista.

4. _____ ha rivelato l'indagine soprattutto è _____ gli uomini oggi preferiscono donne indipendenti.

14.28 L'amore del futuro. **Completa il seguente** articolo con i pronomi relativi mancanti.

> *L'amore nel 2030!*
>
> La cosa _____ tutti noi desideriamo, e per _____ facciamo tante cose strane, continua ad essere l'amore. La ragione principale, per la _____ tutti lottiamo *(fight)*, è di mantenere forti i legami amorosi nella nostra società. _____ non capisce questo, non sa proprio niente! L'amore è _____ ci rende veramente umani!
>
> Ma come sarà questo nostro amore nel 2030? Vediamo _____ dicono gli esperti, _____ opinioni sono generalmente discutibili *(questionable)*. C'è _____ crede che nel futuro il rapporto _____ esiste oggi tra i sessi cambierà. La cosa di _____ parlano spesso tali esperti, e alla _____ dedicano molta attenzione, è la mancanza di sensibilità tra gli esseri umani moderni. _____ sostengono altri esperti, invece, è _____ il mondo non cambierà affatto. Questi ultimi, _____ ipotesi di lavoro *(working hypotheses)* sono meno discutibili di quelle degli altri, pensano _____ l'umanità cambierà poco. Secondo loro, il mondo nel _____ vivevano gli antichi non era poi tanto diverso dal nostro. Questi esperti, a _____ fanno riferimento tanti psicologi di oggi, prevedono un mondo in _____ l'amore continuerà ad essere la cosa più importante.

14.29 Tocca a te! Usa ciascuna delle seguenti forme in altrettante frasi che ne rendano chiaro il loro uso.

1. che
2. il cui
3. i cui
4. la cui
5. le cui
6. il quale
7. la quale
8. i quali
9. le quali
10. chi
11. quello che
12. quel che
13. ciò che

COMUNICAZIONE

Esprimere vari sentimenti (seconda parte)

innamorarsi di	*to fall in love with*
innamorato(-a) cotto(-a)	*madly in love*
irritarsi	*to become irritated*
litigare	*to argue*
non essere d'accordo	*to disagree*
odiare	*to hate*
offendersi	*to become offended, hurt*
piangere	*to cry*
prendere in giro	*to fool, to pull (someone's) leg*
ridere	*to laugh*
scusarsi	*to say one is sorry*
seccarsi	*to become upset, irritated*
l'umore *(m)*	*mood*
voler bene a, amare	*to love*

© Olivier Lantzendörffer/iStockphoto

14.30 Quante differenze! Spiega con parole tue la differenza…

1. amare e odiare
2. seccarsi e litigare
3. scusarsi e irritarsi
4. piangere e ridere
5. prendere in giro e voler bene
6. non essere d'accordo e amare
7. innamorarsi e offendersi
8. l'umore e il carattere di una persona

14.31 Domande personali. Rispondi alle seguenti domande.

1. Ti offendi mai? Quando?
2. Come reagisci se qualcuno ti prende in giro?
3. Sei mai stato(-a) innamorato(-a) cotto(-a)? Se sì, spiega l'esperienza agli altri membri della classe.

© Rich Legg /iStockphoto

NOTA CULTURALE

Giulietta e Romeo

Sapevi che la famosa storia d'amore tra Giulietta e Romeo è di origine italiana? A quanto risulta, la storia trova una prima narrazione in lingua italiana nella novella 33 del *Novellino* di Tommaso Guardati, pubblicata nel 1476, subito dopo la morte dell'autore. La storia ispirò Luigi Da Porto che, nel 1524, scrisse la sua storia di due nobili amanti, ambientata a Verona nel 1300, mutando il nome dei protagonisti in Giulietta e Romeo. Con questi nomi, i protagonisti passarono quindi nelle opere successive.

La storia di Giulietta e Romeo più famosa è quella scritta da Shakespeare nel 1597. Numerosissime sono le opere musicali ispirate all'infelice amore. A Vincenzo Bellini si deve il capolavoro *I Capuleti e i Montecchi* rappresentato a Venezia nel 1830. Ma forse il lavoro più conosciuto è il balletto musicato nel 1936 da Sergei Prokofiev. Da ricordare infine che l'opera teatrale di Shakespeare è stata continuamente interpretata e trasferita sul grande schermo *(big/silver screen)* da famosi registi.

Applicazione

14.32 Ricordi quello che hai letto? Rispondi alle seguenti domande.

1. Qual è l'origine della storia d'amore tra Giulietta e Romeo?
2. Come passa dalla sua prima narrazione in lingua italiana a «storia universale» d'amore?
3. Qual è la storia più famosa di questi due innamorati? Sei d'accordo? Perché sì/no?
4. Come s'intitola l'opera di Vincenzo Bellini?
5. Chi ha musicato la storia in forma di balletto nel 1936?
6. Conosci qualche «acclamato interprete» dell'opera teatrale di Shakespeare, specialmente sul grande schermo?

14.33 Tocca a te! Indica quali rappresentazioni (teatrali, musicali, ecc.) di Giulietta e Romeo conosci, descrivendole al resto della classe. Prima, però, completa la seguente tabella.

Rappresentazione	Descrizione	Valutazione (*Evaluation*)

MOMENTO CREATIVO ▬▬▬▬▬

Diverse coppie di studenti dovranno mettere in scena un «dialogo finale» tra Giulietta e Romeo che, però, terminerà in modo comico o strano.

PARTE 3ª

DALLA LETTERATURA ITALIANA ▬▬▬▬▬

Prima di leggere

14.34 Il più grande amore! Discuti con gli altri membri della classe la storia delle seguenti «coppie di innamorati.» Quale di questi amori è stato, secondo te, il più grande?

1. Giulietta e Romeo
2. Antonio e Cleopatra
3. Adamo ed Eva
4. Tristano e Isotta

14.35 Conosci la storia di Adamo e Eva? Se sì, raccontala agli altri membri della classe.

Lettura *Si parva licet* (di Cesare Pavese)

È alto mattino. Adamo, giovane aitante[1], di gambe pelose e petto largo. Esce dalla grotta in fondo a destra e si china[2] a raccogliere una manciata[3] di ciottoli[4]. Li getta a uno a uno con cura contro il tronco di una palma a sinistra. Qualche volta sbaglia la mira[5].

Adamo:	*(dice a un tratto riscuotendosi[6])* Io vado a pescare.
La voce di Eva:	*(dalla grotta)* Vacci. Che bisogno hai di dirlo?
Adamo:	Il fatto è che non ho voglia di andare a pescare.
La voce di Eva:	Stupido.
Adamo:	*(guarda intorno, con aria svagata)* Questa la metto con tutte le altre, Eva. *(silenzio)* Che cosa hai guadagnato quando m'hai detto stupido? *(silenzio)*
	(fremente) Il fatto è che se continui a trattarmi in questo modo, un bel giorno me ne vado e non mi vedi più. Non si può dirti una parola, che tu scatti[7]. È un bisogno, no, che abbiamo, tutti e due, di parlare? Tu non sai quel che voglia dire esser solo. Non sei mai stata sola. E dimentichi troppo sovente[8] che sei stata fatta per tenermi compagnia...
La voce di Eva:	Sì, caro, ma perché dirmi che vai a pescare?
Adamo:	*(si china a raccogliere ciottoli e storce[9] la bocca sorridendo)* Ho detto per dire, Eva.
La voce di Eva:	Sei più caro quando non dici per dire.
Adamo:	*(scaglia con rabbia i ciottoli)* Ebbene, vado a pescare.

Si sente una risatina di Eva. Adamo se ne va. Nella radura[10] si diffonde la fresca calma del mattino. Passa un capriolo[11] che saltella[12] e annusa[13] i petali di varie piante, poi schizza via a sinistra. Rientra Adamo, con la solita aria e, ciondolato[14] un po' a sinistra, si siede nel centro sopra a un sasso[15], volgendo le spalle al fondo. Parla guardando innanzi a sé[16].

Adamo:	Questa foresta è tutto, Eva. Se potesse parlare, mi tratterebbe come lei. Tronchi e tronchi, foglie e foglie, angoli scuri che asciugano al sole, altri che non asciugano, piena di vita, piena di voci, ma di me, Adamo, s'infischia[17]. È la verità. Mi dà l'ombra[18], mi dà il riparo[19], mi dà il cibo e l'aria buona, ma confidenza nessuna. Ah, Signore. Signore, mi domando se capisci che cosa vuol dire esser solo.

Eva si è fatta sulla soglia[20] della grotta e il sole giallo la illumina dai piedi fino al collo. È bruna e muscolosa, e la faccia appare seminascosta dall'ombra e dai rametti di convolvolo[21] che pendono sull'ingresso. Adamo si volta e la guarda rasserenato. Pausa.

Eva:	Son queste adesso le tue orazioni?
Adamo:	Non pregavo, parlavo tra me.
Eva:	*(sospettosa)* Però chiedevi qualcosa al Signore.
Adamo:	Non oso[22] più parlare al Signore. I suoi benefici sono a doppio taglio[23].
Eva:	*(avanzando: porta dei fiori infilati nei capelli)* Come sarebbe a dire?

[1]brawny [2]bends, stoops [3]handful [4]pebbles [5]aim [6]says suddenly shaking himself [7]snap [8]often
[9]twists [10]clearing [11]roe deer [12]jumps around [13]smells [14]staggering [15]rock [16]in front [17]she doesn't
give a hoot [18]shade [19]shelter [20]threshold [21]branches of the twining herb [22]I dare not [23]two-edged

Adamo: *(con forzata gaiezza)* L'ultima volta che mi sono lagnato[24] ch'ero solo, mi ha mandato te. *(fa per abbracciarla e sedersela sulle ginocchia).*

Eva: *(si scosta e dice seccatamente)* Diventi volgare.

Adamo: E tu impertinente.

Eva: Tutto perché al mattino non esco fuori come una bestia dalla tana[25], e mi pettino invece di scrollarmi[26] come fai tu.

Adamo: Non hai da piacere che a me.

Eva: per quel che te ne intendi...

Adamo: *(con voce mutata)* Oh, Eva, perché non smettiamo quest'ostilità che a me mi fa ammattire[27], e a te serve a che cosa? Siamo soli a questo mondo e una mala parola nessuno ce la può risarcire[28]. Che bisogno abbiamo di maltrattarci a questo modo? Se ci fossero un'altra Eva o un altro Adamo, capirei.

Eva: Ci pensi troppo a quest'altra Eva. Me ne parli sempre. *(beffarda)* Te l'ha forse promessa il Signore?

Adamo: Sciocca. Lo sai bene che siamo soli.

Eva: Un'altra Eva. Siamo soli. Capisco. Dimmi una cosa, unico uomo: se invece di me il Signore avesse creato un'altra Eva, con gli stessi capelli, con lo stesso corpo, con la stessa voce, tu l'avresti accettata come hai fatto con me? E ti vanteresti[29] di volerle lo stesso bene e faresti le stesse smorfie[30], e andresti a pescare per lei, insomma sarebbe la tua Eva? Sì o no?

Adamo: Come, un'altra come te? Con gli stessi capelli? Che si chiamasse Eva? Ma saresti tu.

Eva: Ecco. Sarei io. E poi ti lamenti[31]. Buffone.

Adamo: Ma no, non hai capito. Se fosse un'altra, non saresti tu. Ma allora anch'io non sarei Adamo. *(si ferma sorridendo)* Sciocchezze[32], io sono Adamo e tu sei Eva.

Eva: *(lo guarda commiserando)* E se il Signore ne avesse fatte due di Eve e ti avesse dato la scelta, quale avresti scelto?

Adamo: Due? Non so. Ma te, certo. Due Eve?

Eva: E perché me?

Adamo: Perché, così. Ma ragiona, Eva.

Eva: Te lo dico io quello che avresti fatto; ci avresti prese tutte e due e costrette a stare nella stessa grotta. E poi ti lamenti che non ti do confidenza. Ci mancherebbe altro. Tu non mi capisci e non mi meriti. Ti sono caduta addosso[33] come una mela matura e hai creduto di raccogliermi senza fatica. E te la prendi ancora col[34] Signore. Ma stai fresco[35]. E può star fresco anche il Signore, se crede che abbia bisogno di te, o di lui *(esce a sinistra, lasciando Adamo esterrefatto).*

Adamo: *(balza in piedi)* Basta! Hai sentito Signore? *(tende l'orecchio)* Silenzio. Non ha sentito. Non sente mai. *(si riabbandona sul sasso, col capo tra le mani)*

From Cesare Pavese, "Si parva licet" in *Notte di festa e altri racconti.* © Copyright Einaudi: Torino, 1960. Reprinted by permission of Giulio Einaudi Editore.

[24]*I complained*   [25]*den, lair*   [26]*shaking myself*   [27]*is driving my crazy*   [28]*to make up*   [29]*would you brag*   [30]*would you make the same faces*   [31]*you complain*   [32]*Nonsense*   [33]*on top*   [34]*you're still angry with*   [35]*you're in for it*

Applicazione

14.36 Vero o falso? Indica se le seguenti affermazioni sono vere o false. Correggi le affermazioni false.

1. La scena ha luogo di notte.
2. Adamo ha voglia di andare a pescare.
3. Adamo minaccia di andarsene via un giorno se Eva continuerà a criticarlo.
4. Secondo Adamo, Eva è stata fatta per tenergli compagnia.
5. Adamo decide di non andare a pescare.
6. Nella foresta ci sono tanti alberi.
7. Adamo pensa di essere solo.
8. Secondo Adamo, i benefici del Signore sono a doppio taglio.
9. Eva pensa che Adamo voglia solo lei.
10. Adamo pensa che il Signore lo ascolti.

14.37 Come sono Adamo ed Eva? Descrivi...

1. le caratteristiche fisiche di Adamo.
2. le caratteristiche fisiche di Eva.
3. il carattere e il temperamento di Adamo.
4. il carattere e il temperamento di Eva.
5. il «Paradiso terrestre».

14.38 Ricordi quello che hai letto? Elenca le seguenti cose.

1. le frasi che indicano amore, anche se ironiche (es. «E ti vanteresti di volerle lo stesso bene?»)
2. le frasi che indicano dispiacere o irritazione (es. «Che bisogno hai di dirlo?»)
3. le frasi che vengono espresse mentre i due amanti bisticciano (es. «Che cosa hai guadagnato quando m'hai detto stupido?»)
4. le frasi che sono prettamente ironiche o sarcastiche (es. «Diventi volgare.»)
5. le frasi che indicano il desiderio di fare la pace (es. «Che bisogno abbiamo di maltrattarci a questo modo?»)

14.39 Discussione in classe.

1. Che cosa significa il titolo «Si parva licet»? In che lingua è? Perché, pensi, che Pavese abbia usato un titolo così? Sapresti dare alla commedia un titolo italiano?
2. Che tipo di rapporto hanno «il primo uomo e la prima donna»? Ti pare tipico o no? Perché?
3. Qual è, secondo te, il tema della commedia?
4. Pensi che Adamo rappresenti simbolicamente gli uomini moderni e Eva le donne moderne? Perché sì/no?

14.40 Lavoro di gruppo. Con un compagno/una compagna mettete in scena...

1. il dialogo tra Adamo ed Eva.
2. una breve continuazione al dialogo.

CON FANTASIA

Attività generali

14.41 **La parola «casa» può avere significati diversi.** Come spiegheresti il significato della parola nelle seguenti frasi?

> **ESEMPIO** Il Milan, domenica, gioca in casa.
> **La squadra di calcio che si chiama Milan gioca a Milano, sul proprio campo.**

1. I miei vicini hanno sempre la casa aperta.
2. Fa' come se tu fossi a casa tua.
3. Mi sento veramente a casa in questa città.
4. Mio padre si trova in una casa di cura.
5. Maria lavora per una casa farmaceutica.
6. Come farò a mandare avanti la casa senza lavoro?

14.42 **Uomini e donne.** Indica le qualità che tu consideri importanti nell'uomo o nella donna.

1. caratteristiche fisiche
2. attributi della personalità
3. attributi sociali

14.43 **Opinioni.** Rispondi alle seguenti domande.

1. Hai visto il film *A Beautiful Mind*? Se sì, ti è piaciuto? Perché sì/no?
2. Che cosa fanno gli scienziati prima di elaborare una teoria?
3. Che cosa osservò Newton prima di elaborare la teoria della gravitazione?
4. Di che cosa tratta la teoria dei giochi elaborata da John Nash?
5. Tu pensi che i rapporti umani, come quelli tra uomini e donne, obbediscano veramente a «leggi matematiche»? Perché sì/no?

Dal mondo italiano

14.44 Italiani(-e) famosi. Quante donne e quanti uomini italiani famosi conosci? Indica perché sono famosi(-e).

Donne	Uomini	Motivo per cui sono famosi(-e)

Navigare su Internet

Per ulteriori attività online, visita il seguente sito: www.wiley.com/college/danesi

14.45 Ricerche online.

1. Che tipo di sito è creato specificamente per gli uomini? Cerca alcuni di questi siti e poi indica alla classe quello che ci trovi.

2. Che tipo di sito è creato, invece, specificamente per le donne? Cerca alcuni di questi siti e poi indica alla classe quello che ci trovi.

Venturelli/WireImage/Getty Images, Inc.

15

All'ultima moda

TO THE STUDENT

For video and related activities go to the student's website

TO THE INSTRUCTOR

For tests and examination materials go to the instructor's website

LEARNING OBJECTIVES

In this chapter, you will learn:

- how to talk about clothes and fashion
- how to talk about footwear
- how to interact in a clothing store
- how to interact in a shoe store
- how to form and use passive sentences
- how to differentiate between direct and indirect speech forms

AVVIO

Quanto sai già?

15.1 Abbigliamento. Sai in che modo sono differenti gli indumenti *(clothes)* e le calzature *(footwear)* indicati? Se sì, spiega le differenze agli altri membri della classe.

1. una camicia da notte e una vestaglia
2. le scarpe e gli stivali
3. una stringa e una suola
4. una gonna e i pantaloni
5. un impermeabile e una giacca

15.2 Il piacere di saperlo! Servendoti di un dizionario etimologico o di un'enciclopedia, prova a rispondere alle seguenti domande.

1. Perché i «blue jeans» si chiamano così?
2. Perché la cravatta si chiama così?
3. Perché d'estate si preferiscono i tessuti bianchi?
4. Perché le pantofole *(slippers)* hanno questo nome?
5. Perché nell'antica Grecia era considerato cosa volgare portare il cappello?
6. Perché i fazzoletti sono quadrati?
7. Perché gli uomini portano i pantaloni e molte donne le gonne *(skirts)*?
8. Perché le maglie di lana «cardigan» si chiamano così?

15.3 Dibattito. Diverse coppie di studenti dovranno mettere in scena un dibattito in cui si discuterà la seguente questione: «Per essere accettati socialmente nel mondo di oggi è necessario vestirsi sempre alla moda»?

Prima di leggere

15.4 Quante delle seguenti parole o espressioni conosci? Spiegale al resto della classe.

1. suonare
2. la conciatura
3. camoscio
4. coccodrillo
5. gomma
6. tela
7. tacchi a spillo
8. scarpe con i lacci
9. accudire

La moda delle scarpe è cambiata molto negli ultimi tempi. Lo si riconosce dal fatto che esistono tanti nomi nuovi per i vari modelli, tutti nomi che suonano assai strani. Ma la «linguistica» della scarpa, per così dire, ha una lunga tradizione nella cultura italiana.

Anzitutto, esistono vari tipi di scarpe secondo la loro conciatura: ci sono le scarpe di vitello, di camoscio, di coccodrillo, di gomma, di tela, e così via. Numerosissimi sono poi gli stili di scarpa come, per esempio, le scarpe con i tacchi a spillo, le scarpe con i lacci, i sandali, le pantofole o ciabatte, e così via. Ci sono, inoltre, scarpe fatte apposta per funzioni specifiche (le scarpe sportive, da tennis, da calcio, da ginnastica, da sera, da corsa, ecc.).

Esiste anche un'infinità di espressioni figurate in merito: così, ad esempio, «fare le scarpe a qualcuno» significa danneggiare una persona fingendo un rapporto di amicizia; «mettersi qualcuno sotto le scarpe» significa trattare una persona con disprezzo. E se chiamiamo un individuo una «scarpa», gli vogliamo comunicare che lo consideriamo incapace, buono a nulla, o privo di interessi.

Insomma, la scarpa è una di quelle cose che indica quanto creativa sia la specie umana. Da una semplice materia che serve a proteggere il piede abbiamo creato una vera e propria cultura della scarpa.

Applicazione

15.5 Modi di dire. Spiega le seguenti espressioni con parole tue. Poi indica quali stili di scarpe ti piacciono e perché.

1. fare le scarpe a qualcuno
2. mettersi qualcuno sotto le scarpe
3. quella persona è una scarpa

Vocabolario

Capi di abbigliamento

Capi di abbigliamento

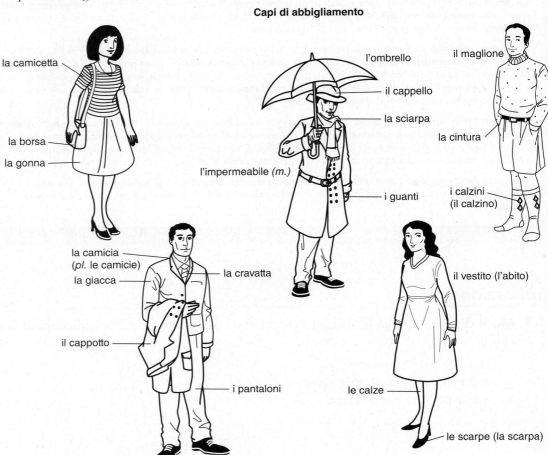

la camicetta

la borsa

la gonna

l'ombrello

il cappello

la sciarpa

l'impermeabile (*m.*)

i guanti

il maglione

la cintura

i calzini
(il calzino)

la camicia
(*pl.* le camicie)

la giacca

la cravatta

il cappotto

i pantaloni

il vestito (l'abito)

le calze

le scarpe (la scarpa)

Applicazione

15.6 Differenze. Spiega la differenza tra i seguenti capi d'abbigliamento.

1. la camicetta e la camicia
2. la borsa e la cintura
3. la gonna e i pantaloni
4. il cappello e l'ombrello
5. una giacca, un cappotto e un impermeabile
6. le calze e i calzini
7. le scarpe e i guanti
8. il maglione e il vestito

15.7 Vestirsi per l'occasione! Cosa ti metteresti per le seguenti occasioni?

ESEMPIO per una festa da ballo

Mi metterei un vestito rosso, una camicetta bianca e delle scarpe nere.

Cosa ti metteresti per...

1. un'intervista di lavoro?
2. andare a sciare?
3. per uno sposalizio?
4. andare al lavoro in una giornata molto fredda?
5. andare al lavoro in una giornata molto calda?
6. per una cena al ristorante con il il tuo ragazzo/la tua ragazza?

15.8 Il vestiario ideale. Completa le seguenti tabelle. Poi presentale alla classe e discutetele insieme.

Il vestiario femminile formale ideale	
Capi _____	Colori e stile _____

Il vestiario femminile informale ideale	
Capi _____	Colori e stile _____

Il vestiario maschile formale ideale	
Capi _____	Colori e stile _____

Il vestiario maschile informale ideale	
Capi _____	Colori e stile _____

GRAMMATICA

La forma passiva

◆ Italian verbs, like English verbs, have both active and passive voice forms. In an active sentence the subject performs the action; in a passive construction, the subject of the verb is acted upon.

◆ In a passive sentence, the auxiliary **essere** is used, and it takes on the tense and mood of the verb in the corresponding active sentence. The agent (performer of the action) is preceded by the preposition **da** *(by)*.

Active

L'insegnante	interroga interrogherà ha interrogato interrogava	lo studente.
The teacher	*interviews* *will interview* *has interviewed* *was interviewing*	*the student.*

Corresponding passive

Lo studente	è interrogato sarà interrogato è stato interrogato era interrogato	dall'insegnante.
The student	*is interviewed* *will be interviewed* *has been interviewed* *was interviewed*	*by the teacher.*

◆ Note that the past participle of the passive verb agrees with the new subject, because the auxiliary is **essere**.

I blue jeans sono portati da tutti.	*Blue jeans are worn by everyone.*
Questa camicia è stata disegnata da Armani.	*This shirt was designed by Armani.*

◆ The passive is used to emphasize an action or to highlight the object of the action. It is often used in academic writing style. In such usages the agent (**da** + *noun*) is generally omitted.

L'inchiesta fu condotta per
  diversi motivi.
	*The survey was conducted for various
	  reasons.*

◈ The verb **venire** can be used in place of **essere** as the auxiliary in some tenses. This adds a different nuance, rendering the idea of *being . . .*

I blue jeans sono portati da tutti.   I blue jeans vengono portati da tutti.
Blue jeans are worn by everyone.   *Blue jeans are being worn by everyone.*

◈ **Andare** can also be used as the auxiliary. It replaces the construction: **dover essere**.

Quel vestito deve essere lavato = Quel vestito va lavato.
That dress has to be washed.

La domanda di lavoro deve essere presentata in doppia copia = La domanda di lavoro va presentata in doppia copia.
The job application must be presented in duplicate.

Applicazione

15.9 La forma passiva. Trasforma le seguenti frasi nelle loro forme passive corrispondenti.

ESEMPIO   Tua sorella mangia sempre pane alle feste.
Il pane è mangiato sempre da tua sorella alle feste.

1. D'inverno, gli italiani usano il giaccone.
2. Quel negozio offre il 10% di sconto.
3. Quel cliente ha acquistato l'ultima cravatta rossa.
4. Anche gli anziani oggi portano i blue jeans.
5. Molte donne non usano il trucco *(makeup)*.
6. La Standa ha regalato uno sconto speciale ai clienti fissi.
7. La cliente ha presentato il tagliando *(coupon)* alla cassiera.
8. Molte persone indossano i vestiti di Armani.
9. Nel film Nuovo Cinema Paradiso, Philippe Noiret ha interpretato la parte principale.
10. Il Milan ha vinto l'incontro di calcio.
11. Secondo la leggenda, Romolo avrebbe fondato Roma.
12. Un infermiere aiuterà la dottoressa durante le visite.
13. Credo che Marconi abbia inventato la radio.
14. Gli studenti organizzeranno una sfilata di moda per la fine dell'anno.
15. Bruto uccise Giulio Cesare.
16. Tutti ammiravano i suoi vestiti.

15.10 Saggi. Stai scrivendo un saggio *(essay)* per un corso di psicologia. Alcune delle frasi che hai scritto sono nella forma attiva. Adesso riscrivile in forma passiva per rendere lo stile della versione finale del saggio più «scientifico».

> **ESEMPIO**   Piaget studiò attentamente i soggetti.
> **I soggetti furono studiati attentamente da Piaget.**
> **I soggetti vennero studiati attentamente da Piaget.**

1. Hanno tradotto le sue opere in inglese.
2. Skinner formulò quelle ipotesi.
3. Una volta, gli psicologi credevano che la percezione influenzasse il pensiero.
4. Ripeterono l'esperimento due volte.
5. I ricercatori condurranno una nuova indagine sull'effetto degli stereotipi.
6. Gli scienziati ripeteranno quell'esperimento.
7. La psicologia cognitiva degli anni Settanta cambiò l'indirizzo della psicologia.

15.11 I consigli dell'esperto(-a). Reagisci ad ogni affermazione seguendo l'esempio.

> **ESEMPIO**   stirare le camicie regolarmente
> **Le camicie devono essere stirate regolarmente!**
> **Ma le camicie vanno stirate regolarmente!**

1. lavare i vestiti regolarmente
2. abolire gli esami
3. rispettare sempre gli anziani
4. cucinare gli spaghetti al dente
5. analizzare con calma qualsiasi situazione

Costruzioni verbali particolari

◈ When a verb is followed by an infinitive, the construction can have one of three possible forms.

Verb + infinitive	Verb + a + infinitive	Verb + di + infinitive
Voglio lavorare.	Comincio a lavorare.	Finisco di lavorare.
I want to work.	*I am starting to work.*	*I am finishing work.*

◈ Here's a list of common verbs that fall into the different categories.

Verb + infinitive	Verb + a + infinitive	Verb + di + infinitive
volere	cominciare	finire
dovere	riuscire	pensare
lasciare	insegnare	cercare
preferire	provare	chiedere
amare	aiutare	sperare
potere	constringere *to force*	decidere

◈ When a noun follows, the verb **pensare** is followed by **a: Penso sempre a lui. / Penso sempre al lavoro.** The verb **pensarne** *to think of* is followed by **di: Cosa ne pensi di quell'ipotesi?** *(What do you think of that hypothesis?).* Note that the verb **pensarci** means *to think about, to take care of.*

Vuoi metterti questo vestito?	Ci sto pensando.
Do you want to put on this dress?	*I'm thinking about it.*
Mi puoi aiutare?	Sì, ci penso io!
Can you help me?	*Yes, I'll take care of it!*

Applicazione

15.12 Simona, Simona! Completa il seguente dialogo tra Monica e Simona, usando **pensare**, **pensarne**, o **pensarci** nelle forme appropriate, secondo il caso.

Monica: Simona! Simona! Ti ho chiamato perché ieri _____ a te.

Simona: Che c'è di nuovo?

Monica: _____ di comprare un nuovo vestito e ho bisogno di un tuo consiglio.

Simona: Va bene.

Monica: Eccolo in questo manifesto pubblicitario. Che cosa _____? Ti piace? Mi starà bene?

Simona: Bellissimo! Stupendo!

Monica: È un po' largo. Dovrei farlo stringere.

Simona: Non c'è problema! _____ io! Io so farlo.

Monica: Grazie.

15.13 Tocca a te! Adesso usa ciascuna delle seguenti frasi verbali in altrettante frasi che ne rendano chiaro il loro uso.

1. voler fare
2. cominciare a
3. riuscire a
4. cercare di
5. decidere di
6. provare a
7. costringere a
8. insegnare a
9. amare fare

COMUNICAZIONE

In un negozio di abbigliamento

alla moda	*in style, fashion*
in saldo	*on sale*
in vendita	*for sale*
indossare, portare	*to wear*
levarsi/togliersi	*to take off*
mettersi	*to put on*
provare, provarsi	*to try on*
il saldo	*sale*
lo sconto	*discount*
spogliarsi	*to undress*
stare bene/male in	*to look good/bad in*
la taglia	*size*
la vendita	*sale*
la vetrina	*store window*

◈ Note the use of **da** and **di** with nouns referring to clothing and shoes.

da = *function*

abito da sera	*evening dress*
camicia da notte	*night shirt*
scarpe da ballo	*dancing shoes*

di = *material made of*

abito di lana	*wool dress*
camicia di seta	*silk shirt*
scarpe di pelle	*leather shoes*

Applicazione

15.14 In un negozio di abbigliamento. Dal seguente dialogo tra un commesso e una cliente mancano alcune parole. Inseriscile negli spazi in modo opportuno.

Commesso: Buon giorno. In che cosa posso servirLa, signora?

Cliente: Cerco un _____. Qualcosa di elegante. Forse un _____ da sera.

Commesso: Lasci fare a me signora! Che _____ porta?

Cliente: Non sono sicura... Forse la quarantasei.

Commesso: Si accomodi in cabina e si _____ questo vestito.

Cliente: Va bene.

Commesso: Ah, Le sta proprio _____! Molto elegante.

Cliente: Ha ragione. Non mi _____ affatto male. Però non mi piacciono gli abiti _____ lana.

Commesso: Non si preoccupi. Si _____ questo e gliene porterò un altro.

Cliente: Ne ho visto uno _____ in _____. Mi piacerebbe provare anche quello.

15.15 Differenze. Spiega la differenza tra le seguenti cose con parole tue.

1. un abito da sera e una camicia da notte
2. le scarpe da ballo e le scarpe di pelle
3. una vetrina, una finestra e un finestrino
4. in saldo e in vendita
5. indossare e togliersi
6. vestirsi e spogliarsi
7. un saldo e uno sconto

NOTA CULTURALE

La moda

Chi non conosce i nomi di Benetton, Armani, Ferrè, Krizia, Fendi, Valentino, Gucci, Versace, Prada e molti altri? Gli stilisti italiani sono tra i più rinomati del mondo. Il settore della moda è economicamente cruciale per l'Italia in quanto garantisce milioni di posti di lavoro e ha un ruolo importante nelle esportazioni. Il «made in Italy» è ricercato in tutto il mondo, fortunatamente per l'Italia.

In particolare, Napoli vanta *(boasts)* antiche tradizioni per l'industria dei guanti; Treviso è famosa per la sua maglieria, Varese per le scarpe e Bergamo per i bottoni. Non parliamo poi di Milano, che è un importantissimo centro di moda, riconosciuto a livello internazionale.

Applicazione

15.16 Ricordi quello che hai letto? Abbina il nome/i nomi corrispondenti a ciascuna definizione.

1. È famosa per la sua maglieria.
2. È famosa per le sue scarpe.
3. È famosa per i bottoni.
4. È famosa per i suoi guanti.
5. Nove stilisti italiani famosi.
6. Garantisce milioni di posti di lavoro.
7. È desiderato da tutti.

15.17 Opinioni e paragoni.

Pensi che…

1. la moda italiana sia la più elegante del mondo? (Perché sì/no?)
2. gli stilisti italiani siano troppo «prevedibili»? (Perché sì/no?)
3. la pubblicità che riguarda la moda sia troppo provocante? (Perché sì/no?)

MOMENTO CREATIVO

Discuti con gli altri membri della classe la seguente affermazione:

«Per essere accettati socialmente nel mondo di oggi è necessario avere una linea perfetta e vestire abiti e accessori firmati.»

PARTE 2ª

AVVIO

Quanto sai già?

15.18 Ti ricordi come si trasforma una frase in discorso diretto? Vediamo! Segui l'esempio.

ESEMPIO Maria dice che vuole venire alla festa anche lei.
«Voglio venire alla festa anch'io.»

1. Paola dice che le piacciono le tue scarpe.
2. Marco ha detto ieri che non si era messo l'impermeabile perché non pioveva.
3. Il giornale ha detto che oggi farà bel tempo.
4. I miei amici hanno detto ieri che sono andati al cinema dopo aver studiato per l'esame.

Prima di leggere

15.19 Quanto conosci l'italiano? Rispondi alle seguenti domande.

1. Sai che cos'è una berretta? Se sì, spiegalo agli altri membri della classe.
2. Ecco due «stili di berretta». Sapresti descriverli?
   a. a lingua
   b. di panno
3. Sai chi è Luigi Pirandello?
4. Sai che cos'è una calza di filo?
5. Adesso, spiega il significato delle seguenti parole, se le conosci.
   a. la nappina
   b. lo zimbello
   c. il nomignolo

Il brano seguente è tratto dal volume La mosca *(1923) del grande scrittore Luigi Pirandello.*

Berrette di Padova: belle berrette a lingua, di panno, a uso di quelle che si portano ancora in Sardegna, si portavano, nei primi cinquant'anni del secolo scorso[1], anche in Sicilia, non dalla gente di campagna che usava quelle a calza di filo[2] e con la nappina in punta, ma dai cittadini, anche mezzi signori[3]. Il berrettaio che le vendeva, era lo zimbello[4] di tutta Girgenti allora, perché dei tanti anni passati in quel commercio pare non avesse saputo ricavare altro guadagno che il nomignolo[5] di *Cirlinciò*, che in Sicilia, per chi volesse saperlo, è il nome di un uccello sciocco.

[1]Here Pirandello is referring to the 1800s   [2]stocking cap made of linen thread   [3]well-to-do   [4]target
[5]nickname

Applicazione

15.20 Ricordi quello che hai letto? Rispondi alle seguenti domande.

1. Come sono le berrette di Padova?
2. Dove si portano?
3. Dove si portavano anche nei primi cinquant'anni del secolo scorso (cioè, l'Ottocento)?
4. Chi era il berrettaio?
5. Che nomignolo aveva?
6. A che cosa si riferisce il nomignolo?

Vocabolario

Altri capi di abbigliamento e le calzature

la calzatura	*footwear*	i pantaloncini	*shorts*
il calzolaio	*shoemaker*	la pantofola	*slipper*
la calzoleria	*shoe shop*	il sandalo	*sandal*
la cappa	*night gown*	la sottoveste	*slip*
il collant *(invariable)*	*pantyhose, tights*	lo stivale	*boot*
il costume da bagno	*swimming suit*	la suola	*sole*
la maglietta	*T-shirt*	la taglia	*clothing size*
mettersi	*to put on (clothes)*	il tacco	*heel*
le mutande	*underpants, underwear*	la tuta	*tracksuit*
il numero (di scarpa)	*shoe size*	la vestaglia	*dressing gown, bathrobe*

Applicazione

15.21 Differenze. Spiega la differenza tra i seguenti capi d'abbigliamento.

1. i pantaloni e i pantaloncini
2. il cappello e il berretto
3. l'abito da sera e il costume da bagno
4. le calzature, i calzolai e le calzolerie
5. una giacca e una cappa
6. le calze, i calzini e il collant
7. la giacca e la tuta
8. le scarpe, gli stivali, le pantofole e i sandali
9. il maglione e la maglietta
10. il numero di scarpa e la taglia
11. la sottoveste e la vestaglia
12. la suola e il tacco

15.22 Descrizioni. Descrivi quello che indossa un altro studente/un'altra studentessa. Poi lascia indovinare alla classe la persona che stai descrivendo.

GRAMMATICA

Discorso diretto e indiretto

◆ Direct discourse becomes indirect when something said is restated or reported.

Discorso diretto	Discorso indiretto
«Maria è simpatica». *"Mary is nice."*	Claudio ha detto che Maria è simpatica. *Claudio said that Mary is nice.*
«Maria, vuoi uscire?» *"Mary, do you want to go out?"*	Claudio chiede a Maria se vuole uscire. *Claudio asks Mary if she wants to go out.*
«Mi piace essere onesto». *"I like to be honest."*	Claudio dice che gli piace essere onesto. *Claudio says that he likes to be honest.*
«Chi sono?» *"Who are they?"*	Claudio vuole sapere chi sono quelle persone. *Claudio wants to know who those people are.*

◆ Articles, demonstratives, possessives, and pronouns must be changed accordingly.

Discorso diretto	Discorso indiretto
«Quel vestito è **mio**.» *"That dress is mine."*	Nora dice che quel vestito è **suo**. *Nora says that that dress is hers.*
«**Queste** scarpe saranno nuove.» *"These shoes must be new."*	Nora pensa che **quelle** scarpe siano nuove. *Nora thinks that those shoes are new.*
«**Ragazzi**, fate quello che dico.» *"Guys, do what I say."*	Nora ordina **ai ragazzi** di fare quello che dice. *Nora tells the guys to do what she says.*

◈ Note, finally, that the tense and mood of the verb in the two forms of speech must make logical sense in terms of time references and contexts.

Discorso diretto	Discorso indiretto

«Mi piace quel vestito.» Nora dice che le piace quel vestito.
Nora ha detto ieri che le piaceva quel vestito.
Nora dirà che le piacerà quel vestito quando lo vedrà.

"I like that dress." *Nora says that she likes that dress.*
Nora said yesterday that she liked that dress.
Nora will say that she likes that dress when she sees it.

Applicazione

15.23 Trasformazioni. Cambia le seguenti frasi dal discorso diretto al discorso indiretto.

ESEMPIO Claudia: Non mi sono messa la mia solita camicetta.
Claudia ha detto che non si è messa la sua solita camicetta.

Claudia:
1. Non mi sono messa il mio solito vestito.
2. Domani, però, me lo metterò.
3. L'altro giorno mi ero messa la gonna a pieghe, ma poi me la sono tolta.

Barbara:
4. Neanche a me piace quel cappello.
5. Questa maglietta è bellissima.
6. Stasera voglio uscire con una persona speciale.

Daniela:
7. Questo vestito rosso ti sta veramente bene, Barbara.
8. Non voglio mettermi quella giacca perché penso che mi stia male.
9. Mia sorella non è venuta oggi perché aveva molto da fare.

COMUNICAZIONE

In una calzoleria

la borsa	*purse*
il laccio	*shoestring, shoelace*
il paio (*pl* le paia)	*pair*
la pantofola	*slipper*
il portafoglio	*wallet*
lo stivale	*boot*

Applicazione

15.24 Con un compagno/una compagna crea dei mini-dialoghi tra un commesso/una commessa e un/una cliente. Segui l'esempio.

> **ESEMPIO**   scarpe/donna/38/borsa
> **Desidera, signora?**
> **Vorrei delle scarpe da donna.**
> **Che numero porta?**
> **Il trentotto.**
> **Altro?**
> **Potrei vedere quella borsa, per piacere?**
> **Certamente!**

1. scarpe/uomo/43/calzini
2. stivali/bambina/33/lacci
3. pantofole/donna/37/calze
4. stivali/uomo/41/calzini
5. pantofole/donna/38/borsa

15.25 Indovina! Sai di che cosa si tratta?

1. Coprono il piede.
2. Scarpe che arrivano fino al ginocchio.
3. Negozio in cui si vendono scarpe.
4. Calzatura che si porta in casa.
5. Servono per allacciare le scarpe.
6. Possono essere alti, bassi o anche a spillo.

NOTA CULTURALE ▬▬▬

Tre grandi stilisti

Tra gli stilisti italiani più famosi vanno menzionati almeno tre: Armani, Versace e Gucci.

Giorgio Armani è considerato tra gli innovatori della moda grazie all'invenzione della cosiddetta «giacca destrutturata» e anche per essere stato il primo ad adattare alla donna linee tipicamente maschili. Dal 1957 al 1964 lavorò per il gruppo *La Rinascente* e successivamente si mise a disegnare linee di abbigliamento per Cerruti (moda maschile). Nel 1975 fondò la Giorgio Armani S.p.A. e dalla fine degli anni Settanta ad oggi è stato tra i protagonisti dell'alta moda internazionale. Nel 1982 gli venne dedicata la copertina *(he got on the cover)* della rivista *Time* e nel 1988 ricevette il *Life Time Achievement* del Council of Fashion Designers of America. Nel 1990 è stato presentato un documentario sulla sua attività di stilista, diretto da Martin Scorsese e intitolato *Made in Milan*.

Gianni Versace si trasferì, nel 1972, a Milano, imponendosi *(establishing himself)* ben presto, grazie al suo stile caratterizzato da un forte senso cromatico che evoca suggestioni barocche *(Baroque themes)*. Era tra i migliori creatori di moda, dedicandosi con grande successo anche al «prêt-à-porter». Dopo la sua tragica scomparsa *(death)*—fu assassinato in Florida, davanti alla sua villa—la città di New York gli ha dedicato una mostra al Metropolitan Museum.

Nel 1906 Guccio Gucci fondò a Firenze una società produttrice di accessori di pelletteria *(leather)* che divenne famosa nel 1925, grazie anche all'enorme successo riscosso *(received)* da un particolare modello di sacca da viaggio *(travel bag)*. Alla fine degli anni Quaranta l'azienda si organizzò su scala industriale, producendo portafogli, borse, cinture e scarpe di alta qualità. Noti sono, inoltre, i foulard con disegni di farfalle, coralli, fiori e frutta, nonché i motivi equestri che hanno caratterizzato la produzione Gucci degli anni Sessanta.

Applicazione

15.26 Ricordi quello che hai letto? Indica nella tabella tutto quello che ricordi su Armani, Versace e Gucci dalla lettura, aggiungendoci *(adding to it)* altre cose che sai su di loro.

Armani	Versace	Gucci

15.27 Conosci altri stilisti italiani? Se sì, indica chi sono e descrivi il loro stile.

MOMENTO CREATIVO

Diverse coppie di studenti dovranno mettere in scena un dialogo tra un commesso/una commessa e un/una cliente in un negozio di abbigliamento che offre sconti *(discounts)* sugli esempi dei grandi stilisti italiani. Alla fine, mentre sta pagando alla cassa, il cliente/la cliente decide di dire o fare qualcosa di veramente strano.

DALLA LETTERATURA ITALIANA

Prima di leggere

15.28 La scarpa. La parola scarpa ricorre spesso nella lettura seguente; è all'origine di molti concetti metaforici. Per esempio, diciamo «quella persona non ha scarpe ai piedi» per dire che una persona è molto povera. Conosci altre espressioni simili? Discutile con gli altri membri della classe.

15.29 La parola giusta. Completa le frasi usando le seguenti parole in una forma appropriata. Usa il dizionario se necessario.

apposta	bagnato
rotto	prendersi cura
stufo	viziare
bottone	rimproverare
calzolaio	selciato

1. Le mie scarpe sono _____. Devo comprarne un altro paio.
2. Sai, loro sono venuti _____ per te!
3. Antonio, dove vai? Vado dal _____. Dovrei farmi aggiustare queste scarpe.
4. Quando andavo in giro scalzo *(barefoot)*, sentivo il freddo del _____ sotto le piante dei piedi.
5. I genitori lo _____ per la sua negligenza.
6. Le sue gambe erano nude e _____.
7. Sono _____ di lavorare. Ho bisogno di una vacanza!
8. Chi _____ dei bambini quando andrai a lavorare?
9. Prima di uscire ho dovuto attaccare un _____ a quel vestito.
10. Mia cugina è una bambina molto _____. Fa sempre i capricci *(tantrums)*.

© Dmitry Kalinovsky/iStockphoto

Io ho le scarpe rotte e l'amica con la quale vivo in questo momento ha le scarpe rotte anche lei. Stando insieme parliamo spesso di scarpe. Se le parlo del tempo in cui sarò una vecchia scrittrice famosa, lei subito mi chiede: «Che scarpe avrai?» Allora le dico che avrò delle scarpe di camoscio verde, con una gran fibbia d'oro[1] da un lato.

Io appartengo a una famiglia dove tutti hanno le scarpe solide e sane. Mia madre anzi ha dovuto far fare un armadietto[2] apposta per tenerci le scarpe, tante paia ne aveva. Quando torno fra loro levano alte grida[3] di sdegno[4] e di dolore alla vista delle mie scarpe. Ma io so che anche con le scarpe rotte si può vivere. Nel periodo tedesco ero sola qui a Roma, e non avevo che un solo paio di scarpe. Se le avessi date al calzolaio avrei dovuto stare due o tre giorni a letto, e questo non mi era possibile. Così continuai a portarle, e per giunta pioveva, le sentivo sfasciarsi lentamente, farsi molli ed informi, e sentivo il freddo del selciato sotto le piante dei piedi. È per questo che anche ora ho le scarpe rotte, perché mi ricordo di quelle e non mi sembrano poi tanto rotte al confronto, e se ho del denaro preferisco spenderlo altrimenti, perché le scarpe non mi appaiono più come qualcosa di molto essenziale. Ero stata viziata dalla vita prima, sempre circondata da un affetto tenero e vigile, ma quell'anno qui a Roma fui sola per la prima volta, e per questo Roma mi è cara, sebbene carica[5] di storia per me, carica di ricordi angosciosi, poche ore dolci. Anche la mia amica ha le scarpe rotte, e per questo stiamo bene insieme. La mia amica non ha nessuno che la rimproveri per le scarpe che porta, ha soltanto un fratello che vive in campagna e gira con degli stivali da caccciatore. Lei e io sappiamo quello che succede quando piove, e le gambe sono nude e bagnate e nelle scarpe entra l'acqua, e allora c'è quel piccolo rumore a ogni passo, quella specie di sciacquettio[6].

La mia amica ha un viso pallido e maschio, e fuma in un bocchino[7] nero. Quando la vidi per la prima volta, seduta a un tavolo, con gli occhiali cerchiati di tartaruga[8] e il suo viso misterioso e sdegnoso, col bocchino nero fra i denti, pensai che pareva un generale cinese. Allora non sapevo che aveva le scarpe rotte. Lo seppi più tardi.

La mia amica qualche volta dice che è stufa di lavorare, e vorrebbe buttar la vita ai cani. Vorrebbe chiudersi in una bettola a bere tutti i suoi risparmi, oppure mettersi a letto e non pensare più a niente, e lasciare che vengano a levarle il gas e la luce, lasciare che tutto vada alla deriva[9] pian piano[10]. Dice che lo farà quando io sarò partita. Perché la nostra vita comune durerà poco, presto io partirò e tornerò da mia madre e dai miei figli, in una casa dove non mi sarà permesso di portare le scarpe rotte. Mia madre si prenderà cura di me, m'impedirà di usare degli spilli invece dei bottoni, e di scrivere fino a notte alta. E io a mia volta[11] mi prenderò cura dei miei figli, vincendo la tentazione di buttar la vita ai cani. Tornerò ad essere grave e materna, come sempre mi avviene quando sono con loro, una persona diversa da ora, una persona che la mia amica non conosce affatto.

Guarderò l'orologio e terrò conto del tempo, vigile ed attenta ad ogni cosa, e baderò che i miei figli abbiano i piedi sempre asciutti e caldi, perché so che così dev'essere se appena è possibile, almeno nell'infanzia. Forse anzi per imparare poi a camminare con le scarpe rotte, è bene avere i piedi asciutti e caldi quando si è bambini.

From Natalia Ginzburg, "Le scarpe rotte" in *Le piccole virtù*. © Copyright Einaudi: Torino, 1962. Reprinted by permission of Giulio Einaudi Editore.

[1]*gold buckle*   [2]*small closet*   [3]*emit shouts, shrieks*   [4]*disgust, revulsion*   [5]*laden*   [6]*squishy sound*
[7]*cigarette holder*   [8]*turtle-designed*   [9]*go to pot*   [10]*little by little*   [11]*on my part*

Applicazione

15.30 Ricordi quello che hai letto? Rispondi alle seguenti domande.

1. Con chi abita l'autrice?
2. Di che cosa parlano spesso, insieme, l'autrice e la sua amica?
3. A che tipo di famiglia appartiene l'autrice?
4. Che cosa ha dovuto fare sua madre?
5. In quale città l'autrice si trova sola, durante il periodo tedesco? Sai che cos'era quel periodo?
6. Quanti e chi sono i membri della famiglia della sua amica?
7. Dove vuole chiudersi la sua amica e perché?
8. Dove andrà presto l'autrice?
9. Che cosa tornerà a fare l'autrice?

15.31 Personaggi. Descrivi i personaggi del brano che hai appena letto.

1. l'autrice
2. la madre
3. l'amica

15.32 Discussione in classe. Rispondi alle seguenti domande e discuti le tue risposte con gli altri membri della classe.

1. Qual è, secondo te, il significato di «avere le scarpe rotte»?
2. Quando sei con la tua famiglia, ti comporti diversamente di come ti comporti con gli amici? In che modo? Perché?

PARTE 4ª

CON FANTASIA

Attività generali

15.33 Capi di vestiario. Descrivi quello che si mette...

1. tuo padre per andare a lavorare.
2. tua madre per andare a lavorare.
3. un tuo amico/una tua amica per uscire il sabato sera.
4. un tuo amico/una tua amica per andare a scuola/all'università.

15.34 Discorso diretto e indiretto. Indica quello che ha detto Franca ieri.

> **ESEMPIO** Preferisco questo rossetto (*lipstick*).
> **Ha detto che preferiva quel rossetto.**

1. Mi piace molto il maglione di mia sorella.
2. L'altro giorno avevo indossato una minigonna rosa che però non mi piaceva.
3. Penso che questo smalto (*nail polish*) vada bene per le mie unghie.
4. Mi truccherò (*put on make-up*) alla moda perché devo uscire.
5. Non so perché noi donne ci trucchiamo!

15.35 Dibattito. Alcuni membri della classe dovranno dibattere la seguente questione:

«L'origine e la funzione simbolica del trucco»

15.36 Il proverbio. «L'abito non fa il monaco.» si può tradurre come *Clothes do not make the person.* e il proverbio «È nato con la camicia.» come *He's/She's born with a silver spoon in his/her mouth.* Adesso trova, con l'ausilio del dizionario, proverbi o detti basati sui seguenti capi di vestiario.

1. il cappello
2. le scarpe
3. la cravatta
4. i guanti

Dal mondo italiano

15.37 Costumi popolari. Sai che cos'è un costume? E sai che ogni regione d'Italia ha il suo costume tradizionale distintivo? Con un compagno/una compagna, svolgi una ricerca sui costumi tradizionali di ogni regione italiana. Cioè, insieme, cercate di descrivere i vari costumi delle regioni (per maschi e per femmine) indicando anche in quali occasioni festive vengono indossati.

Regione	Costume		Occasioni festive
	Maschi	Femmine	

Navigare su Internet

Per ulteriori attività online, visita il seguente sito: www.wiley.com/college/danesi

15.38 Ricerche online. Svolgi le seguenti ricerche e poi indica quello che hai trovato alla classe.

1. Cerca su Internet diversi siti che riguardano la moda italiana di oggi.
2. Descrivi il sito di moda che ti è piaciuto più degli altri e spiega il perché.

Verbs

Glossary

Index

VERBS

1. REGULAR VERBS

	First Conjugation	Second Conjugation	Third Conjugation	
Infinitives	parlare	ripetere	partire	capire
	avere parlato	avere ripetuto	essere partito(-a)	avere capito
Gerunds	parlando	ripetendo	partendo	capendo
	avendo parlato	avendo ripetuto	essendo partito(-a)	avendo capito
Past Participle	parlato	ripetuto	partito	capito
Present Indicative	parlo	ripeto	parto	capisco
	parli	ripeti	parti	capisci
	parla	ripete	parte	capisce
	parliamo	ripetiamo	partiamo	capiamo
	parlate	ripetete	partite	capite
	parlano	ripetono	partono	capiscono
Imperfect Indicative	parlavo	ripetevo	partivo	capivo
	parlavi	ripetevi	partivi	capivi
	parlava	ripeteva	partiva	capiva
	parlavamo	ripetevamo	partivamo	capivamo
	parlavate	ripetevate	partivate	capivate
	parlavano	ripetevano	partivano	capivano
Past Absolute	parlai	ripetei (ripetetti)	partii	capii
	parlasti	ripetesti	partisti	capisti
	parlò	ripeté (ripetette)	partì	capì
	parlammo	ripetemmo	partimmo	capimmo
	parlaste	ripeteste	partiste	capiste
	parlarono	ripeterono (ripetettero)	partirono	capirono
Future	parlerò	ripeterò	partirò	capirò
	parlerai	ripeterai	partirai	capirai
	parlerà	ripeterà	partirà	capirà
	parleremo	ripeteremo	partiremo	capiremo
	parlerete	ripeterete	partirete	capirete
	parleranno	ripeteranno	partiranno	capiranno
Conditional	parlerei	ripeterei	partirei	capirei
	parleresti	ripeteresti	partiresti	capiresti
	parlerebbe	ripeterebbe	partirebbe	capirebbe
	parleremmo	ripeteremmo	partiremmo	capiremmo
	parlereste	ripetereste	partireste	capireste
	parlerebbero	ripeterebbero	partirebbero	capirebbero
Imperative	—	—	—	—
	parla	ripeti	parti	capisci
	parli	ripeta	parta	capisca
	parliamo	ripetiamo	partiamo	capiamo
	parlate	ripetete	partite	capite
	parlino	ripetano	partano	capiscano

	First Conjugation	Second Conjugation	Third Conjugation	
Present Subjunctive	parli	ripeta	parta	capisca
	parli	ripeta	parta	capisca
	parli	ripeta	parta	capisca
	parliamo	ripetiamo	partiamo	capiamo
	parliate	ripetiate	partiate	capiate
	parlino	ripetano	partano	capiscano
Imperfect Subjunctive	parlassi	ripetessi	partissi	capissi
	parlassi	ripetessi	partissi	capissi
	parlasse	ripetesse	partisse	capisse
	parlassimo	ripetessimo	partissimo	capissimo
	parlaste	ripeteste	partiste	capiste
	parlassero	ripetessero	partissero	capissero
Present Perfect	ho parlato	ho ripetuto	sono partito(-a)	ho capito
	hai parlato	hai ripetuto	sei partito(-a)	hai capito
	ha parlato	ha ripetuto	è partito(-a)	ha capito
	abbiamo parlato	abbiamo ripetuto	siamo partiti(-e)	abbiamo capito
	avete parlato	avete ripetuto	siete partiti(-e)	avete capito
	hanno parlato	hanno ripetuto	sono partiti(-e)	hanno capito
Pluperfect	avevo parlato	avevo ripetuto	ero partito(-a)	avevo capito
	avevi parlato	avevi ripetuto	eri partito(-a)	avevi capito
	aveva parlato	aveva ripetuto	era partito(-a)	aveva capito
	avevamo parlato	avevamo ripetuto	eravamo partiti(-e)	avevamo capito
	avevate parlato	avevate ripetuto	eravate partiti(-e)	avevate capito
	avevano parlato	avevano ripetuto	erano partiti(-e)	avevano capito
Past Subjunctive	abbia parlato	abbia ripetuto	sia partito(-a)	abbia capito
	abbia parlato	abbia ripetuto	sia partito(-a)	abbia capito
	abbia parlato	abbia ripetuto	sia partito(-a)	abbia capito
	abbiamo parlato	abbiamo ripetuto	siamo partiti(-e)	abbiamo capito
	abbiate parlato	abbiate ripetuto	siate partiti(-e)	abbiate capito
	abbiano parlato	abbiano ripetuto	siano partiti(-e)	abbiano capito
Pluperfect Subjunctive	avessi parlato	avessi ripetuto	fossi partito(-a)	avessi capito
	avessi parlato	avessi ripetuto	fossi partito(-a)	avessi capito
	avesse parlato	avesse ripetuto	fosse partito(-a)	avesse capito
	avessimo parlato	avessimo ripetuto	fossimo partiti(-e)	avessimo capito
	aveste parlato	aveste ripetuto	foste partiti(-e)	aveste capito
	avessero parlato	avessero ripetuto	fossero partiti(-e)	avessero capito
Future Perfect	avrò parlato	avrò ripetuto	sarò partito(-a)	avrò capito
	avrai parlato	avrai ripetuto	sarai partito(-a)	avrai capito
	avrà parlato	avrà ripetuto	sarà partito(-a)	avrà capito
	avremo parlato	avremo ripetuto	saremo partiti(-e)	avremo capito
	avrete parlato	avrete ripetuto	sarete partiti(-e)	avrete capito
	avranno parlato	avranno ripetuto	saranno partiti(-e)	avranno capito
Past Conditional	avrei parlato	avrei ripetuto	sarei partito(-a)	avrei capito
	avresti parlato	avresti ripetuto	saresti partito(-a)	avresti capito
	avrebbe parlato	avrebbe ripetuto	sarebbe partito(-a)	avrebbe capito
	avremmo parlato	avremmo ripetuto	saremmo partiti(-e)	avremmo capito
	avreste parlato	avreste ripetuto	sareste partiti(-e)	avreste capito
	avrebbero parlato	avrebbero ripetuto	sarebbero partiti(-e)	avrebbero capito

2. VERBS CONJUGATED LIKE *CAPIRE* (ISC)

abbellire	to make beautiful	**indispettire**	to irritate, annoy
abolire	to abolish	**infastidire**	to annoy, bother
accudire	to attend (to)	**influire**	to influence, affect
agire	to act, operate	**ingerire**	to ingest
aggredire	to attach, assault	**inghiottire**	to swallow, gulp down
ammonire	to warn, admonish	**ingrandire**	to enlarge
applaudire	to applaud	**inserire**	to insert
arricchire	to enrich	**intuire**	to intuit
arrossire	to blush	**istituire**	to found, set up
asserire	to assert	**istruire**	to instruct, educate
assorbire	to absorb	**perire**	to perish
attribuire	to attribute	**preferire**	to prefer
bandire	to proclaim, banish	**progredire**	to progress
chiarire	to clarify	**proibire**	to prohibit
colpire	to hit, strike	**pulire**	to clean
compatire	to pity, be sorry for	**punire**	to punish
concepire	to conceive	**rapire**	to rob, kidnap
condire	to season, flavor	**reagire**	to react
contribuire	to contribute	**restituire**	to give back
costruire	to build, construct	**riferire**	to refer
definire	to define	**ringiovanire**	to become younger
demolire	to demolish	**riunire**	to reunite
digerire	to digest	**riverire**	to revere
dimagrire	to get thin, lose weight	**sbalordire**	to astonish, amaze
diminuire	to diminish, decrease	**sbigottire**	to dismay
distribuire	to distribute	**scolpire**	to sculpt, carve
esaurire	to exhaust, use up	**seppellire**	to bury
eseguire	to carry out, perform	**sgualcire**	to crumple, wrinkle
esibire	to exhibit, display	**smarrire**	to lose, mislay
fallire	to fail	**smentire**	to deny, retract
favorire	to favor	**sostituire**	to substitute
ferire	to wound, injure	**sparire**	to disappear
finire	to finish, end	**spedire**	to send, mail
fiorire	to flower, bloom	**stabilire**	to establish, set
fornire	to supply, furnish	**starnutire**	to sneeze
garantire	to guarantee	**stupire**	to stupefy
gradire	to appreciate, enjoy	**subire**	to undergo
guarire	to heal, cure, recover	**suggerire**	to suggest
impallidire	to turn pale	**tossire**	to cough
impaurire	to frighten, scare	**tradire**	to betray
impazzire	to go crazy	**trasferire**	to transfer
impedire	to impede	**ubbidire**	to obey
indebolire	to weaken	**unire**	to unite, join

3. SOME COMMON IRREGULAR VERBS

(* = conjugated with *essere* in compound tenses)

andare* *to go*

Present Indicative	vado, vai, va, andiamo, andate, vanno
Future	andrò, andrai, andrà, andremo, andrete, andranno
Imperative	va', vada, andiamo, andate, vadano
Conditional	andrei, andresti, andrebbe, andremmo, andreste, andrebbero
Present Subjunctive	vada, vada, vada, andiamo, andiate, vadano

aprire *to open*

Past Participle	aperto

avere *to have*

Present Indicative	ho, hai, ha, abbiamo, avete, hanno
Past Absolute	ebbi, avesti, ebbe, avemmo, aveste, ebbero
Future	avrò, avrai, avrà, avremo, avrete, avranno
Imperative	abbi, abbia, abbiamo, abbiate, abbiano
Conditional	avrei, avresti, avrebbe, avremmo, avreste, avrebbero
Present Subjunctive	abbia, abbia, abbia, abbiamo, abbiate, abbiano

bere *to drink*

Present Indicative	bevo, bevi, beve, beviamo, bevete, bevono
Past Participle	bevuto
Imperfect	bevevo, bevevi, beveva, bevevamo, bevevate, bevevano
Past Absolute	bevvi (bevetti), bevesti, bevve (bevette), bevemmo, beveste, bevvero (bevettero)
Future	berrò, berrai, berrà, berremo, berrete, berranno
Imperative	bevi, beva, beviamo, bevete, bevano
Conditional	berrei, berresti, berrebbe, berremmo, berreste, berrebbero
Present Subjunctive	beva, beva, beva, beviamo, beviate, bevano
Gerund	bevendo

cadere* *to fall*

Past Absolute	caddi, cadesti, cadde, cademmo, cadeste, caddero
Future	cadrò, cadrai, cadrà, cadremo, cadrete, cadranno
Conditional	cadrei, cadresti, cadrebbe, cadremmo, cadreste, cadrebbero
Present Subjunctive	cada, cada, cada, cadiamo, cadiate, cadano

chiedere *to ask for*

Past Participle	chiesto
Past Absolute	chiesi, chiedesti, chiese, chiedemmo, chiedeste, chiesero

chiudere *to close*

Past Participle	chiuso
Past Absolute	chiusi, chiudesti, chiuse, chiudemmo, chiudeste, chiusero

conoscere *to know*

Past Absolute	conobbi, conoscesti, conobbe, conoscemmo, conosceste, conobbero

coprire *to cover*

Past Participle	coperto

correggere *to correct*

Past Participle	corretto
Past Absolute	corressi, correggesti, corresse, correggemmo, correggeste, corressero

correre *to run*

Past Participle	corso
Past Absolute	corsi, corresti, corse, corremmo, correste, corsero

dare *to give*

Present Indicative	do, dai, dà, diamo, date, danno
Past Participle	dato
Imperfect	davo, davi, dava, davamo, davate, davano
Past Absolute	diedi, desti, diede, demmo, deste, diedero
Future	darò, darai, darà, daremo, darete, daranno
Imperative	da', dia, diamo, date, diano
Present Subjunctive	dia, dia, dia, diamo, diate, diano
Imperfect Subjunctive	dessi, dessi, desse, dessimo, deste, dessero
Gerund	dando

decidere *to decide*

Past Participle	deciso
Past Absolute	decisi, decidesti, decise, decidemmo, decideste, decisero

dipingere *to paint*

Past Participle	dipinto
Past Absolute	dipinsi, dipingesti, dipinse, dipingemmo, dipingeste, dipinsero

dire *to say, tell*

Present Indicative	dico, dici, dice, diciamo, dite, dicono
Past Participle	detto
Imperfect	dicevo, dicevi, diceva, dicevamo, dicevate, dicevano
Past Absolute	dissi, dicesti, disse, dicemmo, diceste, dissero
Future	dirò, dirai, dirà, diremo, direte, diranno
Imperative	di', dica, diciamo, dite, dicano
Conditional	direi, diresti, direbbe, diremmo, direste, direbbero
Present Subjunctive	dica, dica, dica, diciamo, diciate, dicano
Imperfect Subjunctive	dicessi, dicessi, dicesse, dicessimo, diceste, dicessero
Gerund	dicendo

discutere *to discuss, argue*

Past Participle	discusso
Past Absolute	discussi, discutesti, discusse, discutemmo, discuteste, discussero

dividere *to divide*

Past Participle	diviso
Past Absolute	divisi, dividesti, divise, dividemmo, divideste, divisero

dovere *to have to*

Present Indicative	devo, devi, deve, dobbiamo, dovete, devono
Future	dovrò, dovrai, dovrà, dovremo, dovrete, dovranno
Conditional	dovrei, dovresti, dovrebbe, dovremmo, dovreste, dovrebbero
Present Subjunctive	deva (debba), deva (debba), deva (debba), dobbiamo, dobbiate, devano (debbano)

esprimere *to express*

Past Participle	espresso
Past Absolute	espressi, esprimesti, espresse, esprimemmo, esprimeste, espressero

essere* *to be*

Present Indicative	sono, sei, è, siamo, siete, sono
Past Participle	stato
Imperfect	ero, eri, era, eravamo, eravate, erano
Past Absolute	fui, fosti, fu, fummo, foste, furono
Future	sarò, sarai, sarà, saremo, sarete, saranno
Imperative	sii, sia, siamo, siate, siano
Conditional	sarei, saresti, sarebbe, saremmo, sareste, sarebbero
Present Subjunctive	sia, sia, sia, siamo, siate, siano
Imperfect Subjunctive	fossi, fossi, fosse, fossimo, foste, fossero

fare *to do, make*

Present Indicative	faccio, fai, fa, facciamo, fate, fanno
Past Participle	fatto
Imperfect	facevo, facevi, faceva, facevamo, facevate, facevano
Past Absolute	feci, facesti, fece, facemmo, faceste, fecero
Future	farò, farai, farà, faremo, farete, faranno
Imperative	fa', faccia, facciamo, fate, facciano
Conditional	farei, faresti, farebbe, faremmo, fareste, farebbero
Present Subjunctive	faccia, faccia, faccia, facciamo, facciate, facciano
Imperfect Subjunctive	facessi, facessi, facesse, facessimo, faceste, facessero
Gerund	facendo

leggere *to read*

Past Participle	letto
Past Absolute	lessi, leggesti, lesse, leggemmo, leggeste, lessero

mettere *to put*

Past Participle	messo
Past Absolute	misi, mettesti, mise, mettemmo, metteste, misero

morire* *to die*

Present Indicative	muoio, muori, muore, moriamo, morite, muoiono
Past Participle	morto
Present Subjunctive	muoia, muoia, muoia, moriamo, moriate, muoiano

muovere *to move*

Past Participle	mosso
Past Absolute	mossi, m(u)ovesti, mosse, m(u)ovemmo, m(u)oveste, mossero

nascere * *to be born*

Past Participle	nato
Past Absolute	nacqui, nascesti, nacque, nascemmo, nasceste, nacquero

nascondere *to hide*

Past Participle	nascosto
Past Absolute	nascosi, nascondesti, nascose, nascondemmo, nascondeste, nascosero

offendere *to offend*

Past Participle	offeso
Past Absolute	offesi, offendesti, offese, offendemmo, offendeste, offesero

offrire *to offer*

Past Participle	offerto
Past Absolute	offrii (offersi), offristi, offrì (offerse), offrimmo, offriste, offrirono (offersero)

perdere *to lose*

Past Participle	perso
Past Absolute	persi, perdesti, perse, perdemmo, perdeste, persero

piacere * *to like, be pleasing to*

Present Indicative	piaccio, piaci, piace, piacciamo, piacete, piacciono
Past Absolute	piacqui, piacesti, piacque, piacemmo, piaceste, piacquero
Present Subjunctive	piaccia, piaccia, piaccia, piacciamo, piacciate, piacciano

piangere *to cry*

Past Participle	pianto
Past Absolute	piansi, piangesti, pianse, piangemmo, piangeste, piansero

potere *to be able to*

Present Indicative	posso, puoi, può, possiamo, potete, possono
Future	potrò, potrai, potrà, potremo, potrete, potranno
Conditional	potrei, potresti, potrebbe, potremmo, potreste, potrebbero
Present Subjunctive	possa, possa, possa, possiamo, possiate, possano

prendere *to take*

Past Participle	preso
Past Absolute	presi, prendesti, prese, prendemmo, prendeste, presero

ridere *to laugh*

Past Participle	riso
Past Absolute	risi, ridesti, rise, ridemmo, rideste, risero

rimanere * *to remain*

Past Participle	rimasto
Past Absolute	rimasi, rimanesti, rimase, rimanemmo, rimaneste, rimasero

rispondere *to answer*

Past Participle	risposto
Past Absolute	risposi, rispondesti, rispose, rispondemmo, rispondeste, risposero

rompere *to break*

Past Participle	rotto
Past Absolute	ruppi, rompesti, ruppe, rompemmo, rompeste, ruppero

salire *to go up, climb*

Present Indicative	salgo, sali, sale, saliamo, salite, salgono
Imperative	sali, salga, saliamo, salite, salgano
Present Subjunctive	salga, salga, salga, saliamo, saliate, salgano

sapere *to know*

Present Indicative	so, sai, sa, sappiamo, sapete, sanno
Future	saprò, saprai, saprà, sapremo, saprete, sapranno
Imperative	sappi, sappia, sappiamo, sappiate, sappiano
Conditional	saprei, sapresti, saprebbe, sapremmo, sapreste, saprebbero
Present Subjunctive	sappia, sappia, sappia, sappiamo, sappiate, sappiano

scegliere *to choose, select*

Present Indicative	scelgo, scegli, sceglie, scegliamo, scegliete, scelgono
Past Participle	scelto
Past Absolute	scelsi, scegliesti, scelse, scegliemmo, sceglieste, scelsero
Imperative	scegli, scelga, scegliamo, scegliete, scelgano
Present Subjunctive	scelga, scelga, scelga, scegliamo, scegliate, scelgano

scendere *to descend, go down*

Past Participle	sceso
Past Absolute	scesi, scendesti, scese, scendemmo, scendeste, scesero

scoprire *to discover*

Past Participle	scoperto
Past Absolute	scoprii (scopersi), scopristi, scoprì (scoperse), scoprimmo, scopriste, scroprirono (scopersero)

scrivere *to write*

Past Participle	scritto
Past Absolute	scrissi, scrivesti, scrisse, scrivemmo, scriveste, scrissero

sedersi *to sit down*

Present Indicative	mi siedo, ti siedi, si siede, ci sediamo, vi sedete, si siedono
Imperative	siediti, si sieda, sediamoci, sedetevi, si siedano
Present Subjunctive	mi sieda, ti sieda, si sieda, ci sediamo, vi sediate, si siedano

spendere *to spend*

Past Participle	speso
Past Absolute	spesi, spendesti, spese, spendemmo, spendeste, spesero

spegnere *to turn off*

Present Indicative	spengo, spegni, spegne, spegniamo, spegnete, spengono
Past Participle	spento
Past Absolute	spensi, spegnesti, spense, spegnemmo, spegneste, spensero
Imperative	spegni, spenga, spegniamo, spegnete, spengano
Present Subjunctive	spenga, spenga, spenga, spegniamo, spegniate, spengano

spingere *to push*

Present Indicative	spingo, spingi, spinge, spingiamo, spingete, spingono
Past Participle	spinto
Past Absolute	spinsi, spingesti, spinse, spingemmo, spingeste, spinsero
Imperative	spingi, spinga, spingiamo, spingete, spingano
Present Subjunctive	spinga, spinga, spinga, spingiamo, spingiate, spingano

stare* *to stay*

Present Indicative	sto, stai, sta, stiamo, state, stanno
Past Participle	stato
Imperfect	stavo, stavi, stava, stavamo, stavate, stavano
Past Absolute	stetti, stesti, stette, stemmo, steste, stettero
Future	starò, starai, starà, staremo, starete, staranno
Imperative	sta', stia, stiamo, state, stiano
Conditional	starei, staresti, starebbe, staremmo, stareste, starebbero
Present Subjunctive	stia, stia, stia, stiamo, stiate, stiano
Imperfect Subjunctive	stessi, stessi, stesse, stessimo, steste, stessero

tenere *to hold, keep*

Present Indicative	tengo, tieni, tiene, teniamo, tenete, tengono
Past Absolute	tenni, tenesti, tenne, tenemmo, teneste, tennero
Future	terrò, terrai, terrà, terremo, terrete, terranno
Imperative	tieni, tenga, teniamo, tenete, tengano
Conditional	terrei, terresti, terrebbe, terremmo, terreste, terrebbero
Present Subjunctive	tenga, tenga, tenga, teniamo, teniate, tengano

uscire* *to go out*

Present Indicative	esco, esci, esce, usciamo, uscite, escono
Imperative	esci, esca, usciamo, uscite, escano
Present Subjunctive	esca, esca, esca, usciamo, usciate, escano

valere *to be worth*

Present Indicative	valgo, vali, vale, valiamo, valete, valgono
Past Absolute	valsi, valesti, valse, valemmo, valeste, valsero
Future	varrò, varrai, varrà, varremo, varrete, varranno
Conditional	varrei, varresti, varrebbe, varremmo, varreste, varrebbero
Present Subjunctive	valga, valga, valga, valiamo, valiate, valgano

vedere *to see*

Past Participle	visto, veduto
Past Absolute	vidi, vedesti, vide, vedemmo, vedeste, videro
Future	vedrò, vedrai, vedrà, vedremo, vedrete, vedranno
Conditional	vedrei, vedresti, vedrebbe, vedremmo, vedreste, vedrebbero

venire* *to come*

Present Indicative	vengo, vieni, viene, veniamo, venite, vengono
Past Participle	venuto
Past Absolute	venni, venisti, venne, venimmo, veniste, vennero
Future	verrò, verrai, verrà, verremo, verrete, verranno
Imperative	vieni, venga, veniamo, venite, vengano
Conditional	verrei, verresti, verrebbe, verremmo, verreste, verrebbero
Present Subjunctive	venga, venga, venga, veniamo, veniate, vengano

vincere *to win*

Past Participle	vinto
Past Absolute	vinsi, vincesti, vinse, vincemmo, vinceste, vinsero

vivere *to live*

Past Participle	vissuto
Past Absolute	vissi, vivesti, visse, vivemmo, viveste, vissero
Future	vivrò, vivrai, vivrà, vivremo, vivrete, vivranno
Conditional	vivrei, vivresti, vivrebbe, vivremmo, vivreste, vivrebbero

volere *to want*

Present Indicative	voglio, vuoi, vuole, vogliamo, volete, vogliono
Past Absolute	volli, volesti, volle, volemmo, voleste, vollero
Future	vorrò, vorrai, vorrà, vorremo, vorrete, vorranno
Conditional	vorrei, vorresti, vorrebbe, vorremmo, vorreste, vorrebbero
Present Subjunctive	voglia, voglia, voglia, vogliamo, vogliate, vogliano

4. COMMON VERBS FOLLOWED BY A PREPOSITION BEFORE AN INFINITIVE

abituarsi a	*to get used to*
accettare di	*to agree to*
accorgersi di	*to become aware of*
affrettarsi a	*to hasten to*
aiutare a	*to help*
cercare di	*to try to*
chiedere di	*to ask to*
cominciare a	*to begin to*
credere di	*to believe*
dimenticare di	*to forget to*
divertirsi a	*to have fun*
domandare di	*to ask to*
evitare di	*to avoid*
fingere di	*to pretend to*
finire di	*to finish*
imparare a	*to learn to*
impedire di	*to prevent from*
pensare di	*to think of*
permettere di	*to allow*
pregare di	*to beg to*
preoccuparsi di	*to worry about*
proibire di	*to prohibit from*
promettere di	*to promise to*
proporre di	*to propose*
provare a	*to try to*
rassegnarsi a	*to resign to*
ricordare di	*to remember to*
rifiutare di	*to refuse to*
rinunciare a	*to renounce*
riuscire a	*to succeed in, be able to*
stancarsi di	*to get tired of*

SOME COMMON ITALIAN PROVERBS

A buon intenditore poche parole.
A word to the wise is sufficient.

Al bisogno si conosce l'amico.
A friend in need is a friend indeed.

Anno nuova vita nuova.
The new year calls for a new way of life.

Batti il ferro quando è caldo.
Strike while the iron is hot.

Un bel gioco dura poco.
Joking around should not be carried too far.

Volere la botte piena e la moglie ubriaca.
To have one's cake and eat it too.

Il sangue non è acqua.
Blood is thicker than water.

Buon sangue non mente.
Blood will tell.

Buon vino fa buon sangue.
Good wine produces good blood.

Casa mia, per piccina che tu sia tu mi sembri
    una badia.
Home sweet home, there's no place like home.

Chi cerca, trova.
They who seek, will find.

Chi dorme non piglia pesci.
The early bird catches the worm.

Il tempo è denaro.
Time is money.

Il tempo è il miglior medico.
Time cures all things.

Chi ha tempo non aspetti tempo.
Make hay while the sun shines.

Chi la fa l'aspetti.
As we sow so do we reap.

Chi ben comincia è a metà dell'opera.
Well begun is half done.

Ride bene chi ride l'ultimo.
Whovere laughs last laughs best.

Il riso abbonda sulla bocca degli stolti.
Laughter is the hiccup of a fool.

Chi tardi arriva male alloggia.
First come, first served.

Chi trova un amico, trova un tesoro.
A good friend is worth their weight in gold.

Chi va piano va sano e va lontano.
Slow and steady wins the race.

Fidarsi è bene, non fidarsi è meglio.
To trust is good, no to trust is better.

Finché c'è vita c'è speranza.
While there's life there's hope.

Gallina vecchia fa buon brodo.
Old hens make the best soup.

Tutto fa brodo.
It's all grist to one's mill.

Il buon giorno si vede dal mattino.
A good beginning makes a good ending.

Il lupo perde il pelo, ma non il vizio.
The leopard doesn't change its spots.

Il mondo è bello perché è vario.
Variety is the spice of life.

L'abito non fa il monaco.
Appearances can be deceptive.

La lingua batte dove il dente duole.
The tongue ever turns to the aching tooth.

L'appetito vien mangiando.
Appetite comes with eating.

Le bugie hanno le gambe corte.
Truth will out.

È meglio un uovo oggi che una gallina domani.
A bird in the hand is worth two in the bush.

Meglio tardi che mai.
Better late than never.

Non è tutt'oro quello che luce.
All that glitters is not gold.

Paese che vai, usanza che trovi.
When in Rome do as the Romans do.

Scherzo di mano, scherzo di villano.
Rough play is poor breeding's way.

Il riso fa buon sangue.
Laughter is the best medicine.

Chi si contenta gode.
A contented mind is a perpetual feast.

Volere è potere.
Where there's a will there's a way.

Uomo avvisato è mezzo salvato.
Forewarned is forearmed.

Se son rose fioriranno.
Time will tell.

Chi s'aiuta, Dio l'aiuta.
God helps those who help themselves.

Fra i due litiganti il terzo gode.
The onlooker gets the best of a fight.

Tra il dire e il fare c'è di mezzo il mare.
Easier said than done.

Ad ogni uccello il suo nido è bello.
There is no place like home.

Cosa rara, cosa cara.
Something rare, something dear.

Dimmi con chi vai e ti dirò chi sei.
People are known by the company they keep.

Tutto è bene quel che finisce bene.
All is well that ends well.

GLOSSARY

A

a	at, to
a dispetto di	despite
a disposizione	available
a domani	see you tomorrow
a letto	in bed
a meno che	unless
a più tardi	see you later
a presto	see you soon
abbaiare	to bark
abbastanza	enough
abbigliamento, vestiario	clothing
abilità (f, inv)	ability
abisso	abyss
abitare	to live, dwell
abito	suit
abito da sera	evening gown
abusare di	to abuse
accadere	to happen
accanto a	next to
accelerare	to speed up
accelerazione (f)	acceleration
accendere	to turn on (the TV)
accettazione (f), check in (m, inv)	check in
accorgersi	to realize
aceto	vinegar
acqua	water
addizione (f)	addition
adesso, ora	now
aereo	plane
affaticarsi	to overwork oneself
affatto	at all
afferrare	to grasp
affettato	cold cut
affettivo	of love, affecting
affetto	feelings, affection
affettuoso	affectionate
affinché	so that
affine	similar
affittare	to rent
affitto	rent
affrontare	to face, deal with
agenda	appointment book
agenzia di collocamento	employment agency
agenzia di viaggio	travel agency
agevolare	to facilitate
agire	to act
aglio	garlic
agnello	lamb
agonismo	competition (in general)
agosto	August
ai ferri	grilled
alba	dawn
alberghiero	(related to) hotels
albergo	hotel
alcuno	some
alimentazione (f)	diet
alla giornata	day by day
alla moda	in style/fashion
alleato	ally
allegro	happy
allenatore/ allenatrice	trainer, coach
alloggio	housing
alpinismo	mountain climbing
alto	tall
altro	other, else
altruista	altruist
alzare	to raise up, lift
alzarsi	to get up
amante (m/f)	lover
amare	to love
amarsi	to love one another
ambiente (m)	ambiance, place, environment
americano	American
amichevole	friendly
amicizia	friendship
amico(-a)	friend

amore *(m)*	love	arrivo	*arrival*
analisi *(f, inv)*	analysis	arrossire	*to blush*
anche	also	arrosto	*roast*
ancora	yet	ascensore *(m)*	*lift, elevator*
andamento	progress	asciugamano	*towel*
andare	to go	asciugatrice *(f)*	*clothes dryer*
andare a caccia	to go hunting, hunt	asciutto	*dry*
andare via	to go away	ascoltare	*to listen to*
angolo	corner, angle	asino	*donkey*
animale domestico	domestic animal, pet	aspettare	*to wait for*
		aspettativa	*expectation*
animale selvatico	wild animal	aspirapolvere *(m, inv)*	*vacuum cleaner*
anno prossimo	next year		
anticipo	early	assai	*quite, enough*
antipasto	appetizer	assegno	*check*
antipatico	not nice	assegno turistico, traveler's check	*traveler's check*
antropologo(-a)	anthropologist		
anzi	as a matter of fact	assicurare	*to ensure*
ape *(f)*	bee	assillare	*to harass, torment, assail*
aperto	open	assistenza	*assistance*
apparecchiare (la tavola)	to set (the table)	assumere	*to hire*
		astro	*star*
appartamento	apartment	atleta *(m/f)*	*athlete*
appassionato	passionate (love)	atletica leggera	*track and field*
appena	just	attenzione *(f)*	*attention*
appena	as soon as	attimo	*an instant, second*
apprendere	to learn	attore/attrice	*actor*
approfittare	to take advantage	attrarre	*to attract*
appuntamento	appointment	attrezzato	*equipped*
aprile	April	augurare	*to wish, augur*
aprire	to open	aumento di stipendio	*increase in salary, raise*
arabo	Arabic		
arancia	orange (fruit)	australiano	*Australian*
arancione *(inv)*	orange (color)	austriaco	*Austrian*
arbitro(-a)	referee	automobilismo	*car racing*
architetto	architect	autobus, pullman *(m, inv)*	*bus*
archivio	records, archive		
arcobaleno	rainbow	autogrill *(m, inv)*	*motorway restaurant and snack-bar*
aria condizionata	air conditioning		
armadio a muro	wall cupboard, walk-in closet	auto(mobile) *(f)*, macchina	*automobile, car*
arrabbiarsi	to become angry		
arredamento	decor, furnishing	autostrada	*highway*
arredare	to decorate	autunno	*fall, autumn*
arrivare	to arrive	avanti	*forward, ahead*
arrivederci *(fam)*	good-bye	avanzare	*to advance, go ahead*
arrivederci *(pol)*	good-bye	avaro	*greedy, stingy*

avere	to have	barbiere	barber
avere ... anni	to be . . . years old	barca	boat
avere bisogno di	to need	barista *(m/f)*	bartender
avere caldo	to be hot	barriera corallina	coral reef
avere fame	to be hungry	barzelletta	joke
avere freddo	to be cold	baseball *(m)*	baseball
avere fretta	to be in a hurry	basso	short (in height)
avere faccia tosta	to be cheeky	bastare	to be enough
avere la testa	to have one's head in the clouds	battente *(m)*	shutter
fra le nuvole		battuta	remark
avere mal di	to have a (e.g. headache)	belare	to bleat
avere paura	to be afraid	belga *(m/f)*	Belgian
avere qualcosa	to have something to declare	bello	beautiful, handsome
da dichiarare		benché	although
avere ragione	to be right	bene	well
avere sete	to be thirsty	benevolo	benevolent
avere sonno	to be sleepy	benzina	gas
avere torto	to be wrong	benzinaio(-a)	gas station attendant
avere una	to have a flat tire	bere	to drink
gomma a terra		berretto	cap
avere voglia di	to feel like	bevanda	drink
avere vomito/	to be nauseous	biancheria intima	underclothing
nausea		bianchetto	liquid paper
avvenire	to happen, occur	bianco	white
avventura	adventure	bibita	soft drink
avventuroso	adventurous	biblioteca	library
avvertire	to warn	bicchiere *(m)*	drinking glass
avviare	to head toward	bici(cletta)	bicycle
avviarsi	to set off on, go	biglietto	ticket
avvicinarsi	to get close	biglietto,	bill
avvocato	lawyer	banconota	
azzurro	blue	binario	track
		biologo(-a)	biologist
		birra	beer
B		bisbetico	fussy
baciare	to kiss	biscotti *(pl)*	biscuit, biscuits
bacio	kiss	bisognare, essere	to be necessary
badare	to look after	necessario	
bagaglio	baggage	bistecca	steak
bagaglio (a mano)	baggage (hand)	bisticciare	to bicker, scuffle
bagno	bathroom	blu *(inv)*	dark blue
balcone *(m)*	balcony	bocca	mouth
ballare	to dance	bollettino	weather forecast
bambino(-a)	child	meteorologico	
banana	banana	bollo	permit
banco	desk	borsa	purse
banconota	bank note		

bottega	shop	camino	chimney
botteghino	ticket booth	camion *(m, inv)*	truck
braccio	arm	camoscio	suede
brasiliano	Brazilian	campanello	doorbell
bravo	good (at something)	campeggio	camping
breve	brief	campionato	playoffs, championship
brillante	brilliant	canadese	Canadian
briciolo	grain, shred	canale *(m)*	channel
brutto	ugly	canale tematico	special channel
bue/mucca	ox/cow (bull)	cancellato	canceled
bugia	lie	cane/cagna	dog
bugiardo	liar	cantare	to sing
buona creanza	good manners	cantina	cellar
buonanotte,	good night	canto	song
buona notte		capelli *(pl)*	hair (on head)
buonasera,	good evening	capire *(isc)*	to understand
buona sera		capitare	to happen, occur
buongiorno,	good morning; good day	capo	coach, boss
buon giorno		capo, indumento	article of clothing
buono	good	capofabbrica *(m)*	plant manager
burro	butter	capofamiglia *(m)*	head of the family
		capogiro	dizziness
C		capogruppo	group leader
caccia	hunting	capolavoro	masterwork
cadere	to fall	capolinea *(m, inv)*	bus station (head of the line)
caffè *(m, inv)*	coffee	caporeparto	foreman
calcio	soccer	capotecnico	technical director
calza	stocking	capoufficio	office manager
calzatura	footwear	cappa	night gown
calzino	sock	cappello	hat
calzolaio	shoemaker	cappotto	coat
calzoleria	shoestore	capriccio	whim
cameratesco	comradely	carattere *(m)*	character
cambiare	to change	carnagione	complexion
cambiare casa,	to move	*(f, inv)*	
traslocare		carne *(f, inv)*	meat
cambiare l'olio	to change the oil	caro	dear
cambiare un	to cash a check	carota	carrot
assegno		carriera	career
cambio	exchange rate	carta d'imbarco	boarding pass
camera	room	carta di credito	credit card
camera (da letto)	bedroom	cartella	briefcase, folder
cameriere/	waiter/waitress	casa	house, home
cameriera		casa editrice	publishing house
camicetta, blusa	blouse	casa in affitto	house for rent
camicia	shirt	casa in vendita	house for sale

caso	case; chance	cipolla	onion
cassetta delle lettere	mailbox	circa	nearly, about
		città (f, inv)	city
cassiere/cassiera	teller	classifica	standings
castoro	beaver	codice fiscale (m)	(equivalent of) social security number
catalogo	catalogue		
cattivo	bad	cognata	sister-in-law
cautela	caution	cognato	brother-in-law
cavallo	horse	cognome (m)	surname, family name
cavatappi (m, inv)	bottle opener	coincidenza	connection
cedere	to give up , hand over	colazione (f)	breakfast
celeste	light blue	colla	glue
celibe (m)	single, unmarried	collant (m, inv)	pantyhose, tights
cena	dinner	collega (m/f)	colleague, work associate
cenare	to have dinner	collo	neck
centrale	central	colmare la lacuna	to fill the gap
centro	center; downtown	colonna sonora	sound track
cercare	to look for, search for	colpa	fault, guilt
cerchia	circle	colpo	blow, shot
certo	certain	coltello	knife
cestino	waste basket	coltivare	to cultivate
che	what	come	how
chi	who	cominciare	to begin, start
chiacchierare	to chat	commercialista (m/f)	qualified accountant
chiacchiere (pl)	gossip		
chiamare	to call	commesso(-a)	salesperson
chiamarsi	to be called, named	comodamente	comfortably
chiedere	to ask for	compagno(-a)	chum, friend, schoolmate
chiedere scusa	to say one is sorry	compassione (f)	compassion, sympathy
chiesa	church	compatibile	compatible
chirurgo(-a)	surgeon	compilare	to fill out
chissà	who knows	compleanno	birthday
chitarrista (m/f)	guitarist	complesso	complex
chiudere	to close	complice (m/f)	accomplice
chiunque	whoever	comporre	to compose
ciao	hi; bye	comportarsi	to behave, act
cibo	food (the actual substance)	comprare	to buy
ciclismo	bicycle racing	comprarsi	to buy for oneself
cifra	figure, number	computer (inv)	computer
ciglio (pl. ciglia)	eyelash	comunque	however, then
ciliegia	cherry	con	with
cilindrata	cylinder size (motor)	concertare	to put together
cinema (m, inv)	movies, cinema	concerto	concert
cinese	Chinese	concessionario	car dealer
cinguettare	to chirp	concorrente, rivale (m)	rival
cintura	belt		

concorrere	to compete	cucchiaio	spoon
condividere	to share	cucina	food, as prepared (cooking, cuisine)
condurre	to drive, conduct, lead		
conferma	confirmation	cucina	kitchen, stove
confine *(m)*	border, boundary	cucitrice	stapler
confrontare	to compare	cugino(-a)	cousin
confronto	comparison	culturismo	body-building
congelatore *(m)*	freezer	cuoco(-a)	cook
coniglio(-a)	rabbit	cuore *(m)*	heart
conoscenza	acquaintance		
conoscere	to know (someone); be familiar with	**D**	
		da	from
consentire	to allow, permit	danese	Danish
consigliare	to recommend	danno	damage
consiglio	advice	dare	to give
contabile *(m/f)*	accountant	dare la mancia	to leave a tip
contento	content, happy	dare retta a	to heed
conto	bill, check, account	data	date
contorno	side dish	data di nascita	date of birth
controllare i freni	to check the brakes	datore di lavoro	employer
conversazione *(f)*	conversation	davanzale	window ledge
copione *(m)*	script	davvero	really
coppa	cup	debole	weak
coppia	couple	decidere	to decide
correre	to run	deciso	single-minded, decisive
corretto	correct	dedurre	to deduce
corridoio	corridor	delusione *(f)*	disappointment
corsa	racing	dente *(m)*	tooth
corsia	traffic lane	dentista *(m/f)*	dentist
corso	avenue	dentro	inside
corto	short (in length)	depositare, versare	to deposit
costare	to cost		
costare un occhio della testa	to cost an arm and a leg	deposito, versamento	deposit
costringere	to force	depresso	depressed
costume da bagno	bathing suit	desiderare	to desire
cravatta	tie	destra	right
credenza	hutch, sideboard	detestare	to detest
crederci	to believe in	di	of
credere	to believe	di rado	rarely
crisi *(f, inv)*	crisis	di rilievo	noteworthy
criterio	criterion	di taglio grosso/ piccolo	large/small (bill)
cronaca nera	crime news		
cruscotto	panel	dialogo	dialogue
cuccetta	couchette	dicembre	December
cucchiaino	teaspoon	dieta	diet

dietro	behind	dogana	customs
difetto	flaw, defect	dolce *(m)*	dessert
digitale	digital	dollaro	dollar
dilettante *(m/f)*	amateur	dolore *(m)*	pain
diletto	pleasure, delight	domani	tomorrow
dimagrire	to lose weight	domare	to tame
dimenticare, dimenticarsi	to forget	domenica	Sunday
		donna	woman
dimettersi, dare le dimissioni	to quit, to leave a position	dono	gift
		dopo, dopo che	after
dinamico	dynamic	dopodomani	the day after tomorrow
dipendente *(m/f)*	employee	doppiato	dubbed
diploma *(m)*	diploma	doppio	double
dire	to say	dormire	to sleep
dire le barzellette	to tell jokes	dormita	sleep
dire una bugia	to tell a lie	dove	where
direttore/ direttrice	manager	dovere	to have to
		dovunque	wherever
direttore/direttrice d'orchestra	orchestra conductor	dozzina	a dozen
		dritto	straight ahead
dirigente *(m/f)*	manager	dubitare	to doubt
dischetto	disk		
discoteca	disco	**E**	
discutere	to discuss	ebraico	Hebrew (language)
disoccupato	without work, unemployed	ebreo	Hebrew
disonesto	dishonest	eccitante	exciting
dispari	odd	edificio	building
disperato	desperate	editore	publisher
dito *(pl. dita)*	finger	educato	courteous
ditta, azienda	company	egiziano	Egyptian
divano	sofa	egoista	selfish, egotistical
diventare, divenire	to become	elefante/ elefantessa	elephant
diventare rosso(-a)	to become embarrassed	elegante	elegant
		elettricista *(m/f)*	electrician
diverso	diverse, different	elettricità *(f)*	electricity
divertirsi	to enjoy oneself	elettrodomestico	appliance
Divieto di sorpasso	No passing	emicrania	migraine headaches
		emozionante	emotional, exciting
Divieto di sosta	No parking	energia	energy
divisione *(f)*	division	energico	energetic
divorziato(-a)	divorced	enorme	enormous
doccia	shower	entrambi	both
docente *(m/f)*, insegnante	teacher	entrare	to enter
		entrata, ingresso	entrance
documentario	documentary	epatico	of the liver

equilibrato	balanced	evento	event
esatto	exact	evidenziatore *(m)*	highlighter
eseguire	to perform	evitare	to avoid
esibizionista	exhibitionist		
esigente	demanding, fussy	**F**	
esigenza	need, requirement, preference	fabbrica	factory
esigere	to demand, expect	faccenda	matter; chore
esperienza	experience	faccende di casa	house chores
esserci sole	to be sunny	facchino	porter
essere	to be	faccia	face
essere al verde	to be broke	facile	easy
essere allergico(-a)	to be allergic	fagiolino	string bean
essere bene/male	to be good/bad	fagiolo	bean
essere certo	to be certain	falegname	carpenter
essere chiaro	to be clear	familiare	family member
essere depresso(-a)	to be depressed	fannullone/	good-for-nothing
essere di umore	to be in a bad mood	fannullona	
nero		fantascienza	science fiction
essere evidente	to be evident	fare	to do, make
essere giallo(-a)	to be extremely angry	fare bel tempo	to have good weather
di rabbia		fare brutto/	to have bad weather
essere giù	to be down	cattivo tempo	
essere importante	to be important	fare caldo	to be hot, warm (weather)
essere in gamba	to be with it (to be a cool person)	fare chicchirichì	cock-a-doodle-do
essere indiscutibile	to be beyond question	fare colazione	to have breakfast
essere inutile	to be useless	fare (delle) spese	to shop in general
essere logico	to be logical	fare freddo	to be cold (weather)
essere necessario	to be necessary	fare fresco	to be cool (weather)
essere noto	to be known	fare ginnastica	to exercise, work out
essere ovvio	to be obvious	fare il biglietto	to purchase a ticket
essere possibile/	to be possible/impossible	fare il pieno	to fill up
impossibile		fare amicizia	to become friends
essere probabile/	to be probable/improbable	fare la spesa	to grocery shop
improbabile		fare male a	to hurt
essere stanco(-a)	to be dead tired	fare una gita	to go on a tour
morto(-a)		fare/praticare	to practice sports
essere strano	to be strange	sport	
essere un peccato	to be a pity	farmacia	drugstore
essere vero	to be true	farmacista *(m/f)*	pharmacist
est	east	farmaco	medicine
estate	summer	farne di tutti	to cause a lot of trouble
esterno	external	i colori	
estraneo	stranger	febbraio	February
estroverso	extroverted	febbre *(f)*	fever, temperature
età *(f, inv)*	age	felice	happy
euro	Euro	ferie *(pl, inv)*	holidays

fermare	to stop
fermata	stop
ferrovia	railroad
festicciola	get-together
fiammingo	Flemish
fianco	hip
fibbia	buckle
fidanzato/fidanzata	fiancé/fiancée
fidato	trusted
figlio/figlia	son/daughter
fila	aisle, row
filologo(-a)	philologist
fine (m)	end
fine settimana (m)	weekend
finestra	window of a building
finestrino	window of a vehicle
finire (isc)	to finish
finlandese	Finnish
fiore (m)	flower
firma	signature
firmare	to sign
fiume (m)	river
foglia	leaf
foglio	sheet
folto	dense
forbici (pl, inv)	scissors
forchetta	fork
forestiero	stranger, foreigner
formaggio	cheese
formare il numero	to dial
forse	maybe
forte	strong
fortuna	fortune, luck
foto(grafia) (f)	photograph
fotocopiatrice (f)	photocopier
fragola	strawberry
franare	to collapse
francese	French
francobollo	stamp
fratellastro	stepbrother, half-brother
fratello	brother
freccia	arrow
frenare	to brake
frequentare	to attend, frequent
frigorifero	refrigerator

fritto	fried
fronte (f)	forehead
frutta	fruit
fruttivendolo	fruit stand, vendor
fuggire	to escape
funzionare	to work, operate
fuori	outside
furbo	cunning

G

galleria	balcony
gallo/gallina	rooster/chicken
gamba	leg
garage (m, inv), autorimessa	garage
garbato	kind, courteous
garrire (isc)	to shrill
gas	gas (for heating)
gatto(-a)	cat
gelato	ice cream
generazione (f)	generation
geneni alimentari	food, as bought in a store
genero	son-in-law
generoso	generous
genitori	parents
gennaio	January
gente (f)	people
gentile	kind, gentle
gentiluomo (pl. gentiluomini)	gentleman
giacca	jacket
giallo	yellow; detective story, thriller
giapponese	Japanese
ginnastica	gymnastics
ginocchio	knee
giocare a	to play
giocatore/ giocatrice	player
gioia	joy
giornale (m)	newspaper
giornale radio	radio newscast
giornaliero	daily
giornalista (m/f)	journalist
giornata	day
giovanotto	young man
giovedì	Thursday

giraffa	*giraffe*	in anticipo	*early*
girare	*to turn*	In bocca al lupo!	*Good luck! (Break a leg!)*
girare un film	*to make a movie*	in comune	*in common*
gita	*tour*	in orario	*on time*
giudicare	*to judge*	in ritardo	*late*
giugno	*June*	in saldo	*on sale*
gnocco	*dumpling*	in vendita	*for sale*
godere	*to enjoy*	inchiesta	*research study*
gol *(m, inv)*	*goal, score*	incognita	*uncertainty, unknown*
gola	*throat*	incompetente	*incompetent*
golf *(m, inv)*	*golf*	incontro	*encounter*
gomito	*elbow*	incrocio	*intersection*
gonna	*skirt*	indagine *(f)*	*survey, study*
gradino	*step*	indiano	*Indian*
grande	*big, large; great*	indietro	*back*
granoturco	*corn*	indirizzo	*address*
grasso	*fat*	indossare, portare	*to wear, put on*
grattacielo	*skyscraper*	indurre	*to induce*
grazie	*thank you*	infondato	*groundless, unfounded*
grazie a	*thanks to*	informatico *(m/f)*	*computer scientist*
greco	*Greek*	ingannare	*deception, trap*
grigio	*gray*	inganno	*to deceive*
grissino	*breadstick*	ingegnere	*engineer*
guadagnare	*to earn*	ingenuo	*ingenuous, naive*
guanto	*glove*	inglese	*English*
guardare	*to look at, watch*	iniezione *(f)*	*injection*
		iniziativa	*initiative*
H		innamorarsi	*to fall in love with*
hockey *(m)*	*hockey*	innamorato(-a) cotto(-a)	*madly in love*
		inquadrare	*to frame, envision*
I		inquilino(-a)	*tenant*
identità *(f, inv)*	*identity*	inquinato	*polluted*
idraulico	*plumber*	insalata	*salad*
ieri	*yesterday*	insensibile	*insensitive*
imbarazzante	*embarrassing*	insoddisfatto	*unsatisfied*
imbarcarsi in	*to embark upon*	intavolare	*to enter into; to put on the table*
immaginare	*to imagine*		
impaziente	*impatient*	intelligente	*intelligent*
impazzire	*to go crazy*	interbase *(m/f)*	*short-stop*
impegno	*obligation, duty, thing-to-do*	interesse *(m)*	*interest*
impermeabile *(m)*	*overcoat*	interrompere	*to interrupt*
impianto elettrico	*wiring*	interruttore *(m)*	*switch (light)*
impiegato(-a)	*white collar worker*	intervista	*interview*
impiego	*employment, job*	intimo	*intimate*
importare	*to matter*	introverso	*introverted*
in	*in*		

intuito	intuition	lavoro	work, job
invecchiare	to age, grow old	lavoro a orario pieno	full-time job
inverno	winter		
investire	to hit someone (in a car accident)	lavoro a orario ridotto/ part-time	part-time work/job
inviare	to send		
invitato(-a)	invited guest	lavoro a turni	shift work
iogurt (inv)	yogurt	leggere	to read
ipotesi	hypothesis	leggero	light
ippica, equitazione (f)	horse racing	leone/leonessa	lion
		lesso	broiled
irritarsi	to become irritated	letto	bed
isolato	city block	levarsi, togliersi	to take off
istante (m)	instant	lì, là	there
		libretto bancario/ degli assegni	bankbook/checkbook

J

judo	judo	licenziare	to fire
		lieve	slight
		limpido	clear

K

karatè	karate	linea/compagnia aerea	airline

L

		lingua	tongue
labbro (pl. labbra)	lip	litigare	to argue
laccio	shoestring, shoelace	locale notturno	night club
lago	lake	lontano	far
lamentarsi	to complain	lotta	wrestling
lampeggiare	to be lightening	luce	light, power
lancetta	hand of a watch/clock	luglio	July
lasciare	to leave (behind); to let (allow)	lume di candela	candlelight
		luna di miele	honeymoon
latte	milk	lunedì	Monday
latte intero/ scremato	whole/skimmed milk	lunghezza	length
		lungo	long
latticino	dairy product	luogo di nascita	place of birth
lattina	can	lupo(-a)	wolf
lattuga	lettuce		
laurea	university degree		
lavandino, lavabo	wash basin	**M**	
lavapiatti, lavastoviglie (m, inv)	dishwasher	madre (f)	mother
		maggio	May
		maglietta	T-shirt
lavare	to wash	maglione (m), maglia	sweater
lavarsi	to wash oneself		
lavatrice (f)	clothes washer	magro	skinny
lavello	sink	mai	never
lavorare	to work (at a job)	maiale (m)	pork
lavorativo	work-related	maiale/scrofa	pig

malattia	sickness	mezzogiorno	noon
maleducato	ill-mannered	miagolare	to meow
malinconico	melancholic	mica	quite
malinteso	misunderstanding	minuto	minute
mamma	mom	mistero	mystery
mancare	to be missing (from), to lack	mobile (m); mobilia	piece of furniture; furniture
mancare	to lack	modulo	form, application
mancia	tip	moglie (f)	wife
mangiare	to eat	molle	soft
mano (f)	hand	moltiplicazione (f)	multiplication
manzo	beef	molto, tanto	much, a lot, very
marito	husband	mondo	world
marmellata	marmalade, jam	monovolume	van
marrone (inv)	brown	(m/f, inv)	
martedì	Tuesday	morbido	soft
marzo	March	morire	to die
matita	pencil	mosca	fly
matrigna	stepmother	mostra	exhibition
mattino, mattina	morning	mostro	monster
meccanico(-a)	mechanic	motivo del viaggio	reason for the trip
medesimo	same	moto(cicletta)	motorcycle
medicina, farmaco	medicine	motociclismo	motorcycling
medico, dottore/	doctor	motore (m)	motor
dottoressa		motorino	scooter
mela	apple	mouse (inv)	mouse
mente (f)	mind	muggire	to moo
mento	chin	mulo(-a)	mule
menù (m, inv)	menu	multimediale	multimedia
mentire (isc)	to lie	municipio	city hall
meravigliosamente	marvelously	muratore	bricklayer
mercato	market	muro	wall
mercoledì	Wednesday	museo	musuem, art gallery
meridionale	south, southern	musicista (m/f)	musician
merluzzo	cod	mutande (pl)	underpants, underwear
mese (m)	month		
messicano	Mexican	**N**	
metà (f, inv)	half		
meteora	meteor	nascere	to be born
metropolitana	subway	nascita	birth
metterci	to need, take	naso	nose
mettere	to put	nausea	nausea
mettere in moto	to start (the car)	nave (f)	ship
mettersi	to put on	navigare	to navigate
mezzanotte	midnight	navigazione (f)	navigation
mezzo	half	né ... né	neither . . . nor
		neanche	not even
		nebbia	fog

negozio	store	ombrello	umbrella
nemicizia, inimicizia	enmity	onesto	honest
nemico(-a)	enemy	operaio(-a)	blue collar worker
nemmeno	not even	ora	hour; time
neozelandese	New Zealander	orario	time, timeable, schedule
neppure	not even	orario di lavoro	working hours
nero	black	ordinare	to order
nessuno	no one, nobody	orecchio	ear
neve (f)	snow	orgoglio	pride
nevicare	to snow	orientale	eastern
niente, nulla	nothing	orlo	edge
nipote (m/f)	grandson/granddaughter; nephew/niece	orologio	clock, watch
		orso(-a)	bear
nitrire (isc)	to neigh	ospedale	hospital
noioso	boring	ossia	that is to say
noleggiare	to rent	ottimista	optimist
nome (m)	name	ottobre	October
non esserci dubbio	to be without a doubt	ovest	west
non essere d'accordo	to disagree		

P

nonno/nonna	grandfather/grandmother	pacchetto	package
nonostante	notwithstanding	padre (m)	father
nord	north	pagare	to pay (for)
norvegese	Norwegian	paio	pair
notte (f)	night	pala	shovel
notte bianca	a sleepless night	palazzo	apartment building
novembre	November	palcoscenico	stage
nubile (f)	single, unmarried	pallacanestro (f), basket (m)	basketball
numero	shoe size		
nuora	daughter-in-law	pallanuoto (f)	water polo
nuotare	to swim	pallavolo (f)	volleyball
nuoto	swimming	palmare (m)	palm pilot
nuvoloso	cloudy	palo	pole
		pane (m)	bread

O

		panificio, panetteria	bakery
oberato	pressed, obligated		
occhio	eye	panino	bun sandwich
occidentale	western	pantaloncini (pl)	shorts
occorrere	to need	pantaloni (pl)	pants
odiare	to hate	pantofola	slipper
offendersi	to become offended/hurt	papà (m), babbo	dad
offrire	to offer	pappagallo	parrot
oggi	today	parafango	fender
ogni tanto	every once in a while	parcheggiare	to park
olio	oil	parcheggio	parking
ombra	shadow	parecchio	several, a lot

pareggiare	to draw	perfino	even (also)
pareggio	draw	periferia	suburbs
parente *(m/f)*	relative	periodo	period
parente acquisito(-a)	in-law	persona	person
		personalità	personality
parente lontano(-a)	distant relative	pesare	to weigh
		pesca	peach
parente stretto(-a)	close relative	pesce *(m)*	fish
parentela	kinship	pesce rosso	goldfish
parere *(m)*	opinion	pescheria	fish market
parere	to seem	peso	weight
parete *(f)*	internal wall, partition	pessimista	pessimist
pari	even	pettegolezzo	gossip
pari passo	equally	petto	chest
parlare	to speak	piacere	to like, be pleasing to
parrucchiere/ parrucchiera	hairdresser	pianerottolo	landing
		piangere	to cry
partecipazione *(f)*	wedding invitation	pianista *(m/f)*	pianist
partenza	departure	piano	floor level
partire	to leave, depart	pianta	plant
partita	game, match	piantina	map of a city
passaporto	passport	pianto	weeping
passare	to pass by	piatto	dish; plate
pasta	pasta	piazza	square
pasticceria	pastry shop	piccolo	small
pasto	meal	piede *(m)*	foot
patata	potato	piedi ben piantati	one's feet firmly planted
patente di guida	driver's licence		
pattinaggio	skating	pieno	full of
pattinare	to skate	pigrizia	laziness
pavimento	floor	pigro	lazy
paziente	patient	pilota *(m/f)*	pilot
pazienza	patience	pioggia	rain,
pecora/montone	sheep	piovere	to rain
pelle *(m/f)*	skin, leather	piscina	swimming pool
penna	pen	pisello	pea
pennarello	magic marker	pista	ski slope/ track
pensarci	to think about	più	more
pensare	to think	piuttosto	rather
pensione *(f)*	bread-and-breakfast lodging	platea	audience; (theater) box seats
pepe *(m)*	pepper	pneumatico	tire
per	for, through	poco/pochi	little, a bit/ few
pera	pear	poi	then
perché	why; because; so that	poiché	since
perdere	to lose	polacco	Polish
perdita	loss	poliziotto(-a)	policeman/policewoman

pollo	chicken	prezzo fisso	fixed price
pollame *(m, inv)*	poultry	prima	first
poltrona	armchair, easy chair	prima che	before
pomeriggio	afternoon	prima colazione	breakfast
pomodoro	tomato	prima dei pasti/	before/after meals
popolare	popular	dopo i pasti	
porre	to put	prima visione	premiere
porta	door	primavera	spring
portafoglio	wallet	principe azzurro	Prince Charming
portalettere *(m/f, inv)*	letter carrier	problema	problem
portare, indossare	to wear	prodotto	product
portoghese	Portuguese	produrre	to produce
portone *(m)*	main door of a building	professionista *(m/f)*	professional (employee)
posto	place; seat	professore/	professor, middle/high school
potenza	power	professoressa	teacher
potere	to be able to	programma *(m)*	program
povero	poor	programma a	series
pranzare	to have lunch	puntate	
pranzo	lunch	proiezione *(f)*	projection
praticare uno	to practice a sport	promosso	moved forward
sport		pronto	ready
pratico	practical	pronto soccorso	first-aid, emergency room
preciso	precise	proposta	proposal
preferire *(isc)*	to prefer	prosciutto	ham
prefisso	area code	prossimo	next (e.g. next year)
prego	You're welcome	provare	to rehearse
prelevamento	withdrawal	provare, provarsi	to try on
prelevare	to withdraw	psicologo(-a)	psychologist
premio	prize	pubblicità	advertising
premura	care	pugilato	boxing
prendere	to take	pulire	to clean
prendere in giro	to pull someone's leg, to lead	pulirsi	to clean oneself up
	someone on	pulmino	minivan
prendere male	to take it badly	punteggio	score
prenotazione *(f)*	reservation	puntino metallico	staple
preoccupante	worrisome	punto	point
prepotente	arrogant, bullying	purché	provided that
prescrivere	to prescribe	pure	also, even
presentare	to introduce		
prestigioso	prestigious	**Q**	
presso, accanto a	next to	quadro generale	overall picture
prestito	loan	qualche volta	sometimes
presto	early	quale	which
pretendere	to expect	qualifiche	qualifications
preventivo	estimate	qualsiasi,	whichever
prezzo	price	qualunque	

quando	when	rischio	risk
quanto/quanti	how much/how many	riso	rice
quasi	almost	risotto	rice with vegetables or other foods
questura	police station		
qui, qua	here	rispondere	to answer
		risultato	result, (final) score
R		ritardo	late
raccontare barzellette	to tell jokes	ritenere	to maintain
		riva	river bank
radio *(f, inv)*	radio	rivolgersi a	to turn to
radio portatile	portable radio	romantico	romantic
raffreddore *(m)*	cold	romanzo	novel
ragazzo(-a)	boy/girl; boyfriend/ girlfriend	rompere	to break
		rompere un'amicizia	to break off a friendship
ragliare	to bray		
rallentare	to slow down	roseo	rosy, pink
rapporto	relation	rossetto	lipstick
raro	rare	rosso	red
recitare	to act	roulotte *(f, inv)*	camper, trailer
regalare	to give (as a gift)	rovesciare	to empty; to reverse (a situation)
regista *(m/f)*	movie/play director		
regolare	regular	rozzo	rough, scruffy
relazione (amorosa)	love affair	ruggire *(isc)*	to roar
		ruggito di collera	roar of anger
rendersi conto	to realize	rumore *(m)*	noise
respirare	to breathe	russo	Russian
rete televisiva	network		
ricco	rich	**S**	
ricetta	prescription	sabato	Saturday
ricezione	reception	sabbia	dirt, sand
ricordare, ricordarsi	to remember	sala	hall, lounge
		sala da pranzo	dining room
ricoverarsi in ospedale	to be admitted into the hospital	saldo	solid; sale
		sale *(m)*	salt
ridere	to laugh	salire	to go up, climb, ascend
ridotto	reduced	salmone	salmon
ridurre	to reduce	saltare	to jump
rifare il letto	to make the bed	salute	health
riferimento	reference	saluto	greeting
rimanere	to remain	sandalo	sandal
rimettersi in sesto	to pick oneself up	santo	saintly, holy
rimorchiare l'auto	to tow the car	sapere	to know
ringiovanito	rejuvenated	sarto(-a)	tailor
ripetere	to repeat	saudita	Saudi
ripostiglio	storeroom, closet	sbagliare	to make a mistake
riscaldamento	heating	sbaglio	mistake

scala	stairs	segnare	to score
scanner *(m, inv)*	scanner	segretaria	secretary
scappare	to run away, escape	seguire	to follow
scarpa	shoe	semaforo	traffic lights
scarso	little, meaningless	sembrare	to seem
scatto	outburst	semplice	simple
scegliere	to choose, select	sempre	always
scelta	choice	sensibile	sensitive
scendere	to go down, descend	senso	sense
scheda	file	sentirci	to be able to hear
schermo	screen, monitor	sentire	to feel; to hear
schiena	back	sentirsi	to feel
sci *(m)*	ski; skiing	senza, senza che	without
sciare	to ski	sera	evening
sciarpa	scarf	serbatoio	tank
scienziato(-a)	scientist	serpente *(m)*	snake
scimmia	monkey	servire	to serve
scoiattolo	squirrel	servirsi di	to make use of
scompartimento	compartment	servizio	service
sconfitta	defeat	sesso	sex
scontento	unhappy	settembre	September
sconto	discount	settentrionale	north, northern
scontroso	touchy	sfumatura	shade
scoprire	to discover	sguardo	glance
scorbutico	cranky	sì	yes
scorso	last (e.g. last year)	significare,	to mean
scossone *(m)*	jolt	voler dire	
scrivania	desk	signore/signora	gentleman/lady
scrivere	to write	simpatico	nice, pleasant
scuolabus *(m, inv)*	school bus	sinistra	left
scuro	dark	sito personale	personal website
sdolcinato	maudlin	smalto	nail polish
se	if	socievole	sociable
sebbene	although	soddisfacente	satisfying
seccare	to get on one's nerves	soddisfare	to satisfy
seccarsi	to become annoyed	soddisfatto	satisfied
secchiello	pail	sofferenza	suffering, pain
secco/umido	dry/humid	soffitta	attic
secondo	second; according to	soffitto	ceiling
sedativo	sedative	soggetto	dude, guy
sede *(f)*	main office	soggiorno, salotto	living room
sedersi	to sit (down)	sogliola	sole
sedia	chair	sognare	to dream
sedile *(m)*	seat	soldi *(pl)*, denaro	money
sedurre	to seduce	sollevamento pesi	weightlifting
segnale *(m)*	sign	solo	only

sonno di piombo	deep sleep	stamani,	this morning
sopportare	to bear, stand	stamattina	
sopra	above	stampa	the press
sopracciglio	eyebrow	stampante (f)	printer
(pl. sopracciglia)		stancarsi	to become tired
soprattutto	above all else	stanco	tired
sorella	sister	stanotte	this night
sorellastra	stepsister, half-sister	stanza	room
sorprendente	surprising	stare, restare	to stay, remain
sorriso	smile	stare bene/	to look good/bad in
sostenere	to maintain	male in	
sott'occhio	under eye	stare per	to be about to
sotto	under	stasera	this evening
sottoporre	to submit	stato civile	marital status
sottotitolo	subtitle	stazione di	gas station
sottoveste (f)	slip	servizio/di	
sottrarre	to subtract	benzina	
sottrazione (f)	subtraction	stazione ferroviaria	train station
spagnolo	Spanish	stereo	stereo
spalla	shoulder	sterlina	pound
spaventare	to scare off	stesso	same
spazio	space	stipendio	salary, pay
speciale	special	stipendio fisso	fixed salary
spedire	to mail	stipendio iniziale	starting salary
spegnere	to turn off	stipendio lordo	gross salary
sperare	to hope	stivale (m)	boot
spesso	often	stomaco	stomach
spettacolare	spectacular	strada	road
spettegolare	to gossip	straordinario	overtime; extraordinary
spiaggia	beach	studente/	student
spia	spy	studentessa	
spiccioli (pl)	small change	stupido	stupid
spifferare	to spill the beans	su	on
spillo	pin	su misura	made-to-measure
spinaci	spinach	subito	right away
spionaggio	spying, espionage	succedere	to happen
spiraglio	glimmer	succo di frutta	fruit juice
spogliarsi	to undress	sud	south
spontaneo	spontaneous	sudare	to sweat, perspire
sportello	wicket, window	sudore (m)	sweat
sposato(-a)	married	suocero/suocera	father-in-law/mother-in-law
spot, annuncio	commercial	suola	sole
pubblicitario		suonare	to play
spuntino	snack	supermercato	supermarket
squadra	team	svedese	Swedish
stadio	stadium	sveglia	alarm clock; wake-up call

svegliare	to wake (someone)	tenda	curtain
svegliarsi	to wake up	tenere	to hold, keep
svolgere	to carry on, carry out	tenero	tender
		tennis (m)	tennis
T		tensione (f)	stress
tabella	table, chart	terme (pl, inv)	bathhouses
tacchino	turkey	terminal (m, inv)	terminal
tacco	heel	terrazza	patio
taccuino	pad	tesi (f, inv)	thesis
taglia, misura	clothing size	testa	head
tagliando	coupon	tetto	roof
tagliare il	to cross the finish line	tifoso(-a)	sports fan
traguardo		tigre (f)	tiger
tappeto	carpet	tipo	type
tardi	late	tirare la corda	test your luck
tartaruga	turtle	tirare vento,	to be windy
tasca	pocket	esserci vento	
tassista (m/f)	taxi driver	titolo	headline
tasso d'interesse	interest rate	titolo di studio	school diploma
tastare	to feel (with the hands)	toccasana (f, inv)	cure-all
tastiera	keyboard	togliere	to take away
tavola	eating table; diagrammatic table	tonno	tuna
		tono	tone
tavolo	table	topo	mouse
taxi, tassì (m, inv)	taxi	tornare	to return, go back
tazza	cup	tornare, ritornare	to return, come back
tè (m, inv)	tea	torrone (m)	nougat candy
tecnologia	technology	tovagliolo	napkin
tedesco	German	tra, fra	between, among, in
telecomando	remote control	tradurre	to translate
telefilm (m, inv)	TV movie	tram (m, inv)	trolley, street car
telefono	phone	tramezzino	flat sandwich
telegiornale (m)	TV news	tranquillo	calm, tranquil
televisione ad alta	high definition television	trarre	to draw, pull
definizione		trascorrere	to pass, spend
televisione digitale	digital television	trasferta	transfer
televisione via	satellite television	trasmettere	transmit
satellite/		trasmissione (f)	transmission, broadcast
satellitare		trasparente	transparent
televisore (m)	TV set	treno	train
tema (m)	theme, composition	triste	sad
temere	to fear	troppo	too much
temperamento	temperament	trota	trout
temperatura	temperature	trovare	to find
tempo	time (in general); weather	truccarsi	to put on makeup

trucco	make-up	verde	green
tuonare	to thunder	verdura	vegetables
turbare	to upset	verità (f, inv)	truth
tuta	tracksuit	vero	true
tuttavia	however	versare	to deposit
tutto	all, everything	vertice	top
		vestaglia	dressing gown, bathrobe
U		vestire	to dress (someone)
uccello	bird	vestirsi	to dress oneself
ufficio di cambio	exchange office	vestito, abito	suit, dress
ufficio postale	post office	vetrina	store window
ulteriore	further	via	street
ultimo	last, latest	viaggio	trip
ululare	to howl	viale (m)	boulevard, avenue
umano	human	vicino	near
umore (m)	mood	videoregistratore (m)	VCR
unghia	fingernail	Vietata l'uscita	No exit
università	university	Vietato fumare	No smoking
uomo (pl. uomini)	man	Vietato l'ingresso	No entrance
uovo (pl. uova)	egg	vigilia	the day before
uovo alla coque	soft-boiled egg	villa, villino	country home
uovo in camicia	poached egg	vincere	to win
uovo sodo	hard-boiled egg	vincita	victory
uscire	to go out	vincitore/	winner
uscita	gate (at airport); exit	vincitrice	
uva	grapes	vino	wine
		viola (inv)	violet, purple
V		violinista (m/f)	violinist
vacanza	vacation	visita (medica)	(medical) examination
vagone letto	sleeping coach	visita di controllo	check-up, medical, physical
valigia	suitcase	visitare	to examine; to visit, to give a
vantaggio	advantage		medical examination
vecchio	old	viso, faccia	face
vederci	to be able to see	visto	visa
vedere	to see	vita	life
vedere tutto	to be extremely angry	vita grigia	a monotonous life
rosso		vitello	veal
veduta	viewpoint	vivace	lively
veicolo, vettura	vehicle	vivere	to live
velocità (f, inv)	velocity, speed	viziato	spoiled
vendere	to sell	volare	to fly
vendita	sale	voler bene a,	to love (someone)
venerdì	Friday	amare	
venire	to come	volerci	to need
veramente	really, truly	volere	to want to

volo	flight	zio/zia	uncle/aunt
volpe (f)	fox	zizzania/seminare zizzania	gossip, rumors/to spread gossip, rumors
volta	time (number of occasions)		
voltare	to turn around	zoo, giardino zoologico	zoo

X

xilofono	xylophone	zucchero	sugar
		zucchina, zucchino	zucchini

Z

zanzara	mosquito
zero	zero

INDEX